Dame Edna Everage, Hausfrau, Megastar, rasende Reporterin, Sozialanthropologin, Kinderbuchillustratorin, Diseuse, Chanteuse, Swami, Monstre sacré und Universalgelehrte – Dr. Edna Everage ist die wohl bekannteste und begnadetste Frau in der heutigen Welt. Auf den britischen und australischen Bühnen kann ihr niemand das Wasser reichen.

Gleichzeitig ist sie eine anerkannte Autorin, die aus Protest gegen die Verwicklung Australiens in den Vietnamkrieg ihre Heimat verließ. Unter ihren bisherigen, unerreichbaren Bestsellern sind Titel wie »Meine Haut und ich« und »Eingeborenenmädchen vor der Kamera: Pionierinnen des australischen Kinos«. Wie ihre Landsleute Colleen McCullough und Patrick White schreibt auch Dame Edna im Tonfall jener reichen, freien Prosa einer Gesellschaft des Umbruchs und der Selbstentdeckung.

Dame Edna verfaßt häufig Beiträge für die angesehensten Zeitschriften, macht Radio- und Fernsehsendungen und »erprobt die verschiedenen Möglichkeiten, die das Satelliten- und Kabelfernsehen und -video bieten«. Zum Ausgleich betreibt sie Windsurfen und »Nettsein«. Dr. Everage, die dem letzten Lord Everage von Moonee Ponds, Melbourne, angetraut war, hat drei erwachsene Kinder.

Barry Humphries ist Dame Edna Everage.

Dieses Buch wurde auf chlor- und säurefreiem Papier gedruckt.

Deutsche Erstausgabe September 1994
© 1994 für die deutschsprachige Ausgabe
Droemersche Verlagsanstalt Th. Knaur Nachf., München
Das Werk einschließlich aller seiner Teile ist urheberrechtlich geschützt.
Jede Verwertung außerhalb der engen Grenzen des Urheberrechtsgesetzes
ist ohne Zustimmung des Verlages unzulässig und strafbar. Das gilt insbe-
sondere für Vervielfältigungen, Übersetzungen, Mikroverfilmungen und
die Einspeicherung und Verarbeitung in elektronischen Systemen.
Titel der Originalausgabe »My Gorgeous Life«
© 1989 International Services Ltd
Originalverlag Macmillan, London
© 1989 für die Illustrationen Macmillan London Ltd
Umschlaggestaltung: Manfred Waller
Umschlagfoto: action press/Martina Raddatz
Satz: Ventura Publisher
Druck und Bindung: Elsnerdruck, Berlin
Printed in Germany
ISBN 3-426-60301-2

2 4 5 3 1

Dame Edna Megastar

Mein schrilles Leben

Aus dem Englischen von Gordon H. Price
unter Mitarbeit von Margrit Salazar

Mit einem Vorwort von Roger Willemsen

Mit Illustrationen von John Richardson

Zur Erinnerung an NORM

Alle in diesem Buch erscheinenden Personen existieren tatsächlich und werden bei ihrem richtigen Namen genannt. Wer damit nicht einverstanden ist, muß mit kostspieligen und langwierigen gerichtlichen Auseinandersetzungen rechnen.

An einen, der ging und doch blieb,
nicht wiederzuerkennen und dennoch unverändert.
Eine Erinnerung und Vorahnung
der ewigen Vergangenheit.

Joseph Hergesheimer

In jedem Mann spiegelt sich eine Frau wider und in
jeder Frau ein Mann. In jedem Mann und in jeder Frau
spiegeln sich auch ein alter Mann und eine alte Frau,
ein kleiner Junge und ein kleines Mädchen wider.

Hyemeyohsts Storm

Dieses Büchlein ist mir wichtig, und ich habe es so
einfach und wahrheitsgetreu wie möglich geschrieben.
Ich weiß nicht, wie gut es ist, und auf eine abgehobene
Art ist es mir auch egal. Es entstand, wie wahre
Kunst entsteht, mit absoluter Dringlichkeit und
absoluter Leichtigkeit.

Iris Murdoch

Die Geschichte als Ganzes ist eine Fiktion, genauso
wie jede Fiktion Geschichte ist.

Benedetto Croce

Nicht selten heißt Berühmtsein, weithin für etwas bekannt zu
sein, was man nicht ist.

Herman Melville

Inhalt

Vorwort

Sie mit der himmelschreienden Brille. Sie mit dem schneidenden Fisteldiskant. Sie mit der mokanten Mundlinie, die geringschätzig dahinzüngelt, bevor sie in böser Mißbilligung abwärts fährt. Die Exzentrische. Die Grelle. Die Landesstiefmutter Australiens, die den Kontinent, der sich bereitwillig unter ihr wie ein Sockel erhebt, mit Füßen tritt, die die Welt wie ihren persönlichen Haushalt behandelt. Hausfrau und Megastar.

Möglich, daß Australien der Ruhm gebührt, Schauplatz der Geburt von Dame Edna gewesen zu sein – und die Schreib- und Sprechweise ihres Namens ist eine Referenz an das Idiom des Landes –, inzwischen aber verdichtet sich der Eindruck, daß sich Australien Edna verdankt und der ganze Kontinent sich entwickelte, ihr zu genügen, das heißt: sich ihr zu unterwerfen.

Denn wer kennt die Präsidenten, wer die Regenten dieses Erdteils und hätte nicht zuerst Ednas Namen buchstabieren und die Hoheit ihres Witzes fürchten gelernt? Nicht zufällig war es einer dieser Präsidenten des Landes, der Edna bei ihrer Ankunft an einem Flughafen Australiens zuerst huldvoll mit »Dame« Edna anredete, ein Titel, den sie seither wie eine Untertreibung führt und dessen Verleihung vermutlich die bedeutendste und sicher langlebigste Tat im Leben des Präsidenten war.

Auf ihrer Couch hat sie die Größten der Erde schrumpfen lassen, hat die ganze Infamie ihres Mitleids, ihre scheinheilige Fürsorglichkeit an ihnen ausgetobt und sich dabei selbst genossen. Sie nennt das »teilen«, »geben«, »Sorge tragen« – eine Bigotterie ist es, eine Travestie karitativer Tugenden. Edna läßt keinen Platz, für nichts und für niemanden. Eine »Kapitalistin des Luftraums«, wie Kafka sie genannt hätte, verkleinert und verdrängt sie alles, was ihr in die ständig aufsteigende Lebensbahn gerät. Das Leben anderer ist ein Marginalie der eigenen Biographie, das Leben insgesamt erst groß, wo es sich durch die Berührung mit Ednas Treiben adelt.

So ist Edna eine Frau und keine Frau, sie ist ein Prinzip und verkörpert das Gesetz der ebenso konquistadorisch wie hochstaplerisch agierenden Egozentrik. Sie ist das einzige geistige Oberhaupt eines Landes, das sich ganz und gar selbst erschaffen hat.

Niemand, kein Präsident und kein Papst, kann größer werden als Edna, im Gegenteil, sie alle sind nichts anderes als unvollkommene Aspirationen, Edna zu werden. Die Ednarisierung der Welt hat sich seit der Geburt dieser Figur im Jahre 1955 hemmungsloser ausgebreitet als die amerikanische Kultur. Es gibt einen Berg Edna, St. Edna von Assisi, das Königliche Edna Museum in Melbourne; ganze Staaten und Institutionen verdanken sich Ednas Wohltätigkeit, und die verbliebenen erreichen den Zenit ihres Ruhms, indem sie von Edna verspottet werden.

Edna, wie wir sie heute kennen, ist ein Destillat alles Bedeutenden, und zugleich ist sie dessen Farce. Laut Eigenauskunft verkörpert sie die Großtaten der Geschichte als Reinkarnation so unterschiedlicher historischer Gestalten wie Clara Schumann, Alma Mahler oder Zarah Leander. Wo immer im Weltlauf Großes vollbracht oder eben noch vereitelt wurde, es geschah unter Ednas Einfluß und Mitwirkung. Sie dehnt sich über Kontinente aus, sie wirkt im Kosmos, sie beaufsichtigt ganze Epochen und Lebensabschnitte der Erde. Sie teilt jedes Menschen Leid und Lächerlichkeit. Sie ist göttlich.

Man mag es faszinierend finden, zu sehen, wie dieser bizarre Megastar mit den Waffen einer Frau und mit denen des charmanten Unmenschen die Mitwelt verdrängt. Nicht minder fesselnd aber ist es, zu verfolgen, mit welcher Selbstverständlichkeit diese Mitwelt Ednas Vorherrschaft und Anspruch auf Ruhm Raum gibt. Denn erst die Tatsache, daß die Welt Platz macht, setzt Edna ins Recht.

Nein, hybrid ist sie nie, sie läßt sich nicht überschätzen, denn niemand verdient soviel Hochschätzung wie Edna, und ihre mondiale Präsenz allein belegt: Da ist ein Mangel unter uns anderen, eine tiefe Bedürftigkeit nach reinen Leitbildern, nach dem Matronat einer wahrhaft Vorbildlichen, an deren echter Größe wir die eingebildete Bedeutung unserer eigenen Existenz abzulesen vermögen. Wir machen also zu Recht Platz, weniger um uns für diese Selbstbescheidung mit großem Gelächter belohnen zu lassen, sondern um die eigene Lächerlichkeit wie eine erleichternde Erkenntnis anzuerkennen.

Edna ist unergründlich in ihrer Bosheit, unerschöpflich in ihrer Schadenfreude und unausweichlich in ihrem Talent, die Mitwelt mit ihrem Spott zu überziehen, und zugleich ist sie die liebenswerteste Gestalt, der der Kontinent Australien Heimat bedeutet – eine Dame ganz und gar mit menschlichen Schrullen und Obsessionen, einer bewegten, oft tränenerstickt nachvollzogenen Vergangenheit, eine sentimentale, altmodische Person voller Enthusiasmus und Hingabe an jeden einzelnen ihrer belanglos im Dunkel der Nichtexistenz atmenden Bewunderer.

Wenn über diesem Leben Edna aufgeht, erhält es Bedeutung, aber nur, um dieselbe sofort wieder einzubüßen. Edna sagt ihren »Beutelratten« unverhohlen, daß sie soeben – durch die Begegnung mit ihr – den wohl wichtigsten Moment in ihrer irdischen Existenz erleben. Im nächsten Augenblick aber wird diese Existenz in einer Belanglosigkeit enthüllt, die es eigentlich unmöglich machen sollte, nach dem Ende der Show wieder in den gewohnten Lebensraum einzutreten und diesen noch bewohnbar zu finden.

In ihren ersten Jahren war Edna eine einsame Frau, die im

Lichtkegel der Bühne allein agierte, vor sich das Dunkel des Zuschauerraums. Es gab die herbe Brautjungfer Madge Allsop nicht, es gab kein Gegenüber, keine Gäste. Mit der Zeit aber begann Edna, sich dem Publikum zuzuwenden. Sie trat an die Rampe, identifizierte einzelne Gesichter und stellte Fragen, scheinbar arglose Fragen, die sich offenbar leicht beantworten ließen. »Wie bezaubernd Sie angezogen sind!« rief sie einer Frau in den vorderen Reihen zu. »Woher haben Sie diesen interessanten Hut?« Und die Angesprochene gab folgsam Auskunft. »Ist in Ihrem Stadtteil der Strom ausgefallen?« fragte Edna nach. »Nein«, erwiderte die Frau, »warum fragen Sie, Dame Edna?« »Weil es aussieht, als hätten Sie sich im Dunkeln angezogen«, antwortete Edna und wandte sich ab mit dem brüsken Schwung der Diva, die das Gelächter der Schadenfreude mit der ganzen Welt teilen möchte.

Inzwischen ist Edna immer offensiver geworden. Ihre Zuschauer fürchten das lauernde Defilee an der Rampe, das Stocken des schleichenden Schritts, den vorschnellenden Arm mit dem ausgestreckten Zeigefinger: »YOU!« Ein Herr in der dritten Reihe bemüht sich, hinter der Schulter seiner Begleiterin zu verschwinden. »Sie da! Im kurzärmeligen Hemd! Kennen wir uns nicht?« Mit einem ähnlichen Gestus muß Gottvater nach dem Sündenfall gerufen haben: »Adam! Wo bist du?« Der Herr lugt über die Schulter seiner Nachbarin. »Sie liegen doch im selben Zimmer wie meine Mutter! Hab ich Sie nicht um Mamas Nachttopf herumstreichen sehen? Wie sind Sie bloß wieder über den elektrischen Zaun gekommen? Wie haben Sie bloß die Rottweiler ausgetrickst? Auf Ihrem Täfelchen stand doch ›lebenslängliche Bettruhe‹!«

Edna weidet sich am Entsetzen ihrer Zuschauer, aufgerufen zu sein. Ihre Autorität ist die einer aufgedonnerten Schulmeisterin, deren Opfer – als Rohmaterial für die unausweichliche Verspottung – nicht einmal renitent sein dürfen. Ihre Abrichtung des

Publikums hat etwas von der Grausamkeit aller Erziehung. »Sieh mich an, wenn ich mit dir rede« lautete der Titel ihres jüngsten Programms, und keiner wagte wegzusehen. Aber auch die Weggebliebenen sind vor Edna nicht sicher. Die nämlich erreicht sie per Telefon. Wie im gemütlichen Schwätzchen von Hausfrau zu Hausfrau läßt sie sich die Inneneinrichtung des Wohnzimmers beschreiben, die Abstimmung von Tapete, Vorhängen und Teppich, die Anordnung der Zimmerpflanzen auf dem Brett, die Motive der Bilder an der Wand, und während sie all diese Angaben nur mimisch kommentiert, rast das Auditorium im Saal vor Begeisterung über die Erkenntnis des eigenen gräßlich stereotypen Lebensraums und das freudlose Arrangement von Individualität in einem Ensemble, das abertausendmal identisch so zusammengerückt wurde, um den persönlichen Lebensstil seiner Besitzer zu verraten.

All das weckt in der Phantasie der Zuschauer das Bild von Räumen, die aussehen »wie die Handtasche von Hieronymus Bosch«, so jedenfalls hat Edna einmal das Innere des Accessoires beschrieben, das Madge Allsop auf ihrem Unterarm balanciert, und so werden die Wohnzimmer der Zuschauer aus der Phantasie herauspräpariert in einem rücksichtslosen Akt der aufgezwungenen Aneignung von persönlichen Interieurs. Es bezeichnete Ednas Witz von früh an, daß sie Menschen schlicht amüsierte, indem sie ihnen die Augen für den eigenen Lebensraum öffnete. Wenn wir über ihre eigenen Gemächer spekulieren dürfen, so sind sie wohl pompöser, weitläufiger und reicher ausgestattet als die der »Possums« im Publikum, aber nach fotografischen Ansichten zu urteilen nicht minder prachtvoll überladen als ihre Kostüme oder die in feinstes Violett gemeißelte Frisur. Den majestätischen Charakter ihrer eigenen Lebensführung, den Pomp ihres Haushalts, ihrer Ausstattung und ihrer Begegnungen mit den Großen der Welt trägt Edna so aufdringlich vor, daß man sich nach einiger Zeit in diesem Leben vollständig auskennt und ein feines Sensorium für das Groteske des Reichtums, die Überheblichkeit des Erfolgs, für Lüge und Infamie des Ruhms entwickelt. Ednas Leben wird zugleich vorbildlich und lächerlich, sie demaskiert niemanden unbarmherziger als sich selbst und vermittelt dadurch – bei allem Hohn über die spießige, reduzierte Lebenswelt ihrer Anhänger – zuletzt eine gewisse Zufriedenheit mit dem Leben aller, die nicht sind wie sie und vom Quatsch des Ruhms verschont blieben.

Bezeichnenderweise wendet sie sich deshalb bei ihren Bühnenshows immer wieder jenen zu, die oben auf den Rängen die billigen Plätze belegen, die »paupers«, wie sie sagt – Karl Marx hätte von den »Pauperisierten« gesprochen –, oder den »Mizzies«, wie sie sie nennt in einer Verballhornung von »Les Miserables«. Für diese stil- und mittellos am Fortbestand ihrer kreatürlichen Lebensform festgeklammerten Wesen hat sie das wärmste Pathos ihrer doppelzüngigen Mütterlichkeit reserviert.

Dame Edna hat so erreicht, was keiner lebenden Kunstfigur in ähnlichem Maße gelungen wäre: Sie ist nicht nur populär, sie ist volkstümlich. Wo immer man mit ihr auftaucht, bilden sich Trauben, und in den Gesichtern der Stehenbleibenden liegt jedes Mal derselbe Zug: eine in Amüsement aufgelöste Bewunderung, eine Erleichterung, sie zu sehen, verbunden mit Respekt für die Errungenschaft ihres Lebens, die eigentlich darin besteht, Ruhm zu gewinnen, nur um ihn seiner grotesken Bedeutungslosigkeit zu überführen und den Ruhmlosen ihren eigenen Lebenszustand bekömmlich erscheinen zu lassen.

Darüber hinaus besitzt Dame Edna das in jeder Geste, jedem Schritt, jedem mimischen Ausdruck vollendete, rare Talent, komisch zu sein durch ihre bloße Existenz. Manchmal betritt sie die Bühne und tut gar nichts, allenfalls wartet sie, wie lange die Leute lachen werden allein darüber, daß sie da ist, und noch während sie schweigt, sich abwendet oder in schamloser Munterkeit an die Rampe tanzt und sich selbst mit ihrem markerschütternden Organ gesanglich begleitet, bewahrt sie Stil, jene rätselhafte Gabe der Geschmackssicherheit, die sie immer und überall vor dem bloß Albernen, Läppischen, Blöden bewahrt.

Dame Edna wird nicht dargestellt, sie führt ein abgeschlossenes Eigenleben. Sie verdankt sich niemandem als sich selbst. In ihr sitzt keine Person, die agiert, als wäre sie eine Frau namens Edna. Wenn es aber wahr sein sollte, daß sich hinter ihr ein Mann verbirgt, der ihre Kleidung trägt – und diese Unterstellung ist gar nicht nach Ednas Geschmack –, dann muß dieser Mann auf dem Wege der Verwandlung verlorengegangen sein.

Als ich in Melbourne mit Edna einen Zoologischen Garten besuchte, sahen wir uns in kürzester Zeit von zwei Schulklassen umstellt, und Edna hatte sich der zärtlichsten Liebesbezeugungen zu erwehren. Wann hätten je Kinder spontane Liebe zu einem Mann in Frauenkleidern gezeigt? Nein, Ednas Volkstümlichkeit und die Anhänglichkeit der Kinder beweisen, daß in ihrer Erscheinung etwas zutiefst Humanes zum Ausdruck kommt, das weder von den Zweideutigkeiten ihres Geschlechts noch denen ihrer Rede oder ihres Charakters getrübt werden kann.

Trotzdem sei nicht verschwiegen, daß dieser Gentleman Barry Humphries – übrigens ein distinguierter, hochgebildeter und offenbar von allerlei vergangenen Leiden geprägter Herr von eher britischem Humor – seit Ednas erstem Auftreten mit ihr in Verbindung gebracht wird: mal auf ein wenig zweideutige Weise, mal als ihr Manager – ein Titel, den Edna ihm in jüngster Zeit nur noch widerwillig einräumt, hat sich dieser Impresario doch als zunehmend unzuverlässig und eigenbrötlerisch erwiesen. In jüngster Zeit hat man ihn denn auch gar nicht mehr in Gesellschaft der göttlichen Dame gesehen, von der er womöglich insgeheim eine Art Gnadenbrot erhält.

Daß man überhaupt eine so enge Verwandtschaft zwischen dem Freund von Prinz Charles und jener Frau erkennen wollte, die bei ihrer einzigen Begegnung auch die Queen in den Schatten stellte und Margaret Thatcher wesentliche Impulse für den Stil ihrer Erscheinung gab, liegt wohl allein in der zufälligen Koinzidenz ihrer frühen Auftritte. Da soll der noch nahezu unbekannte Barry Humphries, im Bus unterwegs auf einer Theatertournee durch die Provinz Australiens, Mitgliedern des Ensembles eine Tante vorgespielt haben oder zumindest eine Person, die eine Tante hätte sein können, und als sich wenig später eine Lücke im Programm ergab, wollen Mitglieder der Gruppe ihn animiert haben, dieselbe Erzählung noch einmal auf der Bühne wiederzugeben, und zwar in Frauenkleidern.

Die schwarzweiße Gestalt, die man in einer frühen Fernsehaufzeichnung dort auf die Bühne treten sieht und die sich kaum traut, in den Mittelgrund der Szene vorzustoßen, ist allerdings schon ganz Edna, trotz ihrer Nachkriegsgarderobe, dem Krankenkassenmodell, das sie damals noch als Brille trug, und der Verhaltenheit ihrer Gestik. Mit Barry, an dessen Eleganz die Vorbilder der Zwanziger-Jahre-Bohemiens noch heute ihre Spuren hinterlassen haben, hat diese auch später stets so wandelbare und von den Entwicklungen der Zeit mitgeformte Gestalt aber auch gar nichts mehr gemein.

Was uns an dieser frühen Edna allerdings überrascht, ist nicht ihre Jugendlichkeit, denn Edna legt noch heute, gut achtunddreißig Jahre später, Wert auf die Tatsache, wunderbar erhalten zu sein und sich der kosmetischen Chirurgie allenfalls zu bedienen, um endlich ein wenig älter zu wirken. Nein, es ist ihre Bescheidenheit. Es hat eine Weile gedauert, bis es ihr in den Sinn kam, aller Welt einzureden, sie sei ein Star, und anschließend hat es eine etwas kürzere Weile gedauert, bis alle Welt es ihr glaubte – alle Welt, das ist hier ausnahmsweise einmal wörtlich zu nehmen, denn erst mit diesem Kniff überwand sie den Provinzialismus Melbournes und bereitete ganze Kontinente darauf vor, die bedeutendste Kulturleistung Australiens als eine globale anzuerkennen.

Entsprechend der deutlichen Abgrenzungen ihrer Vita zu jener ihres eher geduldeten »Managers«, lassen sich denn auch in der Biographie des Barry Humphries kaum Berührungspunkte zu einer so glamourösen Figur wie Dame Edna entdecken. In jungen Jahren war er in Melbourne ein Art stadtbekannter Dadaist, der sich durch spektakuläre Streiche einen dubiosen Leumund verschaffte. So verkleidete er einen Freund als Blinden, um ihn anschließend in der Straßenbahn übel zu malträtieren, was zu regelrechtem Aufruhr unter den Fahrgästen geführt haben soll. Happenings solcher Art ließen ihn bald als berüchtigten Dandy der Melbourner Kunstwelt erscheinen, was seine Mutter animierte, ihm die entsprechenden Zeitungsartikel vorzulegen mit den Worten: »Da siehst du, was man von dir denkt.« Eine unglaubliche Ermunterung für den jungen Mann, sich auch künftig treu zu bleiben.

Es gab auch eine Reihe von Tanten im näheren familiären Umfeld des halbstarken Barry. Sie wollen sich später, ebenso wie die Mutter des Unglücklichen, alle in Dame Edna wiedererkannt haben, und es ist eine psychologisch vulgäre, wenn auch ziemlich plausible Erklärung für Edna, daß in ihr das Mütterliche, das kaum mehr menschlich ist, gleichermaßen gestaltet und gestraft wird. Barry Humphries geht sogar so weit, Edna als »persönliche Rebellion gegen Australien« zu bezeichnen.

Gerechterweise sei gesagt, daß Dame Edna allerdings als eine Figur in dadaistischer Tradition zu sehen ist, und auch Barry Humphries, in frühen Jahren selbst Maler und seit vielen Jahren ein Sammler deutscher Kunst aus den zwanziger Jahren, bekennt seine Liebe zu Kurt Schwitters, den Sozialsatiren eines George Grosz oder den Gesellschaftsporträts von Christian Schad, dem Freund von Walter Serner, einer anderen Gestalt, die an die frühen Extravaganzen des Barry Humphries erinnert. In diesen Elementen allerdings zeigt Edna eine künstlerische Genealogie, die bis hinunter zu Daumier reicht. Fratzenhaftes, Karikaturistisches, Outriertes wird hier als symptomatische Manifestation gesellschaftlicher Deformationen verdichtet. Es ist die Lebenswelt der Epoche, die Groteskes wie Komisches der Figuren hervortreibt. Ob solche Beziehungen aber hinreichen, für die ganze Dame Edna einen dadaistischen Bürgerschreck namens Barry Humphries verantwortlich zu machen, sei dahingestellt.

Immerhin hat gerade die Epoche der zwanziger Jahre die unkünstlerische Unterscheidung zwischen Kunst und Leben geschleift, wo sie die Lebensführung selbst zum ästhetischen Komplex erhob. Oscar Wilde, Aubrey Beardsley, James Abbott Mc Neill Whistler, Michel de Montesquiou, Georges Rodenbach, Peter Altenberg, Félicien Rops, Joris-Karl Huysmans, Jacques Rigaut – sie alle gestalteten sich auch zu Kunst- und Protestfiguren, in denen der Widerstand gegen das Bürgertum eine oft aggressive Note erhielt. Oscar Wildes berühmtes Wort, er habe sein Talent in sein Werk gesteckt und sein Genie in sein Leben, mag auf Edna nur unvollkommen zutreffen, sind doch ihre Lebensäußerungen alle gleich wertvoll; immerhin ist es aber kein Zufall, daß sie als wichtigste literarische Hervorbringung die Form der Autobiographie gewählt hat, um uns ihr Leben als Kunstwerk zu vermitteln. Was wir hier über sie erfahren, belegt, daß die wesentlichen Leitwerte ihres Lebens stets ästhetische gewesen sind.

Angesichts der offensichtlichen Nicht-Identität zwischen ihrem Manager und ihr selbst konfrontierte ich Edna zumindest mit meinem Verdacht, es handele sich bei Barry Humphries eigentlich um eine Frau in Männerkleidern. Hier dementierte eine diskrete Edna nicht geradeheraus, sondern erwiderte bloß: »Es ist entsetzlich, wozu sich Menschen mit ungesunder Veranlagung hinreißen lassen.«

Am nächsten hat sich auf diesen delikaten Punkt vermutlich der Schriftsteller Graham Greene zugearbeitet, als er Humphries einmal fragte: »Nun, wie geht's der Frau, von der Sie bewohnt werden?« Sein Gegenüber wird die Achseln gezuckt haben, denn die anstrengende, raumgreifende Edna ist für sein Leben zu einer regelrechten Belastung geworden. Anfänglich, sagte er mir, sei er anmaßend genug gewesen, in dieser Figur all das erkennen zu wollen, was ihm selbst an der provinziellen, spießigen australischen Gesellschaft mißfallen habe. Dann habe aber Edna begonnen, ein Eigenleben zu führen, wie Olympia, wie die Gestalten von E.T.A. Hoffmann, wie ein Roboter.

Heute denkt Barry Humphries kaum mehr über Edna nach. Manchmal durchzuckt ihn der Wunsch, sich von ihr abzugrenzen. Manchmal beschleicht ihn die Angst, keine Beziehung zu einer Frau könne sich in seinem Leben so stark entwickeln wie die zu Edna. Manchmal fürchtet er sich vor ihrem nächsten schockierenden Einfall. »Wenn ich zu viel über sie nachdächte, müßte ich durchdrehen«, meint er, und es passiert nur manchmal, daß er im Gespräch innehält und sagt: »Edna würde jetzt sagen ...«

Dann scheint dieses Monstrum von einem Megastar weit weg zu sein, und Barry schweift in Gedanken ab, als dächte er darüber nach, was sie wohl in diesem Augenblick gerade macht. In seiner eigenen Autobiographie jedenfalls tritt Dame Edna bezeichnenderweise nur am Rande auf.

Angesichts der zahlreichen Leben, die Dame Edna schon absolviert hat, auch in Anbetracht der fragmentarischen biographischen Ausschnitte, die wir in ihren Bühnenshows erhalten, und der unzuverlässigen Details aus ihrer Intimsphäre, wie sie von der Regenbogenpresse aufbereitet werden, ist es ein Glücksfall der Literatur, daß nun endlich die Darstellung ihres Lebens aus erster Hand vorliegt. Hier endlich fällt Licht auf den rasanten Aufstieg aus dem trüben Melbourner Vorort Moonee Ponds bis an die Spitze der Zelebritätenwelt, auf den Eintritt und Austritt jener bemitleidenswürdigen Figur des Gatten Norm, dessen Prostata wohl das langlebigste menschliche Organ dieser Erde ist, auf Herkunft und Charakter jener Madge Allsop, die als verdrossene verflossene Brautjungfer Ednas ihrer Fürsorge nie ganz entkommen ist, auf die Familie Ednas und ihren karitativen Eifer.

Geschrieben in ihrem unverwechselbaren Idiom, intoniert auf ihrer höchsteigenen Stimmlage und geprägt von jenen unverkennbaren Stilelementen, die Ednas Sprache auszeichnen – dem travestierten Klischee, dem lakonisch bösartigen Nachsatz, der schmeichlerischen oder zurechtweisenden Ansprache des Publikums –, nimmt uns Edna mit auf die Bühne ihres Lebens und teilt in selbstloser Hingabe ihr Leben, Lieben und Leiden mit uns allen, die wir uns nun zumindest schräg vom Glanze ihrer Vita beschienen wissen dürfen, auch wenn sich niemand darüber täuschen soll: Wir alle werden nicht mehr sein, wenn die Spuren des Wirkens dieser bemerkenswerten Frau als Blutergüsse und Knutschflecken noch immer das Gesicht dieser Erde zeichnen.

Roger Willemsen

Kapitel 1

Meine Wurzeln

Ich dürfte jüdischen Ursprungs sein. Laßt uns den Tatsachen ins Auge sehen, Beutelratten,* rüttelt am Stammbaum irgendwelcher Familien, und öfter, als man denkt, fällt dabei ein Zweibeiner vom Roten Meer herunter – und zwar auf die Füße! Jedesmal, wenn ich mich in einer etwas kosmopolitischen Umgebung befinde, wie in New York oder Los Angeles, schauen mich die Leute so an, als wäre ich ein seit langer Zeit verlorener Verwandter. Blicken wir der Wahrheit doch ins Auge – ich bin ein Überlebender, und zwar ein Überlebender, der sämtliche Beiträge voll

---

* Dame Edna benutzt das Wort »possum« als Anrede ihrem englischen Publikum gegenüber. Das ist eine Abkürzung von »opposum«(= »Beutelratte«).

»Beutelratte (Didelphys L.), Gattung aus der Familie der Beutelratten (Didelphyidae), kleine, gedrungen gebaute Tiere mit einem an der Spitze meist nackten Greifschwanz und fünfzehigen Pfoten. Sie bewohnen die Wälder Amerikas. Das virginische Beuteltier (Opossum, Didelphys virginiana Shaw, s. Tafel), über 50 cm lang, mit 30 cm langem Schwanz, kurzem, dickem Hals, langem Kopf, langer, zugespitzter Schnauze, kurzen Beinen,

Opossum (Didelphys virginiana). ¼.
(Art. Beutelratte)

ziemlich dickem, nur an der Wurzel behaartem Schwanz, bewohnt Wälder und Gebüsche von Mexiko bis zu den Großen Seen, klettert vorzüglich, ist auf dem Boden ziemlich langsam und unbehilflich, scheut das grelle Licht, geht aber Tag bezahlt hat, ein Parteibuch besitzt und eine Geschichte zu erzählen hat. Und hier ist sie.

Der Gedanke ist schon komisch, daß Abermillionen Menschen diesen Bestseller lesen werden, manche freiwillig, viele aber als Pflichtlektüre an der Hochschule oder Universität, die meinen Namen noch nie gehört haben. Was für eine eitle Frau ich sein müßte bei dem Gedanken, daß jedermann auf diesem Planeten mich anbetet.

Vielleicht kommen Sie auf die Idee, daß dies wieder nur so eine von diesen Showbusineß-Autobiographien ist, die ein Geisterschreiber für ein doofes Tittenwunder mit Stroh im Kopf verfaßt hat. Mitnichten!

und Nacht auf Raub aus, frißt auch Eier, Insekten, Früchte und Wurzeln. In Hühnerställen wütet es mit unbeschreiblicher Mordgier und vergißt dabei jede Gefahr. Wird es angegriffen, so rollt es sich zu einem Knäuel zusammen und stellt sich tot. Das Weibchen wirft 4-16 Junge, welche es etwa 50 Tage im Beutel herumträgt. Das Fleisch duftet knoblauchartig, wird aber von den Negern gegessen.«

(*Meyers Konversations-Lexikon*, Leipzig und Wien 1897)

Text und Bild zeigen deutlich, daß es sich hierbei um ein höchst possierliches (!) Tier handelt, und auch Dame Edna geht mit diesem Wort sowie mit ihren Zuschauern und Lesern sehr behutsam um; es ist also ein Kosename.

Allenfalls könnte der Umstand zu denken geben, daß die Beutelratten als einzige Gruppe aus der Familie der Beuteltiere (siehe Känguruh, Koala u.a.) *nicht* zu den australischen Beuteltieren gehört. Der Interpretation und Dame-Edna-Exegese durch künftige Forschergenerationen eröffnet sich hier ein weites Feld. Ganz am Anfang wollten wir »possums« mit »Kinder« übersetzen. Angesichts der Fernsehshows (mit Untertiteln) von und mit Dame Edna sowie der Artikel über sie, die alle ausnahmslos die wörtliche Übersetzung vorziehen, haben wir jedoch eingesehen, daß »Beutelratten« seine Richtigkeit hat.

Zweifler unter den Liebhabern des Dame-Edna-O-Tons, die ihr immer noch nörgelt, so wisset: Die Dame selbst hat – im Gespräch mit Roger Willemsen – in ihrer glockenreinen herrlichen Stimme und in makellosem Deutsch in die Kamera gesprochen und ihre deutschen Fans gegrüßt: »Hallo Beutelratten.«

(*Anm. d. Übers.*)

Dieses Buch stellt eine neue Hoffnung für Milliarden Männer und Frauen über alle ethno-sozio-ökonomischen Grenzen hinweg dar, weil es die wahre Geschichte des langen Weges einer Frau vom Spülbecken bis in die Hallen der Macht beschreibt. Einer Frau, die dennoch natürlich, umgänglich und – so ist es nun mal – demütig geblieben ist.

Als ich vorher sagte, ich dürfte ein Zweibeiner vom Roten Meer sein, hätte ich auch sagen sollen, daß ich hundertprozentig australischen Ursprungs bin, denn dort bin ich vor weitaus weniger als einem Jahrhundert geboren. Wenn man aus einem wunderbaren Land wie dem meinigen kommt, taucht man nicht gerne allzu tief in die Abgründe seiner Abstammung hinab (jedenfalls tat man dies bis vor kurzem nicht). Sie müssen wissen, daß in den guten alten Zeiten Australien die Müllkippe für unverbesserliche Briten war; nun ist es umgekehrt. Wir neigen dazu, nicht wenige Vollblutstrolche nach England zu schicken, wo sie sich fast immer aufführen wie Elefanten im Porzellanladen und Polomannschaften, Zeitungen, Brauereien und van Goghs aufkaufen.

Wenn man heutzutage nach Sydney fährt, kann man sich in eine seiner vielen vornehmen, international bekannten, mit Preisen überschütteten Gourmet-Brasserien zwischen die Crème de la Crème der anspruchsvollen Gesellschaft von Sydney setzen. Man braucht jedoch seine Mitspeisenden nicht lange anzusehen, um kleine, vielsagende Hinweise auf ihre Sträflingsabstammung auszumachen. Gar die Art, wie manche Mannsbilder in ihren offenen Hemden von Giorgio Armani mit ihren Cartier-Ketten klappern, erinnert einen gespenstisch an die schlechte alte Zeit, als altmodische Sittlichkeitsverbrecher aneinandergekettet wurden – hoffentlich nicht zu eng aneinander! Schaut euch auch die Weibsbilder in ihren Ungaros und Claude Montanas an: diese Pfannkuchengesichter und das Lächeln mit gefletschten Zähnen sprechen ihre eigene erregende Sprache von zügellosen Nächten in den Lasterhöhlen von Alt-Sydney.

Nein. In Sydney befinden sich unsere buntgewürfelten – oder sollte ich besser sagen – gestreiften – Ahnen knapp unter der Oberfläche, aber noch bis vor kurzem fragte kein Mensch danach, womit dein Urururgroßvater sein Brot verdiente. Die meisten Australier, wenn sie ihre Sträflingsvergangenheit überhaupt erwähnten, behaupteten im allgemeinen, daß ihre Vorfahren zum Personal dieser unheimlichen alten Besserungsanstalten gehörten. Dann müßte allerdings das Verhältnis Aufseher/Sträfling zehn zu eins betragen haben. Zuzugeben, daß man einen Knastbruder in der Familie hatte, war schlicht und einfach unerhört. Jeder tat so, als seien seine Vorfahren nach Australien gekommen, weil es hier so toll ist. Das war jedenfalls in meiner Heimatstadt Melbourne so, wo jedermann von Touristen abstammt, die sich aus verschiedenen Gründen – Verlust des Gepäcks, Paßprobleme, Magen-Darmbeschwerden und Schlangenbiß – entschlossen hatten, ihre Reise um ein oder zwei Generationen zu verlängern. (Die bunten Einwanderer, die seit dem Sieg über die Japaner hier eintrudelten, stehen auf einem anderen Blatt. Die Griechen, Malaysier, Italiener, »boat people« und Serbokroaten ebenso wie die Neuseeländer sind nur ein paar der ethnischen Minderheiten, die das moderne Australien zum heutigen pulsierenden Schmelztiegel gemacht haben. Inzwischen sind wir Uraustralier weit weniger peinlich berührt von unseren mißratenen Ahnen als früher.)

Niemals werde ich den Tag vergessen, als meine wunderbare Mutter mich im Abstellraum einschloß. Dabei handelte es sich um einen winzigen Raum, der als Lager benutzt wurde. Vielleicht war ich an dem Nachmittag unartig, wenn auch einige mit mir befreundete Psychiater mir jetzt sagen werden, daß es keine Unartigkeit mehr gibt und daß ich wahrscheinlich die ersten Symptome von brillanten Megastaralüren zeigte, als ich meiner kleinen Spielkameradin, Daphne, hinter der Müllverbrennungsanlage eine »Brennessel« verpaßte. Da sie eine schreckliche

Heulsuse war, brüllte sie, als hätte ich ihr wirklich weh getan, und meine Mutter stürmte in den Hof und lieferte eine Bilderbuchdemonstration dessen, was man als »Überreaktion« bezeichnet – natürlich ohne von dem Phänomen die geringste Ahnung zu haben (ich wußte es zwar damals noch nicht, aber sie dürfte in der Mitte, am Anfang bzw. am Ende eines ihrer berühmten Nervenzusammenbrüche gewesen sein). Ich höre immer noch ihre Stimme, wie durch einen langen Tunnel, »Laß Daphne in Ruhe«, während die Türe des Abstellraums hinter mir zuschlug, und ich wußte, daß ich mindestens eine halbe Stunde Einzelhaft vor mir hatte. Ich würde vielleicht sogar meine Lieblingsradiosendung »Chums at Chatterbox Corner« verpassen, wenn die Heulsuse sich durchsetzte. Ein Fenster gab es im Abstellraum nicht, lediglich einen hohen Lüftungsschlitz, durch den sich ein schwaches grünes Licht stahl, und eine ausgebrannte Glühbirne, auf der einstmals ein Weberknecht gegrillt worden war. Dieses Schrankzimmer, denn es war mehr ein Schrank als ein Zimmer, roch nach Staub, Bohnerwachs, Möbelpolitur, alten Koffern und Hutschachteln aus Leder, die so widerlich stanken, als ob sie sich wieder in Fleisch verwandeln wollten.

Gruseligerweise kann ich mich jetzt, da ich diese Worte niederschreibe, wieder daran erinnern, wie Leder schmeckt und Geldmünzen, Tinte und – so leid es mir auch tut – Dreck. Es ist erstaunlich, was für Dinge kleine Kinder in die Gosche stopfen und trotzdem weiterleben und später Kunde davon ablegen können. Glücklicherweise vergeht uns dies mit zunehmendem Alter meist – Madge ist schon immer eine Ausnahme gewesen.

Schluchzend saß ich auf dem Fußboden und fühlte eine Abneigung gegen meine Mutter, nicht ahnend, daß ich sie viele Monde später in eben dasselbe Zimmer sperren würde, aber das ist eine andere Geschichte, eine aufregende und gleichzeitig rührende. Man erinnere mich daran, sie gelegentlich zu erzählen.

Auf einmal erblickten meine Kinderaugen eine alte Kommode,

möglicherweise ein antikes Möbelstück von unschätzbarem Wert, das wahrscheinlich meiner Oma gehört hatte. Heutzutage würde es bei Christie's Abermillionen einbringen, damals aber betrachtete man es lediglich als wertlosen Ramsch. Die wackeligen alten Schubladen waren mit den rosa Seiten des »Sporting Globe« und »Pix« ausgelegt, aber die unterste Schublade war anscheinend verschlossen. Ich zog heftig am Griff, und plötzlich gab das alte Kupferschloß unter Absonderung einer Staubwolke nach, und die Schublade öffnete sich. Sie schien leer zu sein bis auf schmuddelige alte Klamotten und eine Kaninchenfalle. Man muß bitte bedenken, daß es da drinnen nicht so einfach war, etwas zu erkennen, und daß meine Augen nicht so gut waren wie die anderer Mädchen (Dr. Moss sollte mir bald mein erstes berühmtes Nasenfahrrad verordnen). Bei dem schwachen Licht, das durch den Lüftungsschlitz drang, betrachtete ich die Klamotten näher und stellte zu meinem Erstaunen fest, daß sie mit einem gruseligen Muster bedruckt waren – mit Streifen! Die sogenannte Kaninchenfalle war ein Stück Kette, das an einer rostigen Kugel befestigt war. Obwohl mir die Bedeutung dieser Entdeckung nicht völlig klar war, verhüllte ich das Ganze schnell mit ein paar Seiten alter Zeitungen und schlug die Schublade wieder zu.

Was hatte das zu bedeuten? fragte ich mich. Vor lauter Mutmaßungen schwirrte mir mein kleines malvenfarbenes Kinderköpfchen. Erst viele Jahre später konnte ich das seltsame und furchtbare Geheimnis enthüllen, das im Abstellraum unserer Familie lauerte.

Somerset House liegt nicht einmal in Somerset – eigentlich liegt es irgendwo in der Nähe der Strand Street beim Australia House –, aber es ist ein faszinierender altertümlicher Ort, ange-

Was hatte dies zu bedeuten? fragte ich mich.

füllt mit Geschichte, Pomp und Prunk, und wenn man seinen Stammbaum erkunden will, wendet man sich dahin. Wie könnte ich jemals den Morgen vergessen, an dem Madge und ich uns mit meiner Limousine aufmachten, um die Wurzeln meiner Herkunft einer kurzen forschenden Probe zu unterziehen. Um ganz ehrlich zu sein, liebe Leser, müßte ich an einem ernsten Fall von Senilität leiden, wenn ich diesen Ausflug vergessen würde, denn er fand erst gestern früh statt. Aber es ist gut, daß Somerset House nicht in Somerset liegt, denn sonst wären wir dort angekommen, und es wäre wahrscheinlich geschlossen gewesen.

Glücklicherweise kannte mich jemand dort vom Fernsehen, was uns ein paar Türen öffnete und ein paar Ecken abrundete. Es handelte sich um ein Kerlchen mit gefärbten Haaren, der jedoch wunderschön gepflegt und wahrscheinlich ohne jeglichen Makel war. Auf jeden Fall entwickelte Madge ein ausgesprochenes Faible für Dennis, wie er hieß, und als wir einige Stunden später wieder gingen, machte sie sich lächerlich, indem sie ihm mehr Tombolalose abkaufte, als sie sich leisten konnte, um Geld für den Reggae-Benefiz auf Jamaika zu spenden. Ich hatte die Geburtsurkunde meiner Großmutter Beazley mitgebracht, die wir unter den Sachen meiner Mutter in der Nacht gefunden hatten, als wir ihre persönlichen Dinge verbrannten.

Und nachdem Dennis uns liebenwürdigerweise ins Innere des Gebäudes ins Obergeschoß geführt hatte, spielte ein hilfsbereites Mädchen (zufällig ein weiterer Fan) ein bißchen auf ihrem Computer herum, und – man höre und staune – plötzlich erschien der ganze Beazley-Stammbaum auf ihrem Bildschirm. Wir haben jetzt alles auf Mikrowelle, sagte sie, in der guten alten Zeit hätte es Stunden gedauert, sich durch die verschimmelten alten Papiere hindurchzuwühlen.

»Sind Sie ganz sicher, daß Sie das sehen wollen, Dame Edna?« fragte sie und blickte mit verlegenem Stirnrunzeln auf ihren Bildschirm – und das ist ein mir wohlvertrauter Ausdruck.

»Aber natürlich!« rief ich ziemlich heftig aus. »Zufällig ist es mir bekannt, daß meine Vorfahren keine Heiligen waren, wahrscheinlich waren sie sogar Schurken, aber was sie auch immer angestellt haben, es war die einzige Möglichkeit, die sie hatten, um gegen die gravierenden sozialen Mißstände zu protestieren, die überall und in jedem Fall im Großbritannien der Vor-Thatcher-Ära, wie wir es kennen, herrschten.«

Offen gestanden habe ich mich vielleicht nicht ganz genauso ausgedrückt, aber auf jeden Fall denke ich so, und die Historiker pflichten mir bei. Moderne Forschung und Kohlenstoffdatierung beweisen, daß die meisten sogenannten Sträflinge, die vormals nach Australien verschickt wurden, höchst intelligente Revolutionäre und Intellektuelle waren, die gegen grauenhafte Lebensbedingungen wie Pest, den schwarzen Tod und Body Line Bowling* protestierten.

»Das ist faszinierend«, sagte das liebe Mädchen und deutete auf einen Ausdruck, der sich gerade aus ihrer Maschine gewunden hatte. »Ihre Namensvetterin, Edna Beazley, wurde im Jahre 1770 wegen Ladendiebstahls in London verurteilt und auf einem Sträflingsschiff nach Australien gebracht. Es tut mir fürchterlich leid, daß ich Ihnen so was Scheußliches mitteilen muß«, fügte sie ziemlich süßlich hinzu.

Komischerweise schämte ich mich kein bißchen, denn alles paßte endlich zusammen. Hatte ich denn nicht den verschimmelten alten Sträflingsanzug in Nanas Kommode entdeckt? Ich wußte auch, daß er einer Frau gehört hatte, denn die Jacke wurde auf der linken Seite geknöpft und roch nach Toilettenwasser aus der Alten Welt.

»Sie sagen mir nichts Neues«, antwortete ich höflich, »aber es würde mich sehr interessieren, was das arme kleine Ding gestoh-

---

* UnfaireTaktik beim Kricket, bei der direkt auf den Körper gezielt wird.
 (Anm. d. Übers.)

len hat, um die Reise nach Australien antreten zu dürfen. Es ist nun mal so, daß heutzutage ein englisches Durchschnittsmädchen einen Mord begehen würde, um hierherzukommen.«

Meine hilfsbereite Archivistin schlug einige weitere Akkorde auf ihrer Hardware an, und nach einem längeren elektronischen Schweigen flammten auf ihrem Bildschirm erstaunliche Fakten und Daten auf. Um es kurz zu machen, meine arme kleine Ahne war von einem Bow Street Runner* verhaftet worden, als sie am Covent Garden bei einem Blumenhändler eine Gladiole stahl. Als ob das noch nicht gruselig genug wäre, scheint es so, als ob sie unter den ersten Sträflingen aus England gewesen sei. Man wollte die armen kleinen Dinger ganz einfach auf irgendeiner Tropeninsel abladen. Die kleine Edna Beazley mit ihrer unvorstellbaren Führungskraft, die ich wohl geerbt haben muß, übernahm recht bald schon die Leitung des Schiffes und freundete sich mit dem verwirrten alten Kapitän an, der keine Ahnung hatte, wohin die Reise führen sollte. Nachdem er sich bei einem Landgang einen Darmvirus und eine nicht salonfähige Krankheit zugezogen hatte, lenkte die kleine Edna das Schiff praktisch mit dem kleinen Finger und legte einen neuen Kurs Richtung Süden fest, wo man schließlich landete. Aber sie erhielt niemals die ihr zustehende Anerkennung. Welcher Frau wurde dies damals schon zuteil? Der chauvinistische alte Kapitän sprang an Land und hißte den Union Jack. Sein Name war zufällig Captain Cook, und das von Edna Beazley entdeckte Land war Australien! Jetzt höre ich meine Leser sagen, »Das kannst Du Deiner Großmutter erzählen, Edna!« Natürlich könnte ich das. Aber diese grienenden Zyniker und Chauvinisten, denen es unmöglich ist, zu glauben, daß eine hübsche kleine Blumenkleptomanin von anno dazumal imstande war, eine bedeutende Landmasse zu entdecken,

---

* Historische Bezeichnung für Polizist, vergleichbar etwa mit Gendarm. (Anm. d. Übers.)

würde ich an die Archive des weltberühmten Somerset House verweisen. Es tut mir schrecklich leid, aber so bin ich nun mal.

Natürlich glaube ich an die Wiedergeburt. In der Tat wäre ich wahrscheinlich die Reinkarnation von Mutter Teresa, wenn sie nicht noch am Leben wäre. Shirley MacLaine glaubt, daß ich mit großer Sicherheit eine Wiedergeburt von Boudicca*, Maria Stuart, Lady Macbeth, Florence Nightingale, Mrs. Beeton und Ethel Merman bin, und wer würde sich mit Shirl deswegen anlegen?

Aber natürlich sind wir alle in gewissem Maße Wiedergeburten unserer Vorfahren, und meine mutige kleine kriminelle Ahnin hat bestimmt einen gruseligen Einfluß auf mein Leben. Lange bevor ich wußte, daß sie eine Gladiole gestohlen hatte, hatte diese prächtige Blume schon eine eigenartige Anziehungskraft auf mich. Einmal in den frühen sechziger Jahren stand ich auf der Bühne eines Theaters in Sydney und hielt mein Publikum in Atem – eine riesengroße Vase mit fleischfarbenen Gladiolen stand auf dem Klavier –, und als ob sich eine geheimnisvolle Macht meiner bemächtigte, fühlte ich mich die triefenden Stengel aus ihrem Behältnis reißen und sie in den düsteren Zuschauerraum schleudern; Hände flogen wie rosa Papageien in die Höhe und ergriffen sie, und die erste Reihe schwenkte schon bald die Blumen als wunderbaren Dank im Rhythmus zu meinem Finale. Noch immer beende ich meine Shows auf dieselbe Weise, aber jetzt verteile ich natürlich alljährlich Trillionen von Gladiolen, und man weiß, daß vom Ruin bedrohte englische Blumenhändler Eintrittskarten für die erste Reihe kaufen, um ihren armseligen Blumenvorrat aufzufüllen. Ich bin mir jedoch sicher, daß die besondere Beziehung, die ich zu Gladiolen habe, und die Tatsa-

---

* Britannische Fürstin, die 61 v. Chr., nach dem Tod ihres Mannes, den Aufstand gegen die Römer führte und bald nach ihrer Niederlage – vermutlich durch Selbstmord – starb. *(Anm. d. Übers.)*

che, daß die Gladiole durch mich jetzt Australiens Nationalblume geworden ist – gänzlich meiner gespenstischen Vorfahrin zuzuschreiben sind. In ihrem Privatleben sind Gladiolen übrigens sehr lustige Blumen, aber das ist eine Kleingartenhorrorstory, die ich Ihnen später erzählen werde, ob Sie wollen oder nicht.

Kapitel 2

Zurück in den Mutterleib

Als das Syndikat der internationalen Verlagsmagnaten zwecks vorläufiger Besprechung (oder, wie man dort so sagt, »Gipfelconfrenz«) mit meinen Schweizer Beratern nach Genf flog, um mich wegen einer Autobiographie auszuquetschen, die alles, auch meine Warzen, zu beinhalten hatte, wurde mir klar, daß ich etwas Hilfe bei der Erforschung meiner Kinderjahre brauchen würde, wenn dieses Geschäft je über die Bühne ginge. Wer könnte mir intime Details über mich selbst als kleinen Butzel erzählen? Einige Leutchen kamen mir schon in den Sinn, aber weilten sie noch unter den Lebenden? War es nicht so, daß die meisten von ihnen hinweggerafft worden waren, den Löffel abgegeben hatten oder aber über den Jordan gegangen waren? Und wenn ein paar sich immer noch auf diesem Planeten aufhielten, wieviel von meinen infantilen Eskapaden und drolligen, frühreifen und tiefschürfenden Aussprüchen würden sie noch wissen? Es ist nun mal so, wenn man ein Baby herzt oder gar versucht, eine vernünftige Unterhaltung bei einer Tasse Tee zu führen, während das Kleinkind von irgend jemandem in seinem Korb oder Laufstall vor sich hin plappert, ist es durchaus zu entschuldigen, daß man nicht alles auf Video und Tonband festhält, um es nachher geschwind mit dem Fahrrad zum Smithsonian Institute zu bringen. Bei Licht gesehen, schwätzen die meisten Butzel eine Menge Blödsinn daher, und man kann den Erwachsenen verzeihen, wenn es zum einen Ohr hinein- und zum anderen wieder hinausgeht. Wenn man ein Wunderkind wie Michael Jackson, Mozart und Mickey Rooney ist, merken das die Eltern womöglich als letzte, und die Chancen sind groß, daß das Geplapper des Babys niemals die Nachwelt erreicht. Wer würde sich an meines erinnern? Das war die große Frage, eine Frage, die mich auf eine lange Reise durch die VIP-Lounge des internationalen Flughafens von Genf führen sollte.

Nebenbei gesagt, habe ich mich nie um elitäre Dinge wie Privatjets oder Leibwächter und Aufpasser gekümmert, und wenn jemals ein kranker, verwirrter Mann aus einer zerbrochenen Ehe versuchen sollte, mich sexuell zu belästigen, hat meine Brautjungfer, Madge Allsop, versprochen, sich zwischen uns zu werfen. Sie hat gar um einen Probelauf gebeten.

In kürzester Zeit befand ich mich hoch über den Alpen. Ich drückte meine Stirn gegen die kalte Plastikluke und dachte bei mir: »Irgendwo da unten, inmitten von all diesen geschäftigen Leutchen mit ihren Hoffnungen und Ängsten, Tränen und Gelächter, Freuden und Enttäuschungen, liegt mein Geld.« Es war kein unangenehmer Gedanke. Ich war nun auf dem Rückweg nach Australien mit meiner Brautjungfer Madge, die etwa eine halbe Meile, fünfzig brüllende Kleinkinder und fünf Schlangen vor der Toilette hinter mir in der Economy-Class verstaut war. Ich schaute mir ein paar der Bücher an, die ich als Reiselektüre mitgenommen hatte: »Die Teufelin«, »Wenn Frauen zu sehr lieben«, Lizzie Spenders Pastakochbuch und das letzte Buch von Jackie Collins.

Plötzlich pflanzte sich ein ziemlich dicklicher Steward mit rosa Jackett auf meine Armlehne. »Socken und Schlummermaske?« erkundigte er sich höflich, indem er mit Hilfe von desinfizierten Zangen einen kleinen Plastikbeutel mit Flugaccessoires von einem Tablett aufnahm.

Ich bin mir nicht sicher, ob es Kondensationswasser von meinem Ventilator war, aber ein leichter feuchter Nebel umhüllte mich eine Sekunde lang, oder kam der vielleicht daher, daß es für einen großen Macho-Flugbegleiter schwierig ist, die Worte »Socken und Schlummermaske« in einer Höhe von 30 000 Fuß nüchtern auszusprechen? Ich bemerkte auch, daß er eine Menge meiner Platten, Bücher und alten Programme unter den Arm geklemmt hielt, und so konnte ich erraten, was kommen würde.

»Würde es Ihnen wohl etwas ausmachen, Dame Edna, ein paar davon für meinen Mitbewohner Don zu signieren? Wir lassen keine von Ihren großartigen Shows aus.« Ich war froh, daß er nicht »sensationelle Shows« gesagt hatte, sonst hätte ich schnell in meinen Regenmantel schlüpfen müssen.

Vierundzwanzig Stunden und drei Valium später landete mein Jumbo in Tullamarine, Melbournes Weltklasseflughafen. Während Madge in der Gepäckhalle darauf wartete, daß meine Mark-Cross- und Louis-Vuittons-Köfferchen auf dem Karussell angetrudelt und angeschleudert kamen, empfing man mich mit den üblichen VIP-Ehren und führte mich rasch an den langen Schlangen von boat people (bzw. jumbo people, wie man sie seit der Entwertung des australischen Dollars nennt) vorbei in die Ankunftslounge, wo ich mich ängstlich nach der Person umsah, die mich dort treffen sollte. Dort, hingestreckt auf einem mandarinenfarbenen Dralonsofa unter einer Zimmerpalme und einem seltenen Druckoriginal, versehen mit Signatur und Seriennummer, von Sir Sidney Nolan (Nr. 3500 von 11 000) lag mein Onkel Victor, hackedicht. Wie klein und verletzlich er in seiner makellos sauberen, enteneiblauen Acetat-Shorts, seinem beigen »Ich ♥ Australien«-T-Shirt und mit seinen krummen alten Zehen in gelben Gummiriemensandalen aus Taiwan aussah. Wenn man auf diese kleine Heuschrecke von einem Mann hinuntersah, der eine importierte Digitaluhr um sein drahtiges Handgelenk trug, war es unmöglich, zu glauben, daß er dereinst »Schlächter von Borneo« genannt worden war. Es war schwer vorzustellen, daß er einhändig ein Bataillion Japaner kastriert hatte. Ich versuchte deshalb, es mir nicht vorzustellen – ohne Erfolg.

Ich war in Gedanken versunken, als Madge auftauchte, um zu

verkünden, daß mein Gepäck in der Limousine verstaut sei. Onkel Victor muß ihren Duft von »Charlie« gerochen haben, denn seine alten Augenlider zuckten.

»Ed!« rief er. »Das ist die kleine Ed.«

Er warf sich mir in die Arme, und ich spürte die brüchigen alten Knochen des Bruders meiner Mutter, des Kriegshelden, durch meinen aus rein humanen Überlegungen heraus gewählten, arktischen Fuchspelzmantel aus Acryl.

»Wir haben der Mama gesagt, daß du kommst, aber ich kann dir nicht garantieren, daß sie dich wiedererkennt. Aber das Personal von Dunraven freut sich schon darauf, dich zu sehen, Ed. Wahrscheinlich rollen sie für dich den dicken roten Teppich aus. Keine Sorge.«

Ich hatte beschlossen, die Pensionärseinrichtung meiner Mutter so schnell wie möglich vor Einsetzen des Jetlags aufzusuchen. Es war schließlich ein Wunder, daß der alte Schatz noch unter uns weilte, obwohl ihre lichten Momente laut Schwester Choate immer rarer wurden. Aber ich wußte, daß es Spritzen gab, die man verwirrten Alten verabreichen konnte, um sie gesprächig zu machen, wie mir mein wunderbarer Privatarzt, Dr. Balfour Gardiner, sagte, der Hand in Handschuh mit meinem Gynäkologen arbeitet.

Als ich eingemummt in eine Reisedecke mit meinem drahtigen kleinen Onkel und Madge Allsop wie Graf Rotz mit feiner Dame in der Limousine saß, bereitete ich aufgeregt die Fragen vor, die ich meiner fabelhaften Mutter stellen wollte. Was waren meine ersten Worte, die ich der Welt schenkte? Wie lang hast du mich gestillt? War ich ein eifriger Trinker an deiner Brust? In welchem Alter war ich sauber? Was waren bei mir die ersten Anzeichen von Genialität?

Nicht etwa, daß ich mich für die Antworten auf all diese Fragen interessierte – mit der für mich typischen Selbstlosigkeit dachte ich schon an Euch, liebe Leser, an die Millionen meiner Leser, die darauf bestehen würden, alles zu wissen.

Es war ungefähr ein Jahr her, seitdem ich zuletzt Melbourne, die schönste Stadt Australiens, besucht hatte. Ich schaute durch das kugelsichere Fenster meiner überlangen Limousine und sah die altbekannten Wahrzeichen und auch neue Bauwerke, die typisch für die erregende und innovative Architektur sind, die aus dieser Stadt einen wahren Nährboden neuartiger Ideen gemacht hat. Wir fuhren an mehrstöckigen Werbeagenturen vorbei und anstelle von Fensterglas gab es da Spiegelglas, jawohl, Sie haben richtig gehört, Spiegelglas, in dem sich – Beutelratten, ihr habt richtig geraten – weitere mehrstöckige Werbeagenturen in verschiedenen Farben widerspiegelten. Die Straßenbahnen holperten immer noch die breiten Straßen hinunter, die noch nicht mit Spiegelglas gepflastert, sondern von einigen unserer international anerkannten, preisgekrönten Künstler bemalt worden waren. Vor uns liegend sah ich das Hinweisschild »Moonee Ponds«, der Vorort meiner Kindheit. Die Augen wurden mir feucht, aber es blieb keine Zeit für nostalgische Umwege, wenn ich vor der Waschungszeit nach Dunraven, St. Peter's Close, kommen wollte.

Man mag mich für altmodisch halten, aber »Small talk« ist mir zuwider. Meine wunderbare alte Mutter pflegte zu sagen: »Wenn du nichts Nettes zu sagen hast, sag besser gar nichts.«

Das war übrigens einer der vielen Aussprüche meiner Mutter, den sie in ein kleines rosa Notizbuch kritzelte. Wir fanden es in der Tasche einer ihrer mit doppeltem Faden muschelgestrickten, pfirsichfarbenen Morgenjacken in der denkenswerten Nacht, als wir ihre Sachen verbrannten. Eines Tages werde ich ihre weisen alten Worte veröffentlichen, wahrscheinlich bei der Einrichtung, die ich für alle meine Wohltätigkeitsveröffentlichungen benutze: beim Prostataverlag. »Ein rechtes Wort zur rechten Zeit« und »Viele Köche verderben den Brei« gehören zu den großartigen kleinen philosophischen Lebensweisheiten, die sie loszulassen pflegte. Eifersüchtige Charaktere und Besserwisser haben dies verächtlich abgetan, indem sie sagten, sie hätten diese Ausdrücke schon hundertmal zuvor gehört – was absolut richtig ist! Man muß sich vor Augen halten, daß meine Mutter ihre Weisheit über jeden ergoß, der ihr über den Weg lief beziehungsweise heutzutage über ihre Rampe läuft. Es ist also kein Wunder, daß einige ihrer prägnantesten Redewendungen sich auf dem ganzen Globus verbreitet haben.

Einer der weisesten Sprüche meines alten Lieblings war: »Man ist so alt, wie man sich fühlt«, und ich muß sagen, daß mir diese Worte auf der langen Fahrt vom Flughafen mit der Limousine im Kopf herumschwirrten.

Es ist schon eigenartig, aber ich, die so flüssig mit George und Barbie Bush, Gore Vidal, Dr. Jonathan Miller und ihresgleichen plaudern kann, hatte Schwierigkeiten, mich mit meinem kleinen Onkel Victor zu unterhalten. Ich wußte, wie stolz er auf mich war. Hatte er nicht ein Sammelalbum mit all meinen Unternehmungen angelegt, alle meine TV-Shows mit dem Videorecorder aufgenommen, und verschaffte ihm mein Ruf nicht Einladungen in Speiserestaurants? Ich verwende den Ausdruck »Einladungen in Speiserestaurants« ziemlich unbedacht, Beutelratten, denn ich bezweifle, daß der arme alte Schatz jemals in seinem Leben im Restaurant gegessen hat. Meine kleine Nichte, Kylie, hat mir gesagt, daß sie ihn tagsüber eigentlich nie frei herumlaufen lassen, weil sie Angst haben, er könnte in eine Meute japanischer Touristen geraten und grauenhafte Kniestöße in die Genitalien erleiden. Er war der einzige überlebende Bruder meiner Mutter, und ich hatte jahrelang versucht, ihm auf unaufdringliche Weise zu helfen: mit einem gelegentlichen Freßkorb von Harrod's und mit verschiedenen Warenproben, für die ich keine Verwendung mehr hatte, wie zum Beispiel CDs mit schwedischer Kammermusik und den unbenutzten Terminkalendern vom letzten Jahr. Er hat diese Geschenkpakete vielleicht nie aufgemacht, Gott segne ihn, aber Kylie hat mir erzählt, daß er es liebte, zu seinen wenigen überlebenden Kumpels beim Bowling zu sagen: »Schaut, was meine Nichte Edna mir geschickt hat!« und stolz die Ausgabe von »Soufflés aus der französischen Provinz« herumzuschwenken.

»Der Weg zu einem Freund ist niemals zu weit.« Ja, das ist wieder ein wunderbarer Ausspruch meiner Mutter, aber an dieser Stelle muß ich feststellen, daß der Weg zum Dämmerheim meiner Mutter angesichts der Tatsache, daß ich mit zehn Gepäckstücken und einer Brautjungfer um die ganze Welt geflogen war, verflixt lang war. Ich ging davon aus, daß ich immer noch auf der Überholspur war, und dennoch wußte ich, daß der Sand in der Eieruhr des Lebens schnell wegsickerte, und war ich schließlich nicht dabei, die Nachforschungen für die Autobiographie des Jahrhunderts anzustellen? Angenommen, meine wunderbare Mutter würde hinweggerafft werden, bevor ich ihr ihren lebenswichtigen Beitrag entlocken konnte, würde ich mir dies nie verzeihen. Und meine Leser wahrscheinlich auch nicht.

Die international hochgelobten Lichter von Melbourne wurden immer spärlicher, als mir klar wurde, daß wir etwa siebzig Meilen vom Stadtzentrum entfernt waren und uns den äußeren Vororten näherten. Im Rahmen des innovativen und phantasievollen Groß-Melbourne-Plans wurden hier schöne neue Wohnsiedlungen errichtet, wo einstmals nur Farmen und Obstgärten gediehen. Diese neuen Vororte benannte man nach australischen Sport- und Kulturpreisträgern. Das Dämmerheim meiner Mutter grenzte an Keneally, Goolagong und Minogue an.

Dunraven war ein prächtiges, antikes, im letzten Jahrhundert mitten im Niemandsland von einem bekannten Buchmacher gebautes Altenheim. Es war in den sechziger Jahren vor allem deshalb nicht abgerissen worden, weil niemand dort eine Tankstelle bauen wollte. So verwandelte es das Gremium der Ärzte, die das alte Heim für einen Appel und ein Ei erwarben, in eine anspruchsvolle Pflegeeinrichtung für die Gemeinschaft der Verwirrten. »Wir sehen es als unsere Aufgabe, Ihre verwirrten Verwandten liebevoll zu umsorgen ...«, teilte die mit Farbillustrationen versehene Broschüre mit, die einen sonnengebräunten Arzt mit silbernen Koteletten und einem Stethoskop zeigte. Er lehnte sich über einen Schreibtisch und reichte einer vornehmen und dankbaren Dame mit einer Zimmer-Gehvorrichtung die Hand, die ein Twinset und die Omega-Armbanduhr ihres verstorbenen Gatten trug. Die Broschüre enthielt auch künstlerische Impressionen von sauber gekleideten Alten beim Fernsehen und beim Spaziergang im Garten mit ihren Zimmer-Gehfreis. Sie lächelten ebenso über das ganze Gesicht wie die Leute, die in den Flugsicherheitsbroschüren die Notrutschen hinuntergleiten oder ruhig die Rettungswesten ihres Nachbarn aufblasen. Es sollte sich herausstellen, daß der schöne Arzt in der Broschüre Schauspieler in der Sendung »Neighbours« und der echte Arzt aus ganz anderem Holz geschnitzt war, aber das ist eine andere Geschichte, noch dazu eine gruselige, die ich zu einem anderen Zeitpunkt erzählen werde!

Während die neuen Prestige-Wohnsiedlungen Minogue, Keneally und Goolagong sich immer enger um das herrschaftliche alte Dunraven herumscharten, begann das Ärztegremium Teile des Gartens zu verkaufen, zuerst den Tennisplatz, dann den Krocketrasen und das Gewächshaus, so daß das alte Haus bald von neuen Erschließungen eingeengt wurde. Es gehörte schon Glück dazu, ein Zimmer-Gehfrei zwischen Zaun und Haus hindurchzumanövrieren. Im Falle meiner Mutter war das nicht allzu schlimm, weil sie noch nie einen grünen Daumen gehabt hatte und drinnen immer am glücklichsten gewesen war. Schwester Choate organisierte gelegentlich Ausflüge für die teilweise Verwirrten. Einmal machten sie eine Exkursion mit dem Omnibus zu den Fernsehstudios, um das Szenario von »Prisoner - Cell Block H« zu besichtigen, wo man sie mit einigen der Hauptdarsteller fotografierte. Nachdem meine Mutter die Mutter eines weltberühmten Megastars ist, wurde ihr eine Sonderbehandlung zuteil. Sie erhielt die Erlaubnis, sich an einer Bügelmaschine zu versuchen, die ein wesentlicher Bestandteil dieser in aller Welt bekannten Miniserie ist – ich glaube, daß auf dieser Maschine Lizzie von Bee und der Wäschereigang gefoltert und gruppenvergewaltigt wurde. Schwester Choate erzählte mir, daß sie Probleme gehabt hätten, die Mädchen zurück in den Bus zu verfrachten, da die Gitterstäbe und anderen Sicherheitsvorrichtungen des Szenarios sie so lebhaft an ihre gewohnte Umgebung in Dunraven erinnerten, daß sie tatsächlich dachten, sie seien zu Hause.

Endlich schwang sich unser Vehikel in St. Peter's Close hinein, die Straße, wo Dunraven steht. Es ist eigentlich keine Straße, sondern eine Sackgasse, wahrscheinlich die ehemalige Auffahrt zum alten Heim, die jetzt aber von Prestige-Behausungen gesäumt ist. Alles lag in völliger Dunkelheit, denn es war sechs Uhr und Winter, und die ganze örtliche Gemeinde sah hinten im Wohnzimmer fern. Der Himmel über Melbourne war auberginefarben, mit Ausnahme eines kleinen orangenen Flecks am Horizont, dort wo die Sonne sich hinbegeben hatte, um England aufzuwecken. Der Kies knirschte unter den Reifen, und schon bald standen wir auf der neu instandgesetzten Veranda. Schwester Choate hieß uns dort willkommen, wo einstmals ein prächtiges Foyer im Nouveau-Deco-Stil gewesen sein muß. Sie versuchte, einen Hofknicks hinzulegen, als ich eintrat, aber das erstickte ich im Keim. Es ist mir bewußt, daß viele Leute das Bedürfnis haben, sich vor mir zu verbeugen und Kratzfüße zu machen – was ich natürlich verstehe –, aber wie alle Australier bin ich nicht elitär und grundsätzlich gegen alles Förmliche.

Einer der Hauptgründe, warum ich meine Mutter kaum besuchte, war, daß ich ihr die Eifersucht der anderen Insassen ersparen wollte. Senioren können privilegierten Patienten gegenüber ziemlich nachtragend sein. Es war mir klar, daß meine Mutter regelrechtes Mobbing riskierte, wenn ich dort ständig mit zu vielen kleinen Aufmerksamkeiten auftauchte, wie zum Beispiel »Harpers and Queen«- und »Elle«-Zeitschriften, Origami-Gestecken, Walkman oder kandierten Früchten.

»Ich finde, Dame Edna«, sagte Schwester Choate hüstelnd, »daß wir miteinander reden sollten, bevor Sie Mutter besuchen.« Mit einem unbehaglichen Gefühl folgte ich ihr in ihr Büro, wo zu meiner Überraschung ein Mann mittleren Alters in einem Anzug saß, rauchte und die Nachrichten auf einem lädierten elfenbeinfarbenen Hitachi verfolgte. Obwohl ich, wie gesagt, elitäres Gehabe an sich verabscheue, finde ich, daß ein Mann aufstehen sollte, wenn ein Megastar den Raum betritt; es tut mir fürchterlich leid, aber es ist nun mal so – Sie können mich ruhig altmodisch nennen. Ida Choate murmelte eine ziemlich saloppe Vorstellungsfloskel, und der »Mann« entpuppte sich als eine Freundin von ihr namens Fran Upjohn, die für meinen Geschmack eine eindeutig seltsame Type war.

Ida Choate bot mir einen Chintz-Stuhl und eine Tasse Tee an. Dann, wie man es sonst nur in Filmen und kleinen Serien sieht, wandte sie mir den Rücken zu und sagte mit ernster Stimme: »Ja, Sie werden eine große Veränderung bei Ihrer Mutter feststellen. Sie ist zwar stark wie ein Ochse und quicklebendig, aber, mit Verlaub gesagt, ich bezweifele, daß sie noch jemals etwas Zusammenhängendes von sich geben wird, sogar mit intravenösem Scopolamin.«

Ganz offen gestanden, Beutelratten, nervte mich diese Frau, der ich ein Vermögen zahlte und die jetzt ständig »Mutter« sagte, als ob wir zusammen Schweine gehütet hätten, um Himmels willen! Ich kann Leute nicht ausstehen, die zueinander »mit Verlaub« sagen, als wären sie Juristen in einer TV-Show.

Es gefiel mir auch nicht, wie meine Brautjungfer, Madge Allsop, sich auf eine Couch warf und mit Ida Choates grausliger Freundin schwatzte. Möglicherweise dachte Madge, sie wäre tatsächlich ein Mann. Aber ich kann keine Gedanken lesen, und in Madges Fall bin ich auch sehr froh darüber.

Noch dazu war der Tee ungenießbar, er schmeckte nach Swimmingpool. Wenn es etwas gibt, was mich auf die Barrikaden bringt, dann sind es Nahrungsmittel mit einem Geschmack nach Reinigungsmitteln. Ich war sogar schon in piekfeinen Häusern, wo die Schnitzel schmeckten, als ob man sie in Domestos mariniert hätte. Es ist mir klar, daß man zuweilen wirksame Chemikalien einsetzen muß, um die Infektionsgefahr in schmuddeligen Küchen zu bannen, aber ich finde sie lieber nicht in meinem Essen vor, danke schön. Es tut mir fürchterlich leid, aber so bin ich nun mal. Jedoch machte ich mir nicht allzuviel Sorgen über das, was ich an dem Abend knabbern würde, da ich gehört hatte, daß Dunraven, der Ruheplatz meiner Mutter, erst kürzlich von einer Kammerjägertruppe heimgesucht und mit einer hohen Geldstrafe belegt worden war.

»Ich glaube, ich kann den Geisteszustand meiner Mutter am besten beurteilen, Schwester«, hörte ich mich selbst ziemlich scharf antworten (sie hatte mich unzählige Male gebeten, sie Ida zu nennen, aber ich tat immer so, als ob ich es nicht hörte). »Natürlich bin ich mir dessen bewußt, daß meine Mutter kein junges Huhn mehr ist, obwohl sie genausoviel Chemikalien in sich hat, aber es gibt einige lebenswichtige Fragen, die ich ihr stellen muß.«

Choate drückte auf den Knopf einer Sprechanlage. »Schwester Ng, ich rufe Schwester Ng. Dame Edna möchte Mrs. Beazley in der Sylvia-Plath-Suite sehen.«

Wenn ich am Jetlag leide, bin ich gereizt, und mein Geduldsfaden ist entsprechend kurz. Wenn ich bloß an all die Mühe denke, die ich in den ganzen Jahren darauf verwendet habe, meine Mutter so unauffällig wie möglich zu behandeln! Und jetzt verkündete Ida Choate mein Erscheinen nicht nur in ganz Dunraven, sondern wahrscheinlich auch in Hörweite der ganzen Straße! Die

Ankunft einer anbetungswürdigen Boat-people-Person in einer gestärkten weißen Tracht beruhigte mich etwas. Die kleine Schwester Ng, die in jeder Hinsicht diese Verkleinerungsform verdiente, führte mich in Richtung Sylvia-Plath-Suite und zu der wunderbaren Frau, die mich in die Welt gesetzt hatte.

Von Zeit zu Zeit hatte ich einen Teil meiner Gehaltszulage dem Renovierungsfonds von Dunraven gespendet, und man hatte in einem erbärmlichen Versuch, mir zu schmeicheln, eine Station nach mir benannt. Mein gesunder Haß gegenüber allem Elitären hatte daraufhin wieder einmal sein häßliches Haupt erhoben, und ich überredete sie, die übrigen Räume nach anderen berühmten Frauen zu nennen, die gleichfalls Großartiges vollbracht hatten. So entstanden die Dora-Carrington-Station, der Virginia-Woolf-Inkontinenzflügel, die Diane-Arbus-Röntgenabteilung und der Zelda-Fitzgerald-Notausgang – alles Frauen, die etwas aus ihrem Leben *gemacht* hatten.

Nein. Ich mochte Schwester Choate nicht, und ich vertraute ihr auch nicht. Während ich die mit scharzem Gummibelag versehene Treppe emporstieg, drang mir der seltsame Geruch in die Nase, den solche Einrichtungen immer an sich haben: ein Gemisch von Lammbraten, Chloroform und kleinem Geschäft. Nicht gerade eine Kombination, die ich unbedingt einatmen müßte.

Als ich die Suite meiner Mutter betrat, bemerkte ich, daß Choate und ihre Helfershelfer den hastigen Versuch gemacht hatten, für meine Ankunft Ordnung zu schaffen. PR-Standfotos von mir in verführerischen Posen und Schnappschüsse von Essenstreffs mit Gore Vidal und Klaus von Bülow hatte man rasch überall in dem freudlosen Raum verteilt, und ich wette, daß das nicht meine Mama gewesen ist. Man braucht nicht der Intelligenzelite anzugehören, um zu sehen, daß eine Frau wie Ida Choate sich gerne bereichern wollte, und wenn sie zu meinen Fans gehört, dann ist der Papst ein Zweibeiner vom Roten Meer.

Mama war schon auf.

Plötzlich erinnerte ich mich an den David Hockney, den ich meiner Mutter geschenkt hatte, um ihr kahles Zimmer zu verschönern, und der innerhalb von vierundzwanzig Stunden verschwunden war. Obwohl ich es nie mit letzter Sicherheit behaupten konnte, habe ich das dumpfe Gefühl, einer von der Klinikverwaltung hat ihn sich vielleicht »ausgeliehen«. Unterstützt wurde diese Annahme von dem nagelneuen Jaguar XJS I, den ich bald danach in der Auffahrt erblickte.

Ich glaube, man hatte nicht erwartet, daß ich direkt vom Flughafen kommen würde. Mama, in einem alten rosa Chenille-Morgenmantel, war schon auf und wurde gerade frisiert. Ein anderes junges Ding, welches außer einem knappen grünen Nylonoverall und einem purpurroten Knutschfleck so gut wie nichts am Leibe hatte, war eifrig damit beschäftigt, meiner Mutter die Fußnägel zu lackieren. Die Friseuse zwang die spärlichen alten Locken um drahtbewehrte Carmen-Lockenwickler herum und versuchte dabei, sich nicht in den verschiedenen Drähten, Röhren und Dränagen meiner Mutter zu verheddern, die sich wie ein Nest von Pythonschlangen im Raum herumwanden. Zu meinem Entsetzen mußte ich feststellen, daß die unanständige junge Pediküre eine Kippe zwischen den Schmollippen baumeln hatte.

Schwester Ng sprach ein paar kurze Worte, und sie trotteten hinaus, nicht ohne sich umzuwenden und mich mit Augen groß wie Untertassen zu erkennen. Meine Mutter saß immer noch reglos da. Ich folgte ihrem Blick zum Bildschirm, wo eine Frau gerade ein Baby wickelte. Mama kicherte hörbar, und Schwester Ng flüsterte mir ins Ohr: »Ich glaube, Mutter identifiziert sich.« Verflucht sei diese unverschämte Orientalin! Warum, zum Teufel, dachte ich, müssen sie alle meine Mutter ihre Mutter nennen? Es klang besonders dumm, weil es von einer Boat-people-Person kam. Ich postierte mich zwischen Fernseher und meiner geliebten Alten. Würde sie mich wiedererkennen? Ich beschloß, auf jeden Fall meinen multifunktionellen Grundig-Taschenrecorder einzuschalten. Die Augen meiner Mutter, die die Farbe von Brotaufstrich mit Zitronengeschmack hatten, verengten sich, und ihre knotigen Fingerknöchel schlossen sich eng um die Armlehne. Zu meinem Entsetzen stellte ich fest, daß eines dieser jungen Dinger ihr Rouge auf die Wangen aufgetragen und ihr einen albernen Mund dorthin gemalt hatte, wo ihre Lippen einmal gewesen waren.

»Sie kennt Sie, sie erkennt Sie wieder«, flüsterte Schwester Ng aufgeregt.

»Mama«, setzte ich an.

»Hallo, Bruce«, sagte sie mit einer sehr klaren, selbstverständlichen Stimme. »Hast du den Rasensprenkler abgedreht?«

Schwester Ng wurde noch aufgeregter. »Das ist ja wunderbar«, sagte sie. »So klar war sie seit Monaten nicht mehr.«

»Was heißt hier klar«, sagte ich geringschätzig und versuchte dabei nicht rassistisch zu sein. »Meine Mutter redet Blödsinn daher; ich heiße nicht Bruce. Sie spricht mit ihrem Mann, meinem Vater. Sie glaubt, ich bin Papa.«

»Papa!« sagte meine Mutter und warf die Arme in die Luft. »Da, da, da, bab, bab, bab.«

Ng fiel neben meine Mutter auf die Knie, ihre Brille beschlug sich eindeutig vor Erregung. »Ich bin so froh, unsere Behandlung wirkt, das ist die erste intelligente Unterhaltung, die Ihre Mutter seit Ewigkeiten geführt hat.«

Mein Geduldsfaden wurde sekündlich kürzer. »Wenn Sie das für eine intelligente Konversation halten«, kläffte ich, »dann bin ich vielleicht zu lange aus Australien weg gewesen. Ich heiße nicht Bruce. Sie ist nicht Ihre Mutter, und ich hasse das Wort ›Ewigkeiten‹, es ist hier völlig unangebracht. Bitte lassen Sie mich allein mit Mrs. Beazley. Gehen Sie hinunter und sagen Sie meiner Brautjungfer, Mrs. Allsop, daß ich sie hier brauche. Ich muß meiner Mutter privat einige wichtige Fragen stellen, und ich möchte, daß sie ihre Medikamente so bald wie möglich bekommt.«

Nach diesem Ausbruch schlurfte die Schwester davon, und ich nahm meine schwierige Befragung in Angriff, indem ich meiner Mutter einfühlsam gut zuredete. »Du mußt dich an mich erinnern, Mama. Ich bin Edna, deine einzige Tochter.«

Meine Mutter wurde plötzlich sehr erregt. »Schnell, Bruce, schnell«, schrie sie. »Ich glaube, Edna hat wieder ihre Flasche aus dem Bett geworfen, und wenn du schon dabei bist, versprühe noch ein bißchen Zitronellenessenz auf ihr Kopfkissen, sonst fressen sie die Moskitos bei lebendigem Leib.«

Konsterniert dachte ich einen Augenblick nach. Mir fiel ein raffinierter Trick ein. »Sie ist wirklich ein durstiges Kindchen, nicht wahr, Gladys, hast du sie vielleicht zu früh entwöhnt?« sagte ich mit tiefer Stimme, indem ich meine Taktik änderte und so zum Tiefschlag ausholte. Mama dachte einen Moment nach, und große Tränen flossen die Bewässerungsrinnen in ihrem Gesicht herunter.

»Ach, Bruce«, stöhnte sie, »Glaubst du wirklich, daß Edna unser Kind ist? Könnte es in Bethesda keine Verwechslung gegeben haben ...?«

Plötzlich fühlte ich mich alt und müde. Endlich bekam ich Antworten, aber nicht die, die ich wollte. Ich fühlte mich, als wäre ich in einer Art Traumwelt, und die Stimme von Madge Allsop erreichte mich wie durch einen langen dunklen Korridor. »Wo bist du, Edna?«

In der Tat rief sie mich durch einen langen, dunklen Korridor. Worte wie »Ist sie unser Kind?« und »Verwechslung« drehten sich in meinem Kopf wie Unterwäsche in der Trockenschleuder. Meine Mutter hatte eine Tür zur Vergangenheit aufgestoßen; möglicherweise eine Tür, die mir fest geschlossen lieber gewesen wäre.

Kapitel 3

Senilität: Die Krankheit der Alten

Ich bin keine Heilige. Zumindest noch nicht, obwohl mir mein kleiner polnischer Kumpel ziemlich schmeichelhafte Andeutungen in dieser Richtung gemacht hat. Jedoch war es ziemlich heiligmäßig von mir, Beutelratten, wir müssen den Tatsachen ins Auge sehen, gleich nach einem Interkontinentalflug durch halb Australien zu fahren, um eine Frau zu besuchen, die mich für einen anderen hielt. Ich wette, nicht viele meiner Leser hätten dasselbe getan. Manchmal glaube ich, daß ich zuviel gebe und mich sorge. Sogar mein Gynäkologe blickte neulich hoch und sagte: »Dame Edna, wann hören Sie jemals auf zu geben?«

Wenn ich's mir genau überlege, ist es schon komisch, daß ausgerechnet ein Gynäkologe so was einfach so ins Blaue hinein von sich gibt – und es war das erste Mal, daß er mir überhaupt in die Augen schaute. Aber lang war der Weg, den ich hinter mich gebracht hatte, nicht nur, um die wunderbare Frau zu besuchen, deren Lenden ich entsprungen war, sondern auch um Nachforschungen für dieses herrliche Buch anzustellen. Meine Leser hätten es mir nicht gedankt, wenn ich Dunraven verlassen hätte, ohne das löcherige Gedächtnis der lieben alten Gladys Beazley aufzurütteln. Es ist mir durchaus bewußt, daß vornehme Engländer ihre greisen Kindermädchen befragen, wenn sie über ihre Kindheit schreiben wollen, aber in Australien hatten wir keine Kindermädchen – wir hatten Eltern, es tut mir fürchterlich leid, aber so ist es nun mal, und das Gedächtnis meiner Eltern mußte wirklich aufgerüttelt werden.

Zwar mochte ich diese Klinik nicht besonders, aber der Gedanke, daß sie wahrscheinlich mir oder aber einer meiner mir gänzlich gehörenden Tochtergesellschaften gehörte, war amüsant. (Ich muß meinen Schweizer Berater anrufen, um herauszufinden, ob es so ist, und dann entsprechende Verbesserungen in die Wege leiten; ein gesunder Ersatz für Choate und ihre abgefuckte Konsortin dürfte eine der ersten Maßnahmen bei einer durchgreifenden Personalumbildung sein.)

Das Personal aber hatte meine Mutter, um das mindeste zu sagen, verdorben, indem es ihr besondere Privilegien zukommen ließ. Nachts pflegte man sie zum elektrischen Zaun an der Rückseite des Hauses zu fahren – Dunraven ist eine Hochsicherheits-Dämmereinrichtung –, um dem vorbeidonnernden Verkehr zuzugucken. Ab und zu warf sie Tupperware auf die Drähte und löste so einen Funkenregen aus, der kurzfristig eine kleine Touristenattraktion bildete – das ist eine ganz schöne Leistung, wenn man bedenkt, wie schwer es schon ist, Touristen nach Melbourne zu locken, geschweige denn in die hinterwäldlerischsten Vororte.

Jetzt hing ich mehr tot als lebendig auf einem Aluminiumstuhl und versuchte, ein paar Juwelen von Erinnerungen aus dieser dauergewellten und angemalten Puppe herauszulocken, die mich einst gesäugt hatte. Medikamente waren die einzige Lösung. Wann würde Dr. Chamberlain endlich kommen, um meiner Mutter ihr Wahrheitsserum zu spritzen?

Anstelle des gutaussehenden und findigen Gerontologen betrat Madge Allsop den Raum, ging zu meiner Verärgerung geradewegs zu meiner Mutter und umarmte sie unpassenderweise. Mama sah erregt zu meiner verhutzelten neuseeländischen Brautjungfer hoch, die ich übrigens seit einem Vierteljahrhundert selbstlos unterstütze.

»Edna«, rief sie aus. »Ich wußte, daß du heute wiederkommen würdest, um mich zu besuchen. Könntest du einige Fotos für das

Personal signieren, du weißt doch, wie sehr sie deine TV-Shows lieben?!«

Meine Mutter hielt Madge in einem eisernen Griff, und ich sah hilflos zu. Ein tiefes Schluchzen ging durch meinen Körper, und meine Augen füllten sich mit bitteren, brennenden Tränen. Auch wenn sie an fortgeschrittener Senilität litt, war es doch zu schmerzlich, daß meine Mama eine bräunliche, stachelige, alte Kiwifrucht von einer Frau mit ihrer eigenen schillernden Tochter verwechseln konnte! Und Madge, das Luder, ermutigte sie auch noch darin!

Auf einmal deutete meine Mutter mit ihrem knochigen Finger auf mich.

»Da drüben ist dein Vater, Ed«, ermahnte sie Madge. »Willst du ihn nicht küssen?«

Oh, wie Allsop ihre neue Rolle regelrecht genoß!

Geziert näherte sie sich mir und versuchte, mir einen Schmatz auf die Backen zu drücken, aber ich stieß sie harsch beiseite. »Um Himmels willen, Madge, Mama ist im Delirium. Hör auf, dich so idiotisch zu benehmen.«

Madge winselte: »Ich bin doch auch nur ein Mensch, Edna. Schließlich besuche ich sie viel öfter als du – sie hat wahrscheinlich ihre Zuneigung nur verlagert.«

Diese Art von Bemerkung war typisch für Madge und wirkte auf mich wie ein rotes Tuch auf einen Stier. Es stimmte zwar, daß sie vielleicht etwas öfter als ich bei Mama auftauchte, aber sie hatte schließlich auch jede Menge Zeit. Mußte *sie* vielleicht Millionen auf Bühne, Leinwand und Fernsehschirm unterhalten? Mußte *sie* vielleicht halbe Nächte damit verbringen, berühmte Freunde zu beraten oder Notrufe von der Queen, Mrs. Thatcher und Elisabeth Taylor entgegenzunehmen, um nur drei mit Namen zu nennen.

Bat man diese alte Schachtel, die sich genüßlich an ihrer falschen Identität weidete, jemals, eine Verkaufsveranstaltung bei Harrod's zu eröffnen, die Lichter der Regent Street einzuschalten oder eine Flasche Moët gegen die Wand einer funkelnagelneuen Prostata-Transplantationsklinik zu schmettern, die sie *aus eigener Tasche* bezahlt hatte? Mitnichten! Die Leute, denen meine alte Brautjungfer und Reisegefährtin leid tut, sind auf dem Holzweg, das kann ich Ihnen sagen. Sie ist so verschlagen wie ein Fuchs, und ich bin mir ganz sicher, daß sie glaubt, sie wird im Testament bedacht, wenn sie meine Mutter einseift. Ich weiß ganz sicher, daß sie seit Jahren ein Auge auf ihre Morgenmantel-Kollektion geworfen hat, und als ich einmal en passant erwähnte, daß ich gern wüßte, was aus den ausgedienten orthopädischen Geräten im Nachlaß verstorbener Senioren würde, ließ Madge durchblicken, daß sie wisse, wie man aus einem Zimmer-Gehfrei eine attraktive Lampe machen könne. Kein Wunder, daß ihre Knopfaugen die chirurgischen Utensilien meiner Mutter mit Blicken verschlangen! Um es genau zu sagen – Madge ist die selbstsüchtigste Frau, die ich kenne, und ihr unterwürfiger, mäuseartiger Blick ist nur eine einzige Schau. Ich wage gar nicht, an die unloyalen Dinge zu denken, die sie zu anderen hinter meinem Rücken sagt. Zufällig ist dies eine Eigenschaft, die ich zum Kotzen finde.

Die Sylvia-Plath-Suite war nicht gerade geräumig, eigentlich war nicht einmal soviel Platz, daß man eine Katze hätte am Schwanz darin herumschleudern können. Gerade deshalb hatte ich sie für Mama ausgesucht. Meines Wissens war es zwar ziemlich unwahrscheinlich, daß sie eine Katze *als solche* herumschleudern würde, aber während ihrer letzten Tage zu Hause hatte sie begonnen, den Tieren Angst einzujagen.

Auf jeden Fall bot ihre Behausung in Dunraven wenig Platz, um ihre gigantische Sammlung von Krimskrams und Souvenirs, alten Schnappschußalben, Spitzendeckchen, Puderdosen, Kleidern und die Jahrgänge 1937-1974 des australischen »Woman's Monthly« zu beherbergen. Nachdem Schwester Choate und

Dr. Chamberlain mit ihrem Team meine Mutter buchstäblich aus ihrem Zimmer zu Hause ausgegraben und sie in den Dunraven-Lieferwagen gestopft hatten, hatten wir alle Hände voll zu tun, ihre persönlichen Sachen loszuwerden, aber das ist eine andere Geschichte, die ich in Kapitel 22 erzählen werde.

Weil ich es nicht ändern kann, daß ich eine fürsorgliche Person bin, bestärkte ich meine Mutter immer in dem Glauben, daß sie bald nach Hause zurückkehren würde und daß ihr altes Zimmer genauso geblieben war, wie sie es verlassen hatte, und daß alle ihre wertvollen Besitztümer intakt waren.

Teilweise entsprach dies wirklich der Wahrheit, zum Beispiel im Falle ihrer alten Messingbettstatt, die nicht mit dem Rest ihrer Sachen in die Verbrennungsanlage gepaßt hätte und außerdem von großer geschichtlicher Bedeutung ist, weil ich – fürchte ich – dort gezeugt worden bin.

Plötzlich rief Madge erregt aus: »Fran, Ida, kommt herein!«

Schwester Choate und ihrer widerwärtigen Begleiterin brauchte man das nicht zweimal zu sagen. Sie stürmten in das winzige Zimmer, das schon überfüllt war, obwohl nur drei Personen sich darin aufhielten.

»Hoffentlich überanstrengen Sie Mutter nicht«, sprach die spindeldürre Schwester mit herrischer Stimme.

Ich hörte mich schrill antworten: »Ich überanstrenge meine Mutter, soviel ich will. Könnten Sie Ihre Freundin in ihrem Männeranzug vielleicht bitten, sich mit ihrer ekelhaften Zigarette *sofort* aus Mutters Etablissement zu entfernen?«

Ich bin immer viel zu nett zu den Leuten, sogar zu den Leuten, die mich anwidern, und ich konnte ganz einfach den Anblick dieser grausligen Fran mit ihrer Punkfrisur nicht ertragen, die an ihrer King-Size-Menthol-St.-Moritz herumpaffte. Ich konnte auch nicht umhin zu bemerken, wie dick Madge nach einer – *soweit ich weiß* – nur ein paar Sekunden alten Bekanntschaft mit diesem befremdlichen Paar befreundet war. Ich hörte die

Stimme meiner Mutter: »Laß Fran in Ruhe, Bruce, du alter Tyrann.«

Dabei schaute sie *mich* an; es war wie in einem Alptraum. Mit einem höhnischen Grinsen stapfte Fran zu meiner verwirrten kleinen Mama hinüber und gab ihr mit einem übelkeiterregenden Augenzwinkern zu den anderen den Rest ihrer eben erst angezündeten St. Moritz. Bevor ich einschreiten konnte, hatte meine Mutter sie zwischen ihre Lippen geklemmt und in drei Zügen bis zum Filter hinab geraucht.

»Ihre Mutter schätzt gelegentlich eine Zigarette«, sagte Choate mit öliger Stimme, »besonders zu einem Drink. Wir halten nichts davon, unseren alten Leutchen ihre kleinen irdischen Genüsse vorzuenthalten.«

»Was ist denn hier los?« ertönte die Stimme eines Mannes.

Madge und Fran kletterten aufs Bett, Schwester Choate drückte sich gegen die Wand, meine Mutter und ich kauerten uns in eine Ecke, so daß Dr. Chamberlain die Tür halbwegs öffnen und sich seinen Weg ins Zimmer erkämpfen konnte. Er war groß gebaut und sah ganz gut aus, wenn man auf Typen steht wie Burt Reynolds, Tom Cruise, Tom Selleck und Arnold Schwarzenegger. Mich persönlich läßt das kalt, obwohl ich weiß, daß manche Frauen von Medizinern »angeturnt« werden, um einen Begriff zu verwenden, den ich sonst nie verwende. Madge äußerte einmal im Schlaf, sie sehne sich danach, in der australischen Wildnis krank zu werden, um von einem Fliegenden Arzt untersucht zu werden.

Wenn man die gierige alte Madge kennt, dann kann man ruhig wetten, daß sie eine zweite ärztliche Meinung einholen würde, kaum, daß der Arzt zurück ins Cockpit geklettert wäre.

Dr. Daryl Chamberlain war in meinen Augen akzeptabel und keinen Moment zu früh gekommen.

»Gott sei Dank, daß Sie da sind«, sagte ich und ergriff ihn beim Stethoskop.

Er trug keinen dieser weißen Kittel, sondern einen schönen grauen Anzug, von Hand in Australien gefertigt, mit kleinen Nadellöchern um die Kragenrevers herum und einem Abzeichen des Rotary Clubs, das im Knopfloch glitzerte.

»Um meine Mutter in einem Altersheim zu besuchen, das mir noch dazu wahrscheinlich gehört, bin ich um die ganze Welt gereist, und ich habe es satt, von dieser Frau so behandelt zu werden.«

Ich zeigte mit einem vom Jetlag gezeichneten Finger auf Schwester Choate, deren fahle Haut sich tieforange färbte.

»Hör auf, Bruce. Hör auf, Bruce«, schrie meine arme Mutter und schlug ihr Zimmer-Gehfrei auf den Pirelli-Gummiboden.

Madge und Fran kicherten.

»Hören Sie sie sich doch bloß an, Herr Doktor«, beschwor ich den Arzt. »Hören Sie denn nicht, daß sie mich für ihren Mann, *meinen eigenen Vater*, hält? Das ist ja schrecklich! Können Sie nicht etwas unternehmen? Vielleicht eine kleine Spritze? Ich will meine Mutter zurückhaben.«

Jetzt schluchzte ich, es war einfach zu erniedrigend, das Ganze vor all den Fremden. Daryl Chamberlain schritt zu meiner Mutter hinüber und leuchtete ihr flink mit einer kleinen Taschenlampe in die Augen, in dieselben Augen, an denen die sogenannte Kosmetikerin ihre schludrige Arbeit verrichtet hatte. Ich bemerkte, daß sie zwar etwas pfauenfarbenen Lidschatten auf ihre Augen geschmiert hatte, ihre Wattebäusche aber ganz gewiß nicht Mamas Augenwinkel berührt hatten.

»Wie geht es uns denn heute abend, Mrs. Beazley?« fragte er mit ärztlicher Stimme. »Ist es nicht schön, daß Ihre Tochter Edna gekommen ist, um sich mit Ihnen zu unterhalten? Ich möchte, daß Sie gleich ein bißchen schlafen«, sagte er in beruhigendem Ton.

Dabei krempelte er den Ärmel ihrer Bettjacke hoch und köpfte eine Ampulle. Zu meinem Zorn wanderte der Blick meiner Mutter wieder anbetend in Richtung Madge. Die Injektion war bald vorüber, und meine Mutter wurde von der kleinen Schwester Ng ins Bett gesteckt.

»Ich würde später gerne mit Ihnen ein paar Worte reden, Schwester«, sagte ich, während Choate und ihre Freundin sich aus der Tür stahlen. Madge war drauf und dran, sich ihnen anzuschließen, aber ich wußte das zu verhindern.

»Du bleibst da und schreibst auf«, sagte ich.

»Ist Dr. Holbrooke noch da?« fragte meine Mutter mit dünner Stimme aus ihrem Kissen heraus.

Daryl Chamberlain sah mich mit gehobenen Augenbrauen an.

»Dr. Joseph Holbrooke war unser gütiger alter Hausarzt, als ich klein war, aber er ist schon seit Jahren tot. Was hat das zu bedeuten?«

»Erwarten Sie sich nicht zuviel, Dame Edna. Mutter ist eine sehr verwirrte alte Dame, aber ihr Langzeitgedächtnis scheint ziemlich in Ordnung zu sein. Ich habe ihr eine Spritze mit Scopolamin gegeben, der Wahrheitsdroge, die in den ›Kanonen von Navarone‹ benutzt wird, und wenn das nichts nützt, probiere ich es mit Veritassalin, einer Wahrheitssalbe. Normalerweise müßte sie schon bald wie ein Kanarienvogel singen.«

Dr. Chamberlain hörte sich langsam an wie Clint Eastwood oder sogar Charles Bronson, aber ich hatte mir kräftig die Nase geputzt, mein Make-up repariert und mich darauf vorbereitet, Gladys Beazley ein paar Preisfragen zu stellen.

»Mama«, flüsterte ich, »warst du stolz auf mich als kleines Mädchen? Habe ich immer kluge Dinge gesagt?«

Meine Mutter gab schwache, stöhnende Geräusche von sich und schüttelte ihren Kopf auf dem Kissen hin und her. Daryl lächelte mir schweigend zu und drückte noch einmal auf die Spritze. Ich hatte nicht bemerkt, daß sie immer noch in Mamas dürrem Arm steckte.

»Das müßte wirken«, sagte er augenzwinkernd.

»Erinnerst du dich daran, als ich geboren wurde?« fuhr ich fort und hoffte, daß Madge fähig sein würde, das alles aufzunehmen. Immerhin hatte sie an der Margaret-Hosegood-Sekretärinnen-akademie in Auckland, Neuseeland, jämmerlich versagt.

Mamas kleines Gesicht zog sich wie eine getrocknete Aprikose zusammen, ihre Haut bekam Farbe, und sie fing an, rhythmisch zu grunzen. Ganz offen gestanden, erinnerte mich dies sehr an meine alte Freundin Shirley MacLaine bei einem Rebirthing-Ta-gesworkshop, an dem wir letztes Jahr in LA zusammen teilgenom-men hatten. Aber ich kann mich nicht daran erinnern, wer wen gebar oder ob wir alles ganz richtig machten.

»Ich glaube, sie *gebiert mich gerade* eben«, sagte ich etwas zu laut, während ich Daryls gebräunte und doch zarte Hand umklammert hielt.

»Ich glaube, es handelt sich um etwas anderes«, sagte der Arzt sanft und wandte sich dann über seine Schulter an die kleine Schwester Ng. »Schwester, zwei Kaffee und eine Inkontinenz-windel, aber schnell.«

Ich war etwas pikiert, weil ich feststellen mußte, daß ich noch nicht geboren war. Mutter wurde aber offensichtlich von anderen Gedanken bewegt, denn sie schaute mit einem Ausdruck uner-meßlicher Erleichterung ins Leere.

»Wie wollen wir sie denn nennen, Bruce?« krächzte sie. »Du weißt doch, wie sehr ich die Tonfilme liebe; könnte sie nicht Ethel oder Dorothy, Else, Lillian, Claudette, Myrna oder sogar ...«

Es wurde wirklich interessant, und ich bemerkte kaum, wie die kleine Schwester Ng mit Erfrischungen und saugfähigem Mate-rial wiederkam. Madge kritzelte vehement vor sich hin, während der flinke Dr. Daryl unter Mamas Bettdecke beschäftigt war.

»Wir kommen jetzt zum Kern der Sache«, war seine gebildete Stimme zu hören, gedämpft, aber erregt.

»Wie wäre es denn mit Tallulah?« schrie meine Mutter. »Oder Marlene?«

Ein Schauer überlief mich bei dem Gedanken, was hätte sein können. Es hatte etwas Gespenstisches, daran zu denken, daß man mich fast nach Marlene Dietrich benannt hätte, die, während ich dieses Buch schreibe, noch unter den Lebenden weilt. Ich schäme mich fast zuzugeben, daß ich der Zauberspritze noch einen klitzekleinen Schubs gab.

»Höre, wie sie kräht«, fuhr meine Mutter fort, als sie die geschichtsträchtigste Entbindung der südlichen Hemisphäre noch einmal durchlebte.

»Wir können sie nicht Edna nennen, Bruce, nur um *deiner* Mutter einen Gefallen zu tun, wir können das unserer Erstgeborenen nicht antun, ihr einen Namen wie Edna zu geben«, sagte sie mit einem leichten Winseln. »Was hat sie uns denn schon zukommen lassen, seit wir verheiratet sind – aber psst, psst, psst, sie will etwas sagen, es ist nicht nur ein Rülpser, es sind Worte! Es hört sich an wie ...«

Dr. Chamberlain war wieder aufgetaucht. Er trank schnell einen Schluck Kaffee und legte seinen starken und dennoch klinisch distanzierten Arm um meine gespannten Schultern.

»Was will ich denn sagen, Mama«, drang ich in die Alte.

Plötzlich erweiterten sich die Pupillen meiner Mutter, während sie etwas artikulierte, das klang wie: »Nettarletueb ollah!«

»Schreib es auf, Weib«, brüllte ich, »es muß eine Bedeutung haben.«

Konnte es eine Fremdsprache sein? Shirley hatte mir schon oft erzählt, daß wiedergeborene Menschen meist eine Menge Unsinn daherreden und daß sie es sogar schaffen, daß der veröffentlicht wird!

Dr. Chamberlain war etwas zynischer, als er mir meinen kalt werdenden Kaffee überreichte. »Normales Babygeplapper, fürchte ich, Dame Edna«, sagte er traurig. »Sicher sehr frühreif für ein drei Minuten altes Kind, aber wenigstens kennen Sie jetzt Ihre ersten Worte – und noch dazu aus erster Hand!«

Als mir neulich der Doktortitel für Kultur an der Universität von Madrid verliehen wurde, erzählte ich einem weisen alten Professor namens Dr. Frederico Mompou diese Geschichte. Er schrieb diese meine erste mysteriöse Äußerung auf ein Stück Papier und sagte mit einem versteckten Lächeln: »Probieren Sie doch einmal, es rückwärts zu lesen, Señora.« Ich empfehle meinen Lesern, das gleiche zu tun, um den kältesten Schauer ihres Lebens ihren Rücken hinunterlaufen zu spüren.

Dr. Chamberlain nickte Richtung Bett. »Was ich unheimlich finde«, fuhr er fort, »ist die Tatsache, daß, wenn wir – mit Hilfe Ihrer Mutter – die Ereignisse im Kreißsaal des Bethesda-Krankenhauses irgendwann in den dreißiger Jahren korrekt rekonstruieren, aus irgendeinem Grund dort der Moment der Begegnung zwischen Mutter und Kind, also der Entstehung der Liebesbeziehung zwischen den beiden, hinausgezögert wird.«

In diesem Augenblick setzte sich meine Mutter kerzengerade im Bett auf, wobei sie die Spritze durch den Raum schleuderte, die nur wenige Millimeter von Dr. Chamberlains Kopf zitternd in der Wand steckenblieb. Sie umklammerte ihre Wärmflasche und starrte sie voll Entsetzen an, als ob sie lebte.

»Igitt«, heulte sie auf. »Das Haar, Bruce, das Haar! Schau dir ihr Haar an, *es ist malvenfarben*, was haben wir nur falsch gemacht?!«

Kapitel 4

Das Kind mit dem Malvenhaar

Die brutalen Worte meiner Mutter jagten meinen Geist auf dem Pfad der Erinnerung zurück.

Es ist nicht lustig, Malvenhaar zu haben, jedenfalls nicht als Schulkind. Ich fühlte mich sowieso immer anders als die anderen Mädchen, irgendwie intelligenter, aufgeweckter. Eine erbärmlich dürre kleine Schülerin aus Neuseeland, die in mich verknallt war, hatte mir in mein Poesiealbum geschrieben: »Liebe Edna, du bist prächtig – meiner mächtig.« Madge Allsops Worte (sie war es nämlich) beschrieben mich treffend. Ich war rebellisch, aber weit davon entfernt, ungezogen zu sein, von frühreifer Intelligenz, ohne altklug zu sein. Aber das, was mich am meisten von den anderen unterschied, war mein Heiligenschein von leuchtenden Glyzinienlocken. Dr. Joseph Holbrooke, der mich zur Welt gebracht und mich abgenabelt hatte, gab angeblich zu Protokoll, er habe noch nie so etwas gesehen, aber Schulkinder können so grausam sein, so furchtbar grausam.

Meine frühesten Erinnerungen drehen sich um das Land in der alten Siedlung Wagga-Wagga. Meine Eltern, Bruce und Gladys Beazley, waren dorthin von Melbourne umgezogen, weil die Zeiten nach dem Ersten Weltkrieg schwer und das Leben im Busch nicht so teuer waren.

Papa war ein richtiger australischer Soldat gewesen und hatte beim ersten Austausch von Feindseligkeiten im Schützengraben gekämpft. Er hatte Giftgas eingeatmet und war sogar verwundet worden. Ich erinnere mich daran, daß wir als Kinder alle von der glänzenden Narbe auf seiner Schulter, dort, wo ihn die deutsche Kugel gestreift hatte, fasziniert waren. Er hatte noch ein paar weitere Andenken an den Krieg. Auf dem Kaminsims lagen Patronenhülsen aus Messing (jetzt stecken gefärbte Marabufedern darin, und sie gehören meinem künstlerisch begabten Sohn, Kenny).

Außerdem besaß er einen Schnappschuß, den er einem toten Deutschen aus der Tasche genommen hatte. Er zeigt eine junge Frau, die neben einem Soldaten mit einem Pickelhelm sitzt. Gespenstisch, wenn man bedenkt, daß der Soldat wahrscheinlich von meinem Vater getötet worden und die kleine Frau auf dem Foto also seine Witwe war. Auf der Rückseite des Fotos stand etwas in deutsch, was keiner entziffern konnte. Damals wußte ich noch nicht, daß ich ein paar Jahre später mit den teuflischen Nazis zu tun haben würde, aber das ist eine andere Geschichte, eine erstaunliche, und Sie werden mir dankbar sein, daß ich sie später erzähle!

Einige Kameraden meines Vaters kamen nicht so gut weg; sie fielen entweder oder verloren einen Arm oder ein Bein und endeten als Liftportiers. In meiner Jugend gab es in den Aufzügen australischer Städte immer gutgelaunte ehemalige Soldaten, bei denen ein Ärmel sauber hochgefaltet oder in eine Jackentasche gesteckt war oder die mit einem gekürzten Hosenbein auf ihrem kleinen Faltstuhl balancierten. Als Kind dachte ich immer, daß diese alten australischen Liftportiers ihre Gliedmaßen bei Liftunfällen verloren hätten, so als ob von Zeit zu Zeit die Aufzüge selbst ihr Personal durch irgendein grausames mechanisches Gesetz rekrutierten.

Vielleicht geht meine Vorstellungskraft mit mir durch. Das war übrigens auch ein Ausspruch meiner wunderbaren Mutter: »Edna, ich glaube, deine Phantasie geht wieder mit dir durch.« Diese Frau hätte eine Philosophin oder sogar ein Fernsehstar werden können. Aber schließlich, Beutelratten, wäre es wirklich ein langweiliges Buch, wenn die Phantasie der Autorin nicht ab und zu mit ihr durchgehen würde.

Es zählt zu meinen frühesten Erinnerungen, daß ich durch das Fliegennetz über meinem Kinderbett nach oben sah. Man hatte mich wahrscheinlich einfach in unserem Garten unter dem alten Pfefferkornbaum abgestellt. Das Netz war sehr wichtig für den Fall, daß eine große grünbehaarte Kaisergummiraupe vom Baum auf mein Kissen fiel. Es wird Sie nicht überraschen zu hören, daß ich ein schönes Baby war. Ich erinnere mich deutlich an ein riesiges Gesicht, das von der anderen Seite des Netzes zusammen mit einem anderen Gesicht im Hintergrund auf mich herunter-sah.

»Ich glaube, sie kann schon einen Punkt fixieren, Glad«, sagte eine laute Stimme (Omas?). »Ich frage mich, was aus ihr werden wird, wenn sie groß ist?«

Wenn meine kleinen zwiebackverkrusteten Lippen nur hätten sprechen können – ich hätte ein einziges einfaches Wort gekräht: »Megastar!« Stattdessen erinnere ich mich daran, daß ich ein zahnloses Lächeln zeigte und einen dicken Schwall geronnener Milch von mir gab.

Meine wichtigste Erinnerung an mich als Kleinkind ist das Unbehagen beim ständigen Kranksein, Hinfallen, In-die-Windeln-Machen und Sich-nicht-zusammenhängend-Ausdrückenkön-nen. Stellen Sie sich einmal vor, es würde im Erwachsenenleben so weitergehen – die australischen Politiker haben mein *vollstes* Mitgefühl! Man verbringt auch eine unvorstellbar lange Zeit in der Rückenlage, eine Angewohnheit, die manche Frauen einfach niemals ablegen können. Die Geräusche, an die ich mich am besten erinnern kann, sind die, die mich am Morgen aufweckten, Elstern oder, wie wir sagen, »Maggies«, die im nahen Busch gurgelten, das Klappern der Hufe des Pferdes vom Milchmann auf der neuen Asphaltstraße vor dem bescheidenen, aber makellos sauberen Haus meiner Eltern und das alberne Gackern unserer

Hühner, wenn sie mein Frühstücksei legten. Zu der Zeit, von der ich hier berichte, hielten sich die meisten Australier Geflügel, auch wenn das in den fünfziger Jahren dann als ziemlich gewöhnlich betrachtet wurde. Jetzt, wo es einen Run auf die Eier von freilaufenden Hühnern gibt, stellen die Eierfabriken ganze Mannschaften von boat people ein, die die Eier in Hühnerscheiße (igitt!) tauchen und sie in Getreidespreu und Federn wälzen, damit man sie anschließend zum doppelten Preis an die Yuppies verkaufen kann. Ganz hinten im Hinterhof bei den Hühnern und hinter der Wäscheleine befand sich unsere makellos saubere externe Toilettenanlage. In jenen Tagen besaßen nur wenige Häuser auf dem Land eine Kanalisation. Und auch unsere Anlage grenzte an einen Feldweg, den der gespenstische Nachtmann mit seinem Karren in der Dunkelheit abschritt. Um seine grauenhafte Arbeit zu erleichtern, gab es zum Feldweg hin kleine Holzluken, aus denen er die überquellenden Eimer entnahm. Ich habe ihn nie zu Gesicht bekommen, aber in meiner Schule war ein blasses Mädchen namens Fay, dessen Vater angeblich Nachtmann war, was man ihr jedoch nicht laut ins Gesicht sagen durfte. Persönlich war ich immer der Meinung, Fay röche ganz sauber, ja dufte sogar nach Lux und Palmolive, aber wenn du ständig von einem stinkenden Nachtmann, der frisch von der Arbeit kommt, umarmt wirst, übertreibst du wahrscheinlich ein bißchen bei den Waschungen. Ich vermute, es gibt inzwischen ein paar Generationen australischer Kinder, die einen beim Wort »Nachtmann« mit verständnislosem Blick anschauen würden, genauso wie die Begriffe »Löschpapier« und »im Uhrzeigersinn« in der heutigen Kugelschreiber- und Digitalgeneration nichts mehr verloren haben.

Eine weitere frühe Erinnerung an meine Mutter ist, wie sie jeden Montag die Bettücher im großen Waschbottich in der Waschküche kochte und dabei mit dem Zuberstock in ihnen herumstocherte, wenn sie sich aus der siedenden Seifenlauge herausblähten. Als ich alt genug war, habe ich auch mitgeholfen, Hemden und Unterhemden durch die Mangel zu drehen, nachdem sie in Reckitt's Blue gespült worden waren.

Zu der Zeit trug meine Mutter schon Stützstrümpfe, denn es gab bei ihr die ersten Anzeichen von Krampfaderbeschwerden, die sie für den Rest ihres Lebens quälen sollten. Ich war ein großes Kind, und wahrscheinlich habe ich das Problem verursacht. Mama muß irgendwann einmal etwas in dieser Richtung gesagt haben. Ich hatte nämlich ein kleines Schuldgefühl, wenn ich diese violetten Knötchen und Stränge sah, die sich ihre Beine hinaufwanden und wie Hyazinthen in ihren Kniekehlen blühten.

Ich besuchte einen Buschkindergarten, wo ich schon früh Anzeichen des Talents zeigte, das mich zu einer der populärsten und beneidenswertesten Frauen auf diesem Planeten gemacht hat. Anscheinend bin ich der geborene Führertyp. Ich kann mich noch daran erinnern, wie mich die anderen Kleinkinder mit Augen so groß wie Untertassen ansahen, wenn ich wieder einmal etwas besonders Köstliches von mir gegeben hatte. Soweit ich mich erinnere, war der kleine Spielplatz immer heiß und staubig, und ich mischte nicht gerne beim allgemeinen Durcheinander der anderen Kinder mit, wenn ich drinnen auf einem kleinen bemalten Stuhl sitzen und mit meiner Lehrerin, Miss Ely, sprechen konnte. Ich wünschte, sie wäre noch am Leben, damit ich sie zu meinen frühreifen brillanten Aussagen befragen könnte. Ich habe gehört, daß sie vor über zwanzig Jahren den Löffel abgegeben hat, glaube aber, daß sie bis zuletzt davon profitierte, meine erste Lehrerin gewesen zu sein.

Wir hatten immer ein Pausebrot dabei, und mir wird immer noch ein bißchen weinerlich zumute, wenn ich daran denke, wie meine Mutter liebevoll meine Sandwiches zubereitete – Kraftkäse und Aprikosenmarmelade, Eiercurry oder Rosella-Spaghetti aus der Dose. Zu der Zeit verwendete man keine Plastiktüten. Unsere

Freßpakete wurden in Butterbrotpapier eingewickelt (wo kriegt man heute noch so was, Beutelratten?). Ich erinnere mich an einen Kleinen namens Bernard im Kindergarten, der ziemlich langsam oder etwas doof war. Mit einer Gemeinheit, zu der nur Kinder fähig sind, stürzten sie sich auf dieses unglückliche Würmchen, und es verging kaum ein Tag, an dem er keine blutige Nase oder eine »Brennessel« bekam. Ich sehe immer noch seine Mutter, die arme alte Mrs. Gifford, wie sie ihn zu sich rief, um ihn abzuholen, und seine Kleider zerrissen und seine Knie aufgeschlagen waren. Es gelang ihr schließlich, ihn mitzunehmen, aber nicht bevor seine kleine Essensbox mindestens ein dutzendmal von den grausamen Gören auf dem Spielplatz herumgekickt worden war. Irgendwie war das Schicksal seiner Pausebrote mir wichtiger als die Verletzungen, die diese Rowdies dem kleinen Bernie zufügten. Es war schrecklich, mit ansehen zu müssen, wie eines von Mrs. Giffords liebevoll zugeschnittenen Bananenbroten am Absatz eines Spielplatzschreckens klebte. Eßpakete bringen mich immer zum Weinen. Ihr müßt euch vorstellen, Beutelratten, Bananenbrote werden an einem heißen Tag fürchterlich braun und matschig, und allein ihr Geruch rief in mir einen heftigen Brechreiz hervor. »Besser raus als rein«, sagte Miss Ely, während sie meinen zerzausten Malvenkopf über die Twyfords-Toilettenschüssel hielt. Dies ist ein Ausdruck, der mir immer wieder in allen extremen Situationen meines Lebens in den Sinn kommt, auch in meiner Hochzeitsnacht, aber das ist eine andere Geschichte, vielleicht die intimste von allen, und ihr müßt mir versprechen, keine Seiten zu überschlagen, um sie schon jetzt zu lesen.

Unsere Tage in Wagga-Wagga waren gezählt. Es war eine schläfrige alte Stadt auf dem Lande, aber meine Eltern zog es nach Melbourne, Australiens vornehmster Metropole und übrigens auch noch einer der kultiviertesten Städte der Welt. Wenn nur seine Einwohner das auch wüßten. Für einen Mann mit den

Fähigkeiten und den Kriegsverdiensten meines Vaters war es zudem nicht einfach, in Wagga Arbeit zu finden. Außerdem gehörten meine Eltern der Church of England an in einer Kleinstadt, die, um einen urigen alten Ausdruck meines Vaters zu benutzen, dazu neigte, »mit dem linken Fuß den Anstoß zu vollziehen«. Nicht, daß ich etwas gegen die Katholiken hätte. Ganz im Gegenteil. Einer meiner besten Freunde ist aus Polen, alleinstehend und wohnt in Italien. Es gibt keinen Preis, Beutelratten, wenn ihr nun rauskriegt, von welchem liebenswerten alten Linksfüßler ich spreche. Wenn meine Familie auch nicht eigentlich unter religiöser Verfolgung oder, wie man heutzutage sagen würde, Diskriminierung zu leiden hatte, bekam ich doch eine bittere Kostprobe davon in Pooh Corner, meinem Kindergarten. Ich habe bereits von kindlicher Grausamkeit gesprochen, habe es aber tapfer vermieden zu erwähnen, wie ich von einem ekelhaften Element behandelt wurde. Ich bin immer groß gewesen – ich war schon ein großes Baby –, und mein malvenfarbiger Schopf ließ natürlich die anderen Mädchen, ob sie jetzt schwarzhaarig, grau wie eine Maus, blond oder rothaarig waren, vor Neid erblassen.

Meine einzige Freundin war Miss Ely, denn irgendwie wagte ich es nie, meiner gestreßten und überarbeiteten Mutter von meinen Kindergartenalpträumen zu erzählen. Mit einer gespenstischen Vorahnung der Zukunft tröstete mich Miss Ely. »Eines Tages wirst du stolz auf deine Größe und dein ungewöhnliches Haar sein«, sagte sie beruhigend. »Du bist wie eine liebliche Agapanthus.«*

Jahrelang dachte ich, sie meine damit einen Filmstar namens Aggie Panthus. Erst viel später in meinem Leben entdeckte ich diese schlanken und doch stattlichen Pflanzen mit einer Krone von blau-violetten Blüten. Und in der Tat war ich eine erhabene

---

* Schmucklilie (*Anm. d. Übers.*)

Agapanthus und stand auf meinem eleganten Stiel hoch über den anderen Kindern, die wie winziges Heidekraut, Geranien und Phlox tief unten beim Unkraut kauerten. Erst später, als ich mir im Teenageralter die Haare so lange wachsen ließ, daß ich darauf sitzen konnte, lernte ich, stolz auf die krönende Gabe von Dame Natur zu sein.

Kapitel 5

Der freundliche Elektrolux-Mann

Mein Vater hatte schon immer eine Schwäche für Damenunter-
wäsche. Der Einzelhandel der Bekleidungsindustrie sprach ihn
an, und jedesmal, wenn meine Mutter ein neues Kleid kaufen
ging (ungefähr einmal alle zehn Jahre), war er dabei. Es ist mehr
als wahrscheinlich, daß mein talentierter Sohn, Kenny, seinen
Modesinn von Vaters Seite der Familie geerbt hat, denn – es ist
nun mal so – mein Mann Norm hatte keinerlei Geschmack in
puncto Kleidung. In der Tat trug er ein Vierteljahrhundert lang
mehr oder weniger dasselbe: beige, gestreifte Flanellpyjamas und
einen braun und burgunderrot karierten Wollmorgenmantel mit
einem Quastengürtel, Salztropf und Ballonkatheter – nicht unbedingt das, was ein Typ wie Tom Selleck auf dem Titelbild eines
Strickmagazins tragen würde. Die meisten Männer schrecken
doch ein bißchen zurück, wenn es um die Unterwäsche ihrer
eigenen Frauen geht. Nicht so mein Vater. Wenn meine Mutter
sich anschickte, sich für einen besonderen Anlaß wie eine Beerdigung oder eine wirkliche und wahrhaftige Bühnendarbietung
vorzubereiten, fiel es Papa ganz leicht, ihr das passende Kleid
auszusuchen. Es ist nun mal so, wenn man nur drei Kleider hat,
ist die Qual der Wahl nicht so schwer.
Ich fürchte, ich bin ein bodenständiger alter Megastar und habe
keinen Funken Aberglauben in mir, obwohl ich dazu neige, an
die Wiedergeburt zu glauben, wie übrigens einige andere Spitzen-
denker und Geistesgrößen dieser Welt auch. Es tut mir fürcher-
lich leid, aber so ist es nun mal. Später in diesem Buch gibt es ein

oder zwei fesselnde Bezugnahmen auf die Wiedergeburt, und offen gestanden wäre ich kein bißchen überrascht, wenn Calvin Klein und Karl Lagerfeld nicht wiedergeborene Bruce Everages wären. Wenn sie dieses Buch lesen, und das werden sie mit ziemlicher Sicherheit tun, werden sie jetzt begreifen, warum ich ihnen einen bedeutungsvollen Seitenblick zuwerfe, wenn wir uns aus Spaß oder wegen einer Anprobe treffen.

Leider erfüllte sich der Traum meines Vaters in bezug auf eine Geschäftsverbindung mit der Damenunterwäscheindustrie nicht. Aber in jener Nacht, als meine Mutter seine Sachen verbrannte, fand sie verschiedene weibliche Dessous ganz oben auf der Garderobe hinter seiner Maurerschürze versteckt. Zweifellos handelte es sich dabei um Muttertagsgeschenke, die er vergessen hatte, ihr zu geben, und um aussagekräftige Symbole seines fehlgeleiteten Ehrgeizes.

Mein Vater war ein großer Mann mit einem vorstehenden, fast spitzen Adamsapfel, wie ihn die meisten Veteranen aus dem Ersten Weltkrieg haben. Er hatte eine brüchige, ziemlich keuchende Stimme, da er während der Feindseligkeiten leicht vergast worden war. Ich fand später von einem seiner Kumpels heraus, daß sich dies eigentlich abgespielt hatte, als er tapfer seinen Küchendienst im Puckapunyal- (ein Wort der Aborigines, das irgend etwas bedeutet) Militärlager in Australien versah, bevor man ihn nach Frankreich verschiffte. Eines Tages war er dabei, Kartoffeln zu schälen und bemerkte überhaupt nicht, daß der Gasofen leckte. Als er endlich eine Craven A anzündete, war es ein Wunder, daß er durch ein offenes Fenster hinauskatapultiert wurde, sonst wäre ich nie geboren und dieser Bestseller wäre nie geschrieben worden. Er wog in Socken und Bruchband dreiundsiebzig Kilo und war wie die meisten gesunden Australier ein eifriger Zuschauer bei Fuballspielen. Außerdem liebte er Tiere, besonders Pferde, und es verging kein Sonntag in meiner Kindheit, ohne daß die ganze Familie die Rennen am Radio verfolgte.

Ich kann nicht behaupten, daß das ständige Gejaule und das Geschwätz der Rennkommentatoren Erich Welsch und Bert Bryant Musik für meine Kinderohren war, aber ich wußte, daß es für meinen Vater und später für Norm beinahe eine religiöse Handlung war. Ich sehe ihn noch vor mir, eng an unseren heißgelaufenen Radioapparat gedrückt, an einem schwülen Samstagnachmittag; sein Gesicht war angespannt, und seine Fäuste schlugen erregt auf die Luft ein, während die Klepper in die Zielkurve einliefen und die Stimme des Kommentators zu einem hysterischen Kreischen anschwoll. Meine Mutter wandte sich immer mit einem schönen Lächeln zu uns um. »Euer Vater liebt seinen Sport«, sagte sie zärtlich. Ich glaube, ich besitze heute ziemlich viele Rennpferde, obwohl ich mir dessen nicht sicher sein kann, ohne in die Schweiz zu faxen, aber ich bin noch immer leicht allergisch gegen Rennübertragungen und übrigens auch gegen heiße Samstagnachmittage. Auch wenn ich mit dem kleinen Blair, meinem Bankmanager, unter seiner VIP-Markise oder in der königlichen Loge in Ascot weile, neige ich dazu, mich auszuklinken und mich im Geiste mit den Feen davonzustehlen. Papa hatte verschiedene Jobs. Als ich noch nicht größer als Spucke in seinem Glas gekühlten Ales war, arbeitete er als Rawleigh-Mann. Rawleigh war eine wunderbare alte neuseeländische Firma, die allerlei gesunde Erzeugnisse herstellte, von Vanilleessenzimitat bis Goannasalbe, einer großartigen Allzwecksalbe, die seltene Nährstoffe aus der Milz von australischen Reptilien oder Goannas enthielt. Rawleigh produzierte auch Ready Relief (Rasche Erleichterung), eine Mixtur aus Eukalyptusöl und der Milz von irgend etwas anderem, die meine wundervolle Mutter nachts auf unsere Kissen sprenkelte, wenn wir Schnupfen hatten. Die Produkte wurden nicht im Laden verkauft, sondern von Tür zu Tür von aus dem Krieg heimgekehrten Soldaten oder »Rawleigh-Männern«. Die Ankunft eines Rawleigh-Mannes war ein großes und aufregendes Ereignis im Familienleben in der Zeit zwischen den zwei Weltkriegen, der »Interbellum-Ära«, um den Ausdruck eines auf dem zweiten Bildungsweg an der Fernuniversität Studierenden zu benutzen. Ich fürchte, Neuseeland hat uns nichts auch nur annähernd so Interessantes beschert wie die Rawleigh-Produktauswahl. Eigentlich fallen mir sonst nur noch der Fön, die Kiwi und Madge Allsop ein, die allesamt *maßlos* überbewertet werden.

Bald nach der Geburt meines jüngsten Bruders Athol gab mein Vater seine Arbeit als Rawleigh-Mann auf, nachdem es, wie ich später erfuhr, einen »Vorfall« gegeben hatte. Irgendeine dumme Nuß, die wahrscheinlich an VTS (Vorkriegstodesstarre) litt, hatte sich über mein liebes Pappilein beschwert. Soweit wir später feststellen konnten, hatte es ein Mißverständnis gegeben, als sie ihn über ihre Türschwelle bat, um sich »Rasche Erleichterung« zu verschaffen.

Das große Ereignis in meinem Kinderleben war der Umzug nach Moonee Ponds, eine unglaubliche Saga voll menschlicher Komödie, Tragik, Humor und Pathos. Diese Geschichte werde ich bei nächster Gelegenheit vor euch enthüllen.

Zu jener Zeit hielten elektrische Haushaltsgeräte ihren Einzug. Ein paar Glückliche besaßen schon Kühlschränke, aber die meisten von uns benutzten noch Kühlkisten. Der Eismann, der mit einem nassen Rupfensack und einem triefenden Kristallwürfel über der Schulter von seinem Pferdekarren aus vorstädtische Gassen entlangeilte, war ein alltäglicher Anblick. Wir Kinder pflegten hinter seinem Vehikel herumzulungern, in der Hoffnung, daß er uns ein paar gefrorene Späne zum Lutschen geben würde, obwohl meine Mutter mir immer eingeschärft hatte, dies zu unterlassen. »Man weiß ja nie, wo das herkommt«, ermahnte sie mich – ein Lieblingsspruch von ihr, noch dazu ein weiser, wenn man es genau überlegt, besonders in unseren Tagen.

Australien war schon immer ein makellos sauberes Land, und die Australier waren für neue Technologie aufgeschlossen. Unsere

Häuser aber wurden meistens noch mit altmodischen Teppich-kehrmaschinen saubergehalten, die an ihrer Unterseite kleine Springfedern hatten, von denen wir lange graue Würste von schmuddeligen Teppichflusen zu entfernen pflegten. Als die ersten Staubsauger in Australien angekündigt wurden, hieß man sie herzlich willkommen, und die Hausfrauen rollten den schmutzigen roten Teppich aus. Schon bald schwangen die Frauen ihre aufregenden neuen Apparate mit ihrem diversen Zubehör, und die lieblichen Wohnungen Australiens, die sonst in friedliche Morgenstille gehüllt waren, erfüllten sich mit pfeifenden und saugenden Klängen.

Kurz danach zogen wir in unser neues Haus in Big Smoke nach Moonee Ponds, Humouresque Street 36, um.

Mein Vater machte Mama das Geschenk ihres Lebens, einen funkelnagelneuen Elektrolux-Staubsauger, komplett mit Verlängerungsstab und beidseitiger Staubsaugevorrichtung. Mit ihrem glänzenden Chrom-Verlängerungsrohr konnte sie schwer zugängliche, staubige Ecken erreichen, wie zum Beispiel das Nippesregal aus dunkel gebeiztem Holz, welches hoch oben um die Wände unseres Flurs und Wohnzimmers lief. Darauf brachte sie ihre Sammeltassen von unschätzbarem Wert unter, ihren Figurenkrug von Old King Cole, ihren antiken König-Edward-Krönungsbierkrug und ihren schönen Sammelteller mit dem Bild einer Kutsche, wie sie in der guten alten Zeit vor einem Gasthof eintrifft. Tragischerweise wurden all diese Stücke Jahre später angeschlagen und zerbrochen, als meine Mutter ihren Tranquilizer noch hatte – sie muß außerdem ziemlich hoch oben auf der Leiter gestanden haben, um auf ihrem eigenen Nippesregal dermaßen Amok laufen zu können. Weiß der Himmel, was dieser herrliche Krimskrams heute wert wäre. Ich habe schon *fast identische* Stücke bei Christie's (Genf) ein Vermögen einbringen sehen.

Meine Erinnerung an den Großen Umzug ist eher vage. Wahrscheinlich war ich »traumatisiert«, um einen Ausdruck zu benutzen, ohne den der Therapeut meiner Tochter anscheinend nicht auskommt. Es gibt eine dumme Denkrichtung, die besagt, daß man für teures Geld auf einer Couch einer Harley-Road-Praxis liegen und seine Eltern in Stücke reißen muß, wenn man sich nicht an gewisse Dinge erinnern kann, die man als Kind erlebt hat. Quatsch! Tatsächlich ist es so, daß Kinder ein Gedächtnis haben wie ein Sieb, und ich bin sicher, meine Leser sind mir sogar dankbar, daß ich mich nicht an jedes Kinkerlitzchen erinnern kann, das mir widerfahren ist, sonst würde dieser Mega-Seller die Hälfte der finnischen Wälder verschlingen. Es gibt Löcher in meiner Kindheit, na und?

Woran ich mich aber doch erinnere, sind die Straßenbahnen, die die Puckle Street, Moonee Ponds Hauptverkehrsstraße, hinauf- und hinunterratterten. Wenn man heutzutage dort spazierengeht, hat man leider den Eindruck, man befinde sich in einem Vorort Athens oder Beiruts, aber in der guten alten Zeit war dies eine der Prachtstraßen Melbournes – das australische Gegenstück zum Faubourg St. Honoré oder zur Via Veneto. Unser neues Haus war im »Konföderationsstil« erbaut, was ein bißchen schwer zu beschreiben ist, aber irgendwo zwischen Art nouveau and Art deco liegt. Man müßte dem Mitbewohner meines Sohnes, Clifford Smail, diese Frage stellen, der sich in so was auskennt. Er hat eine Lampe von unschätzbarem Wert in der Form einer grünen Metallballettänzerin, die einen Ball hochhält, für einen Spottpreis in einem Trödelladen erstanden. Nummer 36 hatte zuvor schon einen Besitzer gehabt: einen alten Soldaten im Ruhestand namens Russ Parker, der dort allein mit ein paar streunenden Katzen gelebt hatte, bevor man ihn in ein Altersheim schaffte.

Anscheinend brachte er die Nachbarn um ihre Nachtruhe, indem er zu vorgerückter Stunde einige der wichtigsten Schlachten des Ersten Weltkriegs lautstark nachspielte. Um die Wahrheit zu sagen, er war nicht nur in dieser Hinsicht ein wenig daneben. Unser neuer Nachbar, Mr. Whittle, bestätigte dies, indem er ihn als jemanden beschrieb, der ein »paar Känguruhs im Oberstübchen frei herumlaufen« hatte.

Noch bevor die Umzugsleute unsere Teekisten und Koffer auspacken geholfen hatten, waren Mama und ich von Zimmer zu Zimmer geeilt, um alles zu erforschen. Es gab noch immer einige traurige Stücke, die an den ehemaligen Hausbewohner erinnerten, obwohl seine gesamte Verwandtschaft, nur Sekunden nachdem ihn der Krankenwagen mitgenommen hatte, wie Heuschrecken über sein Haus hergefallen war. Ein alter Vaselinetopf auf dem Nachttisch, das Unterteil eines Gebisses neben der Badewanne, ein schiefes Bild von Menin Gate in einem Rahmen mit zerbrochenem Glas in einer Ecke hinter der Eßzimmertür und ein brauner Schlapphut, der verkehrtherum oben auf der Garderobe lag. Den Hut hat er wahrscheinlich an jedem Veteranentag getragen, wenn er mit all den anderen alten Kameraden marschierte – aber jetzt waren seine Marschtage vorüber.

Jeder Gerontologe kann einem sagen, daß die Alten manchmal helle Momente haben können, und zwar im großen Stil. Das muß ich als Kind instinktiv gewußt haben. Der Einzug in der Humouresque Street 36, Moonee Ponds, hatte etwas Unheimliches, weil ich wußte, daß der alte Mr. Parker irgendwo noch lebte. Was, wenn er eines Morgens völlig hell im Kopf erwachen und beschließen würde, nach Hause zurückzukehren, nur um dann eine fremde Familie in seinem alten Heim und seine Habseligkeiten in alle Winde zerstreut vorzufinden? Man kann mich als altmodisch bezeichnen, aber ich glaube an Gespenster, obwohl ich keinen Funken Aberglauben in mir habe, und ich schwöre, daß ich eines Nachts im Morgengrauen aufwachte, weil ich glaubte, einen fürchterlichen Schlag und die Stimme eines Mannes zu vernehmen, der lauthals schrie: »Scheiß-Hunnen, *spießt die Bastarde auf!*«

Ich hoffe, es war nur ein grausamer Alptraum. Und ich kann meinen Lesern und Trillionen von Fans versichern, daß dies das einzige Schimpfwort dieser Art ist, das ich jemals im Traum gehört habe. Old Russ ist niemals zurückgekehrt, obwohl ich mich oft gefragt habe, wie er im Altersheim ohne seine Zähne zurechtgekommen ist.

Bei meinen großartigen Bühnenshows bitte ich oft die Frauen aus dem Publikum, mir ihr Haus zu beschreiben, und manche tun sich dabei etwas schwer. Eine Dame gestand mir einmal, daß ihr durch meine Gegenwart der Rest ihres Lebens wie ein Traum erschien, so als ob ich die Einzige Realität wäre. Sie mußte sich wirklich den Kopf zerbrechen, um sich erinnern zu können, wo sie wohnte und mit wem sie verheiratet war. Solche Komplimente wachsen nicht einfach so auf Bäumen, oder, Beutelratten? Aber jetzt bin ich dran, und ich werde versuchen, das Haus zu beschreiben, in dem ich meine Jungmädchenzeit verbrachte. Offen gestanden ist das nicht leicht, es tut mir furchtbar leid, aber es ist nicht einfach. Als wir das Haus langsam auf Vordermann brachten, schöne Teppiche verlegten, wo Russ Parkers Linoleum gewesen war, das Nippesregal frisch gebeizt und eine herrliche Wohnzimmergarnitur aus beigem und burgunderfarbenem Langhaarplüsch aufgestellt hatten, hatten meine Eltern noch nicht die geringste Ahnung, daß eines Tages in den achtziger und neunziger Jahren die Straße vor dem Haus mit Touristenbussen vollgestopft sein und Riesenschlangen von japanischen Touristen von Zimmer zu Zimmer defilieren würden – ihre Toshibas und Minoltas auf das Heim gerichtet, welches ihre Tochter so berühmt gemacht hatte, daß es sogar zum Museum wurde! Ich bekomme noch immer eine Gänsehaut, wenn ich daran denke, daß die alte Wohnzimmergarnitur meiner Eltern nun mit Seilen über die Armlehnen abgesperrt und auf einer Postkarte zu sehen ist, die in der ganzen Welt verschickt worden ist.

Bald nachdem wir eingezogen waren und ich im Moonee-Ponds-Mädchengymnasium angemeldet worden war, nahm mein Vater ein neue Stelle bei Elektrolux an, wo er Staubsauger von Tür zu Tür verkaufen mußte. Er läutete an den Wohnungstüren und sagte den mißtrauischen Bewohnern in seiner liebenswerten Art: »Guten Morgen, ich bin Ihr freundlicher Elektrolux-Mann.« Das klappte immer wunderbar, besonders, nachdem er eine Tüte voll Schmutz auf dem Axminsterteppich ausgeleert und dann der glücklichen Hausfrau ein Demonstrativsaugen vorgeführt hatte. Es ist unnötig zu erwähnen, daß unser eigener Staubsauger nach dieser Zeit immer bestens in Schuß war und daß es meiner Mutter nie an dem verschiedensten Zubehör mangelte. Ich werde niemals den Abend vergessen, an dem mein Vater nach einem äußerst erfolgreichen Verkaufstag mit einer leichten Sherryfahne und einem kleinen Paket nach Hause kam, das er unter seinem Mantel versteckt hielt.

»Was spüre ich denn da?« sagte meine Mutter, als sie ihn verspielt umarmte. Sie mußte nicht lange herumrätseln, denn ihre neugierigen Hände landeten auf ihrer ersten Saugdüse für geheime Winkel.

Kapitel 6

Meine weitverzweigte Familie

Schon im vorhergehenden Kapitel wollte ich meine drei Brüder Roy, Athol und Laurie erwähnen. Möglicherweise wird es viele meiner Leser verblüffen zu hören, daß ich Geschwister hatte und in gewisser Weise immer noch habe. Eine Menge Leute halten mich für ein Einzelkind, und natürlich bin auch ein bißchen eine Einzelgängerin, aber die Existenz meiner wundervollen Brüder habe ich aus selbstlosen Gründen nie an die große Glocke gehängt. Die Tatsache, daß sie einen Megastar zur Schwester haben, der das Talent aus jeder einzelnen Pore quillt, sollte niemals ihrem eigenen, schlichten Leben in die Quere kommen. Der arme kleine Athol, der etwa neun Jahre jünger ist als ich, wohnt in einem schönen Haus in einem von Melbournes vornehmen Vororten, aber die letzten zehn Jahre seines Lebens sind ein einziger Alptraum gewesen. Als die Leute erst einmal herausgefunden hatten, daß er mein Bruder ist, bedrängten Hinz und Kunz ihn und seine lächerliche kleine Frau Dawn (geborene Purdie) wegen eines Autogramms von mir. Der Gemeindepfarrer bat ihn, das Pfarrfest zu eröffnen, und jedesmal, wenn ich wieder einmal einen Hit auf der Bühne, im Film oder Fernsehen gelandet hatte, belagerten die Paparazzi von Australien sein Haus wegen Interviews. Athol verdient nicht viel als Jalousien-Reparaturspezialist (unter uns gesagt, in der Intimität dieses Bestsellers, habe ich sein Haus und jedes einzelne Möbelstück darin bezahlt), aber zu seiner Ehre muß gesagt werden, daß der kleine Athol

Abermillionen von Rupert Murdochs und seinesgleichen abgewiesen hat, die seine »Geschichte« kaufen wollten.

In einem Sonntagsschundblatt war kürzlich die Story »Meine Schwester, Dame Edna« zu lesen, und man veröffentlichte sogar verschwommene Fotos von mir beim Besuch von Athols Haus in meiner Limousine, die per Satellit aufgenommen worden waren. Athol schwor, er hätte ihnen kein Sterbenswörtchen erzählt, aber seine Frau Dawn, die ich noch nie leiden konnte (was nichts mit dem Katholizismus zu tun hat), jammerte mir etwas über die Kosten eines Swimmingpools im Hinterhof vor und daß die Schund- und Schmutzpresse ihnen angeboten hätte, einen zu installieren. In einem Moment der Schwäche gab ich dem Wink mit dem Zaunpfahl nach, und schon bald planschten Kylie, Damian, Bernadette, Shaun, Dermot, Kathleen und Nathan in einem zehn Meter großen, vollgefliesten Swimmingpool mit eingebautem Fitneßcenter und Natursteinumrandung. Ratet mal, wer für diese Kleinigkeit gelöhnt hat. Aber Dawn ist zu weit gegangen, auch wenn ihr das nicht klar ist, und von mir kriegt sie nichts mehr. Es ist nun mal so, mal angenommen, ich bezeichne das nächstemal das Ganze als Bluff und sie gibt daraufhin eine Pressekonferenz – »MEINE SCHWÄGERIN: DAME EDNA« oder ähnlicher Quatsch –, dann wäre sie eine dumme Gans, wenn sie etwas Negatives über mich sagen würde. Ich bin eine solch beliebte, ja fast verehrte Persönlichkeit, daß die Nachbarn sie bei lebendigem Leib zerreißen würden.

Ich bin nicht die Erstgeborene. Ich hatte einen wunderbaren älteren Bruder namens Laurie, an den ich mich nicht genau erinnern kann. Er verstarb an einem Schlangenbiß, bevor wir nach Moonee zogen. Ich glaube, daß diese Tragödie der Auslöser dafür war, daß meine Eltern den Busch verließen. Soweit ich verstanden habe, ist er eines Tages aus der Schule gekommen und hat Mama so nebenbei gesagt, er sei von einer fünf Fuß langen Tigerschlange in den Blaubeeren unten bei der Bahnlinie ins

Bein gebissen worden. Meine Mutter verfiel sofort in Panik, nahm ihr Gebiß heraus, ritzte sein Bein mit einer alten Gilletteklinge und versuchte, das ganze Gift herauszusaugen. Als Dr. Vaughan Williams ankam, war es schon zu spät. Viele Jahre später sagte er mir in strengstem Vertrauen, und darum möchte ich auch die Leser dieses Megasellers bitten, daß meine arme Mama eine geschlagene Stunde auf ihren Knien auf dem nackten Linoleumboden gelegen und am falschen Bein gesaugt hätte.

Nach der Beerdigung erwähnten meine Eltern Laurie nie wieder, aber ich glaube, daß meine Mutter zu der Zeit eine Art Nervenzusammenbruch hatte; wie sich herausstellen sollte, den ersten von vielen weiteren. Ich erinnere mich daran, daß sie uns verließ, um »Urlaub« zu machen, und Tante Ruby kam, um sich um mich zu kümmern. Sie war Leutnant der Heilsarmee und trug immer ihre Uniform, einschließlich einer marineblauen Strohhaube, die schon damals altmodisch wirkte, auch wenn man heute glauben würde, meine Tante sei damit geradewegs dem Szenario eines unserer international renommierten preisgekrönten nostalgischen Filme entsprungen. Man braucht nicht zu erwähnen, daß in meiner Kindheit die Nostalgie noch nicht erfunden worden war.

Tantchen Ruby war eine stattliche Frau mit schwarzem Haarknoten, wie alle, die Ruby heißen (haben Sie übrigens schon bemerkt, daß alle, die Audrey heißen, rötliches Haar haben?). Sie roch nach Fawldings Lavendeltalkum, und, so leid es mir tut, sie hatte Körpergeruch. Zu jener Zeit war es mit Körpergeruch so wie mit der Nostalgie – es gab ihn nicht, oder zumindest gab es ihn nicht namentlich. Ich weiß nicht, wann es mit der Lifebuoyreklame losging, aber ich kann mich daran erinnern, sie im »Woman's Monthly« gesehen zu haben. Ich ließ die Zeitschrift ostentativ herumliegen, damit Tantchen die Reklame nicht übersehen konnte. Sie war in Form eines Comicstrips aufgemacht und zeigte eine nett aussehende junge Frau (ähnlich der jungen Frau mit

Pickeln in einer anderen Reklame), die auf einem Ball von gutaussehenden jungen Männern gemieden wurde oder am Haltegriff in einer überfüllten Straßenbahn hing, während die anderen Fahrgäste ihre Taschentücher an die Nase preßten. Das junge Mädchen wurde für gewöhnlich von einer gütigen Freundin oder einem ärztlichen Berater mit einer Stirnlampe gerettet, die »Körpergeruch« flüsterten und ihr ein Stück Lifebuoy in einer Verpackung ohne Aufschrift überreichten. Darauf folgte normalerweise ein geschmackvolles Bild von ihr, wie sie unter der Dusche ihre Achselhöhlen einseift, und darauf eine romantische Szene auf ihrer Veranda oder im Kino mit einem gutaussehenden Mann mit Brillantine im Haar, der mit ihr ein bißchen herumschmuste. Die Sprechblase des Mannes sagte für gewöhnlich: »Danke für den wundervollen Abend, Joyce. Sehen wir uns morgen?« Und ihre Blase antwortete (in Gedanken): »Ich bin das glücklichste Mädchen auf der ganzen Welt, dank Lifebuoy.«

Ich bin mir sicher, daß Tantchen einen Zusammenhang hätte herstellen können, wenn »Joyce« die Uniform der Heilsarmee getragen hätte. So aber tat sie es nicht, und mir graute jeden Abend vor dem Augenblick, wo ich auf dem Bett kniend mein Nachtgebet sprechen sollte, Tantchen Rubys Arme um mich geschlungen und mein verängstigtes Gesichtchen an ihre streng riechende Bluse gedrückt. Bis zum heutigen Tag achte ich sehr auf persönliche Hygiene, aber es war ein Kampf auf verlorenem Posten, Madge Allsop dazu zu bringen, sich mir anzuschließen. Ich schenkte ihr einen Deodorantrollstift, sobald dieser erfunden war, aber sie zeterte daraufhin im Badezimmer herum und behauptete, die Rollspitze klemme und zwicke sie unter den Achseln. Madge ist jede Ausrede recht, um die normalen Gepflogenheiten der Sauberkeit zu umgehen. Mir ist von zuverlässiger Seite berichtet worden, daß sie einmal bei einer neuseeländischen Aufführung von »Hair« am Ende der Vorstellung versuchte, auf die Bühne zu springen, um sich unter die Darsteller zu mischen, und die schmutzigen Hippies auf der Bühne sich weigerten, mit ihr zu tanzen. Jedoch vergesse ich hierbei, daß Sie Madge Allsop noch nicht wirklich kennengelernt haben, jedenfalls nicht auf diesen Seiten. Bald schon jedoch wird sie in meinem Leben auftauchen und, was noch viel schlimmer ist, nie mehr daraus verschwinden.

Ich nehme an, daß Tantchen Ruby ein sehr guter Mensch war, was man üblicherweise über Leute sagt, zu denen einem sonst nichts einfällt. Obwohl ich eine der gütigsten Frauen auf der ganzen Welt bin, hätte ich es doch nicht gerne, wenn mein Nachruf in der Megastar-Ecke von Westminster Abbey lauten würde: »Hier ruht Dame Edna Everage, sie war gütig« – lieber würde ich sterben.

Meine Herausgeberin hat mir geraten, nicht allzu viele Personen in diesem Buch zu erwähnen, die nicht später irgendwann noch einmal auftauchen, weil das die Leser verwirren würde. Darauf antwortete ich ihr: »Blödsinn.« Was glaubt sie denn, wer sie ist, daß sie mir sagen kann, wie ich die unglaubliche Geschichte meines Lebens schreiben und mich an die Schlüsselfiguren meiner Vergangenheit erinnern soll?

Jung und leicht zu beeindrucken, wie ich war, setzte mir Tantchen Ruby einen Floh ins Ohr, der mir noch monatelang Alpträume verursachen sollte. Ich weiß nicht mehr, wie sie darauf kam, aber sie erzählte mir von einem kleinen Jungen aus der Straße, der von kinderlosen Eltern adoptiert worden war, die dann noch sechs eigene Kinder bekommen hatten. Das ist ein unheimliches, altbekanntes Phänomen, das meine Leser zweifellos schon selbst beobachtet haben. Der kleine Keith Henderson tat mir furchtbar leid (meine Herausgeberin wird mich dafür hassen, daß ich ihn namentlich erwähne, aber meine Leser sind ja nicht blöde); ich war schon immer weichherzig, und mir brach das Herz wegen dieses armen Kindes. Ich fing an zu glauben, daß man vielleicht auch mich adoptiert hatte, weil ich mich so verschieden von meiner Familie fühlte, ein bißchen wie ein Außenseiter, wenn man so will. Seitdem habe ich die Biographien von Mozart, Shakespeare, Vlad dem Stecher und Mrs. Thatcher gelesen und zu meiner Erleichterung festgestellt, daß sie allesamt unter der gleichen Angstphantasie litten. Grob ausgedrückt lautete diese folgendermaßen: »Wie ist es möglich, daß eine brillante und schillernde Person wie ich von einem doofen, alten, langweiligen Paar wie euch abstammt?« Das klingt furchtbar, liebe Leser, nicht wahr? Aber so empfand ich es, und dieses Buch soll schließlich ehrlich sein.

Zurückblickend wird mir klar, wie sehr diese Angst, die in mir geweckt worden war, meine frühe Kindheit überschattete. Angenommen, man hatte mich *nicht adoptiert*, so war es doch möglich, daß es im Krankenhaus eine Verwechslung gegeben hatte. Was müssen sich die Hebammen gedacht haben, als mein malvenfarbiges Köpfchen erschien, das in so krassem Gegensatz zu den mausgrauen Strähnen meiner Mutter stand? Bei all diesen kleinen Kümmernissen, die mir im Kopf herumschwirrten, war es ein Wunder, daß ich damals nicht – ganz im Gegensatz zu den letzten Jahren – unter Bettnässen zu leiden hatte. Madge Allsops Nachtschweiß, hervorgerufen von einer Mischung aus spätem Spätfilm und getoastetem Käse, zwingt mich nämlich dazu, ernsthaft an getrennte Bettdecken zu denken.

Mama kam aus ihrem mysteriösen »Urlaub« zurück, den Bauch voller Bohnen und, wie sich herausstellte, auch meinem Bruder Roy. Während des Umzugs nach Moonee wurde ihr Bauch immer größer, und mein Vater blieb viel zu Hause, um sich um sie zu kümmern. Ich kann nicht sagen, daß ich den Gedanken an einen Neuankömmling in der Familie begrüßte, denn ich liebte es, im Mittelpunkt zu stehen, so unglaublich das auch für Leute klingen mag, die mich heutzutage kennen. Aber Kinder, besonders Kinder mit außergewöhnlichen Begabungen, neigen dazu, etwas egozentrisch zu sein, und ich kann mich noch gut an das würgende

Gefühl erinnern, das ich bei der Aussicht auf einen Rivalen unter demselben Dach empfand.

Nachdem Laurie hinweggerafft worden war, verwöhnten mich meine Eltern ziemlich, und mein Papa nahm mich manchmal auf seine Elektrolux-Hausbesuche mit, um mir etwas Besonderes zu bieten. Während er zeigte, was ein neues Zubehör oder ein neues Modell auf dem burgund- und beigefarbenen Wand-zu-Wand-Axminster-Art-deco-Teppichboden fertigbrachte, saß ich ruhig auf der dreiteiligen Wohnzimmergarnitur, las meine Ameliaranne-Bücher und fühlte, wie die kratzige Langhaarplüsch-Polsterung mich an der Rückseite meiner weiß-braun pigmentierten Schenkel kitzelte. Ich saugte meine Umgebung in mich auf wie ein Schwamm und betrachtete eingehend die gerahmten Schnappschüsse auf dem Pianola, die Messingpatronenhülsen auf dem Kaminsims, den galeonenartigen Feuerschutz und die Bilder an den Wänden, wenn es welche gab. Wenn es ein Bild gab, war das merkwürdigerweise meistens »Tagesanbruch« von Maxfield Parrish, einem großartigen australischen Kolonialkünstler, der Menschen in Gymnastikanzügen malte, die im Botanischen Garten auf Terrassen erwachen. Ich glaube, daß diese Gemälde zu Zeiten der Wirtschaftsdepression von amputierten ehemaligen Soldaten zusammen mit der »New World Encyclopedia« und Honig an der Haustür verkauft wurden. Die Inneneinrichtung anderer Leute hat mich schon immer fasziniert und tut es auch jetzt noch, wie jedermann, dem es gelungen ist, eine Eintrittskarte zu einer meiner wunderbaren Shows zu erbetteln, zu borgen oder zu stehlen, von Herzen bestätigen kann.

Mein Vater hielt mich für sein Maskottchen, weil ich immer so einen großen Eindruck auf seine Kunden machte. Sie pflegten die Tür ein bißchen mißtrauisch zu öffnen, spitzten dann durch den Türspalt als erstes auf mich, die ich unglaublich hübsch aussah, dann auf das Kragenrevers des eleganten, doppelreihig geknöpften marineblauen Nadelstreifenanzugs meines Vaters, der von

Wardrope My Tailor in Melbourne stammte, und dann auf sein glänzend poliertes Heimkehrerabzeichen. Papa pflegte immer zu sagen: »Guten Morgen. Was für eine schöne Wohnung Sie haben! Ich bin Ihr freundlicher Elektrolux-Mann, und das hier ist meine kleine Tochter Edna. Könnte ich Ihnen vielleicht einmal unverbindlich unser neues Krönungsmodell vorführen?« Wenn der Kunde, für gewöhnlich eine Hausfrau in Morgenmantel und Schmetterlingslockenwicklern unter einem Haarnetz, ein bißchen zögernd wirkte, fügte Papa eilig hinzu: »Meine Kleine hat Durst, hätten Sie vielleicht ein Glas Wasser?« Das wirkte normalerweise, und schon wenige Minuten später saß ich wie Gräfin Rotz mit einem Glas Himbeerlimonade vor mir am Küchentisch. Einmal ergatterte ich sogar eine leckere »Spinne« (mit Limonade verquirltes Eis) in einem hübschen Kraft-Brotaufstrichglas, auf dem Tick, Trick und Track zu sehen waren – übrigens immer noch meine Lieblingsgestalten von Disney.

Ich gewöhnte mich auch an die Komplimente, die ich bekam, während mein Vater einen Handel abschloß oder seine Saugdüse für schwer zugängliche Winkel vorführte: »Was für ein faszinierendes Kind.« »Was für schöne Augen.« »Nichts entgeht ihr.« Oder: »Sie hat uns durchschaut«, »Das Kind wird es noch weit bringen, sage ich Ihnen.« Wenn ich ein eitles Kind gewesen wäre, wären mir all diese Lobsprüche zu Kopf gestiegen. Nur ein einziges Mal hörte ich eine fürchterlich negative Bemerkung. Wenn ich mich recht entsinne, war es Papa nicht gelungen, in dem betreffenden Haushalt einen Verkaufsabschluß zu tätigen, und man hatte mir nicht einmal ein Glas Wasser gegeben. Als die Haustür hinter uns ins Schloß fiel, hörte ich ganz deutlich, wie die Hausfrau zu ihrer Tochter sagte: »Können die denn nicht das Schild ›Betteln und Hausieren verboten‹ am Tor lesen? Und war das Kind nicht eine richtige kleine Puffmutter?« Ich wußte nicht, was das war, erst viel später im Leben sollte ich dies erfahren, aber die grausamen Worte trafen mein empfindliches Naturell tief. Ich könnte nicht behaupten, daß ich traurig war, als ich ein paar Monate später erfuhr, daß das Haus der betreffenden Frau abgebrannt und sie nun mittellos war. Meiner Erfahrung nach bekommen die Menschen früher oder später ihre gerechte Strafe. Ein Kritiker aus Sydney beschimpfte mich, eine der radikalsten Linken unter der Sonne, einmal als »Rassistin und Faschistin«. Ich hätte mit ihm um Trillionen Schmerzensgeld prozessieren oder Rupert oder Kerry bitten können, ihn zu feuern, aber ich bewahrte stattdessen meine Würde und sagte nichts dazu. Ein paar Wochen später wurde seine Rockoper ein Mißerfolg, seine Zeitung ging bankrott und seine Frau wurde von einer Trichternetzspinne gebissen. Wozu benötige ich die teuren Dienste meiner Anwälte Fennimore und Gerda, wenn Dame Natur sich nach angemessener Zeit sowieso all diejenigen vornimmt, die dumm genug sind, sich von ihrer Eifersucht beherrschen zu lassen?

Und dennoch war es die eifersüchtige kleine Edna, die angewidert in das Körbchen von Baby Roy Beazley lugte, als er aus der Klinik kam. Ganz plötzlich, beim Anblick dieses rotgesichtigen kleinen Affen, der da lag und einen Faden geronnene Milch vom Mundwinkel bis zum Ohr laufen hatte, wurde mir speiübel. Einmal hörte ich meinen Vater in unser neues Hartgummitelefon, Modell »Krönung«, sagen: »Gladys ist ganz verrückt mit dem Baby. Ein Mädchen im Haus ist schließlich genug.«

Wie Sie schon wissen, wohnten wir damals in dem neuen Haus in der Humouresque Straße in Moonee Ponds, und ich schloß neue Freundschaften und schuf mir neue Bindungen. Mama war oft im Wohnzimmer bei geschlossenen Fensterläden, wenn ich aus der Schule kam. Damals muß ich etwa fünf oder sechs Jahre alt gewesen sein, und Mrs. Pritchard, Doris Pritchards Mutter, holte mich immer von der Schule ab und brachte mich nach Hause, wenn Mama keine Zeit hatte. Ich schaute vorsichtig ins verdunkelte Wohnzimmer. Roy brüllte wie immer, und Mama fummelte an ihrer Bluse. Ich sah, wie sie eine ihrer großen weißen

Brüste in seinen Mund stopfte, und der Lärm hörte auf. Ich hörte, wie Mama leise sang:

> »Schlaf nur ein, Mamas kleiner Schatz,
> Mamas kleines Negerlein ...«

Das war doch das Lied, das sie immer für mich gesungen hatte! Ich hielt mir die Ohren zu und rannte hinaus in den Hinterhof, und, ganz offen gestanden, liebe Leser, glaube ich, daß ich ab diesem Zeitpunkt den kleinen Roy ganz einfach aus meinem Leben verbannte, bis vor kurzem, als ich ihm finanziellen Beistand leisten konnte. Er bekam ja schließlich schon genug Beistand von meiner Mutter. Als Athol auf der Bildfläche erschien, war er im Alter von dreieinhalb Jahren gerade entwöhnt worden.

Meine ganze Kindheit lang sollte ich mir diese strammen, fast gewöhnlichen Burschen ansehen und dann mein eigenes empfindsames und zartes Gesicht im Spiegel. »Wo komme ich her?« pflegte ich Dame Natur zu fragen oder Jesus oder den Weihnachtsmann oder wer auch immer zuhören wollte.

Kapitel 7

Der Moonee Blues

Ich liebte den Nachhauseweg vom Moonee-Ponds-Mädchen-gymnasium in die Humouresque Straße 36. Damals war ich etwa zehn oder elf Jahre alt, und die Schuluniform paßte gut zu meiner schlaksigen Gestalt; ein Strohhut mit breiter Krempe, ein orangener Blazer mit braunen und purpurnen Litzen (die Schulfarben), eine Krawatte mit großem Knoten (von hinten von meinem Papa gebunden) und ein kurzer, plissierter, negerbrauner* Rock, der um meine braun-weiß gesprenkelten Beine wehte.

An einem heißen Sommertag trotteten meine beste Freundin Phyllis Balderstone und ich heimwärts, die Schultaschen über die Schulter geworfen. Damals wußten wir die viktorianische Architektur nicht zu schätzen, obwohl – wenn ich jetzt so darüber nachdenke – die alten Wohnsitze, an denen wir vorübergingen, mit ihren schmiedeeisern verkleideten Veranden und ihren Glyzinien und Andentannen wahrscheinlich Juwelen aus der Kolonialzeit darstellten. Sie haben in neuer Zeit Safeway-Supermärkten und großen Parkplätzen weichen müssen. Die meisten Anwesen waren von Hecken oder weißen Staketenzäunen eingegrenzt. Ich liebte es, die auf der Ölfarbschicht entstandenen Blasen mit dem Daumennagel aufzustechen und in der staubigen grünen Ligusterhecke nach Raupen zu suchen, die Phyll und ich

---

* Eine Farbbezeichnung, die wir nicht mehr verwenden, was meine farbigen Leser freuen wird zu hören.

dann zusammen mit ein paar Gummibaumblättern in ein altes Clegg-und-Kemp-Einmachglas steckten.

Der Asphaltweg war durch die Sommerhitze und die Wurzeln der großen Platanen mit ihrer scheckigen Rinde aufgeworfen. Als ich zum erstenmal in die Alte Heimat fuhr und mich beim Verband der Englischsprachigen am Berkeley Square aufhielt, bemerkte ich, daß es auch dort enorme, von Nachtigallen befallene Platanen gab. Allerdings enden die in den Straßen von Melbourne schon kurz über dem Stamm, nachdem der Stadtrat regelmäßig all ihre Zweige absägen läßt, damit sie den Telefondrähten nicht in die Quere kommen. Das Ergebnis ist, daß unsere Straßen aussehen wie Reihen von Hutständern.

Ein paar Pfefferkornbäume streckten ihre Zweige über die Hecken, und ich sprang hoch, um an ihren klebrigen Farnblättern zu zupfen, die grünen Federn glichen, und zu versuchen, die pummeligen grünen Kaisergummiraupen herunterzuklauben.

»Beeil dich, Edna«, schrie Phyllis, »sonst verpaßt du die Chatterbox Corner im Radio.«

»Ich habe die Nase voll von dieser Sendung«, erklärte ich auf meine vorzeitig gereifte Art. »Sie ist verrückt und doof.« »Außerdem gehe ich zum Krabbenfischen«, sagte ich zu mir selbst, während das blöde Balderstone-Mädchen im Hoftor verschwand. Zehn Minuten später war ich im Stadtpark von Moonee Ponds, was für Schulmädchen streng verboten war, aber er war sowieso menschenleer. Die Australier nutzten zu der Zeit kaum ihre herrlichen Parks, da wir alle unsere eigenen Gärten vor und hinter unseren solide gebauten Eigenheimen hatten. Heutzutage sind die öffentlichen Parkanlagen Australiens natürlich überfüllt mit Menschen, von denen nur ein geringer Teil diesseits des Ozeans geboren ist.

Der »See« war eigentlich mehr ein kleiner Sumpf, wahrscheinlich einer der ursprünglichen Teiche oder Ponds von Moonee Ponds, die man »billabongs« nannte und die, wie ich später im

Erdkundeunterricht lernte, stille Flußarme des Maribnong-Flusses sind. Kinder, die älter und abenteuerlustiger waren als ich, pflegten Würmer oder kleine Fleischstückchen am Ende einer Schnur zu befestigen, die sie dann im Wasser so lange herumschwenkten, bis ein schwaches Zupfen signalisierte, daß ein »Yabby« – eine Art Süßwasserkrabbe – sich dafür interessierte. Es gab Steppkes, die ganze Eimer davon sammelten, mit nach Hause nahmen und auf dem Küchenlinoleum losließen, um ihre Mütter zu erschrecken. Erst in letzter Zeit sind gebildete Australier mit BMWs und Originalgemälden an den Wänden dazu übergegangen, sie zu einem Glas tasmanischem Chardonnay und Macadamianuß-Kiwi-Mus zu essen.

Aber ich war schon immer eine Träumerin. In der Tat schnalzten meine Tantchen und Lehrer oft mit den Fingern und machten scherenhafte Bewegungen vor meinen Augen, während ich in Meine Eigene Welt hineinstarrte. »Wo bist du denn?« oder »Einen Penny für deine Gedanken, Edna«, pflegten sie zu sagen. Aber ich gab ihnen niemals Auskunft, denn neun von zehn Malen waren meine Gedanken wesentlich mehr wert, wie die Käufer dieses Buches inzwischen erkannt haben dürften.

Ich träumte vor mich hin in einer abgeschlossenen Nische mitten im Schilf; mein Röckchen war über meine braun-weiß gesprenkelten, mit Zeichnungen verzierten Schenkel hochgerutscht. (Als Kind liebte ich es, auf meinen Schenkeln herumzukritzeln, es tut mir furchtbar leid, aber so war es nun mal.) Ich schaute ins brackige Wasser, und drei Yabbies versuchten schon, an der Seite meines Raupenglases hochzuklettern, als ich mir einer schrecklichen Hand auf meiner Schulter und eines widerwärtigen Muskatellergeruchs bewußt wurde. Ich fühlte, wie mir die malvenfarbenen Härchen am Nacken zu Berge standen. »Du bist ein hübsches kleines Mädchen«, sagte eine entsetzliche, ausländisch klingende Stimme. »Kann ich dir dabei helfen, etwas zu fangen?«

Schon war eine rauhe Hand zu meiner erschreckten Hüfte hinuntergeglitten. Ich schwang meinen Kopf herum, wie die Kleine im »Exorzist«. Es war Mr. Moshinsky, der russische Heckenschneider, der in Moonee auf einem alten Malbern-Star-Fahrrad herumfuhr und den Leuten für einen Appel und ein Ei die Hecken schnitt.

»Nein, danke, heute nicht«, sagte ich mit unglaublicher Geistesgegenwart. »Mein Vater kommt gleich.«

Er lachte fürchterlich, aber seine Hand hielt mich immer noch fest. »Soll ich dir etwas zeigen?« fragte er mit scheußlichem Lachen. »Du versprichst mir doch, es deiner Mama nicht zu erzählen?«

Sogar damals als unschuldiges Kind hatte ich das unheimliche Gefühl, daß das, was er mir zeigen wollte, kein Yabbie und nicht einmal eine Raupe sein würde, obwohl es vielleicht mit einem der beiden eine oberflächliche Ähnlichkeit hatte. Alles verschwamm vor meinen Augen. Ich versuchte, um Hilfe zu rufen, aber mein Hals war ausgetrocknet, und ich brachte kein Wort heraus. Meine Knie gaben unter mir nach, und mein Yabbieglas glitt aus meinen Fingern und schlug auf einem Stein auf. Ich machte den Versuch wegzurennen, aber ich hatte das Gefühl, in der falschen Richtung eine Rolltreppe hinaufzusteigen, und brach schließlich auf dem Weg zusammen. Weit weg sagte eine entfernte Stimme: »Wach auf, Edna, schau dir das an.«

»Nein, nein«, schrie ich. »Niemals. Was auch immer es ist, ich schau's nicht an.«

Wie lang ich mit diesem Perversling Moshinsky kämpfte – wenn er überhaupt pervers war –, weiß ich nicht, aber ich kam auf dem Fußboden im Zimmer meiner Mutter in Dunraven wieder zu mir, die Hände um den Hals von Dr. Daryl Chamberlain. In meinen

Jetlag-Träumen hatte ich wahrscheinlich diesen Schrecken meiner Kinderzeit noch einmal durchlebt!

Der Arzt schien in einem Zustand der Erregung zu sein und schrie mich an: »Ich möchte, daß Sie sich etwas ansehen, Dame Edna.« Hierbei deutete er auf das Bett meiner Mutter. »Sie sind müde und übererregt. Vor etwa einer Stunde sind Sie neben dem Bett Ihrer Mutter mit einem Glas Wasser in der Hand eingenickt, aber als Sie es plötzlich gegen die Wand geworfen haben und delirierten, dachten wir, man solle Sie doch besser wecken. Außerdem macht Ihre Mutter interessante Aussagen.«

Von unserem Sitzplatz inmitten von Glasscherben auf dem Fußboden der Sylvia-Plath-Suite aus wurde uns ein höchst seltsamer Anblick zuteil. Meine Mutter saß auf der Bettkante, angetan mit ihrem feuersicheren Nachtgewand aus gekämmter Polybaumwolle, drückte ihre Wärmflasche an eine enthüllte Brust und schnulzte ein altes Wiegenlied, das anscheinend die Schleusen der Erinnerung öffnete:

> »Schlaf nur ein, Mamas kleiner Schatz,
> Mamas kleines Negerlein ...«

Dieses Lied werden Sie heutzutage kaum noch hören, anderfalls hätten die meisten Butzels das Recht, sich an den Diskriminierungsausschuß zu wenden.

Meine Mutter knuddelte ihre Wärmflasche recht realistisch, warf sie sich über die Schulter und schlug heftig auf sie ein. »Sie will mich aufstoßen lassen, Doktor«, sagte ich, immer noch benebelt von meinem scheußlichen Alptraum. Obwohl es schon interessant war, konnte ich mir durchaus Besseres vorstellen, als um drei Uhr morgens auf dem Fußboden einer lebensabendlichen Einrichtung in einem der entlegenen Vororte Melbournes zu sitzen und einer im Endstadium der Verwirrung befindlichen geliebten Alten zuzusehen, wie sie ihre Wärmflasche stillte.

»Ich muß zurück ins Hotel, wenn ich morgen für meine nationale Pressekonferenz und mein Konzert von Brecht/Weill-Liedern mit dem Tasmanischen Symphonieorchester wie ein Mensch aussehen will. Ganz offen gestanden«, fügte ich hinzu, »mich würde es eher interessieren, einen gespenstischen Blick auf mich selbst zu werfen, als ich schon älter war und reden konnte. Könnt ihr nicht Mutters ›Schnellvorlaufknopf‹ drücken?«

Daryl Chamberlain half mir auf die Füße und half meinen Füßen in meine Maud Frizons.

»Sie sind müde und emotional aufgeladen, Dame Edna«, sagte er, »und Sie hyperventilieren. Ich werde Schwester Choate bitten, Sie zum Auto zu bringen. Für eine Nacht haben wir genug Arbeit hinter uns gebracht. Aber ich bin mir sicher, Ihre Mutter hat uns noch eine Menge zu erzählen, wenn ich bloß noch eine Vene finden kann.«

Der Gedanke an Schwester Choate im Zusammenhang mit dem furchterregenden Alptraum löste bei mir eine Flut von Erinnerungen aus. »Wo ist Madge Allsop?« schrie ich mit einer Stimme, die nicht so geklungen haben dürfte, als wäre sie jemals in Übersee gewesen.

»Ich glaube, sie ist unten mit Schwester Choate und Dr. Upjohn.«

»Sagen Sie mir bloß nicht, daß diese ekelhafte Spießgesellin von Choate Ärztin ist?« rief ich aus. »Die möchte ich nicht mit einem Thermometer in meiner Nähe haben.«

»Aber nein!« lachte Dr. Chamberlain. »Keine Ärztin, Dame Edna. Sie ist Doktor für Medienwissenschaft an der Latrobe-Universität. Sie ist eigentlich ein Original. Sie und Schwester Choate haben vor ein paar Jahren ein Aborigine-Kind adoptiert, aber es ist ihnen letzten Monat weggelaufen, was ihnen sehr zu Herzen gegangen ist.«

Ich versuchte, meine Mutter zum Abschied zu küssen, aber sie war damit beschäftigt, das Hinterteil der Wärmflasche mit einer

Handvoll Feuchttüchern zu schrubben. Madge kann man wirklich keine fünf Minuten allein lassen. Sie hat überhaupt keine Menschenkenntnis und läßt sich von der Ärztezunft zum Narren halten. Ihr ist jeder Vorwand recht, mit einem Arzt in Kontakt zu kommen, und jeden Morgen, ohne jegliche Ausnahme, hockt sie aufrecht in unserem Bett und fängt an, nach Krebsknoten zu suchen. Es würde mir ja eigentlich nichts ausmachen, wenn sie bloß nach ihren eigenen Knoten suchen würde. Das ist eine von Madges abstoßenden Gewohnheiten, die mich dazu zwingen, ernsthaft über getrennte Betten nachzudenken.

Und natürlich fühlte ich mich ehrlich gesagt, als ob ich mitten in eine Orgie hineinplatzte, als ich Choates verräucherten Verschlag betrat. Es war, als ob ich in eine Episode der Serie »Ich, Claudius« hineingeraten wäre – erinnern Sie sich? Wer könnte es je vergessen? Nicht, daß sie tatsächlich irgend etwas angestellt hätten, aber ich sah es diesen grinsenden Weibspersonen an der Nasenspitze an, daß man über mich gesprochen hatte. Wann tut man das nicht? Es ist nun mal so.

Daryl Chamberlain und ich gaben uns die Hand, während Madge mir wie ein Schaf in die Limousine folgte, und wir legten die hundert-und-soundsoviel Meilen durch die Vororte zurück ins Stadtzentrum in vergleichsweisem Schweigen zurück. Meine alte Brautjungfer schlief und schnarchte, Sie können sich also vorstellen, daß das Schweigen nur vergleichsweise war.

Trotz allem konnte ich nicht schlafen. Mir kamen die seltsamsten Erinnerungen. Wieder rannte ich durch den Park und fürchtete mich, zurückzublicken, um nur ja keinen Blick auf das Ding zu erhaschen, das dieser alte Ausländer mir hatte zeigen wollen. Aus irgendeinem Grund habe ich meinen Eltern nie von dem Vorfall erzählt, da ja eigentlich nicht wirklich etwas vorgefallen war. Ich aber hatte doch etwas zu Gesicht bekommen, worauf mich meine kleinen Brüder Roy, Athol und Laurie nicht vorbereitet hatten.

Etwas, es muß einmal gesagt werden, das keine Frau, die bei rechtem Verstand ist, jemals zu sehen braucht.

In jener traumatischen Nacht vor so langer Zeit konnte ich kaum meinen Hackfleischtoast aufessen, weil mir zu viele Gedanken durch mein Glyzinienköpfchen rasten. Hackfleisch war übrigens eine große Spezialität meiner Mutter. Es ist eigenartig, wenn man bedenkt, daß heutzutage Grau die modischste Farbe ist, die man sich nur vorstellen kann. Auf ihre eigene, eigenartige Art und Weise war meine Mutter eine Pionierin des grauen Essens: Koteletts, Kartoffeln, Rosenkohl, Suppe – alles kam im gleichen subtilen Grauton aus ihrem Ofen, egal, welche Farbe es ursprünglich gehabt hatte. Sie hat mir so viele Rezepte beigebracht, aber das ist eine andere köstliche Geschichte.

Kapitel 8

Allsop-Geschichten

Ich dachte praktisch gar nicht an meine Brüder, die jetzt Männer mittleren Alters und für mich so gut wie fremd waren, als ich auf dem Rücksitz der Limousine saß und wir die lange Fahrt nach Zentralmelbourne zurücklegten. Nach dem anstrengenden Flug und dem Martyrium in Dunraven, der Luxusendstation meiner Mutter, war ich offen gestanden reif fürs Krankenhausbett. Meine Leser werden sich daran erinnern, daß ich tatsächlich während der langen und frustrierenden Bemühungen, meine Mutter dazu zu bringen, endlich die Wahrheit auszuspucken und wie ein Kanarienvogel von meiner Kindheit zu singen, auf dem Boden in Ohnmacht gefallen war. Sie müssen sich einmal vorstellen, wie ich herumtelefoniert hatte, um diese Dämmereinrichtung überhaupt ins Leben zu rufen – ich meine damit, in der ganzen Welt herumtelefoniert! Zugegeben: Ich hatte nicht persönlich mit Schwester Choate gesprochen; das hatte ich Chris Bland, meinem resoluten jungen Anwalt bei Fennimore und Gerda, überlassen. Er hätte die Frau viel genauer unter die Lupe nehmen müssen, die ganz offensichtlich aufs Geld aus war – mich »ausnahm«, um einen weiteren Ausdruck zu verwenden, den ich sonst nie in den Mund nehme.

Wie durch Gedankenübertragung piepste plötzlich ein näselndes Stimmchen mit unattraktivem neuseeländischem Einschlag in der Nähe meines Ellbogens. Das war Madge Allsop in ihrem scheußlichen mottenzerfressenen Tweedmantel, die ihren hohlen Senf dazugab. »Edna, glaubst du, daß Schwester Choate und ihre Freundin Dr. Upjohn lesbisch sind?« Ich fühlte ein müdes und ungeduldiges Stöhnen in mir aufsteigen.

»Um Himmels willen, Madge«, kläffte ich freundlich. »Ich hatte gerade ein bißchen gedöst, aber nachdem du mich jetzt schon mal aufgeweckt hast, wäre ich dir dankbar, wenn du in meiner Gegenwart nicht so ein loses Mundwerk führen würdest. Ich mag das Wort ›lesbisch‹ nicht. Das Lesbentum hat bei mir immer einen sehr üblen Nachgeschmack im Mund hinterlassen.«

Wenn Madge Allsop Bücher oder irgend etwas anderes als das neuseeländische »Woman's Weekly« und gelegentlich, wie ich zu meinem größten Bedauern sagen muß, das »Playgirl« lesen würde, würde ich nicht veröffentlichen, was ich jetzt sage. Jedoch, und das muß wirklich unter uns bleiben, habe ich mir schon immer gedacht, daß Madge geheime *Neigungen* hat. Wenn man ein Zimmer und oft sogar das Doppelbett mit einer anderen Frau teilt, lernt man sie ganz gut kennen, fürchte ich. Man kennt alle Läuse in ihrem Pelz, und Madge hatte davon mehr als ein Dorfköter, bildlich gesprochen. Die Zuschauer, die sie bei meinen Spitzen-TV-Shows gesehen haben, haben mir Briefe geschrieben, in denen sie mir vorwerfen, ich sei ihr gegenüber grausam, obwohl sie die wahre Geschichte meiner Güte und Selbstlosigkeit nicht kennen, die hinter unserer Freundschaft steckt. Natürlich ist ihre augenscheinliche Schüchternheit und Zurückhaltung nur eine Fassade, hinter der sich ein rücksichtsloses und ehrgeiziges Biest versteckt. Sie ist, fürchte ich, völlig vernarrt in mich und läßt sich ganz sicher nicht die Butter vom Brot nehmen. Es ist nur manchmal unbequem, wie sie klammert, und einige ihrer Verhaltensmuster sind etwas makaber.

Einmal schlug sie mir vor, wir sollten zu einer Kostümparty als Gertrude Stein und Alice B. Toklas gehen. Es kam mir damals schon eigenartig vor, daß eine Halbanalphabetin wie Madge von dieser amerikanischen Schrulle und ihrer grausligen Kumpanin gehört haben sollte. Ich ließ das von einem Prof. für Engl. Lit.

überprüfen, der mich darüber informierte, daß Gertrude und ihre Freundin von jeher beitragzahlende und eingetragene Abartige gewesen waren. Madge hat auch eine ungesunde Vorliebe für männliche Kleidung. Ich muß zugeben, daß ich ihr eine Menge abgelegte Anzüge meines Mannes geschenkt habe, in der Erwartung, sie würde sie zumindest im Dritte-Welt-Laden gegen ein nettes Kleid eintauschen. Denkste! Hinter meinem Rücken und auf meine Rechnung ließ sie sie von den Emanuels ihrem mottenähnlichen Leib anpassen. Einer dieser von ihr verstümmelten Anzüge hatte noch dazu ideellen Wert, da mein Gatte Norm in diesem Kleidungsstück seinen allerersten urologischen Unfall hatte. Es genügt, darauf hinzuweisen, daß ich mich vor Madge in einigen intimeren Momenten unser LG* in acht nehme. Wenn wir zum Beispiel im Whirlpool die Seife verlieren, bestehe ich darauf, selbst nach ihr zu suchen. Muß ich noch mehr sagen?

»Du hast eine ziemliche Zuneigung zu dieser komischen Freundin von Choate gefaßt, nicht wahr, Madge?« fragte ich mit süffisanter Stimme. »Ihr wart ja dicke Freunde, als ich ins Büro gekommen bin, um dich nach Hause zu zerren.«

Madge tat so, als kapierte sie nicht, um was es ging. »Dr. Upjohn ist eine faszinierende Frau, Edna«, zwitscherte sie aufreizend. »Hast du gewußt, daß sie von einem Mann namens Upjohn abstammt, dem Henker, der unserem weltberühmten australischen Strauchdieb Ned Kelly den Garaus gemacht hat?«

»Wie faszinierend«, sagte ich, wobei ich ein Gähnen vortäuschte und dafür, daß es früh um vier war, ziemlich witzig hinzufügte: »Ich glaube, eine Menge Leute verdanken ihre Abstammung Mr. Upjohn.« Ich empfand es als abartig, daß sich Fran Upjohn ihrer gruseligen Abstammung vor einem so leicht zu beeindruckenden und unreifen Geschöpf wie Madge rühmte. Kein Wunder, daß

* Lebensgemeinschaft

101

das Aborigine-Kind, das sie und Schwester Choate adoptiert hatten, für immer Reißaus genommen hatte.

Der Himmel war in der Morgendämmerung von anämischem Grün, als Madge und ich halbtot in unsere Luxussuite trotteten. Ich muß gestehen, daß ich völlig angezogen aus den Latschen kippte, wobei ich das bohrende Gefühl hatte, irgend etwas verlegt zu haben, und ich wußte nicht, was.

Am darauffolgenden Tag war ich ein Wrack. Ich mußte mich zu der international berühmten, preisgekrönten Kunsthalle Melbournes schleppen, wo eine Probe von Brecht/Weill-Weisen mit dem Tasmanischen Symphonieorchester unter der Leitung meines alten Kumpels, Sir Charlie Mackerras, stattfand, den ich anbete! Er sagte mir, ich hätte genau die richtige heisere Intonation für diese bedeutungsvollen und sozial relevanten Lieder, und ich wagte nicht, ihm zu gestehen, daß es sich um eine Mischung aus Jetlag, Dämmerheim-Kaffee und emotionalem Trauma handelte. Ein Telex von meinem Verlag erinnerte mich in unpassender Weise an den Abgabetermin für dieses Buch, und mir wurde klar, daß ich, müde, wie ich war, meine intensiven Forschungen bezüglich meiner frühen Jahre fortsetzen mußte – Forschungen über eine Kindheit, aus der eine Legende hervorgegangen ist.

»Wohin gehen wir denn jetzt, Edna?« quietschte Madge aufgeregt, als die Limousine uns von der Probe wegbrachte.

»Zurück nach Moonee Ponds«, erklärte ich dramatisch, »wenn ich auch bezweifeln möchte, daß ich es nach all diesen Monaten wiedererkennen werde.«

Natürlich war die Hauptverkehrsstraße von Moonee Ponds, die Puckle Street, dem Verkehrsgewühl von Istanbul noch ähnlicher geworden. Bouzouki-Musik drang durch die getönten kugelsicheren Scheiben unseres Gefährts zu uns, und fremdartige Gerüche nach Kebab und Falafel wurden durch die Belüftungsanlage gefiltert.

»Ist das nicht schön, Edna?« laberte Madge, ihr Gesicht ans

Fenster gepreßt. »Es ist alles so kosmopolitisch geworden und nicht mehr so langweilig vorstädtisch wie damals, als wir klein waren.« Ich wandte mich ab von meiner albernen Brautjungfer, da ich nicht wollte, daß sie die großen, bitteren Tränen sah, die mir die Wangen hinunterrollten. »Wo bist du, Moonee?« flüsterte ich mir selbst zu. »Moonee meiner Jungmädchenzeit, wohin bist du entschwunden?«

Moonee Ponds ist weltberühmt, was gänzlich mir zu verdanken ist. Es ist nun mal so – ich habe es erst auf die Landkarte gebracht. Fragt man jetzt Menschen im entferntesten Winkel unseres Planeten nach unseren bekanntesten Wahrzeichen, nennen sie im allgemeinen Bondi Beach, Ayers Rock und Moonee Ponds – und übrigens keineswegs in dieser Reihenfolge. Die Touristen, die aus aller Welt herbeiströmen, um das Königliche Edna-Museum (mein ehemaliges Zuhause in der Humouresque Street) zu besuchen, merken gar nicht, wie die Zeit diese einst so liebliche Wohngegend verschandelt hat. Wie Madge denken sie wahrscheinlich: »Wie herrlich kosmopolitisch!«

Unser Vehikel schwang sich in die Humouresque Street hinein, und ich konnte schon die blitzenden Luxusbusse sehen, die auf der Straße vor meinem bescheidenen früheren Heim dicht an dicht geparkt waren. Die japanischen Touristen standen Schlange bis um die Ecke herum, und ich konnte nicht umhin zu bemerken, daß die geheimnisvollen Lieblinge schon ihre Videokameras auf meine Veranda gerichtet hielten und die im Kiosk im Vorgarten erhältliche bunt illustrierte Broschüre über mich und die Geschichte meines Hauses eifrig studierten – der Erlös hiervon geht an den Fonds für Prostatakranke. Wann immer ich mich in meiner Heimatstadt aufhalte, schaue ich ins Museum, um die ehrenamtlichen Führer und das Personal des National Trust moralisch zu unterstützen, die liebevoll für das Sorge tragen, was – so leid es mir tut, das sagen zu müssen – ein *Schrein* ist. Diesmal beschloß ich, den Besuch auf später an diesem Tag zu verschieben, weil Madge und ich anderes auf unserem nostalgischen Zeitplan stehen hatten. Aber meine Leser können beruhigt sein: Später in diesem Buch wird es eine persönliche Führung durch Nummer 36 geben.

Die Limousine stahl sich unauffällig ein paar ethnisch aussehende Seitenstraßen in Richtung Moonee-Ponds-Mädchengymnasium hinunter, und ich fühlte mich herrlich inkognito hinter den getönten Fensterscheiben, wohl wissend, daß für die hauptsächlich aus Türken und Libanesen bestehende Bevölkerung mein Nummernschild, EDNA I, ein böhmisches Dorf war.

Ich frage mich, ob irgend jemand von meinen Lesern schon jemals nach vielen Jahren seine ehemalige Schule besucht hat. Es ist immer gespenstisch, wie *klein* alles aussieht: der weite, staubige Spielplatz, wo die Spielplatzschrecken uns dereinst tyrannisierten, der Unterstand, dieser nach Pausenbroten riechende, von Pfefferkornbäumen umstandene Zufluchtsort, hinter dem lose Mädchen aus zerrütteten Familienverhältnissen rauchten und Krankenschwester oder gar Doktor spielten – all das hatte fast Spielzeugdimension. Der Unterstand war eine schachtelähnliche Konstruktion am anderen Ende des Spielplatzes, und in dieser schattigen Nische traf ich Marjorie Kiri McWhirter zum ersten Mal.

Ich habe ein erstaunliches Gedächtnis. Wenn ich jemanden treffe, den ich seit dreißig Jahren nicht gesehen habe, weiß ich genau, wie er einmal aussah. Die Person ist für mich in der Erinnerung oft genauso wirklich wie das augenblickliche Erscheinungsbild, und ich ziehe oft Vergleiche. Ich fürchte, für gewöhnlich zum Nachteil der Person, die ich zufällig getroffen habe. Es werden einfach nur wenige von uns mit zunehmendem Alter schöner, wenngleich ich eine der löblichen Ausnahmen bin. Madge ist keine. Fasziniert sah ich zu, wie sie unser altes Schultor aufstieß, das rostig in den Angeln quietschte. Ich sah eine unbedeutende Frau mittleren Alters, die im negativen Sinne des Wor-

»Wie heißt du denn, Kleine?«

tes unattraktiv war, und doch sah ich gleichzeitig vor meinem geistigen Auge, wie bei einem doppelt entwickelten Foto, die kleine Madge vor mir: ein schwermütiges Waisenkind in einer schlecht sitzenden Schuluniform mit widerlichen Grinden an den Knien, ein nasses Taschentuch an die Nase gepreßt. Ich war Klassensprecherin, und meine Freundinnen und, nebenbei gesagt, frühe Edna-Fans, Val Dunn und Ann Forbes, stellten mich ihr vor.

»Das ist die Neue aus Neuseeland, Edna«, sagten sie. »Beim Hockey stellt sie sich hoffnungslos dumm an, und ihre Nase blutet schon *den ganzen Morgen!*«

»Das hat uns noch gefehlt!« rief ich aus, die Arme in die Hüften gestemmt und den Kopf zur Seite geneigt, während ich diese schmächtige Kiwi von Kopf bis Fuß musterte. »Wie heißt du denn, Kleine?«

»M-M-McWhirter«, stammelte sie mit blutgetränkter Stimme. »M-Marjorie K. McWhirter aus Neuseeland.«

In unser aller Leben gibt es Augenblicke – große Momente –, wo wir eine kleine Entscheidung treffen, die unser ganzes späteres Leben beeinflussen wird. Wir öffnen eine Tür, anstatt sie zu schließen, wir sagen »Nein« anstatt »Ja«, wir biegen nach rechts statt nach links ab. Hütet euch vor dem Mitleid, liebe Leser, denn es war das Mitleid, das mich bewog, an diesem schicksalsträchtigen Morgen auf dem Spielplatz etwas sehr Seltsames zu tun.

Ich öffnete die Tür namens Mitleid dort, wo ich sie hätte zuschlagen und Madge McWhirters Finger darin hätte einklemmen sollen. Von Natur aus weichherzig, wie ich schon immer war, tat mir die widerliche Vogelscheuche leid, die da stotternd vor mir stand. Ich nahm die Sache in die Hand, entließ meine Kameradinnen Dunn und Forbes und legte meinen Arm um die zitternde Schulter des Kiwiwaschlappens. DAS WAR DER GRÖSSTE FEHLER MEINES LEBENS.

»Der Kleinen geht es heute nicht gut genug für die Aufnahmezeremonie, Mädels«, rief ich meinen auf dem Rückzug befindlichen Untergebenen nach. »Ich nehme sie unter meine Fittiche.«

In unserer Schule gab es keine Krankenschwester wie in den traditionellen Schulgeschichten, aber Miss Godkin kannte sich in Erster Hilfe aus, und schon bald lag McWhirter schwach auf einer Couch im Krankenzimmer mit Nasenlöchern wie halbrohe Miniburger. Sie trug ein scheußliches und abgetragenes altes Twinset. Ich weiß nicht, wie man es beschreiben könnte: eine ekelerregende Mischung aus Khaki und Schlamm, etwa wie eine zerquetschte Raupe. Es sah aus, als sei es vor langer Zeit ziemlich schlecht für jemand anderen aus alten Wollresten gestrickt worden, die man von einem Stacheldrahtzaun abgepflückt hatte. Es hatte diesen typisch handgestrickten Touch von Kletten und Grassamen und, unter uns gesagt, Lammkacke. Es tut mir furchtbar leid, aber so war es nun einmal. Ich glaube, heutzutage würde man es als »alternativ« bezeichnen. Miss Godkin zog ihr jedenfalls klugerweise dieses scheußliche Strickzeug aus; bevor sie es aber in die Schulverbrennungsanlage warf, muß sie es offenbar gut ausgeschüttelt haben, denn ein oder zwei Monate später sahen wir alle mit Erstaunen kleine grüne Sprossen in der trockenen Ecke des Spielplatzes emporkeimen. Die Sprossen entwickelten sich zu einem Kiwihain, dem ersten in ganz Australien! Ohne es zu wissen, hatte Madge also *tatsächlich* etwas aus Neuseeland mitgebracht. Eigentlich ist es ein Wunder, daß es nur diese kleinen stoppligen Kroketten waren und nicht etwa Milzbrand, Maul- und Klauenseuche und die Rinder-Leptospirose, was eher zu erwarten gewesen wäre.

Miss Godkin nahm mich beiseite und flüsterte mir etwas zu, was mir die Menschen seitdem fast unablässig sagen. »Danke, Beazley«, sprach sie. »Denkst du denn immer nur an die anderen, *und nie an dich selbst?*« Was konnte ich dazu sagen? »Behalt das Mädchen im Auge«, sagte die gütige Lehrerin voll Vertrauen zu mir. »Sie ist eine Waise mit schweren Lern- und Koordinationsstörungen, ist farbenblind und schwach, die Kleinste aus dem Wurf, wenn man so will – und ...« – Stella Godkins Stimme wurde zu einem fast unhörbaren Zischen – »sie ist Neuseeländerin.«

Diese bruchstückhaften Informationen waren so ungefähr alles, was ich jemals über den Hintergrund meiner zukünftigen Brautjungfer erfahren sollte. Nicht, daß ich jemals in sie gedrungen wäre, aber Madge sprach nie über ihre früheste Jugend, nicht einmal im Schlaf, wo sie, als verschwiegene Frau presbyterianischen Urprungs, noch am meisten redete. Sie hat typischerweise immer so getan, als ob sie bemitleidenswert arm sei. Es ist mir zugetragen worden, daß sie bei anderen herumgemeckert hat, *ich* sei ein Geizhals!

Obwohl ich es nicht mit letzter Sicherheit weiß, halte ich es für gut möglich, daß Madge Allsop (ihr Ehename) reich wie ein Krösus ist und ihr Geld in Butter und Kiwis angelegt hat oder wo immer man sonst als Neuseeländerin noch sein Geld anlegen kann. Ich glaube, ich will damit sagen, daß Madge ein Geheimnis hat; irgend etwas lauert in den unergründlichen Tiefen – oder der Seichtigkeit – ihres Charakters, das ich schon eines Tages an die Oberfläche bringen werde. Aber ich greife den Dingen voraus ...

Meine psychischen Kräfte leiten mich niemals fehl. Ich nehme deshalb an, daß mich mein Instinkt zu dem häßlichen Entchen des Moonee-Ponds-Mädchengymnasiums hingezogen hat; dem häßlichen Entchen, das niemals ein stolzer Schwan werden sollte. Um es genau zu sagen und die Liste ihrer Fehler noch zu vervollständigen, Madge war eine *häßliche Kiwi*. Meine Leser werden sich erinnern, daß ich im Jahr dieser denkwürdigen Begegnung Klassensprecherin geworden war. An der Spitze stehend, voll Selbstvertrauen, eine ausgezeichnete Schülerin, ohne Konkurrenz beim Sport und schon der Star der Diskussions- und Theatergruppen – das war ich. Ich gab die Schülerzeitung *Tempus Fugit* heraus, und an meinem außergewöhnlichen Aussehen und meiner Persönlichkeit war etwas, das die Leute, Lehrer wie Schüler, anzog.

Dennoch wird es niemanden überraschen, der mich auf der Bühne oder im Fernsehen bei meinen wunderbaren Shows gesehen hat, wenn er erfährt, daß ich im Grunde furchtbar schüchtern bin; die attraktive extrovertierte Persönlichkeit, die die Welt sieht und anbetet, ist eine schillernde Hülle, hinter der sich ein weiches und höchst sensibles Wesen verbirgt.

Jetzt, wo ich weltberühmt bin, ist es erstaunlich, wie viele Menschen sich mir nähern – und ich bin *nicht* unnahbar –, um mich um ein Autogramm zu bitten oder mir zu sagen, daß sie mich von früher kennen oder jemanden kennen, der wiederum mich in der Schule kannte. Neulich, im letzten Jahr, saß ich so für mich vorn in einem Jumbojet, als eine alte Schachtel aus der Economy Class durch den Trennungsvorhang zur Ersten Klasse angetattert kam und mit einem Hauch zollfreien Alkohols im Atem verkündete, sie sei mit mir zur Schule gegangen und ob ich ihr nicht für ihre Enkelkinder Tamsin und Jake eine besondere Widmung auf einen feuchten Untersetzer der Quantas Airlines schreiben könnte.

Sie hatte keinen Stift bei sich, solche Typen haben nie einen, und während ich in meiner Fendi-Handtasche nach meinem silbernen Tiffany Scribemaster herumkramte, kramte ich auch gleichzeitig in meiner Erinnerung. »Sag bloß nicht, daß du dich nicht an mich erinnern kannst, Edna!« kreischte die angetrunkene alte Dame mit schriller Stimme. »Jocelyn Kirby!« Ich erstarrte. Das war Kirby, der Schulschreck, der mir meine ersten Schuljahre zur Hölle gemacht hatte, das Mädchen, das mich wegen meiner ungewöhnlichen Haarfarbe aufgezogen hatte, das die ganze Schule dazu gebracht hatte zu singen »Da läuft der Malvenmop«, während ich in die Gebetsstunde ging, das Mädchen, das einst die liebevoll von meiner Mutter zubereiteten Pausenbrote auf den staubigen Spielplatzboden geworfen hatte. Wieder einmal erschien vor meinem geistigen Auge ein doppelt entwickeltes Bild; ich sah sie gleichzeitig damals und heute. Den jungen Quälgeist, von blassem Teint und spöttisch. Und hier stand sie nun vor mir, schwankend und fast zahnlos, ihr spärliches Haar mit Grecian 2000 behandelt, die Nase mit den geplatzten Äderchen nur wenige Zentimeter von mir entfernt. In ihrem linken Nasenloch bewegte sich ein Nasenpopel von porridgeähnlicher Konsistenz beim Atmen vor und zurück. Ich sah es nicht ungern, daß die Zeit nicht gnädig mit dieser Kreatur aus meiner Vergangenheit umgegangen war.

Liebenswürdig eilte mein teurer Stift über die feuchte Pappscheibe. »Für Tamsin und Jake. Ich wünsche Euch immer ein frohes Herz. Ich kenne Eure Großmutter aus der Schule und bin überglücklich, zu sehen, daß sie genau so geworden ist, wie ich es mir immer gewünscht habe! Eure Dame Edna Everage.« Eine abgearbeitete rheumatische Hand, die vor Dankbarkeit zitterte, ergriff den Untersetzer, und die Alte hatte gerade noch Zeit »Danke, oh, danke« zu krächzen, bevor sie die Stewardeß wieder dahin zurückschleppte, woher sie gekommen war. Mir wurde warm ums Herz. Dame Natur hatte wieder einmal eine alte Rechnung beglichen, wie immer, wenn man ihr genug Zeit dazu läßt. Ich erinnerte mich daran, daß diese Kirby das erste Mädchen war, das ich jemals mit einem Knutschfleck zur Schule hatte kommen sehen. Sie hatte einmal mehr ihren Hals zu weit vorgestreckt.

»Was hat denn das alles mit Madge Allsop zu tun?« höre ich euch ausrufen, worauf ich antworte: »Nichts.« Es gibt euch jedoch einen kleinen Einblick in das, was ich in meiner frühen Kindheit auszuhalten hatte. Im großen und ganzen war ich jedoch erstaunlich beliebt, und nur wenige Mädchen machten mir das Leben schwer. Man darf die Macht der Eifersucht nicht unterschätzen. Heutzutage trage ich einen herrlichen, mit kostbaren Türkisen besetzten Ring, den mir ein gutaussehender ägyptischer Prinz mit gewissen Beziehungen zu dem weltberühmten Geschäft »Harrod's« geschenkt hat. Er sagte mir, dieser Ring würde mich vor

Eifersucht schützen. Ich wünschte, ich hätte ihn schon in meiner Schulzeit besessen.

Typischerweise brachte ich Madge McWhirter etwas von der Güte und Sorge – der ZLF (zärtlich liebevollen Fürsorge) – entgegen, die mir als Neuer nur selten zuteil geworden war. Mir war klar, daß sie die Aufnahmezeremonie niemals überleben würde. Es war die Phase drei, die mir am meisten Sorgen bereitete, denn ich bezweifelte sehr stark, daß Madge schwimmen konnte. Und obwohl sie schon damals die phantasieloseste Person war, die mir jemals über den Weg gelaufen ist, befürchtete ich, daß eine Nacht allein auf dem Friedhof ihr Gemüt erschüttern könnte, das so schon weit davon entfernt war, gefestigt zu sein. Indem ich meine Beziehungen spielen ließ, um sie von der Teilnahme am Hockeyspiel zu befreien, tat ich mir eigentlich selbst einen großen Gefallen, denn Madge wäre ein großer Hemmschuh für jedes Team gewesen. Und während wir auf dem Spielfeld waren, trug ich Sorge, daß der Neuankömmling sich nützlich damit beschäftigte, meine Tennisschuhe zu weißen und meinen Schulranzen zu desinfizieren.

Wenn ich so zurückblicke und meine Vergangenheit in der Retrospektive betrachte, bin ich mir sicher, daß Madge schon damals in mich verknallt war und daß ich dies, ganz offen gestanden, unterstützte.

Schließlich war ich das einzige Idol, das nachzuahmen sich lohnte, und diese kleine, jämmerliche Waise aus Neuseeland tat alles, was in ihrer Macht stand, um mir nachzueifern. Man muß den Tatsachen ins Auge blicken: Nachdem es auch Typen wie Jocelyn Kirby gab, hätte sie etwas viel Schlimmeres tun können. Eines Morgens tauchte Madge glatzköpfig in der Schule auf. Nun ja, fast. Sie hatte offensichtlich ihr mausähnliches Haar mit einer starken Haushaltsbleiche getränkt – Harpic, glaube ich – und dann, geleitet von dem eitlen Wunsch, ihrem Idol zu ähneln, versucht, es unter Verwendung von Reckitt's Blau und Koschenille purpurfarben zu tönen. Als der verklumpte Batzen getrocknet war, unternahm sie den Versuch, es so zu toupieren, daß es meiner eigenen herrlichen Naturcoiffure glich, aber ein Strich mit dem Kamm durch diese verrotteten Follikel hatte sie praktisch skalpiert. Auf Monate hinaus mußte sie in der Schule einen Hut tragen, bis ihre Designer-Schädelstoppeln wieder eine anständige Länge erreicht hatten. So wurde sie zum Gespött der ganzen Schule.

Bevor sie Ihnen jetzt leid tut, müssen Sie daran denken, daß Madge eine sehr raffinierte und berechnende Person war und noch immer ist, die nichts mehr liebt, als im Rampenlicht zu stehen, sogar wenn sie sich dabei lächerlich macht. Mein Psychiater, Dr. Shardenfreude (den ich wegen der Kinder, nicht meinetwegen aufsuche), ist der Meinung, daß Madge eine zwanghafte Aufmerksamkeitserregerin ist. Wenn Sie bedenken, daß Madge sich neben mich auf die Couch des Psychiaters gequetscht hatte, brauchte es nicht viel Genie, um das festzustellen. Es macht mir nichts aus, daß sie den »Zurück-in-den-Mutterleib«-Komplex hat, aber warum muß es ausgerechnet meiner sein?

Als Schulmädchen war sie weniger dreist und aufdringlich als jetzt, ja die Art und Weise, wie sie sich bei mir nützlich machte, war fast rührend. Aber als ich Jahre später beim ersten australischen Bette-Davis-Festival, das mein Sohn Kenny und sein Wohnungsgenosse Clifford Smail organisiert hatten, »Alles über Eva« im Moonee-Kino sah, fesselte mich die Darstellung der kleinen Anne Baxter. Sie scheint ein schüchternes ehrerbietiges Mädchen zu sein, das sich dann aber als jemand entpuppt, der alles nachmacht und den anderen in den Rücken fällt. Ich beobachtete all ihre Manöver und schlüpfrigen Intrigen mit wachsendem Entsetzen. Es dauerte nicht lange, bis sich ein gespenstischer Schleier über das Gesicht von Anne Baxter legte und ein anderes Antlitz von der Leinwand grinste: das gegerbte Gesicht von Madge Allsop! Als die Lichter wieder angingen, wurde mir beim

Anblick der affektierten Madge an meiner Seite erst das volle Ausmaß meines Entsetzens bewußt. Ich war also Bette Davis, und sie war das intrigante Biest, das auf seinen glorreichen Auftritt wartete. Ich war so aufgebracht, daß ich mich nicht auf Cliffs Vortrag über die frühen Filme von Susan Hayward und Yvonne de Carlo konzentrieren konnte.

Da Madges Eltern tot waren – so die Legende –, verbrachte sie die Schulzeit bei entfernten Verwandten in dem nahe gelegenen Vorort Pascoe Vale. Keine von uns durfte jemals auch nur einen Blick auf ihr ordinäres Zuhause werfen, aber meine Mutter hatte den starken Verdacht, sie wohne in einer *Doppelhaushälfte*. Nur ein- oder zweimal sahen wir ihr Tantchen, Mrs. Findlay, als sie – gekleidet in alle Regenbogenfarben – zum Elternsprechtag kam. Ich erinnere mich, daß ich mich zu der Zeit auf nette Art fragte, ob es in Pascoe Vale einen Stromausfall gegeben hätte; sie sah so aus, als hätte sie sich im Dunkeln angezogen. Im übrigen nehmen Sie bitte zur Kenntnis, daß ich sogar schon als Teenager scharfsinnige und doch mitfühlende Beobachtungen über andere Leute anstellte.

Madge umwehte ein seltsamer Geruch: ein verschimmelter, abgestandener Lavendelgeruch wie in alten Schubladen. In der Tat habe ich den gleichen Geruch schon bei anderen Kindern bemerkt, die bei älteren Verwandten leben oder bei sehr alten Eltern. Im Klassenzimmer hatte sie die scheußliche Angewohnheit, sich am Kopf zu kratzen und große weiße Schuppenpailletten ihre spärlichen Haarsträhnen hinunterzustreifen. Obwohl ich ihr im Laufe der Jahre die Hände blau und grün geschlagen habe, macht sie das heute immer noch, sogar beim Essen.

Kapitel 9

Gefangen

»NICHT, PAPA! NICHT! Bitte, Papa, nicht, nicht, *nicht*!«
schrie ich.

Mein Vater und ich hatten immer ein sehr enges Verhältnis
gehabt, aber das war jetzt wirklich zu lächerlich. Seine mit
Hornhaut überzogene und doch zärtliche Hand drückte sich
gegen meinen weichen Bauch, die andere hielt mein zitterndes
Kinn fest, während ich im stark gechlorten Wasser nach Luft
schnappte und um mich schlug. Es hat keinen Zweck, das
Schwimmen liegt mir einfach nicht, dachte ich, als ich aus dem
städtischen Swimmingpool in die rauhe Umarmung eines beigen
Handtuchs aus Kriegsversorgungsbeständen kletterte.

Andere schienen im Wasser zu Hause zu sein, stürzten sich in die
Tiefe oder tauchten unerwartet auf, prusteten, husteten und
schneuzten ohne jedes Schamgefühl den schaumigen Rotz aus
ihren Nasen und recycelten ihn in der vor Bakterien wimmeln-
den Brühe. Manchmal beobachtete ich, wie ein Kind sich etwas
von den anderen entfernte und einen seltsamen, abwesenden
Gesichtsausdruck bekam. Ich wußte genug, um einen weiten
Bogen um diese ordinären Typen zu machen, und auch heute
noch ist der einzige Swimmingpool, dem ich vertraue, der im
Kellergeschoß des Ritz-Hotels in Paris, und zwar außerhalb der
Saison.

Als ich meine Kleider über meine blaue Gänsehaut streifte, sah
ich, wie mein Vater vor Enttäuschung zusammenzuckte. Hatte er
er nicht immer behauptet: »Du bist kein richtiger Australier,

wenn du nicht schwimmen kannst«? Er selbst war Meister des »Australischen Kraulens« – unser hausgemachter, preisgekrönter, international anerkannter Schwimmstil –, aber aus irgendeinem Grund konnte ich nicht in seine Fußstapfen treten, geschweige denn kraulen.

All das ist sehr komisch, wenn man bedenkt, daß ich im Sternzeichen des Wassermanns geboren bin. *Sie haben es bestimmt schon geahnt*, und abgesehen vom Schwimmen fühle ich mich seit eh und je von wäßrigen Dingen angezogen. Gespenstischerweise litt Madge als Kind unter schweren Wassereinlagerungen im Gewebe. Aber ich war eben noch nie sehr amphibisch.

Roy und Athol waren schon eifrige Schwimmer, regelrechte kleine Wasserbabies. Auch wenn wir nicht sehr nahe am Meer wohnten, waren die Strände von Mentone und Edithvale mit unserem flaschengrünen Hillman-Minx-Familienwagen doch nur einen Katzensprung entfernt. Das war lange bevor der ordinäre Pöbel unsere Strände überflutete. Wenn man in jenen Tagen zum Baden ging, hörte man die Leute nur australisch sprechen. Zu dieser Zeit waren unsere ethnischen Minderheiten noch in der Minderheit – hauptsächlich als Gärtner oder Früchtebauern, Fisch-und-Chipsverkäufer und Kellner. Damals hatten sie viel zuviel zu tun, um sich wie jetzt im Sand zu aalen, ohne Arbeitsschürzen und weitaus zu selbstbewußt und selbstgefällig. Zumindest kennen unsere asiatischen Besucher den ihnen zukommenden Platz.

Meine Freundin Val hatte eine gutsituierte Tante mit einem Haus am Strand in Sorrento, einem Badeort von Melbourne, der nach dem Lied »Come Back to Sorrento« von Beniamino Gigli benannt ist. Einmal lud mich Val in den Weihnachtsferien für eine Woche zu sich und ihrem Tantchen ein. Meine neue Freundin Madge war nicht eingeladen – keine meiner alten Freundinnen konnte sie ausstehen –, und so schmollte Madge natürlich, aber meine Mutter war sehr aufgeregt. Sorrento und die benachbarte Stadt Portsea waren die bevorzugten Badeorte von Melbournes »Silberschwänzen« – Leuten, die allesamt in den richtigen Schulen gewesen waren, in den richtigen Vororten gewohnt hatten und englische Wagen fuhren. An einem Samstagvormittag zählten wir vor dem Portsea-Hotel fünf MGs, zwei Jaguars und zwölf doppelt geschlitzte Sportmäntel, die zu offenen Hemdkragen und Halstüchern mit Paisleymuster getragen wurden.

Das Haus namens Pierview war alt und klein und roch schimmlig, hatte salzverkrustete Fliegengittertüren, abblätternde Kalkwände und klebriges Linoleum auf dem Schlafzimmerboden. Es war mit Möbelstücken aus dem Familienhaus in Flemington eingerichtet, die einmal gut gewesen waren: eine zusammengebrochene Chintz-Couch, sich auflösende Rattanstühle, Messingdekors und ein paar alte Guy Boothbys, Ethel M. Dells und Warwick Deepings auf dem Bambusbücherregal – damals gab es noch keine Taschenbücher mit Eselsohren. Von der Decke im dunklen Wohnzimmer hing eine alabasterähnliche Schüssel, halbvoll mit toten Schmeißfliegen – Kunst, und zwar Art deco, wenn man das damals nur gewußt hätte. Heutzutage zahlen Yuppies ein kleines Vermögen, wenn sie die Trödelläden durchwühlen, um ihr Heim dieser schäbigen kleinen Hütte ähnlich zu machen.

Jeden Morgen flitzten Val und ich in unseren kastanienbraunen Jansen-Badeanzügen mit Schulterträgern und unseren weißen Bademützen zum Strand hinunter. Val war in Windeseile im Meer, aber ich trödelte noch unter dem Sonnenschirm herum, strich mein gelbes Handtuch glatt und vertiefte mich in meine Lieblingslektüre. Ganz offen gestanden hatte ich ein bißchen Angst vor diesen Wellen und davor, meinen Kopf naß zu machen. Irgendwie bekam ich immer Meerwasser in meine Ohren, das nicht wieder herauskommen wollte. Ich mußte mit zur Seite geneigtem Kopf und mit einem fürchterlichen Geräusch nach zerknitterndem Zeitungspapier im Ohr am Strand herumhüpfen. Sogar in meinem späteren Leben als erwachsene Frau habe ich es immer gehaßt, im Bett zu liegen und das Gefühl zu haben, daß sich etwas Heißes auf das Kissen ergießt und tropft.

Ich habe mir nie etwas aus Sonnenbädern gemacht. Bei meinem ungewöhnlichen Teint muß man auf seine Haut aufpassen, und ich bin sicher, das gilt auch für andere Menschen mit malvenfarbenem Haar – zugegeben, eine Minderheit. Meine Mutter cremte meine Nase immer mit viel Zinkcreme und meine Glieder mit Kwik-Tan ein, weshalb meine wunderbare Haut wahrscheinlich heutzutage so viel von sich reden macht. Sogar auf der Straße bin ich schon von vollkommen Fremden gefragt worden, ob sie meine Haut anfassen dürfen. Das dürfen sie dann im allgemeinen, wenn ihre Hände sauber sind und das Stückchen Haut, das sie anfassen wollen, in akzeptabler Distanz zu meinen erogenen Zonen liegt – wo auch immer die sein mögen. Ich persönlich halte sie für einen Mythos, den »Cosmopolitan« erfunden hat. Die meisten Frauen aus Los Angeles und Sydney haben deshalb Gesichter wie handgegerbtes spanisches Leder, weil sie sich seit ihrer Kindheit systematisch einschrumpfen lassen. Es ist nicht übertrieben, wenn ich sage, daß am Ende des Sommers die meisten mir bekannten Frauen aussehen wie Mahagonischildkröten mit Colonel Sanders Schulterblättern – dunkelbraun und verschrumpelt –, die ihnen hinten über ihre Strandkleider hängen.

Während ich so am Strand lag und versuchte, keinen Sand in meine Körperöffnungen zu bekommen, gelegentlich nach einer Märzfliege schlug und dem entfernten Quietschen und Plätschern am Ufer lauschte, bemerkte ich einen unserer tapferen Männer in Uniform, der sich ein bißchen weiter unten am Strand dezent zum Schwimmen entkleidete. In diesen fürchterlichen Tagen in den frühen vierziger Jahren gab es überall Soldaten, obwohl für ein Kind, das in Melbourne aufwuchs, der Krieg noch weit entfernt zu sein schien. Zugegebenermaßen hatte man damit angefangen, unser Schulgelände umzugraben und Schützengrä-

117

ben und Luftschutzkeller auszuheben, und an uns alle hufeisenförmige Gummischnuller verteilt, auf denen wir herumkauen sollten, wenn die Bomben fielen. Meine Eltern hatten zu Hause Zellophanstreifen auf die Fensterscheiben geklebt, um sie bruchsicher zu machen, falls Hitler Moonee Ponds bombardieren sollte. In unserem heißen, braunen Bakelitradio sangen die Schwadronäre »Berlin oder Untergang«:

»Wir wollten nicht, aber wir müssen, Jungs ...«

Ich bin mir ziemlich sicher, daß die Japaner damals schon in den Krieg eingetreten waren, wenn man auch den Kindern keinen Vorwurf daraus machen kann, daß sie Hitler, Musso und Tojo durcheinanderbrachten. Erst als ein japanisches Unterseeboot sich in den Hafen von Sydney stahl, wurde den Australiern richtig bewußt, daß ein Krieg im Gange war. Natürlich betrachten heutzutage die Historiker diesen kleinen japanischen Ausflug als bahnbrechend für Australiens gewinnträchtigste Industrie. Ich bezweifele, daß wir dieses kleine Unterseeboot in die Luft hätten fliegen lassen, wenn wir damals schon gewußt hätten, daß sich die japanischen Seeleute lediglich mit einem Einkaufsbummel auf den großen Einkaufsboom der späten achtziger Jahre vorbereiten wollten, der einsetzte, nachdem sie die wunderbare Entdeckung gemacht hatten, daß wir verkäuflich waren.
Ich muß auf dem heißen Sand eingedöst sein, aber auf einmal war ich hellwach, aufgeschreckt von einem Gefühl der unmittelbaren Gefahr und Panik. Von irgendwo jenseits der Wellen hörte ich eine Stimme rufen: »Hilfe! Hilfe! Edna, Hilfe!« Es war Val, und sie war in Gefahr. In Nullkommanichts war ich auf den Beinen und rannte in die Brecher hinein, in Richtung des Notrufes. Ohne an mich selbst und die eigene Sicherheit zu denken – wie üblich –, stürzte ich mich ins nasse Meer und hielt auf meine zappelnde Freundin zu, deren kleiner Kopf mit der Bademütze wie

ein Pingpongball auf den Wellen herumhüpfte. Erst als ich keinen Grund mehr unter den Füßen hatte und das Salzwasser mir in der Kehle brannte, fiel mir ein, daß *ich nicht schwimmen konnte!* Ich schlug jetzt auf das Wasser ein, mein Kinn steil nach oben gerichtet, um den Wellen auszuweichen, die mich aber trotzdem überspülten. Vals Kopf tauchte ein paar Meter entfernt auf, und ich sah, daß sie aufs Ufer zuschwamm, während ich nun in ernstlichen Schwierigkeiten war. Ich versuchte, mein Leben an mir vorüberziehen zu lassen, aber es gelang mir nicht. Ich dachte an einige meiner Lieblingsgedichte, die auf die Situation paßten, »Der Junge stand auf dem brennenden Deck« und »Ich ertrinke nicht, sondern winke«. Wie ich mir wünschte, daß es mit Winken getan wäre! Am Strand hatte ich unheimlicherweise in einem Buch mit dem Titel »Die Wellen« von meinem Idol Virginia Woolf geblättert. Es war ein bißchen zu hoch für mich, aber nichts im Vergleich zu den echten Wellen, die mich ins vor Haien wimmelnde offene Meer hinauszogen. Ob Virginia wohl eine gute Schwimmerin gewesen ist, fragte ich mich.

Ich muß das Bewußtsein verloren haben, aber nur Sekunden später kam ich wieder zu mir. Starke Arme unfaßten mich, zogen mich in die Höhe, immer höher. Der Himmel explodierte vor meinen Augen wie tausend funkelnde Diamanten, und ich sah das Gesicht meines Retters, schmal, braun und besorgt. »Bist du in Ordnung, Kleine? Wir sind gleich am Ufer.« Und so geschah es auch. Mein junger Lebensretter trug mich in seinen Armen und legte mich sanft auf den Sand. Es herrschte eine eigenartige Stille am Strand, und aller Augen waren auf uns gerichtet.

»Du wärst beinahe draufgegangen, Kleine«, sagte er, schälte mich aus meiner engen Bademütze und rubbelte meine feuchten Malvenlocken. »Du solltest lieber ein paar Schwimmstunden in der Herald-Schwimmschule in der Stadt nehmen, sonst gehörst du das nächste Mal der Katz.« Er zwinkerte mir zu und tätschelte mir die Wangen, und ein seltsames Gefühl durchlief wie ein Schauer

Starke Arme umfaßten mich ...

meinen jungen Körper. Durch meine nassen Wimpern sah ich zu ihm auf und nahm seinen schlanken gebräunten Körper in mich auf, die goldenen Haare auf seiner Brust und seinen Schultern, zwischen denen kleine Regenbogen im Sonnenlicht schillerten. Er war mir so nahe, daß ich seinen warmen Atem auf meiner Wange spüren konnte. Er war nackt bis auf seine enganliegende Marinestrickbadehose mit rostiger Gürtelschnalle, und ich konnte den moschusartigen Geruch nach Zwiebeln unter seiner männlichen Achsel riechen. Wenn ich es gewagt hätte, hätte ich bestimmt bis in seine Nasenlöcher sehen können. Plötzlich erkannte ich ihn: Es war der junge Soldat, wahrscheinlich nur wenige Jahre älter als ich, den ich zuvor am Strand beobachtet hatte, als er hinter meiner Virginia Woolf seine Uniform ausgezogen hatte.

Ich wollte ihm danken, ich wollte ihm soviel sagen, aber ich brachte kein einziges Wort heraus. Ich fühlte mich albern und verletzlich und hatte – ja, so war es – ein eigenartiges Verlangen im tiefsten Inneren. In diesem Moment hatte ich das Gefühl, und ich schäme mich nicht, es zuzugeben, als ob dieser spärlich bekleidete junge Krieger mit mir machen könnte, was er wollte: mich ins Kino einladen oder mir einen doppelten Bananensplit mit Karamelsoße, gehackten Erdnüssen, Abertausenden davon, spendieren. Ich glaube, daß ich mir in diesem Augenblick zum ersten Mal meiner Hormone bewußt wurde, obwohl ich damals nicht mal wußte, was das war. Was meinen gutaussehenden Retter betraf, so schlenderte er zurück zu seinem kleinen Kleiderhaufen, nichts ahnend von den neuen, aufregenden und dennoch furchteinflößenden Gefühlen, die in dem aufgewühlten jungen Körper, den er der Tiefe entrissen hatte, Katz und Maus spielten. Ich sah ihn im Sand sitzen und eine Zigarette aus einem Paket Havelock-Ready-Rubbed-Tabak drehen, während ein Boomerang-Zigarettenpapier von seiner Unterlippe herunterflatterte. Als ich dieses geistige Polaroid-Foto von ihm am Strand von

Sorrento machte, fragte ich mich, ob ich ihn jemals wiedersehen würde. Wenn ich damals geahnt hätte, was das Schicksal für mich bereithielt.

Die Herald-Schwimmschule wurde von einer führenden Zeitung in Melbourne gefördert, und mein Vater war höchst überrascht, als ich beschloß, mich dort anzumelden. »Das muß man ja im Kalender rot anstreichen, Ed«, scherzte er. »Ich habe gedacht, du wärst eine richtige kleine Landratte.« Mein Unterricht im städtischen Schwimmbad verlief gut, was wesentlich meinem brillanten Lehrer zu verdanken ist. Er war ein reizender Holländer namens Ernst van Krenek, der infolge des Krieges in Australien gestrandet war.

Er dürfte etwa vierzig Jahre alt gewesen sein, sah aber jung aus und hatte einen neckischen Blondschopf und stechende blaßblaue Augen in dem Farbton von gebleichtem Jeansstoff. Obwohl ich noch im frühen Teenageralter war, glaube ich, daß ich das andere Geschlecht schon wahrnahm, ohne anders als es sein zu wollen. Ernst besaß ein wunderbares strahlendes Lächeln und brachte es bald fertig, daß ich graziös durchs Wasser glitt: Butterfly, Kraulen und Rückenschwimmen. Anscheinend war er in Holland, wo seine arme Familie immer noch unter den Nazis lebte, ein Schwimmchampion gewesen, aber jedesmal, wenn das Gespräch auf den Krieg kam, wurde er seltsam still. Ich hatte das Gefühl, als trüge er ein tragisches Geheimnis in sich, und ich sollte teilweise recht haben. Eines Nachmittags, mitten in einer Unterrichtsstunde, erhielt Ernst einen Anruf. Interessanterweise dürfte dies am 20. April 1943 gewesen sein. Er kehrte ans Schwimmbecken zurück, zog sein Aertexhemd über und schaute mich entschuldigend an.

»Es tut mir leid, Edna«, sagte er. »Ich dringend heim muß. Ich vergessen habe, daß heute abend zu kleiner Party kommen Freunde zu mein Haus.«

Ich liebte seine urige altholländische Ausdrucksweise. Wenn ich ein bißchen älter gewesen wäre, *hätte* ich mir gedacht, er dürfe seine Holzschuhe jederzeit unter meinem Bett abstellen.

»Mach dir keine Sorgen. Bei nächster Schwimmstunde werden wir nachholen Zeit, die wir heute verloren. Wiedersehen, kleiner Fisch.« Und mit diesen Worten verschwand mein gutaussehender Lehrer.

Wenn man von Madge absieht, dieser unverbesserlichen Nachahmerin, die darauf bestanden hatte, ebenfalls Schwimmunterricht zu nehmen, obwohl sie nur im Seichten herumplanschte, war das Becken leer. Gewissenhaft wie immer, Perfektionistin bei allem, was ich anstrebte, schwamm ich noch ein paar Längen im Kraulstil, wobei ich anwandte, was mir mein Mentor beigebracht hatte. Was war ich erregt bei dem Gedanken, daß es noch ein paar Dinge gab, die er mir verinnerlichen mußte.

»Beeil dich, Madge«, rief ich, und meine Stimme hallte im Schwimmbad wider. »Geh jetzt raus, sonst wirst du ganz verschrumpelt.« Gott weiß, warum ich mir diese Mühe gemacht habe, denn wenn man Madge heutzutage im Fernsehen oder sonstwo sieht, könnte man denken, daß sie die meiste Zeit ihres Lebens in einem lauwarmen Bad verbracht hat.

»Oh, schau mal, Edna«, rief Madge auf einmal aus und zeigte mit blaugefrorenem Finger auf einen Gegenstand auf einer Bank am Beckenrand. »Mr. van Krenek hat seine Uhr vergessen.« Das stimmte in der Tat. Einmal in ihrem Leben hatte Madge recht. Bei seiner Eile, zu seinen Freunden zu kommen, hatte Ernst seine schöne, solide Goldarmbanduhr vergessen, die ich schon oft bewundert hatte. Zu den Schwimmstunden zog er sie immer aus, und jetzt lag sie da, wo er sie gelassen hatte. Was sollte ich nun tun? Ich konnte sie mit nach Hause nehmen und ihm bei unserer nächsten Stunde wiedergeben, aber was, wenn er zurückkam und feststellte, daß sie verschwunden war? Der Bademeister, den ich noch nie hatte leiden können, würde ihm vielleicht erzählen, er hätte gesehen, wie ich sie stahl. Andererseits, wenn ich ihm die

Uhr gab, würde sie möglicherweise keiner von uns wiedersehen. Ich erinnerte mich daran, daß Ernst im Vorort Süd-Yarra wohnte – einem ziemlich schicken Wohngebiet südlich des Yarra-Flusses, eines Flusses nördlich von Süd-Yarra. An Ort und Stelle beschloß ich, ihm diesen Wertgegenstand persönlich zurückzubringen, auch wenn das einen großen Umweg mit der Straßenbahn bedeutete – Süd-Yarra lag in entgegengesetzter Richtung von Moonee Ponds. Madge abzuschütteln war das Problem. Sie folgte meinen Schritten und klebte an meinen Fersen wie ein weggeworfener Juicy-Fruit-Kaugummi. Damals wie heute konnte ich mich nicht frei bewegen, ohne daß diese Kreatur mich wie ein Privatdetektiv beschattete.

»Geh schleunigst heim, Madge, richte Mama und Papa aus, daß ich etwas später komme«, beschwor ich sie brüsk. »Ich komme, sobald ich kann.«

Sie glotzte mich mit diesem verdrießlichen Märtyrerblick an, den ich nicht ausstehen kann, und schlich sich in der zunehmenden Dämmerung davon, ohne wie üblich zu protestieren und zu jammern. Wenigstens ist sie abgehauen, ohne allzuviel Lärm zu machen, dachte ich, indem ich den schweren Goldgegenstand in meinen Händen drehte und wendete. Ernst würde bestimmt erleichtert sein, mich mit seinem wertvollen Chronometer vor seiner Tür stehen zu sehen. Ich muß gestehen, daß ich unschuldige Vorstellungen von einer dankbaren Umarmung, einem dankbaren Schmatz, hegte. Obwohl ... die Vorstellungskraft eines gesunden jungen Schulmädchens kennt keine Grenzen.

Mein neugieriger Zeigefinger fuhr die Reihe von V in einem abgegriffenen Telefonbuch bei der Straßenbahnhaltestelle entlang. Zu jener Zeit gab es auch noch nicht viele »vans«, obwohl van Johnson ein aufkommender Filmstar war. Van Heusen schneiderte seine herrlichen Hemden, und irgendwo in Übersee, im kriegsgebeutelten Europa, schickte van Gogh einer Kellnerin sein Ohr mit der Post. Es erübrigt sich zu erwähnen, daß keiner von ihnen im Melbourner Telefonbuch stand. Auf einmal fand ich ihn, genau über und etwas links von meinem Fingernagel:

Van Krenek, E. 20 Walsh Street, Süd-Yarra.

In der Straßenbahn blickte ich noch einmal verstohlen auf das Fundgut. Auf der Rückseite war anscheinend eine Inschrift, etwa im Stil von gotischer Schrift, steil und in fremder Sprache, wahrscheinlich Holländisch – und noch etwas, das mein Herz einen Augenblick lang stillstehen ließ.

Die Straßenbahn schien Ewigkeiten zu brauchen, und die Nacht brach schnell herein. Es war schon dunkel, als mich der Schaffner in der Punt Road aussteigen ließ und eine Dame mir die Walsh Street ein paar hundert Meter weiter weg zeigte. Warum hatte ich so ein kribbeliges Gefühl im Magen? Hätte ich nicht zuerst anrufen sollen? Warum war es mir so wichtig, die Uhr persönlich zurückzubringen? Und hatte man meine Eltern benachrichtigt? Konnte ich mich auf Madge verlassen?

Die Hausnummer 20 war ein dunkler Bungalow hinter einer sturmzerzausten Hecke. Als ich das Tor öffnete, sprang ein riesiger Schäferhund aus der Finsternis und hätte mich beinahe umgeworfen, aber ich roch anscheinend nicht bedrohlich. Vielleicht erinnerte ihn der Chlorgeruch, der noch in jeder Ritze meines Körpers saß, an seinen gutaussehenden Herrn, denn er zog sich knurrend zurück und bezog wieder Stellung auf dem Fußabstreifer vor der verdunkelten Haustür. Das Haus schien ohne Leben und Licht zu sein. Schon eigenartig, dachte ich, Ernst hatte eine Party erwähnt – wo waren also die Lichter? Vielleicht waren sie alle hinten im Haus? Ich beschloß, nicht am Vordereingang zu klingeln, denn das hätte bedeutet, daß ich noch näher mit dem unheimlichen Hund zusammengetroffen wäre; statt dessen bahnte ich mir meinen Weg durch das dichte, dornige Gebüsch neben dem Haus, wohin aus einem rückwärtigen Fenster des Hauses ein schwacher Lichtschein fiel. Wenn ich mich auf die Zehenspitzen stellte, konnte ich gerade noch hineingucken.

Was ich sah, ließ mir das Blut in den Adern gefrieren. Ich hatte ein großes Zimmer vor mir, wahrscheinlich das Eßzimmer, und um den langen Eßtisch herum saß eine Gruppe von Männern und Frauen, die feierlich ihr Essen einnahmen. Die Frauen hatten kurzes blondes Haar und trugen festliche Abendkleider mit tiefem Rückenausschnitt, schräg zum Fadenlauf.

Die Männer schienen irgendwie kostümiert zu sein. An der Wand, meinem Fenster genau gegenüberliegend, hing eine große, gerahmte Fotografie von jemandem, der mir bekannt vorkam – es war kein angenehmes Gesicht –, und über dem Bilderrahmen war eine rot-schwarze Flagge drapiert. Die Szene war etwas gespenstisch, da die großen Kerzen, die auf dem Tisch flackerten, die einzige Lichtquelle waren. Auf ein Zeichen hin, wie ich glaube, erhob sich einer der Männer und fing an, die Kerzen auszublasen, und da sah ich, daß er eine schwarze Uniform mit Silberlitzen und hohe schwarze Stiefel trug. Als er sich umwandte, bemerkte ich seine rote Armbinde und auf der Armbinde – Schrecken über Schrecken – ein Hakenkreuz!

Im gleichen Augenblick gingen die Lichter aus, aber schon in der nächsten Sekunde tauchte ein Lichtschein im Gang auf, der warme Schein von den Kerzen eines riesigen Geburtstagskuchens. Niemand anderer als Ernst trug ihn feierlich in den Raum, Ernst, mein Schwimmlehrer, der so angezogen war, wie ich ihn noch niemals zuvor gesehen hatte, nämlich in Uniform und hohen Schaftstiefeln, in denen er aussah wie eine Art Dirk Bogarde. Jemand hatte Geburtstag, aber wer?

Die unheimliche Versammlung stand mit einemmal auf, erhob ihre Humpen und streckte den rechten Arm zu einem steifen und unheilverkündenden Gruß in Richtung des Bildes an der Wand aus. Bei mir fiel der Groschen. Plötzlich wußte ich, daß der qua-

Mit zusammengekniffenen Augen schaute ich im Licht der
gleißenden Lampe auf die bösen Gesichter um mich herum,
die mich fragend ansahen.

dratische Schnurrbart, der nach unten gezogene Mund, diese stechenden Augen, der Schopf dunklen Haares über der bösen Stirn zu einem Mann, einem ganz bestimmten, gehörten – aber zu wem? Ich wußte, daß ich ihn schon einmal gesehen hatte, vielleicht im Kino? In einer Zeitungskarikatur? Vielleicht waren das alles Freimaurer, wie Phyllis Balderstones Vater – und auch der meinige –, die über ihren Kleidungsstücken kleine Schürzen bei ihren geheimen Treffen trugen, wo sie Ziegen und weiß der Himmel, wem noch, die Hand schüttelten? Ich strengte meine Ohren an, um hören zu können, was gesprochen wurde, aber auf einmal wurde mir eine rauhe Hand auf den Mund gedrückt, und ich fühlte einen schneidenden Schmerz, als man mir den Arm hinter dem Rücken verdrehte. Weit weg in der Ferne bellte ein Hund. Ich muß ohnmächtig geworden sein.

Ich saß auf einem harten Stuhl, und grelles Licht fiel mir in die Augen. Ich konnte mich auch nicht bewegen, denn grausam harte Stricke fesselten mich an den Stuhl und schnitten mir in mein junges Fleisch. Mit zusammengekniffenen Augen schaute ich im Licht der gleißenden Lampe auf die bösen Gesichter um mich herum, die mich fragend ansahen. Ich versuchte zu sprechen, brachte aber kein einziges Wort heraus, mein Mund ging nur auf und zu wie bei einem Fisch. Einer der am bedrohlichsten aussehenden Nazis mit einer fürchterlichen Narbe auf der Wange ergriff mich brutal beim Haar und zischte: »Wie lange du schon nach uns spionieren? Sprechen, Fräulein, oder ich dich bestrafen muß.« Warum, so fragte ich mich, hatte er nicht gesagt, daß er über Mittel verfüge, mich zum Sprechen zu bringen? Das sagten sie doch immer im Film, aber das hier war kein Film, es geschah wirklich, und obwohl ich jung und unerfahren war, wußte ich, daß es diesem Monster hier ernst war, so wie er mit seiner Reitgerte spielerisch über meinen nackten, verletzlichen Schenkel strich. Die Stricke taten wirklich weh. Warum half mir Ernst nicht? Er konnte doch sicher nicht so wie die anderen einfach danebenstehen und mich leiden sehen?

Aber genau das tat er. Mein früherer Schwimmlehrer machte keinen Finger krumm, um mir zu helfen, und das hätte er auch nicht gekonnt, denn er hielt noch immer den Geburtstagskuchen in der Hand, der inzwischen vollgetropft war mit heißem Wachs. »Was machen wir jetzt mit ihr, Krenek?«

Ernsts Gesichtszüge verhärteten sich, mit einemmal sah er aus wie ein Dämon und nicht mehr wie mein gütiger Mentor aus dem Schwimmbad von Moonee. Seine Lippen kräuselten sich gnadenlos, und er setzte gerade zum Sprechen an, als es einen riesigen Knall gab. Die ganze Eßzimmertür flog aus den Angeln, und etwa sechs Polizisten stürmten ins Zimmer. »Das Spiel ist aus, Krenek, du Schwein«, sagte einer von ihnen und versetzte Ernst einen harten Karateschlag in den Nacken, durch den er, Gesicht nach unten, in die Cremetorte fiel. Eine Frau mit zuviel Wimperntusche schrie etwas Ausländisches in einer scheußlichen Sprache. Die Luft erbebte unter den Schreien und Schlägen, und als saubere australische Finger geschickt meine Fesseln lösten, sah ich, daß meine uniformierten Retter schon meine düsteren Häscher mit Handschellen gefesselt hatten und sie mit vorgehaltenem Gewehr zu einer draußen wartenden Grünen Minna führten.

Das Zimmer war ein einziges Chaos. Das erschreckende Bild mit der Naziflagge hing schief an der Wand und gab den Blick auf eine dunkle Nische oder Wandöffnung dahinter frei. Der Polizeichef schritt darauf zu, riß das garstige Photo von der Wand und stampfte es in Grund und Boden.

»Sie sind wahrscheinlich noch zu jung, um das zu wissen, Miss, aber heute ist der 20. April, sein Geburtstag.« Er wies auf den Haufen Glasscherben auf dem Teppich. »Diese reizende Gruppe von Bastarden hat ihm zu Ehren eine Party abgehalten, aber Ihre vorwitzige Nase hat bestimmt ihre Pläne vereitelt, entschuldigen

Sie mein Französisch.« Ich bemerkte, daß Ernst immer noch mit zerrissener und sahneverschmierter Uniform in einem Lehnstuhl kauerte, während einer unserer Jungs in Khaki ihm einen Gewehrlauf in den Nacken drückte.

»Aber was ist denn mit Mr. van Krenek? Er war doch so nett ... was hat er denn mit dem Ganzen zu tun?«

»Von wegen van«, schnaubte der Chefinspektor. »Wenn der ein Holländer ist, dann ist der Papst ein Jude! Wir beobachten dieses geschmacklose Theater schon eine ganze Weile, Miss«, sagte er. »Ihnen verdanken wir es, daß wir sie auf frischer Tat ertappen konnten. Ernst von Krenek ist ein Spitzenagent der Nazis, der auf Südaustralien angesetzt ist, um hier unsere Kriegssicherheitsvorkehrungen in den Vororten von Melbourne zu beobachten. Schauen Sie sich das mal an.« Er zeigte mir einen Morsesender, der in einem Spalt hinter dem Bild zusammen mit einigen mit seltsamen Zahlen bedruckten Papieren versteckt war. »Jeder, der in dieses Zimmer gekommen wäre, hätte gedacht, daß dies nur eine ganz gewöhnliche Serienphotographie von Adolf Hitler ist, und hätte nicht geahnt, daß diese B-st-rde – Entschuldigung, Miss – dahinter Top-Secret-Informationen über unseren die ganze Nacht funktionierenden Straßenbahndienst ins Vaterland schicken.«

»Aber er war so nett als Schwimmlehrer«, schluchzte ich desillusioniert und mit gebrochenem Herzen.

»Das ist klar«, lachte der Inspektor bitter. »Das mußte er schließlich sein, er war ja auch einer der Silbermedaillengewinner bei der Olympiade 1936 in Berlin. Schwimmunterricht zu erteilen und sich als Holländer auszugeben war die perfekte Deckung für ihn hier heraußen. Du hast dir eine schöne Zeit gemacht, solange es ging, nicht wahr, Krenek?« sagte er zu der geschlagenen Gestalt im Stuhl. »Du hast die Sonne und den Spitzenlebensstandard von Australien gewollt, und gleichzeitig wolltest du auch bei deinen teuflischen Auftraggebern in Berlin lieb Kind sein. Du wolltest den Kuchen behalten und ihn gleichzeitig auch essen.«

Wenn man bedenkt, daß Ernst von Kopf bis Fuß mit den klebrigen Überresten von Hitlers Geburtstagskuchen beschmiert war, schien die letzte Bemerkung des Inspektors ziemlich zutreffend.

»Führt ihn ab, Jungs«, bellte er. »Dieser Mensch ist eine Schande für den Australischen Kraulstil.«

Nachdem Ernst und seine Spießgesellen weggeschleppt worden waren, fragte ich Inspektor Fenessy, wie er mich denn gefunden hätte.

»Sie haben viel Glück, Miss Edna«, sagte er und schenkte mir aus seiner Thermosflasche eine nahrhafte Tasse heißer Bonox-Fleischbrühe in meinen Bakelitbecher ein. »Sie können von Glück sagen, so eine gute kleine Freundin wie dieses McWhirter-Mädchen zu haben.«

»Madge?« rief ich aus. »Was hat Madge damit zu tun?« Inspektor Fenessy lächelte. »Sie ist Ihnen hierher gefolgt, Edna. Sie sah, was geschah, und lief zur Wache, um uns zu alarmieren. Ich würde sagen, wahrscheinlich verdanken Sie dieser Kleinen Ihr Leben.«

Wie auf ein Stichwort hin trat Madge ein und sah lieb und brav aus. Da ich davon ausging, daß wahr war, was der Inspektor mir sagte, umarmte ich ihren knochigen kleinen Körper, was mehr ist, als die meisten Leute unter den gegebenen Umständen getan hätten. Ich brauche meinen Lesern wohl kaum zu erklären, daß Madge, wann immer wir einen kleinen Krach haben oder ich damit drohe, ihr schon viel zu hoch bemessenes Taschengeld zu kürzen, mich mit Vorliebe an die Nacht erinnert, in der sie mich vor den Nazis gerettet hat. Übrigens finde ich es recht großzügig von mir, ihr in dieser Autobiographie soviel Anerkennung geschenkt zu haben.

Im Interesse der nationalen Sicherheit kam dieser Vorfall niemals in die Schlagzeilen, aber eine Menge Kinder aus Melbourne fragten sich, warum ihre Schwimmstunden so plötzlich aufhörten. Aus sentimentalen und anderen Gründen habe ich immer die goldene Erinnerung an diese Nacht bewahrt, die fast meine letzte gewesen wäre. Ja, Beutelratten, es tut mir schrecklich leid, aber ich habe Ernst seine Uhr nie zurückgegeben. Und manchmal, wenn ich in Sydney bin, trage ich sie sogar, weil dort ein Frauenzimmer niemals genug Gold am Leib haben kann. Auf der Rückseite dieser Uhr ist ein Hakenkreuz und eine Inschrift: »Für Ernst von Adolf«. Unheimlich.

Vor nicht allzulanger Zeit habe ich übrigens gehört, Ernst sei in einem Vorort von Sydney namens Double Bay gesichtet worden und sehe ziemlich alt und fett und grau aus. Anscheinend gibt er jetzt vor, Ungar zu sein – sonst noch was Neues? Und er verkauft gebrauchte BMWs an Yuppies und Kieferorthopäden.

Kapitel 10

Ich wasche Jesus die Füße

Obwohl wir nie reich waren, faszinierten mich die Armen – und das tun sie noch immer! Jedesmal, wenn wir am Sonntagnachmittag einen Ausflug mit dem Auto machten, bettelte ich meinen Vater an: »Papa, bitte, laß uns bei den Armen vorbeifahren.« Er hatte damit angefangen. Sogar wenn wir beim Devonshire-Tee gewesen waren oder in Melbournes weltberühmtem Dandenong-Nationalpark (ein schönes altes Wort in der Sprache der Aborigines, das irgendeine Bedeutung hat) eine Azalee oder auch zwei gepflückt hatten, bestand mein Vater darauf, über Dudley Flats nach Moonee zurückzufahren. Das war ein gräßlicher Slum, der Gott sei Dank seit langem inzwischen abbruchreifen Bürohochhäusern gewichen ist. Wir lugten aus den Fenstern unseres Hillman hinaus und betrachteten mit Augen groß wie Untertassen die dichtgedrängten Terrassenhäuser ohne gepflegte Vorgärten, wie es sie auch in der Coronation Street oder – laßt uns den Tatsachen ins Auge blicken – in den meisten Teilen Englands gibt. Wir sahen die barfüßigen Gassenkinder, die auf der aufgesprungenen Betonstraße Abklatschen und Gummitwist spielten, und die »Derros« – australischer Kosename für »derelicts« oder »Penner« –, die in Tennisschuhen und alten Armeemänteln herumschwankten und ihren Fusel aus der Flasche tranken. Auf einer meiner Fahrten durch ein Armenviertel von Melbourne sah ich eine Frau, etwa im Alter meiner Mutter, die mit krebsrotem Gesicht neben einer Straßenbahnhaltestelle kauerte, eine Craven A rauchte und ihr kleines Geschäft verrichtete. Es war einer

jener Schnappschüsse, die sich in einem kindlichen Gemüt fest-
setzen und nie zu verblassen scheinen. Diese Frau brauchte Hilfe,
wenn auch in ihrem speziellen Fall jede Hilfe zu spät gekommen
wäre.

»Seht euch das an!« pflegte Papa über seine Schulter hinweg zu
uns zu sagen. »Ihr Kinder wißt gar nicht, was ihr für ein Glück
habt.«

Ich bin immer für alle Glücksfälle meines Lebens dankbar gewesen, auch wenn man mir verzeihen möge, wenn ich inzwischen
mit dem Zählen derselben nicht mehr nachkomme. Aber man
wird so leicht selbstgefällig und eitel. Deshalb stelle ich immer
einen Teil des Theaters, in dem ich meine herrlichen Bühnenshows aufführe, den Armen zur Verfügung, für gewöhnlich den
Teil hoch oben in den Rängen, wo Klang und Sicht schlecht und
die Polsterung notdürftig sind. Ich liebe die Armen, und sie lieben
mich.

Manchmal zeigte mein Papa auch auf ein winzigkleines viktoria-
nisches Gebäude und sagte dabei zu Mama: »Siehst du das,
Gladys, du beschwerst dich über die Humouresque Street, aber
du hättest es noch viel schlechter treffen können, Schatz.«

Woraufhin meine Mutter zu antworten pflegte: »Das mag hier
ein Slum sein, Bruce, aber sieh dir diesen glänzenden Türklopfer
und das polierte Messingnamensschild mit der Aufschrift ›Bal-
moral‹ an! Die Frau, die dort wohnt, hat vielleicht nicht das
nötige Kleingeld, aber ihren Stolz hat sie! Tadellose Reinlichkeit
kostet nichts.« Übrigens ist es genau dieser Typ von Stadthaus,
der die umwälzenden Modernisierungsmaßnahmen Melbournes
in den sechziger Jahren überstanden hat und nun von den Yuppies für ein Heidengeld aufgekauft wird.

Wenn wir nicht gerade eine Sonntags»runde« drehten, kann ich
nicht behaupten, daß der Sonntag jemals mein Lieblingswochen-
tag gewesen ist. Es lag immer eine gewisse Spannung in der Luft,
was, glaube ich, eine ganze Menge damit zu tun hatte, daß es der

einzige Tag war, an dem meine Eltern Zeit miteinander verbrachten. Sie stritten sich niemals wirklich, obwohl ich mich erinnern kann, daß mein Vater einmal meine Mutter durchs Haus jagte und ich sehr verängstigt war. Zurückblickend glaube ich, daß es sich nur um eine harmlose Kabbelei handelte, aber Eltern ist nie bewußt, was für eine furchteinflößende Wirkung ihre Streitereien und Wutanfälle auf sensible Kinder haben, vor allem, wenn sie sich mit unverdaulichen Sonntagsbraten und zu vielen Kirchenliedern verbinden. Noch heute beschleicht mich am Sabbat ein seltsames, leeres, bekümmertes Gefühl; ein unheimliches Gefühl von einem bevorstehenden Verhängnis, das auf die Augenblicke meiner Kindheit zurückgeht, an denen meine Eltern zwangsläufig daran erinnert wurden, daß sie miteinander verheiratet waren.

Man mag mich altmodisch schimpfen, aber ich bin eine tiefreligiöse Frau. Das heißt, ich glaube fest daran, daß es Da Oben etwas gibt, und ich bin mir sicher, daß es den meisten Frauen von Zeit zu Zeit genauso ergeht. Meine Eltern ermunterten mich darin, die Sonntagsschule zu besuchen, und dort verliebte ich mich zum ersten Mal – in Jesus.

Meine Sonntagsschule befand sich in einer roten Backsteinhalle neben der Heiligen Dreifaltigkeitskirche von Moonee Ponds. Wir saßen auf harten Kirchenbänken, während der Küster, Mr. Leonard Smithers, uns eine Geschichte aus der Bibel vorlas. Mr. Smithers sprach so leise, daß niemand ein Wort verstehen konnte, aber anscheinend war er ein »sehr guter Mensch«, der »unglaubliche Mengen wunderbarer Arbeit für die Kirche« verrichtete.

Ich erinnere mich daran, daß ich mir zu jener Zeit dachte, wenn ich jemals von einer Bühne aus zu den Menschen sprechen müßte, würde ich dafür sorgen, daß sie jedes Wort verstünden – und dabei würde ich gleichzeitig ein »guter Mensch« sein! Wir pflegten zu singen »Was haben wir für einen Freund an Jesus« und bei der Kollekte:

Hör, wie die Pfennige klingeln,
Hör doch ihren Fall.
Jeder ist für Jesus,
Er kann sie haben all.

An jedem Sonntag reckte zu einem gewissen Zeitpunkt dann Pfarrer Tony Morphett, unser junger Vikar, seinen Kopf um die Ecke und stimmte ein paar Gebete an. Er hatte immer ein gutes Wort für mich und war einer der Hauptgründe dafür, daß mir die Sonntagsschule Spaß machte.

Ich glaube, daß der Höhepunkt meiner theologischen Studien das alljährliche Kirchenspiel war, bei dem ich meinen historischen ersten öffentlichen Bühnenauftritt hatte. Mr. Smithers gab mir die Rolle der Maria Magdalena, jener recht freizügigen Freundin von Jesus, die unter anderem seine Füße mit verschiedenen Produkten (Vorläufer der Dr.-Scholl-Präparate) salbt und mit ihrem eigenen Haar abtrocknet. Dies ist für jede junge Schauspielerin eine anspruchsvolle Rolle, die eine Menge Konzentration und eine Menge Haar erfordert. Zunächst muß man es zu vermeiden wissen, die Füße des Jesus-Darstellers zu kitzeln, sonst ist die ganze Glaubwürdigkeit, von der Integrität ganz zu schweigen, beim Teufel. Außerdem ist es sehr viel schwerer, als man glauben möchte, sich vor einem Haufen Eltern und unruhigen Kindern in einer überhitzten Halle hinzuknien und die Füße von irgend jemandem mit einer Mischung aus Nivea-Creme und Wick VapoRub mit seinem eigenen Haar abzurubbeln. Es tut mir schrecklich leid, aber so ist es nun einmal. (Leider war im Budget der Sonntagsschule Weihrauch oder Myrrhe, wie in der Bibel empfohlen, nicht drin.)

Da ich das Alter erreicht hatte, in dem ich sehr befangen wegen meiner natürlichen Malvenhaarfarbe war, hatte ich meine Mutter angebettelt, es mir braun zu färben. Sie hatte nachgegeben, und erst viele Jahre später ließ ich meine eigenen herrlichen

Seine Füße waren eigentlich sehr groß.

Locken nachwachsen wie von der Natur vorgesehen, so wie man sie heute auf der Bühne oder im Farbfernsehen erblicken kann. Stellen Sie sich einmal vor, wie mir zumute war, als wir mit den Proben zu jener Szene begannen, und ich entdeckte, daß Unser Herr Jesus von niemand anderem gespielt wurde als von unserem gutaussehenden jungen Vikar, dem Pfarrer Tony Morphett! Seine Füße waren eigentlich sehr groß, und es gelang mir niemals, das Salben und Trocknen in weniger als fünf Minuten vorzunehmen. Das ist eine sehr lange Zeit, wenn man bedenkt, daß man dabei das Publikum in Atem halten muß – die Profis unter den Lesern werden das nur zu gut wissen. Als ich mich endlich von den Knien erhob und fragte: »Wie war das, Herr Jesus?«, erhielt ich meinen ersten Szenenapplaus. Ich kann die Wirkung gar nicht beschreiben, die dieses erregende Geräusch auf mich hatte. Es klang mir noch immer in den Ohren, als ich die von Unserem Herrn verursachte Klebrigkeit nach dem Spiel an einem entweihten Taufbecken im Gang mit einem Spritzer Loxene aus meinem Haar wusch.

»Gut gemacht, Edna. Du bist wirklich ein kleiner Star«, sagte eine vertraute Stimme, und eine warme Hand klopfte mir auf die Schulter. Es war der Vikar, mein blauäugiger Hauptdarsteller. Er hatte mich einen Star genannt! Ein Schauer durchlief mich, ein kleines Wunder, wenn Sie so wollen, und von diesem Augenblick an kannte ich meine Bestimmung.

Ich brauche wohl nicht zu erwähnen, daß die Sonntagsschule von diesem Tag an eine neue Bedeutung für mich gewann. Ich könnte nicht behaupten, daß ich mich besonders gut auf all die herrlichen alten Bibelgeschichten über Sodom und Gomorrha und die Leprakranken, die in Schweine verwandelt werden, konzentrieren konnte, obwohl das alles sicher sehr lehrreich war. Ganz offen gestanden, liebe Leser, saß ich auf der harten braunen Bank, hörte der Stimme von Mr. Smithers zu, die vor sich hin brummte wie eine Schmeißfliege in einer Milchflasche, und hoffte entgegen aller Vernunft, daß Tony Morphett, mein Starkollege, seinen Kopf in die Halle stecken würde. Ich glaube, ich war in ihn verliebt, aber was fühlte er für mich, wenn er überhaupt etwas fühlte? Er hielt mich wahrscheinlich für nichts weiter als für einen gutgebauten Teenager von frühreifer Schönheit, der, laßt uns den Tatsachen ins Auge sehen, intimen körperlichen Kontakt mit seinen Extremitäten gehabt hatte. Manchmal erschien er zur letzten Hymne:

> »Unsterblicher, unsichtbarer, einzig weiser Gott,
> Gehüllt in Licht, verborgen für unsere Augen ...«

Von der vordersten Sitzreihe der Halle aus konnte ich sehen, wie sich Tonys Adamsapfel im Takt der Musik auf- und abbewegte, während ich vergebens versuchte, den Blick seiner blauen Augen zu erhaschen, und eine andere, heidnische Hymne, die damals in der Hitparade war, schlich sich in meine Gedanken ein. Ich hörte Chick Henderson krähen:

> »Ich träumte von zwei blauen Orchideen,
> zwei blauen Orchideen, vergangne Nacht,
> Oh, was für eine Überraschung ...«

Ein Krieg war im Gange, und wir hatten einen sumpfigen alten Luftschutzkeller im Hinterhof, damit wir es nicht vergaßen. Meist war er voll Wasser – um es genau zu sagen: voll khakifarbenem Wasser –, und ich konnte mich des Gefühls nicht erwehren, daß wir, falls die Japsen oder Musso Moonee Ponds bombardieren sollten, bei dem Versuch, uns in Sicherheit zu bringen, wohl eher ertrinken als in die Luft gesprengt werden würden. Melbourne wurde niemals bombardiert. Erst nach dem Krieg wurde der größte Teil der Stadt dem Erdboden gleichgemacht, um Platz zu schaffen für Tankstellen, Parkplätze, Einkaufszentren und Vororte. Der Rest unseres Hinterhofs wurde Silberrüben und anderem nützlichen Gemüse überlassen, und in den Straßen stotterten die Autos herum, unhandliche Gasversorgungsapparate an den Kofferraum geklemmt, um Benzin zu sparen.

Während wir meiner Mutter halfen, Eier zu konservieren, indem wir sie mit Eierkonservierungsmittel beschmierten, saß mein Vater an unserem kleinen Küchentisch, tauchte Biskuits und Erdnußbutterplätzchen in seine Henkeltasse mit Glen-Valley-Tee und runzelte die Stirn über die Titelseite des »Sun News Pictorial«, die für gewöhnlich Landkarten von Ländern in der Dritten Welt zeigte, übersät mit Hakenkreuzfahnen oder unheilverkündenden kleinen japanischen Flaggen mit aufgehender Sonne. Zu der Zeit war meine Lieblingszahnpasta »Ipana«, die es in einer gelben Tube mit einem rot-gelben Sonnenaufgang darauf gab. Sie wurde rasch vom Markt genommen und durch eine patriotischere Verpackung ersetzt, für mich hatte sie aber danach niemals wieder denselben Geschmack. Und das war lange vor den Chlorophyll-Fünfzigern, wo alle Zahnpasten nach Gras schmeckten.

Mein Vater wurde nicht eingezogen, weil er zu alt war und seinen Beitrag schon im Großen Krieg geleistet hatte, wo er sich sein »Ehrenmal« zugezogen hatte. Ich konnte niemals verstehen, warum man diesen Krieg »groß« nannte, obwohl niemand jemals ein gutes Wort über ihn verlor. Aber an jedem Anzac-Tag zog mein Vater feierlich seine Uniform an und marschierte mit ein paar alten Kameraden aus seiner Einheit zum Gedenkschrein. Und selbst in späteren Jahren, als seine Marschtage vorüber waren, saß er immer noch vor unserem alten Radio und starrte auf die endlose graue Parade, klopfte zum Takt der Musik und sang:

> »Lang ist der Weg nach Wagga-Wagga,
> Lang ist der Weg, den man gehen muß,
> Lang ist der Weg nach Wagga-Wagga,
> zum süßesten Mädchen, das ich kenne ...«

Einmal, als die amerikanische Flotte im Hafen lag, kam ein US-Marineoffizier am Sonntag zu uns zum Essen. Es war komisch, einen echten Menschen so sprechen zu hören wie im Kino, und ich glaube, wir waren alle viel zu ehrfürchtig, um mit ihm mehr als ein paar Worte über den köstlichen grauen Braten meiner Mutter hinweg zu wechseln. Wie alle Amerikaner damals und heute schien auch er sehr nett, höflich und unergründlich fremdländisch zu sein, so als ob er vom Mars käme. Verstehen Sie mich nicht falsch, ein paar meiner besten Freunde sind Amerikaner. Aber ein Land, das imstande ist, einen Film »Every Which Way But Loose«* zu nennen, ist einem ganz einfach ein bißchen fremd. Hank überreichte meinem Vater eine bauchige Flasche mit einer grünen Flüssigkeit, die sich Mennen Aftershave nannte und ungeöffnet auf dem obersten Regal unseres Badezimmerschrankes zusammen mit dem Kaliumpermanganat, einem zerbrochenen Gebiß und einem komischen roten Gummiding aufbewahrt wurde, bis zu dem Tag, an dem wir die Sachen meines Vaters verbrannten.

Das waren damals furchtbare, dunkle Tage, und viele gesunde junge Kerle traten in die Armee ein. Ich fragte mich mit insgeheimer Angst, ob unser junger Vikar – mein Tony – wohl auch einberufen werden würde. An einem Sonntagmorgen sangen wir gerade das Kirchenlied »Alle hellen und schönen Dinge«, und wie üblich lief in meinem romantischen kleinen Kopf eine andere Melodie ab:

> »Mairzy doates and dozy doates
> And little almzy divey ...«

Das muß im September gewesen sein, denn die schimmlige alte

---

* Der Film lief in Deutschland unter dem Titel »Der Mann aus San Fernando«. (Anm. d. Übers.)

Halle war erfüllt vom scharfen, frischen Geruch von Narzissen, die aus einer vom Damenhilfskomitee arrangierten Messingvase ihre gelben Trompeten bliesen.

»... a kiddlely divey too, wouldn't you?«

Plötzlich gab es einen großen Aufruhr. Dort auf dem Podium stand zusammen mit Mr. Smithers Tony in der Khakiuniform eines Feldkaplans, die ihm gut zu Gesicht stand. Er war gekommen, um sich von uns zu verabschieden, bevor er »in den Norden« gehen würde, und auch, um uns den alten Kanonikus George Lake vorzustellen, der sein Amt übernehmen würde. Er hielt eine kleine Rede, aber ich hörte kein Wort. Meine Augen schwammen, und die Vase voll Narzissen wurde zu einem verschwommenen gelben Fleck, der anschwoll, sich dehnte und entzweiriß, als mir die Tränen herunterliefen. Ich fühlte, daß Tony mich anblickte, als er uns bat, für seine gesunde Wiederkehr zu beten.

Ich brauche meinen weiblichen Lesern, und auch den sensibleren Mannsbildern, nicht das vernichtende Gefühl in den darauffolgenden Tagen zu beschreiben. Ich betete natürlich für seine Wiederkehr, aber ich muß wohl ein bißchen zu fest gebetet haben, denn er war schon etwa acht Wochen später wieder zurück, weil er sich in Neu Guinea eine Malaria geholt hatte. Der arme Kerl war leuchtend gelb und, was noch viel schlimmer war, hatte sich in seinem Delirium mit einer krausköpfigen Krankenschwester verlobt. Meine Mutter sagte, es habe seiner Familie, die sehr vornehm war und große Hoffnungen auf ihn gesetzt hatte, das Herz gebrochen, daß er eine farbige Braut gewählt habe. Ich bin allerdings der Meinung, daß er ihr mit seiner Malaria in puncto Hautfarbe gewissermaßen auf halbem Weg entgegengekommen ist.

Noch monatelang danach wachte ich jede Nacht schluchzend

auf einem nassen Kopfkissen auf, und normalerweise konnte ich nicht mehr einschlafen, es sei denn, ich ging in die Küche, um ein Stück Ananaskuchen oder einen von den leckeren Negerküssen meiner Mutter zu essen.

Kapitel 11

Hände auf die Bettdecke

»Der Teufel findet immer Bettdecken, unter denen faule Hände herumfummeln können.« Auch das war einer der wunderbaren Aussprüche meiner Mutter, aber ich bin nicht ganz sicher, ob ich ihn richtig zusammenbekommen habe. Heutzutage ist es üblich, die Nase über die Weisheiten der Eltern zu rümpfen. Davon weiß ich ein Lied zu singen, denn auch ich habe versucht, meine Philosophie an meine Kinder weiterzugeben. Meistens vergebliche Liebesmüh: zum einen Ohr rein und zum anderen raus.

Aber mir war nun schon einmal das Herz gebrochen worden. Ich kam in das Alter, in dem Mädchen Fragen stellen, und brauchte eine Menge Antworten. In der Schule unterrichtete man uns nie in Biologie; jedenfalls brachte man uns nichts bei, was wir auf uns selbst hätten anwenden können. Erst als eine meiner Lehrerinnen, Miss Tumbey, eine stattliche Frau mit einem Knoten, etwas zu mir sagte, begann ich, über meine weibliche Chemie nachzudenken – dann aber praktisch ununterbrochen. Obwohl das, was sie sagte, ziemlich unschuldig war, schockierte es mich, weil es Dinge waren, über die ich niemals mit Mama sprechen konnte.

»Hast du in letzter Zeit an deinem Körper irgendwelche Veränderungen bemerkt, Edna?« fragte sie. Laßt uns den Tatsachen ins Auge sehen, Beutelratten, das hatte ich. Ich hatte ein paar Dinge bemerkt, obwohl die Veränderungen nicht so vor sich gingen, wie ich es mir gewünscht hätte, nämlich schneller. Ein paar andere Mädchen in meiner Klasse trugen schon Büstenhaltergröße 75B oder sogar noch größere Nummern, wohingegen meine schöne Gesichtshaut die Auswüchse zu bekommen schien, die an anderer Stelle hätten entstehen sollen. Manch einen traurigen Morgen verbrachte ich in unserem Badezimmer vor dem beschlagenen Spiegel, in den ich ein Guckloch gerieben hatte, und kämpfte mit meinen hartnäckigen Pickeln, aus denen niemals mehr herauszubekommen war als ein paar Tropfen Wasser. Wenn ich zu einem Ball oder einem sonstigen gesellschaftlichen Anlaß ging, mußte ich mir den Gesichtspuder meiner Mutter ausleihen, um die kleinen halbmondförmigen Abdrücke zu überdecken, die meine Fingernägel auf meinem lieblichen Gesicht hinterlassen hatten.

Ich habe, wie ich hoffe, schon ziemlich schonungslos ein paar der seltsamen Regungen beschrieben, die ich zu verspüren begann, sobald ich auch nur in die Nähe eines halbwegs akzeptablen Mannes kam. Ich hatte Empfindungen und Sehnsüchte, die ich nicht benennen konnte. In meinem zarten Alter hatte ich schon eklige und traumatische Begegnungen gehabt, die leicht meine grundsolide Normalität hätten untergraben können, wie zum Beispiel den Sado-Maso-Alptraum im Versteck der Nazis. Ganz offen gestanden hatte ich mich damals gefühlt wie Charlotte im »Nachtportier«, nachdem sie von Dirk fast zu Tode getrampelt worden war. (Das heißt, ich hätte mich so gefühlt, wenn dieser herrliche Film damals schon gedreht gewesen wäre.)

Andere Mädchen begannen, mit Jungens auszugehen und – entsetzlicher Gedanke – Knutschfleckwettbewerbe abzuhalten. Da ich mich schon immer für die höheren Dinge im Leben interessiert hatte, rümpfte ich die Nase über die Eskapaden dieser gewöhnlichen Elemente, aber insgeheim versuchte ich sie mir vorzustellen, wie sie hinten im Kino oder auf schwach erleuchteten Vorortveranden saßen, einander am Hals herumkauten und dann nachsahen, ob sie sich auch genügend eindrucksvolle Abdrücke zugefügt hatten. Sie können mich ruhig altmodisch nennen, aber das verstand ich nicht unter einem netten Abend. Es tut mir furchtbar leid, aber so war es nun einmal.

Wenn mich die Biologie auch langweilte, im Kochunterricht war ich ausgezeichnet. Ich liebte es, Kuchen zu backen, insbesondere Pavlovas, diese leckeren Meringe- und Marshmallow-Desserts, die zufällig in Australien erfunden worden sind und dann international so berühmt wurden, daß sich eine russische Ballerina nach ihnen nannte. Meine Mutter war zu ihrer Zeit eine Kuchenexpertin, wenn die Behörden sie auch heutzutage nicht mehr in die Nähe einer Küchenmaschine lassen würden. Nicht etwa, daß es in unserer kleinen creme- und grünfarbenen Küche in der Humouresque Street solche Technologie gegeben hätte. Mama fertigte ihre Kuchen immer von Hand, und wenn wir Kinder sehr brav waren, durften wir die Rührlöffel ablecken; wir ließen unsere kleinen rosa Zungen die Stahldrähte ihres Schneebesens entlanglaufen und gruben die süße, gelbe Mischung daraus hervor, in der manchmal Rosinen steckten. Obwohl die Fleisch- und Gemüsegerichte meiner Mutter immer einen delikaten Grauschleier hatten, ging beim Kuchenbacken die Farbenfreude mit ihr durch, und wenn sie einen Regenbogen-Rührkuchen machte, sparte sie nie an Koschenille, obwohl damals schon Krieg war und wir Rawleighs künstliche Koschenille benutzen mußten, die aus Gott weiß was bestand. Die Japaner zwangen sie auch dazu, Experimente mit butterlosen Rezepten zu machen. Was sie mit den ganzen Ersatzprodukten fertigbrachte, die sie für die Freiheit Australiens benutzte, war schon erstaunlich. Bei einem kurzen Blick in eine beliebige Hotellobby der südlichen Hemisphäre fragt man sich heutzutage, worüber wir uns damals eigentlich aufgeregt haben. »Ich habe ein Mädchen in Kalamazoo-zoo-zoo ...«, dudelte der Radioapparat.

Zu jener Zeit meines Lebens nahm ich etwas zuviel an Gewicht zu: eine Mischung aus verstohlenen, kleinen Häppchen im Kochunterricht, Überfällen nach der Schule auf Mamas Kuchenschachtel auf dem Eisschrank und den natürlichen Hormonen in meinem Organismus, die, wie bei jedem Mädchen meines Alters, verrückt spielten. Ich war jedoch sehr groß, und so erschien es nicht ganz so furchtbar schlimm, hundertzehn Kilo zu wiegen. Ja, liebe Leser, zurückblickend kann ich feststellen, daß ich ein äußerst schüchternes und verängstigtes Kind war, das sich in einem Bessie-Bunter-Körper versteckte. Es tut mir leid, sagen zu müssen, daß ich mich fiebernd nach dem Pfarrer Tony Morphett verzehrte und Freßorgien veranstaltete, um mir über meinen Verlust hinwegzuhelfen, während ich ihn mir in den Armen des kraushaarigen Flittchens vorstellte. Es wurden damals ein paar Schnappschüsse von mir gemacht, von denen aber kein einziger überdauert hat, nicht einmal im Everage-Archiv der Universität von Südwestvirginia, wo sie normalerweise Billionen für meine abgefahrenen Bustickets zahlen. Sie können sicher sein, daß ich alle Unterlagen aus jener kummervollen Zeit meines Lebens konfisziert habe, und ich bin froh, sagen zu können, daß die schweinchenähnliche Periode meines Lebens nur kurze Zeit dauerte. In der Tat speckte ich Gott sei Dank innerhalb weniger Monate ab.

Aber die Erinnerung daran half mir sicherlich während der Freßphase meiner Tochter Valmai, als es so aussah, als ob sich dieses verrückte Weib, mit der ich keinerlei Mitgefühl habe, ihr eigenes Grab mit den Zähnen schaufeln würde. Auch als der Zeiger der Waage bei mir schon fast fünfundneunzig Kilo anzeigte, war ich noch imstande, mit meinem Malvern-Star-Fahrrad zu den kleinen Läden zu fahren, um Nahrungsmittel und andere notwendige Dinge einzukaufen. Mein Fahrrad war mein Stolz und meine Freude. Es war ein Geschenk meines Vaters, der, wenn ich jetzt so darüber nachdenke, vielleicht gehofft hatte, daß das Radfahren mir einen Anreiz zum Abnehmen geben würde. Meine neue Freundin Madge begleitete mich oft auf solchen Touren. Sie mußte mir natürlich hinterherrennen, weil ihr ihre verarmte

Tante niemals ein Fahrrad hätte schenken können. Also trabte sie atemlos auf dem Fußgängerweg mit und kam für gewöhnlich bei den Läden an, wenn ich schon wieder nach Hause raste, den Einkaufskorb am Lenker, der vor Leckerbissen überquoll.

Ich habe oft daran gedacht, ihr ein ermutigendes Wort zuzurufen, aber unglücklicherweise war gerade dann mein Mund immer voll von Blaubeerstreuselriegeln oder leckeren Schichtwaffeln. Aus irgendeinem Grund nannte man es immer »Botschaften besorgen« wenn man für die Mutter einkaufen ging, ein australischer Ausdruck, den ich nirgendwo anders gehört habe. Mama gab mir immer ihre Handtasche mit einer zusammengeknüllten orangefarbenen Zehn-Schilling-Note darin und das Buch mit den Lebensmittelmarken. Der Metzger und der Lebensmittelhändler würden ein paar Abschnitte mit ihren Scheren herausschneiden und gegen Schnitzel, Steaks, Eier und Butter eintauschen. Ich hatte auch immer eine Einkaufsliste dabei, auf der Mama notiert hatte, was sie alles aus dem Geschäft brauchte:

einen schönen Kopf Salat
1 Pfund schöne feste Tomaten
1 Pfund schöne reife Bananen
1 1/2 Pfund schönen Kürbis
einen schönen festen, appetitlichen Blumenkohl
2 Pfund alte Kartoffeln

Ich fragte mich damals, ob unser Lebensmittelhändler, Mr. Cosmopolis, uns schöne Kartoffeln gegeben hätte, ohne ausdrücklich darum gebeten zu werden, oder ob all diese Waren unappetitlich gewesen wären, wenn meine Mutter nicht auf der Eigenschaft »schön« bestanden hätte.

Mama kaufte ihr Obst nicht immer in den Geschäften entlang der Straße. Jede Woche kam Mr. Charlie O'Hoy, der chinesische Obst- und Gemüsehändler, der laut meiner Mutter längere Fingernägel hatte als Myrna Loy in »Die Maske des Dr. Fu Man Chu«, in seinem Pferdekarren die Humouresque Street hinaufgeholpert und eilte mit einem Korb voll Grapefruits, Frühlingszwiebeln, Salaten und verschiedenen anderen Körbchen an jeden Hintereingang. Ich weiß nicht, warum meine Mutter nicht weiter bei ihm gekauft hat; vielleicht war es der Krieg und die Tatsache, daß man nicht absolut sicher sein konnte, daß er wirklich Chinese war, allerdings glaube ich auch, daß sie einmal eine Quitte von ihm kaufte, die seltsam roch. In meiner Mädchenzeit waren Pferdewagen noch ein alltäglicher Anblick, und manchmal, wenn ich vor Aufregung oder aus sonst einem Grund nicht schlafen konnte, hörte ich, wie das Pferd des Milchmannes langsam an unserem Häuserblock vorübertrottete, ich hörte die klirrenden Flaschen, das klappernde Geschirr und andere schnaubende Pferdegeräusche. Heutzutage muß man natürlich schon froh sein, wenn ein Händler vor dem Essen oder einmal in der Woche auftaucht! Der Flaschensammler kam ab und zu und saß in einem alten Armeemantel auf seinem Karren, der von einem kastanienbraunen Arbeitspferd mit einem Futtersack um den Hals gezogen wurde. Man hörte ihn rufen »Flaschen-oh, Flaschen-oh«, was aus der Ferne mehr wie ein Jodeln klang. Die Leute ließen für gewöhnlich ihr Leergut in Jutetaschen am Straßenrand, auf dem Grünstreifen, und ich erinnere mich daran, daß meine Mutter meinem Vater einmal erzählte, Mr. Warner hätte zwei volle, klirrende Taschen in einer Woche hinausgestellt. Während sie dies sagte, machte sie eine lustige kleine Trinkbewegung und erhob ein unsichtbares Glas. Der Postbote in seiner blauen Uniform und einer Schirmmütze kam immer mit dem Fahrrad und pfiff auf einer Trillerpfeife, wenn er etwas in den Briefkasten warf. Ich frage mich, was aus all den Trillerpfeifen geworden ist, die in meiner Kindheit so fröhlich »zirpten«.

Nach einem ihrer Nervenzusammenbrüche, ich weiß nicht mehr, nach welchem, hörte meine Mutter von einem Tag zum anderen auf zu backen, und wir mußten uns unseren notwendigen Kuchenvorrat aus einem kleinen Laden mit hausgemachtem Kuchen, gleich die Straße hinunter, besorgen, der den beiden Fräulein Hidden gehörte. Ihr Schaufenster war voll von kleinen Tortenständern mit Papierspitzendeckchen und Tenniskuchen, Passionsfrucht-Rührkuchen, Regenbogenterrassenkuchen, Lamingtons, Matches, Igeln, Neenish-Torten, Vanilleschnitten und Zitronen-Meringe-Kuchen. Das Geschäft war immer erfüllt von dem tröstlichen Karamelaroma meiner Leibspeise.

Alles wurde in einem Hinterzimmer des Ladens von den beiden makellos sauberen Schwestern Hidden gebacken; dennoch fragte ich mich mit meinem wißbegierigen Geist, warum man die Kuchen »hausgemacht« nannte, wo sie doch offensichtlich im Laden hergestellt wurden. Damals schon wies ich erste Anzeichen jener intellektuellen Neugierde und erfrischenden Skepsis auf, die mir Ehrentitel an unzähligen Universitäten in der ganzen Welt eingebracht haben.

Mama antwortete mir immer ausweichend, wenn ich ihr Fragen über meinen Körper stellte. Also machte ich es so, wie so viele andere junge Mädchen meiner Generation: Ich tat so, als ob ich alles wüßte, um ihre Gefühle zu schonen. Jahre später, in der Nacht, als wir die Sachen meiner Mutter verbrannten, fand ich auf ihrem Bücherregal hinter einer Ausgabe von van Loons »Leben« (noch ein großartiger Holländer) einen kleinen Band mit dem Titel »Was jedes junge Mädchen wissen sollte«. Darin waren geschmackvolle Diagramme von Männern und Frauen, die zeigten, wie die kleinen Kinder gemacht werden. In der Tat waren die Illustrationen so geschmackvoll, daß es schwer war festzustellen, wer der Mann und wer die Frau war. Es gab ein Bild von einem ungeborenen Kind in einem Ballon und noch ein paar andere, ziemlich unpassende Diagramme, auf die ich nur einen flüchtigen Blick erhaschen konnte, während die gelben Flammen unserer Verbrennungsanlage die Seiten mit ihren langen gelben

Fingern umblätterten. Das war also das Buch, das mir meine Mutter in meiner Pubertät geben wollte. Sie hatte es entweder vergessen oder hatte sich zu sehr geschämt. Heutzutage ist es natürlich so, daß man nicht mal ins Kino gehen oder den Fernseher einschalten kann, ohne Leute zu sehen, die unanständige intime Handlungen begehen. Aber als wir jung waren, konnten wir die Tatsachen des Lebens nur erahnen. Ich war davon überzeugt, daß, sobald die Leute verheiratet waren und miteinander ins Bett gingen, Gott davon erfuhr und ihnen ein Kind schenkte. Es würde mich nicht überraschen, wenn die heutige Wissenschaft zu einem anderen Schluß kommen würde. Wenn man es sich genau überlegt, ist das aber die einzige Theorie, die einen Sinn ergibt – oder das Wasser hält, um einen Ausdruck aus der Geburtshilfe zu verwenden. Das einzige, was ich als junger Mensch nicht verstehen konnte, war, wie es Gott wohl gelang, unbemerkt in das Schlafzimmer meiner Eltern hinein- und wieder hinauszuschlüpfen wie der Weihnachtsmann zur Weihnachtszeit.

Natürlich gab es an der Schule »leichte« Mädchen, die mannstoll waren und miteinander hinter dem Unterstand über ihre Aktivitäten tuschelten, aber ich hörte nie zu, sonst hätte ich eine ziemlich verquere Auffassung von etwas bekommen, von dem ich glaube, daß es sehr schön sein kann. Na ja, *ziemlich* schön, wenn man viel Glück hat und sich für nichts anderes im Leben interessiert. Im Gegensatz zu der männlichen Meinung denken wir Frauen so gut wie nie an Sex, es sei denn, wir sind schwer gestört.

Das heißt nicht, daß ich niemals »Doktorspiele« spielte, aber ich zog es immer vor, der Doktor zu sein, und es ist erstaunlich, wie viele meiner jungen Schulfreundinnen unbedingt meine Patientinnen sein wollten. Ich nehme an, dies war eine frühe Demonstration meiner natürlichen Ausstrahlung, die bei meinen herrlichen Bühnen- und TV-Shows so gut zur Geltung kommt. Auch dort erlauben es mir alle möglichen Leute mit Vergnügen, alles mögliche mit ihnen anzustellen. Mein Psychiater, Dr. Sharden-freude (den ich zum Wohl meiner Kinder aufsuche), sagt, daß meine Shows vor »sexueller Energie vibrieren«, was ich für ein bißchen übertrieben halte. Dennoch muß man fairerweise sagen, daß ich den Männern in meinem Publikum, und übrigens auch meinen Lesern, etwas gebe, um das sie ihre Frauen nicht zu bitten wagen.

Kapitel 12

Norman Stoddart Everage

Lord Everage aus Moonee Ponds ist einer der berühmtesten Männer der Welt. Zugegeben, Millionen Menschen haben noch nie von ihm gehört; aber das ist ein Paradoxon, das in diesem Buch nicht weiter ergründet werden soll. Er strebte weder vor noch nach unserer Eheschließung nach Ruhm, aber der Ruhm überkam ihn, drang sozusagen gar in ihn ein, als die erste einigermaßen erfolgreiche Prostatatransplantation der Welt an ihm vorgenommen wurde.

Wir hatten uns an einem glühendheißen Dezembertag am Strand getroffen, und als ich so auf meinem Handtuch lag und mit zusammengekniffenen Augen zu dem schlanken jungen Schönling hochsah, der in der Sonne über mich geneigt war, ahnte ich noch nicht, daß seine Prostata den Rest meines Lebens überschatten würde. Aber in meinem geschäftigen Leben geschahen so viele Dinge, daß dieser Vorfall sich in den Tiefen meiner Erinnerung vergrub.

Der Krieg war vorüber, und Präsident Truman hatte den Japanern eine Lektion erteilt, die sie so schnell nicht vergessen würden. Keine schaurigen Nachrichten mehr im Radio, nur die schöne Doris Day mit ihrem fröhlichen Pagengesang:

> »Stellt euch vor, letzte Nacht im Traum
> hat sie mir zugelacht,
> meine Träume werden immer schöner.«

Dabei bereitete ich mich auf meinen ersten großen Ball vor. Seit meiner Häßlichen-Entchen-Phase war viel Zeit vergangen, und ich befand mich im blühenden Alter von sechzehn Jahren, war groß und hatte eine schlanke Taille und ein charmantes Lächeln, mein anziehendstes Attribut.

Meine Mutter kniete vor mir auf dem burgunderfarbenen Axminster-Teppich, den Mund voll Stecknadeln, und gab meinem ersten Ballkleid den letzten Schliff, einem bodenlangen limonen- und aprikosenfarben geblümten Crêpe-de-chine-Kleid mit einem weichen gekreuzten Oberteil und einer leichten Kapuze, das ich zu einem perlenbestickten Haarnetz trug. »Was ist ›zusammenfassen‹, ein Wort mit acht Buchstaben, das mit ›a‹ anfängt und mit ›n‹ aufhört, Schatz?« fragte mein Vater, der über seinem Kreuzworträtsel im Sun-News-Pictorial brütete. Er war brillant darin, und ich habe mein sprachliches Talent von meinem Vater geerbt. Mutter schien nichts zu hören. Sie sah mit Tränen in den Augen zu mir auf.

»Nnng nnt nnnmnmm nmmm, nnmmv nmmf nnm mmmnmm nrrm. Nmms nm nmmnmm nmm nmm nmms nmmnmmnmm nmmnmm nm nmmmk nm nmm nrrts hnnmd.« Mama nahm die Nadeln aus dem Mund und fing noch einmal von vorne an. »Schau dir deine Tochter an, Bruce. Du hast dein kleines Mädchen verloren.« Sie wischte sich mit knochigem Handgelenk eine Träne aus dem Auge. »Jetzt ist sie eine Frau und wird heute abend bestimmt ein paar Herzen brechen.«

Ich sah in unseren pfirsichfarbenen, muschelumrahmten Spiegel und berührte scheu mein Oberteil, da, wo meine Mutter es mit ein paar eng zusammengerollten Tennissocken ausgestopft hatte. Warum? fragte ich mich. Ich war halt etwas flachbrüstig, aber meine schönen Beine waren (und sind) mein stärkster Punkt, und ich war damit einverstanden, wie Dame Natur mich geschaffen hatte.

Wie um mich daran zu erinnern, was ich für ein Glück hatte,

klingelte es an der Tür, und ich hörte meinen Bruder Roy rufen: »Es ist Madge McWhirter. Hast du Zeit für sie, Ed?«

Bevor ich »Tu mir den Gefallen, kommt ja gar nicht in Frage, du machst wohl Witze« im Jargon der vierziger Jahre sagen konnte, erschien eine jämmerliche Figur in einer rehfarbenen und braunen Netzkreation in der Tür, die wie eine Puppe aussah, aus der nie ein Schmetterling werden würde. »Mein Tanzpartner ist nicht gekommen«, winselte Madge, nahe am Heulen. »Darf ich mit dir hingehen, Edna?«

»Dein Tanzpartner wird nie kommen, Madge«, erwiderte ich mit einer Nüchternheit, die die meisten Leute hilfreich und fürsorglich finden. »Und wo um Himmels willen hast du dieses Gewand her?« erkundigte ich mich sanft.

»Das hat einmal meiner Mutter gehört«, antwortete die Waise und zupfte verschämt an dem ausgebleichten alten Stoff. »Es ist von einem Top-Couturier aus Neuseeland.«

»Das sieht man«, sagte ich. »Wenn das deiner Mutter gehört hat, war es sicher ein altes Lieblingskleid von ihr.« Und mit positivem Ton fügte ich hinzu: »Es wird auch sicher noch *dich* überdauern.«

Schon in jenen fernen Tagen interessierte ich mich für Kleider; kein Wunder, daß mein jüngster Sohn Kenneth jetzt in der Welt der Mode in aller Munde ist. Es ist auch komisch, daß ich mir, wenn ich bei meinen großartigen Shows ins Publikum hinabschaue, nicht helfen kann: Ich muß konstruktive Kommentare über die Kleider der Damen abgeben. Nicht etwa, daß ich jemals ein Wort des Dankes für meine Bemühungen erhalten würde! Nennen Sie mir mal eine andere Show in der Geschichte des Welttheaters, die sich die Mühe macht, die Moral ihrer schäbig gekleideten weiblichen Besucher zu heben.

Meine Mutter kam mir zu Hilfe. »Es tut mir leid, Madge. Ednas Tanzpartner kommt jeden Moment, und wenn du heute abend zum Ball mitgenommen werden willst, mußt du schon ihn fragen, obwohl ich der Meinung bin, daß man zu zweit in guter Gesellschaft ist und drei schon eine Massenansammlung sind.« (Das war wieder ein Ausspruch meiner Mutter, der sich seitdem wie ein Lauffeuer verbreitet hat.)

So sicher war ich mir gar nicht über meine Verabredung. Eigentlich hatte ich den fraglichen Jungen nur kurz bei Ann Forbes kennengelernt. Es war ein kräftiger Typ aus Sydney, der seine Ferien bei seinem Onkel in Melbourne verbrachte. Es war etwas »Gewöhnliches« an ihm, das nicht nur von seiner Herkunft aus Sydney kommen konnte, sondern tiefer liegen mußte. Ann sagte, sie hätte ihn schon rauchen sehen, außerdem roch er nach billigem Sherry. Sie erzählte mir auch, daß er etwas Besorgniserregendes gesagt hätte, nämlich, daß er kein großer Kirchgänger sei. *Nicht* gerade das, was man üblicherweise aus dem Mund eines Protestanten hört. Aber was scherte mich das alles? Als diese leicht gewöhnliche Stimme am Telefon sagte: »Ich bin's, Les, erinnerst du dich? Willste am nächsten Sonntag mit zu dem großen Ball in der Stadthalle gehen?«, hörte ich mich selbst »Ja« sagen. Was machte es schon, daß mein Partner ein bißchen älter war als die anderen Pickeljungen. Er hatte mir versprochen, mich mit dem Auto abzuholen, das wahrscheinlich seinem Onkel gehörte, aber es war immerhin ein Auto. Es gab nichts Erbärmlicheres als den Anblick eines Mädchens im Ballkleid in einem öffentlichen Verkehrsmittel. Und jetzt versuchte Madge, mir das alles zu verpatzen. Es läutete wieder an der Tür.

Wieder schoß mein schelmischer Bruder an die Tür, und kurz darauf stand Les in unserem Wohnzimmer und streckte mir eine Gardenie mit einem Hauch von Jungfernhaarfarn in einer Zelluloidschachtel entgegen, auf der noch das Preisschild (Vier neunzig) klebte.

»Vielleicht willst du das an dein Kleid stecken, Ed«, sagte er ziemlich unbeholfen. »Darf ich mal aufs Klo gehen?«

Mir sank das Herz in die Hosentasche. Er war ganz sicher viel älter, als ich gedacht hatte, rauchte noch dazu, und die Asche war über das Vorderteil seines etwas speckigen Jacketts verteilt. Mein Idol war damals van Johnson, aber mein Tanzpartner des heutigen Abends war meilenweit von dem anbetungswürdigen Star mit guten Manieren aus »Zwei Mädchen und ein Matrose« entfernt. Auch James Mason war ein Liebling von mir – er wurde später ein enger Freund –, und die Augen schwammen mir vor Tränen, als ich ihn mit dem jungen Mann mit den schlechten Zähnen verglich, den ich jetzt meinen Eltern vorstellte. »Papa, ich möchte dir Les Patterson ... aus Sydney (wie ich erklärend hinzufügte) vorstellen.« Mein Vater kletterte aus seinem Jason-Lehnstuhl und streckte ihm die Hand entgegen.

»Erfreut, Sie kennenzulernen, mein Sohn«, sagte er. »Ich gehe mit Ihnen nach hinten und zeige Ihnen, wo es ist.«

Meine Mutter kniff die Lippen zusammen und sprach mit der Blah-blah-blah-Stimme, die sie immer für Besuch und Verkäufer bereithielt. »Guten Abend. Neben dem Waschbecken ist ein sauberes Gästehandtuch.« Dann sagte sie zu meinem Bruder: »Roy, hol bitte schön deinen Krönungs-Aschenbecher für Leslie, sonst ascht er noch den ganzen Teppich voll.« Meine Mutter sagte immer »bitte schön«, wenn sie sich über etwas ärgerte.

»Horch« war ein weiterer, Shakespeare entlehnter Ausdruck, der Mißbilligung bedeutete, zum Beispiel in dem Satz »Horch, unsere Tochter! Wer hat dir bitte schön gesagt, daß du so mit deinen Eltern sprechen kannst?«

Nachdem die beiden den Raum verlassen hatten, saßen wir alle ein paar Sekunden lang entsetzt da. Ich brachte es nicht fertig, Madge anzusehen; ich hatte schon öfter dieses triumphierende Grinsen auf ihren Schweinebacken gesehen. Aber ich würde ihr nicht zeigen, wie bitter enttäuscht ich von dem Typ mit den schlechten Manieren war, der mich zum Ball führen sollte. Statt dessen fummelte ich an der Gardenie herum, sagte, wie schön sie sei, und steckte sie mit bebenden Fingern an meine Korsage. Mein Vater kam zurück ins Zimmer, ging geradewegs zur Bar und holte eine Flasche Penfolds Royal Purple Portwein und ein paar Gläser hervor.

»Dein Les scheint ein netter Junge zu sein, Ed. Ich nehme an, er will einen Schluck trinken, bevor ihr euch auf den Weg macht?« Meine Mutter durchbohrte ihn mit Blicken und wollte diesen Vorschlag gerade vereiteln, als Leslie selbst wieder hereinschlappte, wobei er seine Kleidung in Ordnung brachte. Er nahm meinem Vater das Glas aus der Hand und stürzte zum Erstaunen aller einen riesigen Schluck Portwein hinunter. Dabei tropfte ein Teil auf sein sowieso kein bißchen weißes Hemd. Er strahlte durchs ganze Zimmer. »Zeit zu gehen, Ed«, sagte er und packte mich grob bei der Schulter. »Wie steht's mit deiner kleinen Freundin Madge? Sollen wir sie nicht mitnehmen?«

Haben einige meiner Leser schon die Erfahrung gemacht, daß ein Abend ruiniert sein kann, noch bevor er begonnen hat? Das Gefühl hatte ich jedenfalls an jenem Abend. Madge war natürlich sofort auf Les' Angebot eingegangen. Ich hatte gerade noch Zeit, meiner Mutter einen verängstigten Blick zuzuwerfen, bevor Les uns beide auf den Rücksitz eines klapprigen Sedan Oldsmobile packte und in die Nacht hinein davondonnerte. Ich fühlte die innerliche hämische Freude meiner sogenannten Freundin neben mir, als meine Abendeskorte seine blutunterlaufenen Augen von der Straße abwendete und ein Paket Turf Corktips auf meinen Schoß warf. »Wollt ihr Mädels rauchen? Ich verspreche, daß ich es eurer Mama nicht erzähle.«

»Danke«, ertönte eine neuseeländische Stimme zu meiner Rechten, und zu meinem Entsetzen sah ich, wie Madge eine Zigarette zwischen ihre geschürzten Lippen steckte und mit einem Feuerzeug anzündete, das Les charmant über seine Schulter warf.

»Ich habe nicht gewußt, daß du rauchst, Madge!«

Das McWhirter-Waisenmädchen nahm amateurhaft die Zigarette von ihren Lippen, stieß einen kleinen Rauchschwall aus und hustete. »Nicht, Edna?« antwortete sie schelmisch. »Meine Tante läßt mich ab und zu nach Dinnerparties und bei besonderen Gelegenheiten mal einen Zug machen.« Wieder dieser verräterische Husten. Ich wußte ganz sicher, daß Madge ungefähr so oft an Dinnerparties teilgenommen wie der Papst freitags Fleisch gegessen hatte. Der Gedanke an besondere Gelegenheiten in Mrs. Findlays trister kleiner Reihenhaushälfte war einfach lächerlich – wenn mir nicht zum Weinen zumute gewesen wäre.

Mit quietschenden Bremsen hielten wir auf dem Parklatz an und hörten das dumpfe Dröhnen des Schlagzeugs aus der Halle, als wir aus dem stickigen Gefährt kletterten – natürlich ohne daß mein Begleiter uns dabei behilflich gewesen wäre. Als wir die Stufen zur Stadthalle emporstiegen, hoben sich meine Lebensgeister wieder etwas. Ein paar Mädchen staunten laut, und ihre jungen Galane pfiffen leise meiner herrlichen Erscheinung nach. Sie können mich ruhig altmodisch nennen, und ich bin auch weit davon entfernt, ein Snob zu sein, aber ich wollte nicht, daß die bewundernde Menge meine wenig eleganten und unpassenden Begleiter sah. Das war glücklicherweise nicht weiter problematisch, da Les Patterson vorausgeeilt war, zweifellos auf der Suche nach flüssiger Erfrischung, und man Madge am Eingang aufgehalten hatte, weil sie weder Eintrittskarte noch Einladung noch Partner hatte. Zuletzt sah ich sie bei einem Blick über meine Schulter hinweg, wie sie in einer komischen kleinen, perlenbestickten Tasche nach Münzen kramte, die schon einmal mehr Münzen – und auch mehr Perlen – gesehen hatte.

Ich war schon ein paarmal zuvor bei »gesellschaftlichen Anlässen« gewesen, aber noch nie bei einem Ball, und die Stadthalle von Moonee Ponds sah an diesem Abend wirklich wunderbar aus. Luftballons, Luftschlangen und andere Dekorationen, die während der langen kriegerischen Auseinandersetzungen wohl eingemottet gewesen waren, schmückten die Decke. Von der Bühne herunter ertönte die Musik von Dennis Farrringtons Orchester, einer talentierten Gruppe, die inzwischen weltberühmt geworden

ist. Sie spielten gerade den größten Hit jener Epoche, »Samstagabend ist der einsamste Abend der Woche«, was unheimlicherweise ziemlich gut zu meiner Stimmung paßte, wie ich so am
Rande der Tanzfläche stand und den lachenden und Jitterbug
tanzenden Paaren zusah.

Das Herz rutschte mir in die Hosentasche, als ich Leslie erblickte,
der sich durch die Tänzer seinen Weg zu mir bahnte und ein Glas
Fruchtsaft und ein großes Bier umklammert hielt. Ich hatte
überhaupt keinen Durst, und außerdem: Konnte man wissen, was
er in meinen harmlos aussehenden Drink geschüttet hatte?!
Meine Mutter hatte mich immer davor gewarnt, von fremden
Männern Erfrischungen anzunehmen, und Les wurde mir von
Minute zu Minute fremder. Im Herzen von Melbournes Einkaufszentrum gab es einen bekannten Toilettenraum für Damen namens »Miladys Lounge«, aus dem einige Mädchen niemals wieder aufgetaucht waren, nachdem sie von Fremden Getränke
angenommen hatten. Später waren sie an Orten wie Hamburg,
Beirut und Kairo wieder auf der Bildfläche erschienen, wo sie die
Art von Tätigkeit verrichteten, die nur Luftstewardessen heutzutage in Betracht ziehen würden.

Les stürzte sein Bier in einem Zug hinunter und zog mich mit
Bierschaum auf den Lippen auf die Tanzfläche. In der Hoffnung,
daß mich so niemand erkennen würde, drückte ich mein Gesicht
an seine schmuddelige Brust, während er mich im Raum herumscheuchte und meinen rechten Arm herumschwenkte, ohne auf
den Rhythmus der Musik zu achten. Sein anderer Arm hielt
meinen Nacken umklammert, und ab und zu schob er sein
Gesicht über meine Schulter und zog an der Turf, die in seiner
rechten Hand brannte. Keine einzige schmerzliche und besorgniserregende Erfahrung in meinem Leben schien jemals so lange
zu dauern wie diese übelkeiterregende Runde; nicht einmal die
schwere Geburt meines Sohnes Kenny oder der Moment, in dem
ich fast Prinz Charles vergiftet hätte. Aber das sind dramatische

160

Geschichten, und ich darf nicht vergessen, sie Ihnen ein andermal zu erzählen.

Die Musik schien überhaupt nicht mehr aufzuhören, und als sie es schließlich doch tat, floh ich auf die Damentoilette, schloß mich in einer Kabine ein, riß die bereits verwelkte Gardenie von meinem Kleid und warf sie in die Toilette, dabei schluchzte ich zum Herzerbarmen. Sollte ich nach Hause gehen, fragte ich mich, oder das Ganze bis zum bitteren Ende durchstehen? Aber eine kleine innere Stimme sagte mir: »Es hat etwas zu bedeuten, daß du heute abend hier bist, Edna. Der heutige Abend hat eine ganz besondere Bedeutung.« Ich hatte außerdem das Gefühl, die Stimme von Lionel Barrymore zu hören, wie sie den berühmten Satz »Nur Mut, Camille« spricht. Die Band spielte »Stolz von Erin«, und ich sah Les auf der anderen Seite der Halle an der Getränketheke, seinen Arm um die spitzen Schultern von Madge McWhirter geschlungen. Jemand tippte mir auf die Schulter.

»Entschuldigung, erinnerst du dich an mich?« sagte eine sanfte Stimme hinter mir. Ich wandte mich um und sah einen zarten jungen Mann mit einer hohen, gebräunten Stirn, feinem, dünnem Haar und aufmerksamen, leicht abstehenden Ohren. Er trug keinen Abendanzug, sondern einen marineblauen, doppelreihig geknöpften Anzug mit etwas zu kurzen Ärmeln, die die Aufmerksamkeit auf seine dürren Handgelenke und seine großen roten, zupackenden Hände lenkten. Seine Schultern waren voller Wassertropfen, so als ob er sich in dem Raum beim Foyer, auf dessen Tür ein Mann mit Hut, Stock und Handschuhen abgebildet ist, schnell mit einem nassen Kamm durchs Haar gefahren wäre. Er sah nett aus, wenn auch nicht auf dieselbe Weise wie Franchot Tony, Jeff Chandler und van Johnson.

»Verzeihung«, sagte ich, » sprichst du mit mir?«

»Du siehst aus wie das Mädchen ...«

Der schüchterne junge Mann fuhr fort. »Warst du vor ein paar Jahren mal in Sorrento schwimmen?« Ich sah ihn an und hatte plötzlich einen unheimlichen Erinnerungsblitz. Der heiße Strand, das Geschrei der Kinder, ein Hilfeschrei, die großen grünen Wellen, die über meinem Kopf zusammenschlugen, während ich nach Luft schnappte. Dann fühlte ich einen festen und dennoch zärtlichen Arm um meinen wild um sich schlagenden Körper und sah die vielen Gesichter, die auf mich herunterschauten, als ich zitternd am Strand lag. Vor allem aber sah ich ein Gesicht, über das Wasser aus der feuchten Haartolle lief, und hörte eine Stimme, die mir in den Ohren klang: »Bist du in Ordnung, Kleine? Bist du in Ordnung, Kleine? Bist du in Ordnung, Kleine?«

»Du bist es! Der junge Soldat, der mir das Leben gerettet hat!«

»Du hattest nur ein kleines Problem«, antwortete er mit süßer Stimme. »Ich schätze, du wärst auch allein an Land gekommen.«

»Aber du bist zu jung, um Soldat gewesen zu sein!« rief ich aus, plötzlich skeptisch geworden. »Und doch warst du in Uniform. Ich habe gesehen, wie du dich am Strand ausgezogen hast.« Rasch biß ich mir auf die Lippe, denn ich merkte, daß ich vielleicht zu weit gegangen war.

»Ich war erst in der Grundausbildung«, antwortete er entschuldigend. »Ich habe es nur zum Obergefreiten im Büro des Quartiermeisters bei der neunten Division in Ravenshoe gebracht. Der Krieg war vorbei, bevor ich daran teilnehmen konnte.«

Einen Augenblick lang standen wir uns schweigend gegenüber, gelegentlich geschubst von anderen Paaren, die an uns vorbeirauschten. Dennis und seine Band hatten gerade ein neues Lied angestimmt: »Ich fange an, Licht zu sehen.« Ich sah, daß mein Lebensretter etwas sagen wollte, aber die Musik war so laut, daß ich mein Ohr ganz nahe an seinen Mund legen mußte, um die Worte verstehen zu können.

»Du willst wohl nicht tanzen, du bist wohl schon ausgebucht?«

Ich weiß nicht mehr, was meine Lippen antworteten, aber all meine anderen Organe sagten ja, als er mich auf die pulsierende

»Entschuldigung, erinnerst du dich an mich?« fragte
eine sanfte Stimme.

Tanzfläche zog, so, wie er mich fast zwei Jahre zuvor aus dem Wasser in die Sicherheit gezogen hatte. Ganz offen gestanden war er nicht mit Fred Astaire oder auch nur Donald O'Connor zu vergleichen. Eigentlich war er einer von den Tänzern, die niemals den Boden unter den Füßen verlieren wollen, aber ich fühlte mich in seinen Armen sicher und warm und, jawohl, fraulich. Es machte mir nicht einmal etwas aus, daß wir ständig und manch- mal sogar schmerzhaft mit anderen Paaren zusammenstießen oder daß praktisch das einzige Wort, das er sagte, »Entschuldigung« war.

> »Ich habe mir nie viel aus Mondnächten gemacht
> Ich habe nie gewußt, daß die Liebe einen so hohen
> Preis hat
> Aber jetzt, da ich die Sterne in deinen Augen sehe
> Fange ich an, das Licht zu sehen ...«

sang Marjorie Stederford, die hübsche junge Sängerin auf der Bühne. Ich hätte mit ihr niemals mehr einer Meinung sein können, als in diesem Augenblick, wo mein Herz im Takt der Musik schlug und der warme Duft des Parfüms meiner Mutter »Abend in Paris« zwischen uns aufstieg. Aus dem Augenwinkel sah ich Madge, wie sie verloren mit Les an der Bar stand, ein zerknülltes Taschentuch in der Hand. Es ist schon komisch, nicht wahr, daß es bei jedem Ball mindestens ein Mädchen gibt, das ein Taschentuch in der Hand zerknüllt – für gewöhnlich das Mauer- blümchen.

Inzwischen gelang es mir, meinen Partner zu führen, und ich sorgte dafür, daß wir nahe an Madge vorbeischwebten, so daß ich ihr ein kleines »Daumen-hoch«-Zeichen machen konnte, für den Fall, daß sie sich um mich sorgte. Ganz ehrlich gesagt hätte kein anderes Mädchen an so etwas gedacht.

In diesem Augenblick hatte ich ein eigenartiges Déjà-vu-Erlebnis. Ich wußte im tiefsten Inneren, daß ich einst Salome gewesen war, die vor König Herodes einen lasziven Tanz aufführte, und – wie ich fürchte – nicht nur das. Mein Partner sah mir so in die Augen, als ob er mich gerade etwas gefragt hätte.

»Salome«, sagte ich verträumt.

»Wie war das?«

»Oh, ich heiße Edna. Ich war in Gedanken versunken. Wie heißt du?«

»Norman«, sagte er rauh, »meine Freunde nennen mich Norm.« Die Musik hatte nun aufgehört, und wir gingen Hand in feuchter Hand zu den Bänken, die an der Wand entlang aufgestellt waren.

»Setzen wir uns doch auf die ›form‹*, Norm«, sagte ich und kicherte über meinen witzigen Reim. Er brachte mir einen erfrischenden Fruchtsaft und ein Radlermaß für sich selbst. Er sagte mir, daß er in der Personalabteilung bei Ball und Welch, einem der vornehmsten Kaufhäuser Melbournes, arbeite, und noch bevor der nächste Tanz begonnen hatte, lud er mich für den kommenden Freitag ins Kino ein.

Die Band stimmte »Ein Fleischklops« an, und wir waren gerade dabei, wieder auf die Tanzfläche zu gehen, als ich eine verwaschene Stimme hörte und mir eine Alkoholfahne in die Nase wehte.

»Hast du was dagegen, wenn ich übernehme, Ed?«

Es war Les, der nach ein paar Sherries in einem noch übleren Zustand war, aber noch immer bis über beide Ohren grinste und eine Zigarette zwischen den karamelfarbenen Fingern hielt. Er hatte meinen Arm gepackt, und ich sah Norman flehentlich an.

»Tut mir leid, Kumpel«, sagte er ruhig. »Die junge Dame tanzt diesen Tanz mit mir.« Und wir zogen an ihm vorbei auf die Tanzfläche und ließen Les mit dem Ausdruck einer erstaunten Meeräsche zurück.

---

* Bank (Anm. d. Übers.)

165

Der Abend verging wie in einem schönen Rausch, und als Dennis und seine Band »Gute Nacht, mein Herz« spielten, wurde das Licht gedämpft und die Kristallkugel sandte schimmernde Punkte über die knutschenden jungen Paare.

»Ich gehe gern nächsten Freitag mit dir ins Kino«, hörte ich mich sagen. »Was wird denn gespielt?«

Er drückte seine Lippen an mein Ohr. »Es ist eine Doppelvorführung«, füsterte er. »Bud Abbott und Lou Costello in ›In Hollywood‹ und Esther Williams und van Johnson in ›Mein romantischer Schauer‹.«

Mein Herz setzte einen Schlag lang aus, und ich sah schnell auf meinen Partner herab (Norman war ein winziges bißchen kleiner als ich – mit Absätzen). Sein Haar schien immer heller zu werden, und neckische kleine Sommersprossen erschienen eine nach der anderen auf seiner Nase und seinen Wangen. Einen Augenblick lang tanzte ich mit van Johnson.

Norm brachte mich den ganzen langen Weg mit der Straßenbahn heim, und ernsthaft verabschiedeten wir uns ohne auch nur das geringste Küßchen auf die Wange voneinander. In jener Nacht drehte sich die Kristallkugel in meinen Träumen. Ich war eine Mischung aus Salome und Esther Williams und vollführte den Tanz der Sieben Schleier unter Wasser. Ein furchtbarer Hai mit einem Gesicht wie Les Patterson erschien und schwamm schnell wieder weg, als mein Norman in einem Taucheranzug mit einer sehr langen Harpune auf der Bildfläche erschien.

Das war die glücklichste Nacht meines Lebens, und noch oft in den darauffolgenden ereignisreichen Jahren dachte ich voll Dankbarkeit daran. Ich bezweifle, daß Madge ähnliche Erinnerungen an jenen Abend hatte. Ich hörte von meinen Freundinnen Ann und Val, daß sie den ganzen Abend über kaum aufgefordert worden war und daß Les probiert hatte, ihr Glas aus einem großen Krug voll Fruchtsaft aufzufüllen. Anscheinend hatten sich die ganzen Früchte oben im Krug verklemmt, und als Les noch einmal Anlauf nahm, war der ganze Inhalt des Kruges über ihr Kleid gelaufen: ein Niagara-Fall von Ananasstückchen, Gurkenscheiben, Äpfeln, Orangen und Passionsfrucht. Aus lauter Angeberei hatte sie so viele Zigaretten gepafft, daß jedermann fand, daß sie am Ende des Abends ziemlich grün um die Nase herum aussah. Zuletzt wurde sie auf den Stufen der Moonee-Ponds-Stadthalle gesehen, wie sie sich heftig in ihre perlenbestickte Tasche übergab. Als ich das hörte, mußte ich lächeln – voll Mitleid natürlich; das Leben würde ihr immer schwere Lektionen erteilen, dem armen kleinen Kiwimädchen.

Was Les Patterson betrifft – er ging zurück nach Sydney, und ich sah ihn jahrelang nicht wieder, bis ich eines Tages durch das Kleingedruckte in einem Vertrag dazu gezwungen war, mit ihm in derselben Show aufzutreten, aber das ist eine Horrorgeschichte, die ich in einem späteren Kapitel erzählen werde. Ich hörte gerüchteweise, er sei ein erfolgreicher australischer Politiker geworden – ein Beruf, der, wie alle Welt weiß, kein hohes Niveau an Ehre, Benimm oder Körperpflege erfordert.

Kapitel 13

Die kleine rosa Luftschlange

In der hintersten Parkettreihe im Kino von Moonee geschah an jenem Freitag abend etwas, das mich von einem Mädchen in eine junge Frau verwandelte. Esther und andere Unterwassertänzerinnen spreizten und schlossen ihre Beine und brachten so ein herrliches Chrysanthemenmuster zustande, während mein Idol, van Johnson, auf seiner Luftmatratze am Beckenrand auf sie wartete. Der Film hätte nicht passender sein können; es war die Geschichte einer Schwimmerin, die sich in einen aus dem Krieg heimgekehrten Soldaten verliebt, und Lauritz Melchior wirkte auch noch als Vertreter der ethnischen Minderheit mit. Wie hätte ich mich nicht an meine eigene feuchte Begegnung mit *meinem* Krieger Norman erinnern sollen?

Der Kinosaal war warm und stickig. Plötzlich wurde ich mir des regelmäßigen Atems meines Begleiters bewußt; er versuchte, mir etwas Eigenartiges in die Hand zu drücken. Einen Augenblick lang war ich wie erstarrt, dann schlossen sich meine jungen Finger um etwas, und ich steckte mir ein leckeres Columbine-Karamelbonbon in den Mund, das erste von vielen an jenem Abend. Es war, als ob er instinktiv von meiner Vorliebe für diese Süßigkeit gewußt hätte, und ich spürte eine Welle von Dankbarkeit, gemischt mit einem seltsamen Gefühl der Reife. Er war immer aufmerksam, kaufte mir eine Ausgabe der Kinozeitung im Foyer und brachte mich mit der Straßenbahn heim, ohne jemals »zudringlich« zu werden oder aus der Rolle zu fallen.

Ich war noch ein Schulmädchen, Schulsprecherin, und auch

wenn Val, Ann, Helen, Joyce und meine anderen Freundinnen schon Freunde hatten, waren diese doch ungefähr gleichaltrig und sicher nicht mit meinem Norman zu vergleichen, der mindestens fünf Jahre älter war als ich und schon für sein Vaterland gekämpft hatte – wenn auch nur hinter einem Schreibtisch auf australischem Boden. Aber ich war schon immer anders gewesen als die anderen, eine Außenseiterin, wenn Sie so wollen, ein Vorbild, das gleichzeitig den konventionellen Rahmen sprengte. Wenn ich mich mit meinem reifen Begleiter traf, war ich auch stolz. Woche für Woche verabredeten wir uns im Kino, aßen manchmal anschließend getoastetes Rosinenbrot und tranken ein heißes Bananenmalzgetränk dazu.

Damals machte Papa gerade die Reise seines Lebens. Ein paar seiner Kameraden aus der Kriegsheimkehrerliga – Alf, Gordon, Sid und Bill – hatten einen Ausflug »Zurück in die Schützengräben« zu den alten Schlachtfeldern in Frankreich und im Nahen Osten organisiert, wo sie ihrem Vaterland im Ersten Weltkrieg gedient hatten. Es kostete sie alle ein kleines Vermögen, aber der Club war eingesprungen und hatte eine gute Summe draufgelegt, und Papa schickte herrliche Ansichtskarten aus allen Ecken und Enden in Übersee und aus der Dritten Welt. Meine Mutter war anscheinend der Ansicht, es wäre gut für ihn, die alten Schauplätze nach fünfunddreißig Jahren wiederzusehen – »hoffentlich verarbeitet er es dann endlich...«, sagte sie mit dem Ausdruck einer Frau, die dieselbe Geschichte schon zu oft hat hören müssen.

An einem stürmischen Morgen verabschiedeten wir uns von ihnen im Hafen von Melbourne. Norm kam, um mir Gesellschaft zu leisten, und sogar Madge erschien, um mit einer Fahne zu winken, in aller Öffentlichkeit, so als ob mein Vater wieder in den Krieg ziehen würde, dieses geschmacklose Biest! Papa warf mir eine rosa Luftschlange zu, und sie war noch immer zwischen uns gespannt, als die anderen farbigen Luftschlangen – gelb, blau und rot – schon zerrissen waren und zerknüllt von Bord des Schiffes »Schloß von Udolpho« hingen. Das Schiff glitt davon, aber noch immer sah ich Papa, der immer kleiner wurde, an der Reling.

Alle winkten, und es gab sogar einige Tränen, aber die Luftschlange meines Vaters zerriß nicht, und mein Daumennagel wurde ganz weiß, so fest hielt ich das Ende in der Hand. Schließlich zerriß sie aber doch und schlängelte sich im Wind davon. Ich steckte die übriggebliebenen paar Zentimeter in meine Jackentasche, und wir trotteten heimwärts.

Eines Abends kam Norman zum Tee, und auch der jüngere Bruder meiner Mutter, Victor, der im Pazifik gekämpft hatte, war da. Onkel Vic (der Schlächter von Borneo) verstand sich beim grauen Corned Beef meiner Mutter mit Rote-Bete-Salat, Buttergebäck und Aprikosenmalade auf Anhieb prächtig mit Norm. Sie führten Männergespräche über den Krieg und den Sport, und es bereitete mir großes Vergnügen zu sehen, wie natürlich Norm sich in unsere Familie einzufügen schien, meinen Brüdern bei den Hausaufgaben half und ihre Arithmetikarbeiten in seiner winzigen, ordentlichen Handschrift korrigierte.

Es war ein trockener Winter gewesen, und da mein Vater nicht da war, erbot sich Norman netterweise, den Farn meiner Mutter zu gießen. Ich ging mit ihm in den hinteren Garten, und wir schwatzten wie die Elstern, während er den Schlauch entwirrte, ihn an den pulsierenden Hahn anschloß und seine Öffnung auf die durstigen Pflanzen richtete. Das war ein Bild, das mir Jahre später wieder ins Gedächtnis kommen sollte, als ich nach Australien zurückkehrte und Norm in der Königlichen Edna-Prostata-Stiftung besuchte.

Ich mußte feststellen, daß man ihn in einen anderen Flügel verlegt hatte, und es gelang mir, ihn zu finden, indem ich seiner Schlauchführung durch die langen Korridore folgte. Manchmal glaube ich, daß das Leben sein eigenes Muster hat – labyrinthartig, gespenstisch, aber dennoch erregend.

Man kann wohl sagen – um einen modernen Ausdruck zu benutzen, den ich nicht sonderlich schätze –, daß Norm und ich eine Institution wurden. Zu der Zeit dachte ich noch gar nicht daran, daß wir »fest zusammen gehen« würden und was das sonst noch alles beinhaltete! Aber eine Freundschaft, die nichts mit Sex oder unanständigen Handlungen zu tun hatte, begann zu wachsen; eine Freundschaft, die mich über all die Jahre hinweg unterstützt und mir dabei geholfen hat, einer der reifsten und erfülltesten weiblichen Menschen mit Erfolg auf diesem Planeten zu werden. In der Geschichte gibt es weitere Beispiele von Männern, die ihre außerordentlich begabten Partnerinnen im stillen unterstützten. Denken Sie nur einmal an Len Woolf (Virginias anbetungswürdigen Mann), Monsieur Curie, Prinz Albert, König Boudicca und Denis Thatcher, falls Sie mir nicht glauben wollen.

Norm sah gar nicht mal so viel älter aus als ich. Zugegeben, sein schütteres Haar lichtete sich schnell, und deshalb formte er den Rest mit Brillantine zu einer Bing-Crosby-Tolle. Aber mir war schon lange bewußt geworden, daß ich einmalig war. Jungens in meinem Alter langweilten mich, ich bedurfte eines reifen Partners. Aber Norm respektierte mich allzeit, und das war genau das, wonach ich mich nach all den traumatischen Erfahrungen in zartem Alter gesehnt hatte.

Im Laufe der nächsten paar Jahre müssen wir Hunderte von Malen im Kino gewesen sein, und manchmal saßen wir nicht im Parkett, sondern in der Loge, wo die Sitze so weich waren wie der Genueser Samt meiner Mutter und schmollende Mädchen mit umgehängtenTabletts Columbine-Karamellen, Dixie-Eis und Old-Gold-Mischung verkauften. In einem schönen Kino von Melbourne stand eine Orgel mitten auf der Bühne, und ein blinder Organist spielte den »Spielzeugmarsch« von Victor Herbert und das »Picknick der Teddybären«. Dann wandte er sich um, verbeugte sich etwas schief vor dem Publikum und verschwand wieder in der Dunkelheit – oder besser gesagt darin, was wir als »Dunkelheit« bezeichnen. Ich liebte es, wenn die Beleuchtung erlosch und der große burgunderfarbene Vorhang mit bunten Lichtern übersät war – grün, rosa und grellrot. Schließlich, nachdem der Vorhang mehrmals geöffnet und geschlossen worden war, wurde die Leinwand enthüllt, auf der ein Löwe brüllte, der Globus sich drehte, Mr. Universum den Gong schlug oder die Columbiadame ihre Eistüte hochhielt.

Victor Mature, Francis, das sprechende Maultier, Carmen Miranda, Trevor Howard, Barbara Stanwyck, Aldo Rex, Gloria Grahame, Melvyn Douglas, Randolph Scott, Jane Powell, Jeff Chandler, Jennifer Jones, Lassie und Rex Harrison waren es – um nur ein paar Namen zu nennen –, die mir einen erregenden Einblick in das Leben außerhalb von Moonee Ponds verschafften. Ich träumte davon, eines Tages selbst ein Star zu sein; von der Bühne herabzuschauen und Tausende von kleinen Gesichtern zu sehen, die zu mir mit einem vor Dankbarkeit grotesken Gesichtsausdruck emporblickten.

In meinem letzten Jahr am Mädchengymnasium von Moonee Ponds half ich bei der Organisation des Schulspiels. Man hatte »Mikado« von Gilbert und Sullivan vorgeschlagen, aber der Krieg war gerade eben erst vorbei, und eine Reihe von Eltern war der Meinung, daß ein japanisches Stück nicht nur geschmacklos wäre, sondern sogar zu kleineren Unruhen und Vergeltungsmaßnahmen seitens verwirrter Veteranen im Publikum führen könnte. Statt dessen wählte unsere Schauspielgruppenleiterin, Miss Moira Jago, »Macbeth«, ein herrliches Stück von Shakespeare, und es wird Ihnen nicht weiter schwerfallen zu erraten, wer die weibliche Hauptrolle bekam. Ich glaube, daß meine ehemalige Schule heutzutage gemischtgeschlechtliche Aufführungen unter Mitwirkung des Knabengymnasiums von Moonee Ponds veranstaltet, aber zu meiner Zeit spielten die Mädchen sämtliche Rollen, und ich sage mir immer wieder, daß Dr. Jonathan Miller* stolz auf uns gewesen wäre.

Keine Aufführung ohne Zwischenfall. Madge bestand darauf, bei der Rollenverteilung dabeizusein. Und Miss Jago sagte mir zu meiner Überraschung unter vier Augen, Madge sei so gut, daß sie sich nicht entscheiden könne, welche der drei Hexen sie spielen solle. Eines war klar, die Mitwirkung von Madge hielt die Schminkkosten niedrig. Mein männliches Gegenstück wurde von einem ziemlich männlichen Mädchen namens Deirdre Urquhart gespielt, dessen Eltern Presbyterianer waren und ihr so ein wunderbares Verständnis des darzustellenden Charakters mitgegeben hatten. Sie besaß schon einen Schottenrock, ihr Haar war ziemlich kurz und zerzaust, und so konnte sie mehr oder weniger so auf die Bühne stapfen, wie sie war.

Ich hatte viel über meine Rolle nachgedacht und beschlossen, daß Lady Macbeth schließlich und endlich lediglich eine gewöhnliche schottische Hausfrau war, die versuchte, mit der Midlife-Krise ihres Ehemannes zurechtzukommen. Man sagte mir, daß dies im Rampenlicht auch so rübergekommen sei. Ich stellte die Schlafwandelszene (»Fort, verdammter Fleck! Fort, sag' ich!«) als vorsintflutliche Putzmittelwerbung in einer Wäscherei dar. Und ich denke, ich erweckte damit den Barden zum Leben und strampelte und schrie das Stück ins zwanzigste Jahrhundert, in der besten Tradition des Dr. Jonathan. Damals wußte ich das noch nicht, aber wahrscheinlich war ich ein Pionier der Relevanztheorie.

Diese Szene riß alle von den Sitzen, und wieder einmal erlebte ich den donnernden Applaus, den eigenartigen Klang zurückklappender Theaterstühle, wenn das Publikum sich zu einer

---

* Britischer Arzt, Schriftsteller, Schauspieler und Regisseur, der u. a. durch seine kontrovers diskutierten Shakespeare-Inszenierungen von sich reden machte. (Anm. d. Übers.)

stehenden Ovation erhebt, die gelegentlichen Bravorufe von Theaterfans und die Blumensträuße bei den verschiedenen Vorhängen. Ich muß zugeben, daß Madge die anderen beiden Hexen an die Wand spielte und Mütter ihren kleinen Kindern doch tatsächlich die Augen zuhielten, wann immer sie auf der Bühne erschien. Es war eine recht ungewöhnliche Aufführung, wenn ich so darüber nachdenke, und ich würde das Stück gern eines Tages am Broadway produzieren, vielleicht mit der Musik meines engen persönlichen Freundes, Steve Sondheim.

Wenn ich jetzt so zurückdenke, ist es nicht weiter überraschend, daß ich einen solchen Instinkt für Shakespeare hatte, schließlich war ich in einem früheren Leben einmal Ann Hathaway, die Frau, die Shakespeare beim Schreiben seiner herrlichen Stücke half. Wenn Sie mir das nicht glauben wollen, wie können Sie sich es anders erklären? Als ich die bescheidene Hütte des Barden im Stil der Alten Welt in Stratford-on-Avon *zum ersten Mal* besuchte, ging ich geradewegs zur Tür hinein und dann, zur großen Überraschung einer umfangreichen japanischen Reisegruppe, direkt in die Küche, wo ich versuchte, mir eine Tasse Tee zuzubereiten. Ich brauche wohl nicht zu betonen, daß ich keine Zeit damit vergeudete, den Japanern zu erklären, daß ich einstmals Shakespeares Frau gewesen war, aber meine kleine amerikanische Freundin Shirl war ganz offensichtlich eifersüchtig, als ich ihr die Geschichte erzählte. Nunmehr bin ich überzeugt davon, daß die Stelle »Weg, du verdammter Fleck!« gänzlich von Ann stammt. Sie hat etwas Weibliches an sich, und so schien es gar nichts auszumachen, als ich beim Rezitieren meiner Rolle im Schulspiel den eigenartigen »Fehler« beging. Es ist nun mal so, ihr Beutelratten, ich habe die Szene geschrieben!

Und dennoch – als sich der Applaus gelegt hatte und die Blumen verwelkt waren, wurde mir bewußt, daß in nur wenigen kurzen Monaten meine Schulzeit vorüber sein würde und ich mir einen Beruf würde suchen müssen. Wenn man in fast allem überragend ist, ist es sehr schwer zu entscheiden, welches Talent man sich zunutze machen soll. Ich wollte nicht auf die Universität gehen; ich muß damals schon gewußt haben, daß ich in den darauffolgenden Jahren mit Ehrendoktortiteln überflutet werden würde. Ich glaube, ich wartete darauf, daß mir Dame Natur ein Zeichen geben würde, und das tat sie auch.

Der Frühling mit seinem kühlen Duft nach Osterglocken und gelben Akazienblüten war vergangen, und es wurde wärmer. Um unsere rückwärtige Veranda veranstalteten die Schmeißfliegen ein Brummkonzert, als ich eines Dienstags von der Schule nach Hause kam.

»Jemand zu Hause?« rief ich und griff wie üblich zur karierten Kuchendose in der Küche. Roy und Athol waren im angrenzenden Zimmer und hörten Radio. Mama war, wie ich wußte, beim Venenspezialisten, und das Telefon klingelte.

»Macht das Radio leiser, Kinder! Hört ihr denn das Telefon nicht?« brüllte ich, so wie es jeder an meiner Stelle getan hätte.

»Ja«, sagte ich, als eine knarrende Stimme mich fragte, ob dies die Nummer der Familie Beazley sei.

»Edna Beazley am Apparat«, sagte ich. »Wer spricht?«

Die knarrende Stimme antwortete, dies sei das australische Konsulat in Paris. Plötzlich sah ich vor meinem geistigen Auge eine erregende Mischung von Maurice Chevalier, Charles Boyer und Adolf Menjou. Die Verbindung war schrecklich schlecht. Ich stellte sie mir als verschlungenes Kabel vor, das sich auf dem Meeresboden bis nach Frankreich erstreckte, von Seetang bedeckt war und von den Walen angeknabbert wurde.

»Es tut mir leid«, sagte die Stimme nach einem besonders lauten Krachen. Ich dachte, dies sei eine Entschuldigung für die schlechte Verbindung.

»Wir müssen Ihnen zu unserem größten Bedauern mitteilen, daß Bruce Clive Beazley gestern im Somme-Tal einen Unfall hatte. Er war fast auf der Stelle tot. Wir werden Ihnen demnächst wegen

175

der Anweisungen bezüglich seiner sterblichen Überreste und seiner persönlichen Dinge telegrafieren.« Dann schienen wir getrennt worden zu sein.

Ich legte den Hörer auf, ging in die Küche und machte mir eine Tasse Tee. Dann ging ich in unseren sonnigen Hinterhof, nahm ein paar Geschirrtücher und Kissenhüllen von der Leine ab und warf die Wäscheklammern in einen alten leinenen Wäscheklammersack. Dann ging ich mit dem Korb trockener Wäsche zurück in die Küche und setzte mich eine Zeitlang an den Küchentisch und aß ein Stück Karamel-Nuß-Gebäck. Das Radioprogramm der Buben dröhnte im Nebenzimmer vor sich hin. Es ging mir auf die Nerven. Ich stürmte ins Wohnzimmer. »Könnt ihr Kinder nicht leiser machen? Glaubt ihr denn, die ganze Straße will dieses blödsinnige Gelaber hören?«

»Du lieber Himmel, schau dir Ed an, Roy, sie heult!« sagte Athol grinsend. »Sie heult!«

Die böse Nachricht verbesserte nicht den Zustand der Venen meiner Mutter. Ein Telegramm und dann noch ein Brief bestätigten den gräßlichen Anruf mit der Information, daß Papa auf einem Grashügel ausgerutscht war, als er einen Schnappschuß von seinem alten Schlachtfeld machen wollte, und rückwärts in einen ehemaligen Schützengraben gefallen war. Der Schock war zuviel für ihn gewesen, und er verstarb ungefähr dort, wo er vor so vielen Jahren schon einmal fast ums Leben gekommen wäre.

Seine Kameraden, der arme alte Alf, Bill, Sid und Gordon, brachten seine Asche nach Hause. Sie gaben eine traurige kleine Truppe ab, als wir uns auf dem Melbourner Hauptfriedhof bei der Beerdigung versammelten. Die Wochen nach jenem denkwürdigen Telefonat waren wie im Traum vergangen, da immer noch

Postkarten von Papa ankamen. Es war schwer, sich vorzustellen, daß die Welt nun einen freundlichen Elektrolux-Mann weniger hatte. Wir wanderten im Haus herum und hatten das seltsame Gefühl, er sei gerade eben noch dagewesen.

Ich stand bei meiner Familie, und Norm hatte seinen Arm fest um meine Schultern gelegt. Wir sahen zu, wie der kleine Sarg, bedeckt mit einer Fahne der Australischen Infanterie, ins Grab gesenkt wurde und der Kanonier Lake etwas Passendes rezitierte:

> »Er wird nicht alt werden,
> so wie wir Hinterbliebenen, die altern,
> das Alter wird ihn nicht müde machen,
> die Jahre werden ihn nicht verbrauchen.
> Wenn die Sonne untergeht
> und am Morgen
> werden wir seiner gedenken.«

Der alte Bill setzte das Horn an seine nikotinverfärbten Lippen und blies eine wacklige Version des »Letzten Postens«. Ich bemerkte, daß Mama ziemlich stolz auf ihre neuen Stützstrümpfe hinabsah. Athol bohrte in der Nase, und ich kramte in meiner Tasche nach einem Taschentuch, aber da war nichts außer einem kleinen Stück verkrumpelter rosa Luftschlange.

Kapitel 14

Funken am Himmel

Trotz ihres Trauerfalls sah meine Mutter im Schein des Feuers wohl, ja sogar gesund aus. Die Dämmerung war gefallen, und es war eine kühle Nacht zu erwarten, als Roy, Athol und ich ihr halfen, unsere große Müllverbrennungsanlage beim Hühnerstall hinter der Wäscheleine zu füttern. Aus dieser geschwärzten, alten, vierundvierzig Gallonen fassenden Tonne züngelten orangene Flammen hoch zum indigofarbenen Himmel, und rote und gelbe Funken machten den Sternen Konkurrenz, als wir eine weitere Pappschachtel mit alten Kleidern und Papieren hineinwarfen.

»Euer Vater hatte so einen Sammeltrieb«, sagte Mama und hob Papas alte khakifarbene Armeejacke mit Hilfe einer Heugabel aus der Verbrennungstonne heraus, in der blaue und gelbe Flammen züngelten. »Kein Wunder, daß das Haus ständig voller Motten und Silberfischchen war«, fügte sie hinzu, indem sie sie zurück in die glühende Tonne stopfte, wobei wieder ein großer Schweif von gelben Funken entstand.

Komischerweise brannten die meisten Kleider von Papa sehr gut, besonders seine Schlafanzüge und seine Unterwäsche, aber bei seinen Papieren, wie zum Beispiel seinen Kriegstagebüchern, seinen Büchern und alten Sonntagsschulpreisen, mußten wir viel hermstochern und sie mit Benzin übergießen, damit sie wirklich Feuer fingen. Anfangs schienen sie das Feuer sogar zu ersticken. Als die Flammen glühten, schlug Mama vor, wir sollten auch seine Zähne und Schuhe hineinwerfen.

Das war eine schwere Arbeit, die ganzen Schachteln in der zunehmenden Dämmerung hinunter in den Hinterhof zu schleppen. Papa gehörte zu der Sorte Mensch, die alles aufhebt: alte Zigarettenschachteln, Illustrierte und ganz besonders stapelweise die Verpackungen von Dingen, »für den Fall, daß wir sie mal brauchen«, was natürlich niemals der Fall war. Ich glaube, heutzutage würde er die Styroporformen sammeln, in denen Radios und Magimis-Apparate versandt werden. Dann gab es natürlich noch die ganzen Sachen im Werkzeugschuppen, wie zum Beispiel die Buchstützen, an denen er seit Jahren arbeitete.

Gerade noch rechtzeitig läutete es. Es war der alte Gordon Gibson, ein Kamerad meines Vaters in der Dritten Division, der bei seinem Unfall dabeigewesen und jetzt vorbeigekommen war, um sein Beileid auszusprechen. Er war keinen Augenblick zu früh gekommen. Wir stellten ihn schnell an, um uns beim Anheizen der Verbrennungsanlage zu helfen und den alten Werkzeugschuppen auszuräumen. Dabei fragte er uns ganz lieb, ob er nicht etwas zur Erinnerung mitnehmen dürfe. Auf der Garderobe im Schlafzimmer meiner Eltern fand Athol die schwarze Schachtel, die Papa immer mitnahm, wenn er in die Loge ging. Er wollte sie schon ins Feuer werfen, aber Mama hielt ihn ärgerlich zurück. Sie öffnete sie und holte zärtlich Papas Freimaurerschürze hervor.

»Jetzt darfst du die Schachtel verbrennen, Ath«, sagte sie, »aber nicht meine schönen neuen Kochhandschuhe!« fügte sie mit mädchenhaftem Lachen hinzu.

Manchmal glaube ich, daß Mama das Recycling erfunden hat.

Natürlich hatten wir Mrs. Chesterman und Miss Hoadley vom Second-Hand-Shop der Kirche gegeben, was wir konnten, aber sie sagten, sie hätten »keine Verwendung« für die meisten von Papas Sachen und Bücher, Schuhe und alte Fotoalben »gingen schlecht«. Mama hätte sicherlich gerne der Heilsarmee eine ganze Menge gegeben, aber gerade in diesem Monat sprach sie nicht mehr mit Tantchen Ruby. Sie hatten sich wegen irgend etwas gestritten.

Am nächsten Morgen war die Verbrennungstonne noch warm und voll feiner Asche und roch sauer und bitter, wie der Atem von jemandem, der etwas Schlechtes gegessen hat. Daneben lag eine verkohlte Ausgabe von R. M. Ballantynes »Die jungen Pelzhändler«, die aus dem Feuer gesprungen sein muß. Es war einer der Preise, den Papa in der Sonntagsschule gewonnen hatte, und würde heutzutage wahrscheinlich verboten werden. Im Büffelgras daneben lag ein halber Hausschuh, der noch qualmte. Ich hob ihn auf, spülte ihn unter dem Wasserhahn ab und hob ihn noch jahrelang in einer alten Willow-Kuchenschachtel auf, denn ich erinnerte mich immer an Papa in diesen Hausschuhen. Sie können mich ruhig sentimental nennen, aber wir sind nun mal eine sentimentale Familie – es tut mir furchtbar leid, aber so ist es nun einmal.

Norman verhielt sich großartig in dieser schweren Zeit. Mama sagte ihm, er könne jederzeit vorbeikommen, und am Abend, wenn wir alle »Martins Corner«, gesponsert von Kellogg's Cornflakes, und »Dad und Dave«, gesponsert von Spearmint PK und Wrigleys Juicy Fruit Chewing Gum, hörten, war es schön, einen anderen Mann in Papas quietschendem Lehnstuhl sitzen zu haben.

Ich wußte, daß Mama ihn auch mochte, obwohl sie einmal zu mir sagte: »Er ist ja nett, Edna, aber du könntest ruhig nach etwas Höherem streben.« Dann fügte sie nachdenklich hinzu: »Das hätte ich auch tun sollen.«

Wer oder was könnte höher als Norman sein? fragte ich mich, jung wie ich war.

Es ist wahr, daß er begann, einen wichtigen Platz in meinem Leben einzunehmen, ganz besonders jetzt, wo Papa über den Jordan gegangen war. Aber dieses starke Gefühl, das ich erlebt hatte, als er mich in Sorrento aus dem Wasser gezogen und triefendnaß auf mein Handtuch geworfen hatte, kam niemals so ganz zurück.

Und trotzdem – er war so aufmerksam, so höflich, so anders als die groben, ungeschlachten Jungens, mit denen meine Freundinnen ausgingen, und die sogenannte körperliche Seite unserer Beziehung schien ihn, Gott sei Dank, nicht zu interessieren. Manchmal, wenn wir in einem besonders romantischen Film gewesen waren und uns gute Nacht sagten, gab er mir ein Küßchen auf die Wange, begleitet von etwas, was nicht ganz eine Umarmung war. Da dies ein schonungslos offener Bericht ist, muß ich gestehen, daß ich dazu tendierte, mir zu wünschen, Norm würde etwas weiter gehen. Aber ich tat immer so, als sei das nicht der Fall, ermutigte ihn manchmal und wurde dann ganz plötzlich auf unerklärliche Art kühl, so daß er nie so ganz genau wußte, woran er bei mir war.

»Man muß die Mannsbilder immer auf Abstand halten«, sagte meine weise alte Mutter einmal, »sonst nutzen sie dich bis aufs Blut aus.« Jedesmal, wenn sie das sagte, machte sie eine stechende Handbewegung, die mir damals – noch – nicht sehr passend erschien.

Norman war sogar freundlich zu Madge McWhirter, was wirklich nicht nötig gewesen wäre. »Im tiefsten Inneren ist sie eigentlich ganz nett, Edna«, sagte Norm, alter Softie, der er war. »Sie hat schlimme Zeiten hinter sich – keine Eltern und all so was. Sie sieht nicht mal so schlecht aus, wenn sie lächelt.« Norm sprach nicht von der Madge, wie ich sie kannte, das ist sicher, und bei dem Gedanken, daß diese gekünstelte Kreatur meinen Freund schon um den Finger gewickelt hatte, verspürte ich leichten Ärger.

Ein paar Monate zuvor hatte ich mir noch Gedanken um meine Zukunft gemacht, jetzt war alles klar. Mama ging es gar nicht gut – seelisch –, und meine Brüder machten eine Menge Arbeit und kamen gerade ins Pickelalter. Jemand mußte die Stellung halten, und dieser Jemand würde keine Zeit für die Universität oder eine Schule für Höhere Töchter oder etwas Ähnliches haben, von dem mir meine Schuldirektorin, Miss Tolley, immer gesagt hatte, daß ich es verdiente. Mein letzter Schultag war eine tränenreiche Angelegenheit. Immer wieder trottete ich auf das Podium, um meine Preise entgegenzunehmen: Sprache und Dramatische Gestaltung, Gesang, Kunst, Bibelstudium, Geschichte, Hauswirtschaft, Biologie, Erdkunde, Lyrik, Hockey und Tierhaltung. Ich war Schulsprecherin, was ich aus Bescheidenheit nur einmal zuvor erwähnt habe, und aus demselben Grund werde ich auch nicht mehr davon sprechen. Aber laut unserer alten Schatzmeisterin, Miss Bunce, die schon viel erlebt hatte, war ich die beliebteste Klassenerste seit Menschengedenken. Miss Tolley hielt eine kleine Rede, in der sie sagte, daß alle von mir erwarteten, daß ich Großes vollbringen würde – sinngemäß jedenfalls –, und wie erfolgreich ich meine Prüfung abgelegt hätte, trotz der Tatsache, daß Papa zu einem ungünstigen Zeitpunkt während meiner Studien hinweggerafft worden war. Meine Augen waren gefüllt mit Tränen, als ich so dastand und diesen Lobeshymnen lauschte, denn ich wußte, daß die »großen Dinge«, die ich vollbringen würde, nicht größer sein würden als das Spülbecken, die Bettkante meiner Mutter, die mich brauchte, und der Wäschezuber voller schlammiger Fußballshorts und schmutziger Männerunterhosen.

Sogar Madges Aussichten waren besser als die meinen, denn ihre Tante, Mrs. Findlay, hatte alles zusammengekratzt und gespart, um sie zu Ballettstunden im Gemeindesaal zu schicken, die von Olga Ballaratova geleitet wurden, der einst einigermaßen berühmten australischen Ballerina aus Ballarat. Später fand ich heraus, daß ihr wirklicher Name Fay Chubb lautete und daß sie in etwa so russisch war wie mein Fuß. Der Himmel weiß, in welchem Ballett Madge jemals hoffte aufzutreten. Wir hatten »Die roten Schuhe« gesehen, aber sie war ganz gewiß keine Moira

Shearer, obwohl es in ihrem Repertoire ein paar gruselige Szenen gab, die sie vermutlich nach der Art des Ungeheuers im »Schwanensee« interpretieren würde.*

Wenn ich für die nächste Zukunft schon eine Sklavin des Haushalts werden sollte, dann sprach doch etwas für mich. In einem meiner früheren Leben war ich Aschenputtel gewesen.

Damals war ich mir dessen noch nicht bewußt, aber jedesmal, wenn man mir als Kind diese Geschichte vorlas, identifizierte ich mich auf seltsame Weise damit, nichts weiter. Natürlich erwähnte ich es zu der Zeit nie, obwohl die Wiedergeburt heutzutage eine wissenschaftliche Tatsache ist. Aber tief in mir wußte ich während all dieser langweiligen Jahre, in denen ich mich für die Familie aufopferte, daß ich eines Tages *doch noch* zum Ball gehen würde!

Unsere Familie war ziemlich arm, obwohl wir ein eigenes Haus besaßen und die Elektroluxgesellschaft großzügig gewesen war, als mein Vater seine Saugdüse für schwer zugängliche Winkel endgültig an den Nagel gehängt hatte, bevor er auf seine todbringende Reise zum Kontinent aufgebrochen war. Mama erhielt noch seine kleine Kriegspension, und meine Brüder trugen Zeitungen aus und sammelten leere Flaschen ein. Unser Haus war immer so geschäftig wie ein Bienenstock. Während des Krieges war es eine Sammelstelle für die Aktion »Fett für England« gewesen. Alle Nachbarn stellten ihr altes Fett in Farex-Dosen und anderen Behältnissen auf unserer Vorderveranda ab, nicht ohne vorher alte Schnüre und verkohlte Pastinakenscheiben auszusieben. Meine Mutter schickte das Ganze dann zu einer Zentralsammelstelle, von wo aus es nach England verschifft und zu Gott weiß was verarbeitet wurde. Leider hörten wir später, daß die meisten »Fett-für-England«-Schiffe von den Japanern versenkt wurden,

---

* Fußnote für Fernuniversitätsstudenten: Von Rothbart, dem bösen Zauberer, Vater des schwarzen Schwans.

bevor sie ihren Bestimmungshafen erreicht hatten – ein komischer Gedanke, daß auf dem Grunde des Pazifiks die erstarrten Überreste von Tausenden von australischen Sonntagsbraten ruhen. Die alte Miss Whittle, die in Nummer 37 wohnte, dachte Jahre nach dem Waffenstillstand immer noch, es sei Krieg, und deponierte weiterhin ihr Fett vor unserer Haustür. So war es also die Aufgabe eines meiner Brüder, Miss Whittle ihr Fett zurückzubringen und sie auf den neuesten Stand der Geschichte zu bringen. Was übrigens vollkommen sinnlos war, denn schon eine Woche später würde wieder ein fettiges altes Marmeladenglas auf der Veranda auftauchen.

Meine Mutter wurde zu einer Belastung. Inzwischen kochte ich, bereitete die Pausenbrote meiner Brüder zu *und* putzte noch dazu. Mama verbrachte immer mehr Zeit in ihrem Schlafzimmer, kramte herum und entwickelte, fürchte ich, ebenfalls einen gewissen Sammeltrieb. Das tatsächliche Ausmaß wurde uns nie ganz klar, da sie mich nie mit einem Staubsauger in ihr Zimmer ließ und ich es nicht ein einziges Mal zu Gesicht bekam, bis zu dem Tag fünfzehn Jahre später, an dem wir sie praktisch mit einem Bulldozer ausgraben mußten, um sie in den Lieferwagen von Dunraven schaffen zu können.

Das einzige, wofür sie noch Interesse aufbrachte, war ihr Garten und insbesondere unser Gladiolenbeet, das der Stolz der ganzen Straße war. »Stellen Sie sich fünfzig fünfzehn Zentimeter große Blüten aus einer einzigen Zwiebel auf nur zehn Quadratzentimeter Boden vor; wenn Sie sich das vorstellen müssen, haben Sie noch nie wirklich schöne Gladiolen gezogen.« So sagt David Laidlaw in seinem herrlichen Buch »Das Züchten von Gladiolen«. Zu voller Größe ausgewachsen, können Gladiolen bis zu zwei Meter hoch werden und Blüten mit zwanzig Zentimeter Durchmesser in allen Regenbogenfarben haben. Mit unseren Blumen gewannen wir einen Preis nach dem anderen. Noch heute, wo unser Haus zum Museum geworden ist, blühen die

Gladiolen unter fachmännischer Pflege, und ich lasse die Spitzen abernten und um die ganze Welt fliegen, um sie an mein dankbares Publikum zu verteilen.

Mehrere Jahre vergingen wie im Traum. Ich war nicht unglücklich, denn ich wußte, daß Dame Natur mit mir noch etwas im Schilde führte, aber ich war ungeduldig, denn ich hätte gern gewußt, was. Die Buben schossen in die Höhe, Norman war immer hilfsbereit und aufmerksam und hatte, nebenbei bemerkt, selbst Erfolg als Buchhalter bei Ball und Welch. Unglaublicherweise hatten meine Schulfreundinnen Ann und Val geheiratet und »kämpften für ein Haus«, um einen Ausdruck aus der damaligen Zeit zu verwenden. Ein cremefarbener Backsteinfurnierbungalow war das Traumeigenheim eines jeden jungen Mädchens zu jener Zeit, am liebsten mit einem sandgestrahlten Rentier auf den Glastüren zwischen Wohn- und Eßzimmer. Bei Anns Hochzeit geschahen zwei denkwürdige Dinge. Ich begegnete Pixie Lambell, einer der schönsten Frauen, die Australien jemals hervorgebracht hat und die anscheinend eine gute Freundin der Familie Forbes war. Sie war Top-Model gewesen und regelmäßig in herrlichen Kleidern und Pelzen in den Illustrierten erschienen, und in allen Straßenbahnen konnte man ihre grünen Augen, ihr flammendrotes Haar und ihren wunderbaren Körperbau in einer Reklame sehen, in der sie ihre Wange an die Brust eines Mannes preßt und – in einer Sprechblase – sagt: »Das ist aber *wirklich* ein schönes Hemd, mein Herr.« Während der ganzen Trauungszeremonie starrte mich Miss Lambell an, und danach kam sie auf mich zu und nahm mich beiseite. »Haben Sie schon mal daran gedacht, Modell zu werden?« fragte sie mich zu meiner Überraschung. »Bei Ihrer Größe, Ihren Beinen und Ihrer Figur könnten Sie zur Weltklasse gehören.« Überwältigt antwortete ich, daß mir der Gedanke noch nie in den Sinn gekommen sei und wie ich das denn anstellen sollte?

»Ich habe eine Schule für Mode und Benehmen eröffnet – die

erste in ganz Melbourne«, fuhr meine schöne Bewunderin fort. »Wenn Sie ein paarmal in der Woche abends kommen könnten, würde ich Sie kostenlos persönlich ausbilden.« Ich errötete, wußte nicht, was ich sagen sollte, und war mir bewußt, wie linkisch ich war.

»Sie haben ein großes Potential«, sagte sie weiter. »Ich täusche mich *nie*. Bitte lassen Sie mich Sie unter meine Fittiche nehmen.« Ich muß gestehen, daß ihre Worte Musik in meinen Ohren waren, und außerdem roch sie lieblich, nach etwas Süßem, Blumigem und Zollfreiem. Schon sah ich mich auf den Laufstegen Europas und auf den Titelseiten von »Harpers«, »Vogue« und dem australischen »Woman's Monthly«. Meinen Namen würde ich ändern müssen, damit er ähnlich schillernd wie der ihre klingen würde. »Bambi« Beazley hätte mir gefallen, denn man hatte einmal von mir gesagt, ich habe Rehaugen, aber es gab schon eine andere Schönheit aus Melbourne mit diesem Namen. Ich versuchte, mich an andere Disneyfiguren zu erinnern, aber irgendwie trafen Dumbo Beazley oder Pinocchio den Nagel nicht ganz auf den Kopf. Miss Lambell und ich standen am Fuß der Treppe der Dreifaltigkeitskirche in Moonee Ponds, als Ann und ihr frischgebackener Ehemann, Murray Inglis, unter einem Konfettiregen heraustraten. Ann küßte ihren wundervollen Strauß aus Nelken, Hyazinthen und Gardenien und warf ihn hoch in die Luft. Ich streckte die Hand aus, und der Strauß fiel mir hinein. Alle lachten, und ein paar Mädchen umarmten mich. »Ich habe Anns Strauß aufgefangen«, sagte ich und wandte mich meiner neuen Wohltäterin zu. »Was für ein Glück, nicht wahr?«

»Für gewisse Leute schon«, antwortete Miss Lambell mit wissendem Lächeln, »aber nicht für alle.« Sie zog eine kleine rosa Karte mit Goldumrandung aus ihrer Leopardenfellhandtasche und drückte sie mir in die Hand. »Rufen Sie mich doch mal an, Miss Beazley«, sagte sie und war weg.

Im nächsten Jahr brachte ich es fertig, die Lambell-Akademie der

Grazie wenigstens zweimal die Woche zu besuchen. Das bedeutete eine Straßenbahnfahrt in die Stadt, wo Miss Lambell eine große Suite in einem Bürogebäude der Little Collins Street gemietet hatte. Wie in allen Lifts in Australien roch es auch im Aufzug dieses Gebäudes nach Wurstbrötchen und Gebäck, aber wenn sich die Türen im sechsten Stock erst einmal geöffnet hatten, fand man sich wieder auf einem weichen Plüschteppich und gegenüber einer attraktiven Empfangsdame mit hochgeschobener Brille und zyklamfarbenem Lippenstift, die in ein weißes Telefon sprach. An meinem ersten Tag nahm mich Miss Lambell (wir redeten uns erst ein paar Jahre später mit Vornamen an) mit in ihr Büro, wo eine Leopardenfellcouch stand und an der Wand ein Bild von ihr hing, gemalt von dem international anerkannten, preisgekrönten australischen Künstler Charles Eltham. Es war das schönste Gemälde, das ich jemals gesehen hatte. Miss Lambell trug darauf ein schulterfreies Leopardenkleid und hielt eine Zigarette in der bis zum Ellbogen schwarzbehandschuhten Hand. Ihre feurigen Locken wurden in einem Knoten zusammengehalten, und ihre Lippen waren leicht zu einem niveauvollen Lächeln geöffnet. Ihre Augen folgten mir durchs ganze Zimmer.

»Ich sehe, Sie bewundern dieses junge Glamourgirl dort an der Wand«, sagte Miss Lambell lachend. »Das war vor vielen Jahren, aber Charlie hat mich ganz gut getroffen, glaube ich. Sie müssen ihn kennenlernen, Miss Beazley. Er betet schöne Frauen an, und *es reizt ihn…*« Miss Lambell drückte auf die Sprechanlage. »Keine Anrufe bitte in den nächsten dreißig Minuten, Cynthia«, murmelte sie und fuhr dann fort. »Es reizt ihn, jemand Neuen zu malen, das Gesicht der Zukunft, wenn Sie so wollen.«

Wenn ich einen moralischen Auftrieb brauchte, dann war dies einer. Miss Lambell nahm mich zu all den Übungsstunden mit und weihte mich in alle Geheimnisse eines vollbezahlten, berufsmäßigen Glamourgirls ein. Zu Hause übte ich das Umhergehen mit einem Buch auf dem Kopf und auch die Sprechübungen, die sie mir aufgetragen hatte. Dank dieser frühen Sprechausbildung habe ich meine jetzige Stimme – klar, melodiös und *hörbar*. In der Tat glauben viele Leute, die meinen herrlichen Shows zuhören, ich sei in Oxford erzogen worden.

Nach etwa sechs Monaten Kursteilnahme lud mich Miss Lambell zu einer Cocktailparty in ihrer Wohnung in Süd Yarra ein. Ich war nur einmal zuvor in Süd Yarra gewesen, nämlich damals, als mich die Nazis gefangennahmen. Jetzt kehrte ich dorthin zurück – als frühreife graziöse junge Frau und in ein schickes Apartmenthaus –; wenngleich das Wort »schick« noch nicht erfunden war. Ich hatte Miss Lambell gefragt, ob ich einen Freund, was hieß: Norm, mitbringen dürfe, und sie hatte nicht ausdrücklich abgelehnt. So stand er nun an meiner Seite, als wir an ihrer Tür beim Botanischen Garten klingelten. Die Tür öffnete sich gerade in dem Augenblick, als ich Norms Schulter abbürstete, was Miss Lambell nicht zu bemerken schien. Allerdings begrüßte sie Norm mit einem leicht überraschten Lächeln. Wir wurden in ein schönes Zimmer mit Blick über die Stadt und zerzauste grüne Baumkronen geführt. Es war voll von umwerfend gutaussehenden Absolventinnen der Lambell-Akademie und ebensolchen Männern in marineblauen Blazern mit Goldknöpfen, Krawatten mit Paisley-Muster und Wildlederschuhen. Ein Mann hatte sehr langes Haar, das er ständig zurückstrich, und rauchte bunte Zigaretten mit Goldspitzen.

Auf einer großen Leopardenfellcouch (Pixies Wahrzeichen) saß ein pummeliger Mann mit Schirmmütze, rotem Hemd und Samthosen. Er hatte einen schwarzen Spitzbart und einen Goldzahn, was ihm ein leicht lasterhaftes, aber nicht unanziehendes Aussehen verlieh. Sein Arm war um die Schultern einer Frau von malaysischem Typ mit geschlitztem Nixenabendkleid gelegt, die über etwas lachte, das er zu ihr gesagt hatte. In einer Ecke des Raumes stand ein Grammophon mit Plattenwechselautomatik und spielte irgend etwas Avantgardistisches und Abgehacktes, das ich nicht kannte. Später sah ich, daß auf dem Plattenlabel »Be-Bop-Boogie« stand. Alle sprachen sehr laut, und als das Tablett mit den Drinks vorbeikam, war Norman, glaube ich, ein bißchen enttäuscht, daß darauf kein Bier, sondern nur Wein und Salamischeiben zu finden waren. Zurückblickend finde ich es komisch, wie ehrfürchtig ich war, als ich zum ersten Mal mit einem vornehmen Lebensstil konfrontiert wurde – wenn ich bedenke, was ich jetzt so alles erlebe. Vor ein paar Jahren platzte ich einmal in New York in eine Party hinein, auf der man Gore Vidal und Norman Mailer davon abhalten mußte, einander in Stücke zu reißen, und auf der auch Jackie Onassis, Gloria Vanderbilt und Tom Wolfe herumschwirrten. Ich blieb nur etwa zehn Minuten, bevor ich zu der *richtigen* Party bei Nell ging.

»Ihr zwei müßt euch ein bißchen unter die Leute mengen«, sagte eine strenge Stimme, und indem wir Norm einfach stehenließen, der sich umsah, wo er seinen Olivenkern *samt Olive* ablegen könnte, führte mich Pixie durchs Zimmer, um mich dem lustigen kleinen Gnom auf dem Sofa vorzustellen.

»Da ist dein neues Modell, Charlie«, sagte sie. »Ist sie nicht genauso, wie ich es dir versprochen habe, und sogar noch besser? Aber keine komischen Geschichten, Liebling. Sie ist versprochen.« Dabei nickte Miss Lambell in Richtung Norm, der unbeholfen herumstand und versuchte, seine Handgelenke kürzer aussehen zu lassen. Irgend etwas an den Worten von Miss Lambell schien den bärtigen Mann zu amüsieren, denn er brach in Gelächter aus und wischte sich die Augen mit einem großen roten Taschentuch. Die ethnische Minderheit lachte auch. Er streckte mir eine farbverschmierte Hand entgegen, ergriff die meine und drückte sie an seine bärtigen Lippen, wie man es immer im Kino sieht.

»Ich bin Charlie Eltham«, stellte er sich vor, »und Sie sind genau das, und sogar noch mehr, was Miss Lambell mir versprochen hat.

Sitzen Sie mir Modell, und ich mache aus Ihnen die Mona Lisa von Moonee Ponds.« Mein Herz setzte einen Moment aus, ähnlich wie die Grammophonmusik. Woher wußte er, wo ich herkam?

»Ihr Ruhm ist Ihnen vorausgeeilt, Chérie. Unsere göttliche Gastgeberin hat eine ziemliche Reklame für Sie gemacht, und diesmal hat sie nicht übertrieben.«

Obwohl er etwas gewöhnungsbedürftig war, verstanden Mr. Eltham und ich uns prächtig. Er erzählte ein paar großartige Witze ohne Pointe, sogenannte Räudige-Hund-Geschichten, die damals in Mode waren und über die man nur lachte, weil sie so albern waren. Ich fürchte, ich trank auch etwas mehr als mein übliches Glas Wein, und als es Zeit war zu gehen, ging ich auf Wolken!

Norman war auf dem Heimweg recht still und, wie ich vermute, auch ein bißchen eifersüchtig auf meine gesellschaftliche Stellung. Er tat mir leid, und gleichzeitig ärgerte ich mich über ihn, weil er mich dazu brachte, mich so zu fühlen. Das ist typisch für mich.

Charlies Atelier war wieder eine andere Welt. Ein großes Zimmer mit Dachfenster, das nach Terpentin roch. Es herrschte Chaos, überall lagen ausgedrückte Farbtuben und alte Lappen herum, und Leinwände mit manch bekanntem Gesicht darauf lehnten an der Wand: der Oberbürgermeister von Melbourne, Pixie Lambell und sogar eine Skizze von der Königin! Er trug genau dieselben Kleider wie bei der Party, nahm mich sofort bei den Schultern, gab mir einen kratzigen Kuß auf beide Wangen und plazierte mich auf einem Stuhl neben einem schwarzen Ofen, dessen Kamin bis zur Decke reichte. Er zog sich hinter eine große, leere Leinwand zurück, lugte dahinter hervor und fragte mich zu meinem Erstaunen: »Sind Sie schon einmal Aktmodell gesessen, Edna?«

Seltsamerweise war ich nicht so geschockt, wie Sie vielleicht denken, was meiner zunehmenden Kultiviertheit zuzuschreiben war. Dennoch machte ich ihm schnell klar, daß ich zwar glücklich sei, das Gesicht der Zukunft zu werden, daß ich aber nicht die Absicht habe, einen anderen Teil meiner Anatomie ins Spiel zu bringen. Ich hatte ein paar Kleider aus meiner begrenzten Garderobe mitgebracht, über die er ziemlich unhöflich die Nase rümpfte. Schließlich drapierte er eines von Miss Lambells Crêpe-de-chine-Leopardenfellen um mich, das ich stundenlang am Herunterfallen hindern mußte, was mir einen etwas verwunderten Gesichtsausdruck verlieh. Dabei kam natürlich das berühmte Portrait von mir heraus, das die Welt unter dem Namen »Die Madonna von Moonee Ponds« kennt und bei den japanischen Touristen im Dame-Edna-Museum in Melbourne sehr beliebt ist.

Charlie brauchte eine Ewigkeit, um mich zu malen, aber es machte mir eigentlich nichts aus. Es machte mir Spaß, sein Atelier im Künstlerviertel der Stadt zu besuchen. Interessante Leute kamen auf einen Drink vorbei: Schauspieler, Journalisten und stadtbekannte Originale.

»Dein Lächeln kriege ich noch hin«, sagte Charlie eines Freitagabends. »Kannst du mir heute abend noch ein paar Stunden opfern?«

Norm und ich hatten an diesem Abend eine Kinoverabredung. In letzter Zeit hatten wir uns nicht oft gesehen, was kein Wunder ist, wenn man meine häuslichen Pflichten, meine Stunden in der Pixie-Lambell-Akademie und jetzt auch noch das Portrait bedenkt. Aber es war so lustig, mit Charlie zusammenzusein. Er kannte so viele Witze und benutzte Schimpfwörter, die aus seinem Munde gar nicht ekelhaft klangen. Im Vergleich dazu erschien Norm ein bißchen, nun, ein bißchen zu *anständig*. Es tut mir furchtbar leid, aber so ist es nun einmal. Ich rief ihn an, um ihm zu sagen, daß ich nicht ins Kino gehen könne, und zu meiner Überraschung schien es ihm nicht viel auszumachen. Mir fiel ein, daß ich ihn schon mindestens zwei Wochen nicht mehr gesehen hatte. Als ich den Hörer auflegte, wurde mir bewußt, daß jemand hinter mir stand. Es war Charlie, der mir ein Glas Wein entgegenstreckte.

»Dies müßte eigentlich ein Lächeln auf deine hübschen Lippen zaubern, Edna«, sagte er, und bevor ich einen klaren Gedanken fassen konnte, fühlte ich seine Lippen auf den meinen und etwas Komisches, Zuckendes, das versuchte, zwischen meine Zähne zu gelangen. Seine Hand war auf meinen Rücken gepreßt und rutschte langsam südwärts. Meine Nase füllte sich mit dem Geruch nach Wein und Windsor und Newton. Ich versuchte, mich loszumachen, stolperte dabei aber, und wir fielen beide auf sein altes farbenbekleckertes Sofa. Er rieb sein bärtiges Gesicht an meinem Hals und versuchte gleichzeitig, unbeholfen etwas mit seinem Gürtel anzustellen, als ich mich endlich freikämpfen konnte.

»Was ist los?« stieß er hervor und sah mich zornig an.

»Ich bin nicht so, wie Sie denken«, sagte ich atemlos und knöpfte meine Bluse zu.

»Das glaube ich auch«, antwortete er mit dem Blick eines verwundeten Tieres. »Du bist das erste Mädchen, das mich zurückweist. Warum?«

»Das hat nichts mit Ihnen zu tun, Charlie. Ich mag Sie sehr gern, und wir haben uns gut miteinander amüsiert, aber ich bin fest mit jemandem zusammen, einem ehemaligen Armeeoffizier und Lebensretter, und wir...« Ich biß mir auf die Lippen, fuhr aber fort: »Wir heiraten bald.«

Charlie Eltham brach in unkontrollierbares Gelächter aus.

»Doch nicht etwa den Klotz, den ich auf der Party gesehen habe?« sagte er. »Den frißt du bei lebendigem Leib auf, Edna. Er wird niemals mit dir Schritt halten können!«

»Das werden wir schon sehen, Charlie«, gab ich zurück. »Gute Nacht.« Und damit nahm ich meine Handtasche, gab ihm einen Kuß auf seine erstaunte Wange und schwebte aus dem Atelier.

An diesem Abend leistete ich mir ein Taxi, in meinem Kopf herrschten große Verwirrung, der Schock und ein seltsames Hochgefühl. Ich bat den Chauffeur, mich an dem Haus vorbeizufahren, wo Norm mit seinen alten Eltern wohnte. Aber er war nicht zu Hause.

»Er ist fortgegangen, um sich Ingrid Bergman anzusehen«, sagte die alte Mrs. Everage durch den Türspalt, »und zwar mit Madge McWhirter. Ich glaube, danach wollten sie zum Chinesen.«

Es war eine milde Nacht, also entließ ich das Taxi und setzte mich neben Normans Eingangstor. Wenn es nötig wäre, würde ich so die ganze Nacht warten. Erst gegen ein Uhr morgens kam Norms Vauxhall die Einfahrt herauf, und er stieg aus und wischte sich den Mund mit einem Taschentuch ab. Als ich mich vor ihm in der Dunkelheit erhob, kippte er vor Schreck fast aus den Latschen, und bei meinen nächsten Worten erging es ihm keineswegs besser.

»Wenn du noch einmal mit dieser neuseeländischen Schlampe ausgehst, spreche ich nie wieder ein Wort mit dir!« Dabei zog ich ihm mit meiner Handtasche kräftig eins über.

Am nächsten Tag gaben Norman Stoddart Everage und ich unsere Verlobung bekannt.

Kapitel 15

Der Bund wird geschlossen

Pixie Lambell sah von »Das grausame Meer« auf. Sie hatte zusammengerollt auf der Leopardenfellcouch in ihrem Büro gelegen und ruhig im neuesten Bestseller geschmökert. Da die Tür einen Spaltbreit offenstand, hatte ich nur sanft angeklopft und war dann eingetreten.

»Sie wollten mich sprechen, Miss Lambell!«

Mein Vorbild und Mentor drückte eine schwarze Zigarette mit Goldspitze in einem Aschenbecher aus venezianischem Glas aus und stieß dabei eine lange Wolke von kampferfarbenem Rauch hervor.

»Setzen Sie sich, Edna«, sagte sie und deutete auf einen gelben Stuhl mit schwarzem Rahmen im Hängemattenstil, aus dem es schwer sein würde, sich zu erheben. Ich bemerkte, daß daneben ein kleiner Kaffeetisch in Form einer Farbpalette stand mit einem Buch darauf über irgend jemanden namens Paul Klee.

»Was ist denn das an Ihrem Finger?«

Ich sah auf meinen schönen Verlobungsring, einen seltenen Markasitsolitär, der an meinem Finger glänzte.

»Oh«, antwortete ich errötend, »gefällt er Ihnen? Norman hat ihn mir gestern während seiner Mittagspause beim Juwelier Dunkling gekauft. Er war in einer schönen Samtschachtel. Möchten Sie ihn sich ansehen?«

»Ich kann ihn von hier aus sehen«, sagte Pixie mit barscher, welterfahrener Stimme. »Gerade noch so!«

Was meinte sie denn? überlegte ich. *Alle* Frauen fanden doch wohl einen Verlobungsring aufregend? Ich fürchte, ich hatte ihr aufgrund meiner angespannten Nerven eine Notlüge erzählt. In Wirklichkeit hatten Norm und ich meinen wunderbaren Edelsteinring bei Adorna an der Ecke gekauft – »Wählen Sie Ihren Ring in unseren privaten Kabinen aus.« Pixie schlug ihr Buch zu und zündete sich eine neue schwarze Sobranie an.

»Erzählen Sie mir bloß nicht, Dunkling hätte dafür Geld von ihm verlangt!« sagte sie. »Er sieht mehr wie ein Gratismuster aus.«

Ich wurde innerlich blaß und fühlte die Tränen aufsteigen. Miss Lambell fuhr sich mit den Fingern durch ihr tizianfarbenes Haar und schüttelte den Kopf.

»Es tut mir leid, Edna. Meine Zunge ist mit mir durchgegangen. Verzeihen Sie mir. Aber was um Himmels willen macht ein schönes, talentiertes, intelligentes Mädchen wie Sie mit dieser Glasscherbe am Finger?« Sie stand auf und ging im Zimmer auf und ab. »Sie könnten eine großartige Karriere machen als Modell oder Schauspielerin, was Sie wollen. Ich weiß übrigens, daß Charlie neulich abends den Bogen überspannt hat.«

Ich zuckte mit den Schultern, und die Tränen rollten mir die Wangen hinunter.

»Er ist halt ein alter Lüstling«, fuhr Pixie fort, »aber er hat ein Gefühl für die Erfolgreichen. Man kann mit ihm auf der Straße spazierengehen, und er wird auf die Frauen zeigen, die *nächstes Jahr* schön sein werden. Das ist Charlies größtes Talent; und wissen Sie was?«

Ich schneuzte mich, nickte und tat so, als wollte ich es wissen.

»Jeder, der Sie kennenlernt, weiß, daß Sie aus dem Holz geschnitzt sind, aus dem man Stars macht. Das dringt aus allen Ihren Poren hervor.«

Sie war durch das Zimmer zu mir herübergekommen und sagte mit ruhiger Eindringlichkeit, indem sie meine beiden Hände, das nasse Taschentuch und alles in ihre Hände nahm: »Denken Sie an meine Worte, Edna. Eines Tages werden die Leute eine Menge

Geld dafür zahlen, Sie zu sehen. Sie werden Ihre eigenen Schecks ausstellen können, nicht nur in Australien, sondern auch in Übersee, in England, auf dem Kontinent und in den Staaten.*
Warum wollen Sie das alles für den Jungen von nebenan wegwerfen?«

Etwas glitzerte nun in Miss Lambells Augen, und es war nicht Optrex. Ich war ganz durcheinander. Ich wollte, daß all das, wovon sie gesprochen hatte, wahr werden würde, gleichzeitig hatte ich aber Angst. Sie müssen verstehen, daß ich auch Zärtlichkeit und Geborgenheit und auch eigene Kinder brauchte. Und etwas Normales. Ja, im tiefsten Inneren wollte ich eine normale Frau und Mutter sein mit normalen Trieben und Säften. Ich fürchtete, als Karrierefrau meine Weiblichkeit zu verlieren. Als ob sie meine Gedanken lesen könnte, wandte sich Pixie Lambell ab, und ich konnte sehen, daß auch sie Probleme mit ihrer Tränendrüse hatte.

»Glauben Sie nur ja nicht, Sie würden ihre Weiblichkeit verlieren, Edna. Sie sind das weiblichste Wesen unter der Sonne. Eine erfolgreiche Karriere würde nichts daran ändern. Sehen Sie mich an. Ich bin auf meine Art erfolgreich und trotzdem furchtbar verletzlich. Alles, was ich verlange«, beschwor sie mich, indem sie sich mein Taschentuch auslieh, »ist, daß Sie es sich noch einmal gut überlegen, bevor Sie sich selbst zu einer lebenslangen Strafe in der Küche eines Mannes verurteilen.« Dann sah sie mich so seltsam und schief an, daß ich wie ohne eigenes Zutun plötzlich meine Arme um sie schlang und sie kräftig an mein Herz drückte. An jenem Abend führte mich Norm zu einem Festmahl im Hey-Diddle-Griddle aus, einem vornehmen Café, das im »Melbourne Herald« als »Weltklasse« beschrieben wurde. »Kontinentale und Australische Spezialitäten« stand auf dem Fenster.

* Die Herausgeber dieses Bestsellers (Knaur, München) pflichten dieser prophetischen Voraussage von Herzen bei.

Außerdem gab es einen hübschen Kellner namens Mario, der einen beigebraunen Spenzer unter seiner Abendjacke trug. Ich glaube, daß er auch dem Rauchen nicht abgeneigt war und manchmal hinter der Flügeltür zur Küche einen Zug machte. Manchmal, wenn er die Minestrone auftrug, bemerkte ich zwei kleine Rauchstrahlen, die aus seinen Nasenlöchern kamen.

Ich hatte Suppe bestellt, Hahn im Korb und Schwarzwälder Kirschtorte, gefolgt von einem Cappuccino. Das Griddle war eines der besten Restaurants von Melbourne und hatte eine dieser neuen Kaffeemaschinen. Ich bestreute gerade meine Minestrone mit etwas Käse, wie es sich gehörte, als Norm den Bann brach.

»Du bist recht still, Edna, aber ich glaube, ich weiß, woran du denkst.«

»Wetten, daß nicht«, kläffte ich, wo ich doch eigentlich freundlicher hatte klingen wollen.

»Du machst dir Sorgen, daß ich deiner Karriere im Weg stehen könnte.«

Ich versuchte, etwas zu sagen, aber er legte mir die Hand auf den Mund.

»Halt den Mund und hör zu, Ed«, fuhr er mit einer Brutalität fort, die nicht unangenehm war. »Eine Menge Puppen, äh ... ich meine, Mädchen, haben schon ihre Karriere mit einer Ehe verbunden, und das kann auch klappen, wenn man nur will. Ich möchte, daß du weißt, daß ich dir nie im Weg stehen werde. Auch wenn ich jemals krank oder so etwas werden sollte, möchte ich, daß du tust, was du tun mußt.«

Was für prophetische Worte. Sie können sicher sein, daß sie mir an jenem schicksalsträchtigen Tag Jahre später wieder ins Gedächtnis kamen, als ich gerade dabei war, in London auf die Bühne zu treten, während Norms Prostata zum ersten Mal explodierte.

Jedoch hätte ich mir damals, als wir so an dem Tisch mit der karierten Decke im romantischen Schein einer Kerze in einer

wachsverkrusteten Chiantiflasche saßen, niemals vorstellen können, daß der ernsthafte junge Mann, der meine Hand hielt, eines
Tages an die fortschrittlichsten urologischen Geräte der Welt
angeschlossen sein würde.

»Aber, Norm«, sagte ich und nippte an meinem sprudelnden
Sauternes, »Miss Lambell denkt –« »Hör nicht auf dieses Weib«,
rief Norman aus und wurde vor Zorn sehr attraktiv rot. »Sie ist
nur an einem interessiert, und es überrascht mich verdammt, daß
du es noch nicht gemerkt hast!«

Ganz offen gestanden, liebe Leser, ich verstand nicht ganz, worauf
Norm hinauswollte, und das war auch gut so, sonst hätte ich
unsere Verlobung vielleicht an Ort und Stelle gelöst.

»Sie ist ein wundervoller Mensch und will nur, daß ich glücklich
werde«, erklärte ich. »Ich werde sie bitten, die Patin unseres
ersten Kindes zu sein.«

Jetzt sah Norm etwas besorgt aus.

»Nur langsam mit den jungen Pferden, Ed«, sagte er mit hohlem
Lachen. »Ich hoffe, daß wir erst etwas Spaß haben werden, bevor
die Bälger kommen!«

»Nenn mich Edna, bitte schön«, sagte ich und eignete mir den
Shakespeare-Tonfall meiner Mutter an. »Erst wenn wir unsere
kleine Familie *haben*, beabsichtige ich, Spaß zu haben, und nicht
zuvor, gnädiger Herr!« Und so meinte ich es auch. Aber wir
wechselten rasch das Thema, denn Mario erschien mit unseren
Hähnen im Korb, in eine Wolke Craven A gehüllt.

Mit Madge hatte ich schon ungefähr eine Woche lang nicht mehr
gesprochen, und es war mir egal, ob ich jemals wieder mit ihr
sprechen würde. Für mich gab es keinen Zweifel daran, daß sie in
jener dunklen Nacht Norman an der Nase herumgeführt hatte.
Sehen wir doch den Tatsachen ins Auge, es muß schon sehr
dunkel gewesen sein, sonst wäre doch jeder Mann mit Augen im
Kopf davongerannt. Ich wollte gar nicht wissen, was an jenem
Abend geschehen war, als sie zusammen ausgingen, um Ingrid

Bergman zu sehen, und doch wußte ich es irgendwie. Madge war ganz schön eingebildet geworden, seitdem sie beim Ballett war, kleisterte sich »Verbotene-Frucht«-Lippenstift auf den Mund, trug enge schwarze Pullover und einen Pferdeschwanz. Ich hörte, daß sie im Didgeridoo Kaffeeshop herumhing, einem beliebten Treffpunkt mit Aboriginemotiven und Bumerangs an den Wänden. Ihre Freunde kamen zum größten Teil auch vom Ballett – langhaarige Milchbubis aus zerrütteten Familien, die schlabbrige Pullover und zuviel Tweed Aftershave trugen. War das verwunderlich?

Meine alte Schulfreundin Phyllis Balderstone erzählte mir, sie habe Madge an einem Tisch mit lauter Jungens vom Ballett hofhalten sehen, die alle fast vor Lachen zusammengebrochen seien über jedes Wort, das sie sagte. Ich fand es widerlich, auch nur daran zu denken.

Mama machte gerade eine Phase scheinbarer geistiger Frische durch und bereitete sogar ab und zu das Mittagessen für Roy und Athol zu. Sie hatte ihre Meinung über Norman etwas geändert, ja, gab uns sogar ihren Segen. »Du hättest es schlechter erwischen können, Edna«, erklärte sie einmal, blickte auf ein Foto von Papa auf dem Kaminsims und seufzte tief. Ich konnte nie so ganz verstehen, was sie gegen meinen Vater hatte, außer, daß er sie im Stich gelassen hatte, indem er zu einem anderen Zeitpunkt starb, als sie es gern gehabt hätte.

»Nur eine kleine Frage«, sagte sie einmal eines Abends, während wir ihr berühmtes graues Haschee aßen. »Wo, bitte schön, habt ihr beide vor zu wohnen?« Offen gestanden hatte ich darüber noch nicht weiter nachgedacht, obwohl Norm einmal etwas von einem Antrag auf eine Kriegsheimkehrerwohnung gemurmelt hatte, wenn er auch, technisch gesehen, nie im Krieg gewesen war. Bevor ich noch mit sprachlosem Schweigen antworten konnte, fügte sie erstaunlicherweise hinzu: »Ihr könntet ja die ersten paar Monate hierbleiben. Die Buben werden schnell groß, und eine alte Frau wie ich kommt euch schon nicht in die Quere.«

»Oh, Mama«, rief ich überwältigt aus. »Wir könnten doch nicht —«

»Was paßt euch denn an diesem Haus nicht?« gab sie ärgerlich zurück. »Für uns war es gut genug. Aber ich nehme an, die gnädige Frau will auf der anderen Seite des Flusses wohnen, seitdem sie mit Gräfin Rotz von der Grazienschule dick befreundet ist!«

Ich fühlte mich entsetzlich, denn einerseits träumte ich schon von einem Eigenheim im vornehmsten Vorort von Melbourne, Toorak (ein altes Aborigine-Wort, das »vornehmer Vorort« bedeutet – es ist keine sehr schwere Sprache). Andererseits konnten wir auch nicht bei Norms Eltern bleiben. Ihr Haus war winzigklein – wenn auch makellos sauber –, und ohne Bleibe würden wir die Hochzeit auf unbestimmte Zeit hinausschieben müssen.

»Hör mal«, stimmte ich ihr zu, »das würden wir gerne tun. Aber du mußt mir versprechen, es uns zu sagen, Mama, wenn wir dich stören.«

Die folgenden Wochen waren erfreulich für mich. Ich schwänzte den Unterricht in Pixies Akademie, nicht nur, weil ich so oft zur Anprobe meines Hochzeitskleids zu Miss Wilmot mußte, sondern auch, weil der Entschluß, den Bund fürs Leben mit Norman zu schließen, mich mit großer Befriedigung erfüllte.

Der alte Mr. Everage war hoch in den Siebzigern und früher einmal Oberster Qualitätskontrolleur in der IXL-Marmeladenfabrik gewesen. Er hatte liebenswürdigerweise Mama angeboten, die Kosten für unseren Hochzeitsempfang in der Stadthalle von Moonee Ponds zu übernehmen, was sie mürrisch angenommen hatte. An Papas Stelle würde Onkel Vic mein Brautführer sein, und als Ehrendame hätte ich gerne Pixie gehabt, also schrieb ich ihr einen sehr netten kleinen Brief und drückte mir selbst die Daumen.

Aber dann ergriff mich das Heiratsfieber, und der Gedanke,

meinen schüchternen, starken, vernünftigen Bräutigam zu heiraten, erschien mir als das Natürlichste auf der Welt. Ich muß besonders guter Laune gewesen sein, nachdem Norm und ich den vorhergehenden Abend auf sehr romantische Art bei einer Live-Aufführung von »Annie get your gun« im Theater Seiner Majestät verbracht hatten, und so überraschte ich mich selbst damit, daß ich Madge McWhirter anrief.

»Ich möchte gerne, daß du am fünfzehnten eine meiner Brautjungfern wirst«, hörte ich mich selbst sagen. »Phyllis, Val und Ann sind die anderen drei, und Miss Wilmot wird euch für ein paar Anproben brauchen.« Am anderen Ende des Drahtes gab es eine lange Pause.

Wahrscheinlich war sie immer noch ein bißchen scharf auf Norman – *nach einer Nacht im Kino, um Himmels willen!* –, und so würde es wirklich Salz in ihren Wunden sein, das Podium mit mir hinaufschreiten zu müssen. Nicht etwa, daß ich es so gemeint hätte – *oder doch?*

»Hör zu, gern, Liebling«, sagte sie in dem albernen Showbineß-Ton, den sie sich in letzter Zeit zugelegt hatte. »Hast du schon ein Kabarett für den Empfang organisiert? Ich würde gern mein ›Brachland‹ für dich tanzen.«

Von meinen Spionen hatte ich gehört, daß diese erbarmungswürdige Kreatur eine Art Ein-Frau-Ballett nach einem langen, futuristischen Gedicht von irgend jemandem kreiert hatte. Ein Mitglied der Tweedtoilettenwasser- und Schlabberpulloverbrigade würde dieses unsinnige Geschwätz in ein Mikrophon lispeln, während Madge sich in einem zerrissenen Trikot auf der Bühne herumwälzte, dem Publikum ihre schmuddeligen Füße zeigte und mit ihrem Pferdeschwanz unsichtbare Fliegen erschlug.

»Würdest du das tun, Madge?« sagte ich überraschend. »*Versprich* es mir. Es würde allen eine solche Freude bereiten.« Und, wie ich es vorausgesagt hatte, so war es auch. Ein Gast sagte mir später, er habe noch nie schallenderes Gelächter gehört als in der

Stadthalle von Moonee Ponds während Madges Auftritt. Sie tanzte niemals wieder.

Madame Thelma selbst war nicht mehr am Leben, aber der Schönheitssalon, der ihren Namen trug, war immer noch der Lieblingstreffpunkt der Fräuleins aus Moonee Ponds, die etwas auf ihr Aussehen gaben. Ich ließ für den Großen Tag mein Haar färben und Dauerwellen legen, da meine malvenfarbenen Wurzeln schon wieder herauswuchsen. Seltsamerweise blieb ich noch jahrelang brünett, und erst Mitte der siebziger Jahre erlaubte ich meinem Schädel, in der fliederfarbenen Echtheit von Dame Natur zu erstrahlen.

»Was ziehst du denn Blaues zum Altar an, Edna?« sagte meine Brautjungfer Ann Forbes, die unter der Trockenhaube neben mir wie ein komischer Bischof aussah.

»Mama hat mir einen blauen Satinstrumpfhalter gegeben«, rief ich zurück, »und Nanas Opal-Spinnenbrosche ist alt. Ich trage ein Paar neue Spitzenhandschuhe und habe mir das seidene Taschentuch von Vals Mutter geborgt.« In der Tat wollte ich mein Glück verstärken, indem ich *zwei* alte Sachen trug: Mamas Strumpfhalter und auch ihren Brautschleier. Er war schon etwas fadenscheinig, aber noch völlig intakt, ich mußte nur den überwältigenden Geruch nach Mottenkugeln aushalten können.

An diesem Abend gingen wir alle zur Anprobe zu Miss Wilmot, die alle Kleider, einschließlich meines Abfahrtskleides, schneiderte; sie hatte sich von den Entwürfen in einem Enid-Gilchrist-Schnittmusterbuch inspirieren lassen. Mama finanzierte meine schöne Kreation in Ballerinalänge aus elfenbeinfarbenem Organza und Guipurespitze.

Glücklicherweise bezahlten meine Freundinnen, auch Madge,

ihre Kleider selbst. Madge tat immer so, als wäre sie arm, aber ich vermute, daß ihre Tante, die alte Mrs. Findlay, das nötige Kleingeld hatte. Sie war, wie viele Kiwis, schottischer Abstammung, und mein Vater pflegte immer zu sagen, sie hätte kurze Arme und tiefe Taschen. Auch die Brautjungfern bekamen ballerinenkurze Kleider in wundervollen Aprikosen- und Auster-, Zitronen- und Aprikosen- und Aprikosen- und Limonentönen. Als ich das erste Mal Debbie Reynolds in »Ein Ausbund an Freude« sah – neben »Citizen Kane« zufällig einer meiner Lieblingsfilme –, war es unheimlich, die Ähnlichkeit zu sehen, die ihre Kleider mit meinem eigenen Hochzeitsensemble hatten. Aber Australien ist schon immer bahnbrechend auf dem Gebiet der Mode gewesen.

Am Samstag vor dem Größten Tag meines Lebens organisierten wir eine Küchenteeparty in der Humouresque Street 36. Alle meine Freunde kamen vorbei, und die Hidden-Schwestern hatten Überstunden gemacht, um uns für den Nachmittagstee leckeren Schmetterlingskuchen, Passionsfruchtrührkuchen und Datteln- und Bananen-Baumstämme zu liefern. Ich glaube, ich habe schon erwähnt, daß Mama nach ihrem letzten Nervenzusammenbruch nicht mehr buk, aber sie machte trotzdem einen »Igel« aus zerbrochenen Keksen, Schokolade und Kokosnußfett. Beim Nachmittagstee durfte natürlich der Lamington, ein original australischer Kuchen, nicht fehlen, der vom einstigen Gouverneur von Queensland, Lord Lamington, erfunden worden war. Der Lamington besteht aus einfachen Rührkuchenwürfeln, die dick mit Schokolade überzogen und in Kokosnuß gewälzt werden. Damals wußten wir noch nicht, daß schon ein paar Jahre später der Lamington zu einer tödlichen Gefahr werden würde. Ich kann mich nicht mehr an alle Einzelheiten erinnern, aber in einigen der Schiffe, die getrocknete Kokosnüsse speziell für die Lamington-Industrie nach Australien brachten, waren Leprakranke an Bord, von denen Körperteile in die Kokosnüsse fielen – die

Armen. Infolgedessen ging der Verkauf von Lamingtons genauso drastisch zurück wie der des anderen australischen Hauptprodukts: Kokoseis. Eine Menge Frauen meiner Generation sagen mir, daß die Lamingtonangst der fünfziger Jahre das einzig Dramatische war, das in ihrem ganzen Leben geschehen ist, und das glaube ich gerne.

Es war schön, meine ganzen Freundinnen in der Nummer 36 sitzen zu sehen. Sie lachten und schwatzten und waren ganz offensichtlich glücklich für mich – sogar eifersüchtig. Natürlich hatten sie alle Geschenke mitgebracht, die numeriert und auf dem Eßzimmertisch abgestellt wurden. Dann bekam jede einen Bleistift und Papier, und sie mußten der Reihe nach niederschreiben, für was sie die Geschenke hielten. Nach dem Öffnen der Geschenke würde die mit den meisten richtigen Antworten eine hübsche Schachtel mit Bronnleys-Fern-Toilettenseife gewinnen. Zu meiner leichten Verärgerung war das Madge – nun ja, in ihrem Fall war der Preis ja auch dringend nötig. Mama sagte einmal, etwas bösartig: »Wenn man etwas vor Madge verstecken will, muß man es unter die Seife tun.«

Ich bekam eine ansehnliche Anzahl Küchenartikel für meine Traumküche, darunter zwei Käsereibmaschinen, drei Bratenwender, vier Kuchentester, ein Kuchenabkühlgitter, zig Küchenhandtücher und Gesichtswaschlappen, ein Kartoffelmesser, sechs Eierbecher, einen chinesischen Rückenkratzer (!), Meßlöffel, Einmachgläser, einen Schneebesen, einen Satz Holzlöffel, ein Kochbuch der Landfrauenvereinigung, einen Satz Cocktailrührlöffel und von meiner Brautjungfer Phyllis eine schöne Tasse mit passender Untertasse und Teller, alles mit Goldrand und hauchdünn, die zu dem verrückten Teeservice gehörte, das wir alle in den fünfziger Jahren sammelten. Madge schenkte mir ein Paket Stahlwolle (nicht weiter verwunderlich), und meine ehemalige Lehrerin, Miss Godkin, schenkte mir ein Waffeleisen – ein Paar Metalltassen an langen Stielen, zwischen die man ein Sandwich klemmte und erwärmte, bis es sich in eine leckere Waffel verwandelte – eine Modeerscheinung der frühen fünfziger Jahre, die möglicherweise wieder im Kommen ist. Meine zukünftige Schwiegermutter, die alte Mrs. Everage, schenkte mir eine schöne Küchenwaage, die ich nie benutzte, über die man aber im Trödelladen der Kirche sehr froh war, als ich sie nach ihrer Beerdigung dort abgab.

Ich hatte jedem meine Farbwünsche genannt, Aquarelltöne, und ich hoffte insgeheim, daß ich meine Mutter würde überreden können, ihre ziemlich triste cremefarbene und grüne Küche neu streichen zu lassen, um sie etwas moderner zu gestalten.

Wir verbrachten einen herrlichen Nachmittag, an dem wir schwatzten und unsere albernen Spiele spielten, Zwanzig Fragen, Konzentration und Gib-die-Orange-unter-dem-Kinn-weiter. Meine ehemalige Biologie-Lehrerin, Rosalee Tumbey, meinte, ich solle es ihr rechtzeitig sagen, wenn sie anfangen sollte, Babyschühchen zu stricken, was Mama etwas unpassend fand.

Jeden Morgen hatte ich in unseren Briefkasten gespitzt, eine feuchte Nische im Mauerwerk unseres Torpfeilers. Dort versteckten sich mit Vorliebe Schnecken, und oft war unsere Morgenpost mit ihren silbernen Spuren bedeckt. Ich wartete auf eine Antwort von Pixie Lambell. Es war jedoch noch keine gekommen, und laut Cynthia war sie nie da, wenn ich im Büro anrief. Heutzutage würde man sagen, sie sei in einer »Sitzung«, was, wie jedermann weiß, soviel heißt wie: »Mit ihr sprechen? Sie machen wohl Witze?« Wurde ich schon paranoid? fragte ich mich. Das bedeutete »nervös sein«; die Scrabble-Spieler entdeckten das Wort zu dieser Zeit gerade für sich. Aber ich wünschte mir so sehr Pixies Einverständnis, und es ärgerte mich, daß sie glaubte, ich mache einen Schritt in die falsche Richtung, noch dazu einen so großen.

Norm und ich gingen ziemlich regelmäßig zur Kirche, um die Verlesung unseres Aufgebots zu hören, und auch, um mit dem Kanonikus George Lake nach der Kirche in der Sakristei ein paar ruhige Gespräche über den heiligen Stand der Ehe zu führen. Er war ein wenig »prosaisch«, wie meine Mutter zu sagen pflegte, und während er etwas über die Bedeutung unseres Eheversprechens herunterleierte, betrachtete ich den Spaghetti-aus-der-Dose-Fleck auf seinem steifen Kragen und fragte mich, ob ich nicht auf mein Taschentuch spucken und ihn abwischen sollte. Ich war noch nie eine Heidin; sehen wir doch mal den Tatsachen ins Auge, zu meiner Zeit hat man mich eine moderne Mutter Teresa genannt, aber es ist ganz einfach so, daß mein Renaissance-Geist mit mir durchgeht, wenn es zu den Großen Erfahrungen des Lebens kommt. Als ich zum Beispiel konfirmiert wurde und mir der Bischof von Geelong die Hand auflegte, um mich zu segnen, versuchte ich wie verrückt, etwas von der Mystik des Augenblicks in mir heraufzubeschwören, aber ich roch nur die Brillantine, die er Sekunden vor seinem – sagen wir ruhig: Auftritt – in der Sakristei auf seinen Schädel geklatscht hatte.

Ich hatte für mich die Hymne »Alle hellen und schönen Dinge« ausgesucht, und nachdem Norm ein ehemaliger Soldat war, schlug der Kanonikus Lake vor, die Organistin Mrs. Tribe könne die Marinehymne spielen, die zu der Zeit in den Hitparaden war. Die Melodie stammte aus einer sehr schönen Oper mit dem Titel »Duett der Gendarmen«, und alle Welt kannte sie:

> »Aus den Hallen Montezumas
> zu den Ufern von Tripolis ...«

Norm war an keinem der Schauplätze des Liedes gewesen, aber das wischte der Kanonikus Lake einfach beiseite.

Am Vorabend meiner Hochzeit kam ein Telegramm:

LIEBSTE EDNA, LEIDER SCHON LANGE NICHT MEHR GESEHEN STOP DANKE FUER DIE EINLADUNG STOP TEILNAHME UNMOEGLICH WEGEN FAHRT NACH PARIS ZUR KOLLEKTION STOP HOFFE, SIE WISSEN, WAS SIE TUN STOP DENKEN SIE AN MICH, WENN ES NICHT KLAPPT STOP IHRE FREUNDIN PIXIE.

Wie konnte sie, wie *konnte* sie nur? Ich schrie innerlich und zerriß das Telegramm zu Konfetti. Sie hat unrecht, sie hat unrecht, wiederholte ich bei mir. Es *wird* klappen. Ich werde zusehen, daß es klappt. Eines Tages werde ich es ihr zeigen, und dann wird es ihr leid tun. Mit einem kleinen Schmerz im Herzen, den nur der Ärger zu besänftigen schien, zermarterte ich mir das Gehirn, um schnell eine andere Ehrendame zu finden. Tantchen Rita, die Schwester meines Vaters, kannte ich kaum, außerdem war sie schon tot, weshalb sie nicht in Frage kam. Auch Mamas Schwester Ruby war indiskutabel, da sie der Heilsarmee angehörte. Darum wandte ich mich um die elfte Abendstunde an meine ehemalige Lehrerin, Rosalee Tumbey, und bat sie, in die Bresche zu springen. Sie war natürlich begeistert, und ich fragte mich, nachdem ich sie gebeten hatte, ob sie vor der Zeremonie ihre Oberlippe mit der Pinzette bearbeiten oder sich schnell mit ihrem Gillette Ladyshave rasieren würde. Es hat mich schon immer erstaunt, wie eine Biologielehrerin hormonell aus dem Gleichgewicht sein konnte, ohne es zu bemerken, genauso, wie weltberühmte Künstler immer grauenhafte Krawatten tragen.

Obwohl Miss Lambells pessimistische Worte mir in den Ohren klangen, fühlte ich mich gelassen und voll Vertrauen in die Zukunft, als ich an jenem historischen Samstag nachmittag am Fuß des Altars stand. Meine drei lieblichen Brautjungfern und

Madge standen hinter mir, und der süße Onkel Victor fingerte nervös an seinem geliehenen Kragen herum.

»Viel Glück, Edna«, flüsterte Miss Tumbey und drückte meinen Arm leicht. Ich neigte mich zu ihr hinab, um ihr ein Küßchen zu geben, befürchtete aber, die ungekürzten Stoppeln der lieben alten Dame könnten meinen empfindlichen Schleier ruinieren. Es tut mir leid, aber so war es nun einmal. Die Kirche roch penetrant nach Pelzen und Talkumpuder, und weit weg im Mittelschiff sah ich meinen Norman, der mit seinem Trauzeugen dort wartete. Plötzlich stürzte sich Mrs. Tribe wie eine Ladung Backsteine auf die Orgel, und die Melodie, wegen der so manches Mädchen einen Mord begangen hätte, erschallte in der Kirche. Miss Tumbey gab mir einen kleinen Stoß, und ich schritt das Mittelschiff hinab.

Die Dreifaltigkeitskirche von Moonee Ponds war an diesem Tag gestopft voll, und ich werde nie den Anblick all meiner Freunde und Bekannten vergessen, die sich nach mir umdrehten und mich anstrahlten, als ich mit jener Haltung, die ich einer abwesenden und entfremdeten Freundin verdankte, graziös auf meinen Bräutigam zuschwebte.

Unter meinem Schleier verursachte mir der Geruch nach Mottenpulver eine leichte Übelkeit, und ich stützte mich schwer auf Onkel Victor, als wir an den Kanzelstufen ankamen. Die schöne, schlichte Zeremonie verlief ohne Zwischenfall, außer, daß Mama schniefte und die fünfzigjährige, geistig zurückgebliebene Tochter der alten Mrs. Pollock seltsame Geräusche von sich gab, Gott segne sie.

Als Norm, dessen Schultern wie immer aufgrund einer schnellen Waschung feucht waren, den Goldring über meinen Finger streifte, versuchte ich verzweifelt, irgendeine transzendentale Regung zu verspüren, aber nichts geschah. Erwartete ich vielleicht zuviel? fragte ich mich. Oder war es mit der Großen Glückseligkeit vielleicht ein wenig so wie mit diesen Krankheiten, von denen man nicht weiß, daß man sie hat, bis man jemand anderen damit ansteckt?

Ich war wohl ein bißchen weggetreten, denn der Kanonikus Lake hatte schon ungefähr fünf- oder sechsmal »Sie dürfen jetzt die Braut küssen« gesagt, bevor wir uns unter dem abschreckenden Tüll meiner Mutter einen ungeschickten Kuß gaben. Dann gingen wir zur Unterzeichnung der Dokumente in die Sakristei. Norm unterzeichnete zuerst und trug seine Daten ein, und als ich den Conway Stewart nahm, um meinen Namen einzuschreiben, tat ich etwas, was wir vom Theater eine »doppelte Aufnahme« nennen.

»Norm, Liebling«, sagte ich, »du Dummkopf. Du bist so nervös, daß du das falsche Geburtsdatum eingetragen hast! Schau«, sagte ich und deutete auf die noch feuchte Tinte auf dem Register, »du hast aus dir ja einen alten Mann von dreiunddreißig Jahren gemacht!«

Norm errötete. »Na und, Edna?« sagte er. »Man ist so alt, wie man sich fühlt, oder? Und du brauchst doch einen reifen Typ, der sich um dich kümmert.«

»Das ist gewiß wahr«, gab ich etwas laut zu. »Aber du hast doch gesagt, du seist erst dreiundzwanzig!«

»Nein, noch nie, Liebling«, protestierte mein Mann. »Darüber haben wir nie gesprochen. Und dreiunddreißig ist doch gar nicht so alt. Schau dich mal an, *du* siehst älter aus als neunzehn!«

»Sage, bitte schön, nicht Liebling zu *mir*«, explodierte ich und fühlte, wie meine Lippen bleich wurden. »Die Leute sind *erstaunt*, wenn sie hören, daß ich neunzehn bin. Wie alt finden Sie, daß ich aussehe, Kanonikus Lake?« sagte ich und wandte mich zu dem bekümmerten Vikar um.

»Bitte, bitte, junge Leute«, stieß der Pfarrer hervor. »Das ist weder der passende Zeitpunkt noch der passende Ort...«

Miss Tumbey, meine Ehrendame, rang die Hände, und der andere Trauzeuge, Graeme Batty, Normans Zeuge, sah reichlich besorgt aus.

»Immer nur langsam, Alter«, sagte er zu Norm. Alle schienen zu glauben, mein Mann sei alt, es war wie im Alptraum.

»Du hast mir mit deinem Alter was vorgeschwindelt, Norman, das ist die Wahrheit«, schrie ich, und meine Stimme schwoll an. »Du hast mich unter falschen Voraussetzungen hierhergebracht!«

»Psst!« beschwor uns der bedrängte Vikar. »Um Christi – ich meine, Himmels willen, seien Sie doch leise, Mrs. Everage. Die Akustik in dieser Kirche ist sehr gut.«

Ich sah mich über meine Schulter hinweg nach der »Mrs. Everage« um, mit der der Kirchenmann sprach, um schließlich feststellen zu müssen, daß er mich meinte! *Ich war jetzt jemand anderes* und konnte nicht mehr zurück. Norman versuchte, seinen Arm um mich zu legen.

»Verschone uns, Edna«, sagte er immer wieder. »Fang nicht an zu heulen. Nicht heute, Kleines. Unterschreib endlich, und dann laß uns gehen.«

Ich kritzelte ins Register, und dabei landete eine riesige Träne auf der Seite und verwandelte den größten Teil meines Namens in einen verlaufenen Rorschachfleck. Ich kniff die Augen zusammen und sah Norman an. Sein Haar *war in der Tat* sehr dünn, und unter dem Kinn war sein Hals faltig, und er hatte Krähenfüße. Ich suchte auf seinen Handrücken nach Altersflecken, aber die ließen noch etwas auf sich warten. Irgendwo am Ende eines langen Tunnels in meinem Gehirn hörte ich Pixies Stimme. »Hoffentlich wissen Sie, was Sie tun, was Sie tun, was Sie tun...«

Der Kanonikus Lake lugte durch die Sakristeitür in die Kirche. »Die werden unruhig«, sagte er. »Bitte machen Sie das doch später unter sich aus. Um fünf Uhr kommt noch ein Brautpaar.«

Ich schob meinen Arm unter den von Norm. »Wir sind soweit, danke, Kanonikus Lake. Wir sollten uns jetzt nicht streiten. Schließlich«, fügte ich hinzu und schaute Norman bedeutungsvoll an, »schließlich ist das Leben zu kurz, insbesondere das seine.«

Schon erschütterte Mrs. Tribes Version des Hochzeitsmarsches von Mendelssohn die Kirche in ihren Grundfesten, und wir gingen das Mittelschiff hinunter, hinein in einen Konfettiregen vor der Tür. Die Hochzeitsfotos sind jetzt alle in der Universität von Südwestvirginia, ebenso wie alle lokalen Zeitungsausschnitte, in denen übereinstimmend zu lesen ist, daß ich strahlend aussah. Eine meiner königlichen Freundinnen sagt übrigens, daß man sie ständig »strahlend« nennt, obwohl es meilenweit von der Wahrheit entfernt ist. Aber nun, da all diese glücklichen Leute uns mit irgendwelchen Sachen bewarfen, der Himmel sich blau über uns wölbte und der schöne schwarze Buick mit den weißen Bändern auf uns wartete, kam ich wieder zur Besinnung. Schließlich und endlich war der Altersunterschied zwischen Charlie Chaplin und der hübschen Oona weitaus größer, und Norm sah *in der Tat* jung aus – wenn er im richtigen Licht stand. Ich durfte Pixie nicht gewinnen lassen, dachte ich bei mir, als wir in die Stadthalle von Moonee Ponds – und in die Zukunft – davonratterten.

Kapitel 16

Das sandgestrahlte Rentier

Es kommt nicht selten vor, daß bei Paaren am Anfang ihres Zusammenlebens ein Problem auftaucht, das beide verzweifelt für immer aus ihrem Leben tilgen wollen. Aber das Problem wartet und lauert auf ihrer Türschwelle, und erst spät am Abend, wenn die beiden im Ehebett liegen, kriecht es durchs Oberlicht herein und läßt sich zwischen ihnen im warmen Bettzeug nieder, um niemals mehr zu verschwinden.

Bei uns war es meine furchtbare Angst wegen meines Streits mit Norm auf den Stufen des Altars. Ich hätte am liebsten so getan, als sei nichts geschehen, und niemals wieder davon gesprochen. Aber das Vorkommnis überschattete unser Leben. Was, wenn ich mit einem chronischen Lügner verheiratet war? Je heller das Licht, desto dunkler dieser kleine Schatten des Zweifels und der Unsicherheit in meinem Herzen.

Recht steif waren wir nebeneinander im Brautwagen gesessen; Norm schüttelte das Konfetti von seinen Ärmelaufschlägen und pflückte die bunten Punkte aus seinem Haar. Er sah so feierlich und verloren aus, daß ich trotz meiner gemischten Gefühle kichern mußte.

»Oh, Norm!« rief ich aus, warf mich in seine Arme und schüttelte mich vor Lachen – und ein paar Tränen. »Ich liebe dich so, wie du bist, auch wenn du so alt bist wie Methusalem. Ich weiß, daß wir nie über unser Alter gesprochen haben, über eine Menge Dinge haben wir noch nie gesprochen, aber wir haben ja noch ein ganzes Leben vor uns.« Norms Finger gruben

sich etwas in mein Fleisch ein, als er meine Umarmung erwiderte.

»Ed«, sagte er und strich zärtlich über den Organzastoff meines
Kleides, »meine dumme kleine Edna. Du bist das beste Mädchen
auf der ganzen Welt.«

Mein Hochzeitsempfang nahm nicht die ganze Stadthalle von
Moonee Ponds ein. Man hatte sie abgeteilt und aufgebockte
Tische mit köstlichen Sachen aufgestellt: Cocktailwürstchen auf
Zahnstochern neben Schüsselchen voll Rosellas Tomaten-
ketchup, Wurstbrötchen, Spargelröllchen, Corned Beef, kalter
Schinken und Hühnchen und eine Unmenge Salat, der mit
süßem Mais und Roten Beten garniert war. Krüge mit leichtem
Punsch standen auf allen Tischen, und für die, die wollten, gab
es ein wenig Ale. Auf dem Podium arrangierte Mrs. Tribe, die
geradewegs aus der Kirche gekommen war, ihre weltlichen Parti-
turen auf dem Blüthner-Klavier, während ihr Mann seine kleine
Schlagzeuganlage aufbaute.

»Oh, Mama«, sagte ich, als ich mich an der Tür neben sie stellte,
um die Gäste zu begrüßen. »Alles sieht so schön aus. Das muß
doch ein Vermögen gekostet haben.« Und dann fügte ich nicht
sehr wahrheitsgetreu hinzu: »Das wäre doch nicht nötig gewesen!«

»Mr. und Mrs. Everage haben sich liebenswürdigerweise daran
beteiligt«, sagte meine Mutter und nickte zu dem fast schon
senilen Paar hinüber, das in der Nähe herumstand und so aussah,
als wüßte es nicht genau, warum es hier war oder um was es
eigentlich ging.

»Obwohl er schon lange im Ruhestand ist«, flüsterte meine
Mutter, »hat Ern Everage all die Marmelade für die Rührkuchen
und die Birnen und Pfirsiche in Dosen für den Fruchtsalat von
IXL *umsonst* bekommen.«

Wieder dieser kleine Schatten; ich hatte immer geglaubt, dieses
kleine alte Paar habe Norm in späten Jahren bekommen. Jetzt

213

wußte ich es besser. Roy und Athol grinsten mich in meinem Brautkleid schafsmäßig an. In ihren guten Anzügen, die Norman für sie mit Personalprozenten bei Ball und Welch erstanden hatte, sahen sie so erwachsen aus. Außerdem hatten sie ihre Freundinnen Dawn und Jeannette dabei. Ich wußte, daß Mama sich Sorgen wegen Dawn Purdie machte, ja daß sie sogar fast krank war vor Sorge. Sie sagte mir, sie hoffe, es handele sich nur um eine kindliche Liebesaffäre, denn sie hatte ein paar zutiefst beunruhigende Symptome bemerkt: zunächst einmal das winzige Goldkreuz an Dawns Hals und dann die komische Art und Weise, in der das Mädchen bei einem Scrabblespiel den Buchstaben »H« ausgesprochen hatte. Das alles ließ auf keine gute protestantische Erziehung schließen. Damals, als ich so nett zu ihr war, konnte ich noch nicht wissen, daß diese gezierte Mieze eines Tages vom Titelblatt des australischen »Woman's Monthly« mit der Schlagzeile herunterlächeln würde: EDNA IST KEINE DAME! VON IHRER SCHWÄGERIN (EXKLUSIV). Pfui Teufel!

Die Gäste defilierten an mir vorüber, umarmten und küßten mich, schüttelten Norm die Hand und deponierten ihre Geschenke auf einem Extratisch. Ein paar Mädchen, gerührt über die Schönheit der Zeremonie, weinten noch immer, und nur Phyllis Balderstone fragte mich im Flüsterton, warum wir in der Sakristei so lange gebraucht hätten.

Auf dem Podium hatte die Musik inzwischen begonnen. »Charmaine«, gefolgt von Victor Sylvesters »Exhibitions-Swing«, der von dem Ehepaar Tribe recht steif interpretiert wurde. Glücklicherweise wurden die falschen Töne von dem Gelächter und dem zunehmenden Lärm übertönt, den unsere glücklichen Gäste machten, und es tanzten sogar schon ein paar Leute. Norms Trauzeuge, Graeme Batty, blies ins Mikrophon und unterhielt sich mit einem Jungen mit Cornell-Wilde-Frisur, der noch ziemlich feucht hinter den Ohren aussah und den ich als Madges memmenhaften Partner in ihrem für

214

später geplanten Kabarett erkannte. Offen gestanden konnte ich es kaum erwarten.

An jenem Abend muß ich zuviel Punsch getrunken haben, denn das Licht und die Reden wurden immer verschwommener, und wir alle lachten über alles. Mit meinem dreistöckigen Kuchen waren die Hidden-Schwestern über sich hinausgewachsen, und als ich das große Kuchenmesser zur Hand nahm und in den dicken Mandelguß drückte, bis ich fühlte, daß es in den dunklen, kirschengespickten Fruchtkuchen eindrang, dachte ich an meine Hochzeitsnacht, die nur ein paar Stunden entfernt war, und überlegte, was geschehen würde, wenn überhaupt etwas geschehen würde.

Der alte Mr. Everage hielt eine Rede, die kein Mensch verstand, denn das Mikrophon sprengte uns mit lauten, klirrenden Geräuschen das Trommelfell, und Norm sagte etwas Kurzes, Liebes, Zärtliches, das alle Mädchen in »Aaahh«-Rufe ausbrechen und Mama weinen ließ und mich mit ziemlichem Stolz darüber erfüllte, daß mein Mann ein Mann von Welt und kein pickliger Schuljunge war.

Zu diesem Zeitpunkt war Norms Trauzeuge, Graeme, eindeutig schon so voll wie eine katholische Schule, um einen späten, ziemlich unpassenden Ausdruck meines Vaters zu benutzen, und er verlas einige recht dümmliche und zweideutige Telegramme, die die meisten von uns mit schiefem, verlegenen Lächeln zu Boden schauen ließen.

Wir hatten die Tribes gebeten, unseren Lieblingssong »Meine Träume werden immer schöner« zu spielen, und Norm und ich tanzten, wenn auch die Melodie, die sie spielten, völlig unkenntlich war. Schon bald war es für mich an der Zeit, nach Hause zu eilen und mein Reisekleid anzuziehen, diesmal ein auf Taille geschnittenes burgunderfarbenes Kostüm, das Miss Wilmot frei nach dem »Enid-Gilchrist-Schnittmusterbuch« geschneidert hatte, und so verpaßte ich also Madges »Brachland«, aber die

Gäste heulten noch immer vor Lachen, als ich in die Halle zurückkam.

Norms Vauxhall stand im Leerlauf vor der Stadthalle, und meine Brüder hatten alte Spaghetti- und Gebackene-Bohnen-Dosen an die hintere Stoßstange gebunden und »Frisch vermählt« und andere Slogans mit weißem Tennisschuhreiniger auf das ganze Auto gekritzelt. Die Gäste strömten heraus, um uns mit Reis und noch mehr Konfetti zu verabschieden, während Norm den Gang einlegte. Ich stand mit meinem leicht ramponierten Strauß auf dem Trittbrett und warf ihn hoch über die Köpfe meiner Gratulanten hinweg. Er landete mit einem ziemlich lauten Knall, und aus der Menge heraus war ein leiser Schmerzensschrei zu hören. »Wer hat ihn denn gefangen?« rief ich lachend, als sich das Auto seinen Weg durch die Menge bahnte.

»Das war Madge!« rief Val Dunn. »Er ist auf ihrem Nacken gelandet!« Ich hoffte, das würde ihr Glück bringen, ganz ehrlich, obwohl ich später erfahren mußte, daß mein Hochzeitsstrauß mit solcher Wucht aufgeprallt war, daß ein ganzes Nervenzentrum ausgelöscht wurde.

Es war vorgesehen, daß wir die Nacht im Windsor-Hotel verbrachten, bevor wir nach Tasmanien in die Flitterwochen fuhren. Tasmanien ist eine etwas unheimliche, aber hübsche kleine Insel südlich von Australien, die oft auf der Landkarte nicht eingezeichnet ist. Wir nahmen auf der »Prinzessin von Tasmanien« unser Auto mit und schweiften zwei Wochen umher, bevor wir nach Moonee Ponds zurückkehrten und uns in der Humouresque Street 36 niederließen. Mama würde ihr Zimmer abschließen und zurück nach Wagga-Wagga gehen, um dort ein paar Monate bei alten Freunden zu verbringen. »Ihr wollt doch sicher nicht, daß euch eure dumme, alte Mutter im Weg ist«, hatte sie gesagt und damit unsere Gedanken erraten. »Aber jetzt, wo euer Vater tot ist, werde auch ich nicht mehr lange dasein.« Mir ist schon aufgefallen, daß Leute, die so daherreden, meist ewig leben.

Es soll hier genügen, wenn ich sage, daß ich mich an jede Einzelheit in meiner Hochzeitsnacht erinnere.

Das Windsor ist ein hübsches, altmodisches Hotel, das einzige in Melbourne, das im nächsten Jahrzehnt nicht abgerissen wurde. Der stellvertretende Chef führte uns in einen großen, etwas tristen Raum mit eigenem Badezimmer, so daß wir nicht auf dem Gang herumlaufen mußten, wenn wir die sanitären Einrichtungen aufsuchen wollten, wie es in den anderen Hotels der Fall war. Über dem hohen Doppelbett mit nilwasserfarbenem Überwurf hing ein Original mit Wellen, die sich an einem öden Strand brachen. Im Zimmer war auch eine große Mahagonigarderobe, ein verschlossener Schrank mit allerlei Schnickschnack und kleinen Porzellanfiguren auf Glasböden, ein unbequemer Lehnstuhl und ein kleiner, runder, hölzerner Tisch mit Glasplatte. Darauf stand eine halbe Flasche Barossa Pearl mit einer Karte, auf der zu lesen war, daß die Hotelleitung die Flasche gestiftet habe.

Zu jener Zeit war Barossa Pearl – in Maßen genossen – mein Lieblingsgetränk. Das ist ein australisches champagnerähnliches Getränk aus dem Barossatal, von dem Leute, die schon in Übersee gewesen sind, behaupten, es habe Weltklasse. Bei unserem Hochzeitstoast war es auch serviert worden, und ich fürchte, Norm und ich hatten dort schon eine große Dosis eingenommen (um einen Lieblingsausdruck meiner Mutter zu benutzen).

Norm, noch immer in voller Montur, verbrachte eine Menge Zeit mit der Landkarte von Tasmanien, also huschte ich ins Badezimmer, um meine Nachtcreme aufzutragen und mich darauf vorzubereiten, was Dame Natur mit mir im Schilde führte.

Ich weiß, daß gewisse Elemente unter meinen Lesern – hoffentlich nur wenige – jetzt schlüpfrige und lose Details aus meiner Hochzeitsnacht erwarten. Aber »so« ein Buch ist das nicht. Es tut mir furchtbar leid, aber so ist es nun einmal. Sie können mich ruhig altmodisch nennen, wenn Sie wollen, aber ich habe noch nie über die Schrecken meiner Flitterwochen mit anderen Frauen gesprochen und erwarte auch nicht, daß sie die ihrigen mit mir teilen. Ich weiß, daß im allgemeinen die Männer beim Gedanken an ihre Hochzeitsnacht nervöser werden als die Frauen. Es soll hier genügen, wenn ich sage, daß *ich* mich an jede Einzelheit in meiner Hochzeitsnacht erinnere.

Tasmanien war sehr schön, und ich gewann dort liebe neue Freunde, die ich noch heute anbete: June, Joan, Joyce, Reg und Judy und Ken und Berta, um nur ein paar Namen zu nennen. In der Guten Alten Zeit war Tasmanien eine Sträflingskolonie gewesen, und da ich mystisch veranlagt bin, verspürte ich in den entfernten Ecken und Winkeln dieser faszinierenden Insel seltsame Schwingungen. In der Tat erwachte ich ein paarmal nachts strampelnd und schreiend, da ich gerade meine eigenen Sträflingserlebnisse aus einem früheren Leben aufs neue durchlitten hatte. Ich hatte die Vorstellung, daß Stahlbänder um meine Handgelenke und Füße liefen und mich niederhielten, und voll Erleichterung stellte ich beim Aufwachen fest, daß es keine Handschellen, sondern nur die besorgten Finger meines Ehemannes waren, der mich beruhigen wollte, damit ich wieder einschlafen konnte.

Zurück in Moonee Ponds, begannen wir, das alte Haus zu renovieren und modernisieren, und ich machte mir insgeheim Sorgen, ob meine Mutter es überhaupt wiedererkennen würde, wenn sie endlich aus dem Busch zurückkam. Natürlich blieb ihr altes Zimmer unangetastet. Es war ohnehin abgeschlossen, aber durchs Schlüsselloch konnten wir sehen, daß sie ernstlich damit begonnen hatte, Dinge zu horten. Roy war beim Militär, und es hieß, man würde ihn vielleicht sogar nach Korea schicken, während der kleine Athol, der schon über einsachtzig groß war, viel Zeit mit seinen Freunden verbrachte und am Technischen College Buchführung studierte.

Schon bald besaß ich meine pastellfarbene Küche in Wassertönen, die gut ausgestattet war mit Hochzeitsgeschenken, einschließlich fünf Toastern (darunter ein automatischer), vier Waffeleisen, einem Sunbeam Mixmaster, einem Set Salatschüsseln und einem Set nützlicher »Splayds« – einer Mischung aus Messer und Löffel norwegischen Ursprungs, glaube ich. In jener Phase meines Lebens war ich in skandinavisches Design verliebt, so wie ich mich später in Teak und Thai-Seide verlieben würde. Wir hatten auf Leasingbasis einen funkelnagelneuen Kühlschrank erstanden, der in der Ecke, wo einst die alte Kühlkiste gestanden war, summte und gelegentlich leise erschauerte. Es ist eigenartig für mich, jetzt meine alte Küche mit einer Seilabsperrung vor dem Kühlschrank zu sehen, an der ein Schild mit der japanischen Aufschrift »Bitte nicht berühren. Postkarten am Empfang erhältlich« hängt. Wir strichen das ziemlich dunkel gebeizte Holz im Wohnzimmer in freundlichem Eierschalenweiß, nahmen die tristen, bleiverglasten Eßzimmertüren heraus und ersetzten sie durch die sandgestrahlten Rentiere, von denen ich schon immer geträumt hatte. Ich begann, Geld in Kunst anzulegen, und schon bald hing über dem Kamin Tretchekoffs magisches Bild »Chinesisches Mädchen mit grünem Gesicht«.

Das Leben verlief sehr glücklich. Die Jungens machten uns keine Sorgen, Norman war ein Engel, und Mama hatte uns aus Wagga mitgeteilt, daß sie noch einen Monat bei den Beauforts bleiben würde. Als ich Normans hochmodische Unterhosen an der nagelneuen Wäschespinne aufhängte, die an die Stelle der fürchterlichen Wäscheleine im Hinterhof getreten war, dudelte mein cremefarbenes, »dreikehliges« Bakelitradio fröhlich durch die enteneierfarbenen Jalousien:

> »Krabbenboote kommen
> Ihre Segel sind zu sehen
> Krabbenboote kommen
> Heute abend ist Tanz ...«

Ein paar Monate später hatte ich bei meinem Gynäkologen, Mr. Granville-Bantock, in seiner Praxis in der Collins Street einen Termin. Es war mir ein paarmal schwindlig und übel gewesen, und unser Hausarzt, Dr. Joseph Holbrooke, meinte, ich solle zur Sicherheit einen Spezialisten aufsuchen. Nach einer kurzen Untersuchung sah Mr. Bantock auf und sagte: »Darf ich Ihnen als erster gratulieren?«

Wozu, fragte ich mich. Aber das sollte ich bald erfahren.

Mama kam von ihrem Landaufenthalt zurück und schien unsere häuslichen Veränderungen gar nicht zu bemerken. Norman hatte auf der rückwärtigen Veranda Jalousien angebracht, so daß die Jungens, die immer häufiger abwesend waren, sie als Behelfswohnung benutzen konnten. Aus ihrem eigenen Zimmer war eine wunderhübsche rosa Kinderstube geworden. Ich muß sagen, daß sich meine Mutter in ihren lichten Momenten großartig verhielt. Wann immer es während der nächsten Monate möglich war, sorgte sie dafür, daß ich die Füße hochlegen konnte, und zwar bis zum letzten Augenblick. Mitten bei »I'm Singing in the Rain«, an der Stelle, an der Gene Kelly im Rinnstein herumplanscht, platzte meine Fruchtblase, und man brachte mich nach Bethesda, in Mamas ehemaliges Krankenhaus. Dort wurde die kleine Lois geboren.

Jetzt komme ich zu einem Teil meiner Geschichte, über den noch nie gesprochen worden ist. Kein Wort von dem, was folgt, ist jemals der Presse zu Ohren gekommen, hinter vorgehaltener Hand an die Medien weitergegeben oder in meinen Biographien erwähnt worden. Aber dies wäre nicht das ehrliche Buch, das ich versprochen habe, wenn ich weiterhin diese Geheimniskrämerei betreiben würde. Es handelt sich um ein Geheimnis, das Norman und ich lange Jahre für uns behalten haben, aber jetzt muß darüber gesprochen werden. Dann werde ich erleichtert sein, und meinem Psychiater, Dr. Sidney Shardenfreude (den ich wegen anderen aufsuche), wird es ebenso ergehen.

Lois war ein Sonnenschein und glich Norm mehr als mir. Mama und ich verwöhnten sie nach Strich und Faden. Ich habe die

Reihenfolge der Ereignisse nicht mehr genau im Kopf, aber sie war erst ein paar Monate alt, als ich beschloß, mit ihr und Mama ein paar Tage nach Wagga zu fahren, um sie unseren alten Freunden und Verwandten im Busch zu zeigen. Die Beauforts waren alteingesessene Farmer aus dem Bezirk und lebten in der Wildnis außerhalb der Stadt in einem recht primitiven Haus mit Wellblechdach und Außentoilette. Die kleine Lois schlief in ihrem Körbchen auf der hinteren Veranda, von einem Moskitonetz gut vor den Krabbeltieren geschützt. Mama und ich teilten uns eine durchgelegene Matratze in einem freien Raum. Meiner Mutter schien es nichts auszumachen, aber ich war an städtischen Komfort gewöhnt und fühlte mich bei der ganzen Reise unbehaglich.

Ein paar Nächte später schreckte ich aus dem Schlaf hoch und kramte nach meiner Uhr. Vier Uhr! Um ein Uhr hätte Lois ihr Fläschchen bekommen sollen, dachte ich schuldbewußt. Was, wenn sie da draußen geschrien und ich sie nicht gehört hatte? Ich zog meinen rosa Chenillemorgenmantel über, ein Geschenk von Tantchen Ruby, und eilte auf die hintere Veranda. Die Fliegengittertür war offen, und Lois' Bettchen war leer. Wir haben sie nie wiedergesehen.

Ich muß sagen, daß ich danach fast verrückt wurde, und es ist nur Mama und dem gütigen Dr. Holbrooke zu verdanken, daß ich schließlich irgendwie darüber hinweggekommen bin. Auch Norman verhielt sich großartig, obwohl er sich schwere Vorwürfe machte, daß er uns in so einer elenden Baracke hatte wohnen lassen.

Natürlich kamen die Polizei und andere Leute ins Spiel, die schließlich eine wichtige Spur auf der rückwärtigen Veranda fanden: den unverwechselbaren Fußabdruck eines Spitzbubenkoalas, von denen man immer geglaubt hatte, es handle sich um eine relativ harmlose australische Tierart. Wie zu erwarten war, sprach sich die Kunde wie ein Lauffeuer unter Australiens Beuteltierbewohnern herum und brachte andere dieser Kreaturen auf die gleiche Idee. Es gab daraufhin mehrere ähnliche Entführungen, von denen einige sogar Aufsehen in der Presse erregten. Wenn sich die Tiere nur an den Artenschutz halten würden, wäre die Welt viel sicherer. Ich habe diese Geschichte absichtlich nüchtern und distanziert erzählt, weil ich alles immer aufs neue durchlebe, wenn ich nur daran denke, und ich weiß, daß mir dies alle Frauen, deren Kinder von Beuteltieren entführt wurden, nachfühlen können.

Im Busch gab es eine Art Beatnikkolonie, gar nicht weit von dem Ort, an dem die kleine Lois verschwand. Es ist möglich, daß sie ein nackter Vegetarier gefunden und versorgt hat. Entweder ist sie bei den »Weg-mit-der-Bombe«-Freaks oder aber in einer liebevollen Koalafamilie gelandet. Als ich den herrlichen Dokumentarfilm »Greystoke« sah, wurde ich immer überzeugter davon, daß meine Tochter irgendwo da draußen ist, vielleicht hoch oben auf einem Baum. Der Busch birgt viele Geheimnisse, und die kleine Lois ist eines davon. Jedesmal, wenn ich aufs Land fahre, stelle ich mich an den Waldrand und rufe »Huhu, huhu« – nur für den Fall, daß ... Vielleicht liest jetzt gerade irgendwo auf der Welt meine verlorene Tochter diese Worte.

Zu jener Zeit, vor Kummer im Delirium, plapperte ich vor Dr. Holbrooke all diese Theorien daher, der nur gütig dazu lächelte und die Dosis Bex-Beruhigungspulver verdoppelte. Lange war ich wie gelähmt, bevor meine alte Lebensfreude und damit auch die körperliche Seite meiner Ehe zurückkehrten. Ganz ehrlich, liebe Leser, jedesmal, wenn sich Norm mir intim nähern wollte, brach ich in Tränen aus! Langsam verebbte jedoch der Alptraum, und ich fühlte mich wieder wie ein Mensch. An dem Tag, als Dr. Holbrooke wieder aufsah und sagte: »Ich glaube, wir müssen Sie nächsten April in der Entbindungsstation anmelden«, hüpfte mein Herz vor Freude. »Ich hoffe, diesmal werden Sie mit dem Neuankömmling keine

Ferien im Busch machen«, sagte er mit fröhlichem Augenzwinkern.

Mama war in ihrem Schlafzimmer eine Einsiedlerin geworden und bereitete dort sogar ihre Mahlzeiten in einer elektrischen Bratpfanne auf ihrer Frisierkommode zu. Meine Vorbereitungen auf das neue Baby verbannten alle Gedanken an Lois aus meinem Kopf, und meine besten Freundinnen, die ich eingeweiht und zum Stillschweigen verpflichtet hatte, gaben mir »moralische Unterstützung«, obwohl dieser Ausdruck noch gar nicht erfunden war.

Ich habe vergessen zu erwähnen, daß Madge McWhirter nach Neuseeland zurückgekehrt war und dort bei der Halbschwester ihrer Mutter wohnte. Ich nehme an, daß es zuviel für die alte Mrs. Findlay geworden war, die Martha Graham von Moonee Ponds im Haus zu haben. Ich erinnere mich, daß ich hochschwanger zum Hafen von Melbourne watschelte, um mich von ihr zu verabschieden. Natürlich war ich sehr lieb und nett zu ihr, da ich annahm, daß wir uns nie wiedersehen würden. Seit meiner Hochzeit und der Tragödie hatten wir uns etwas aus den Augen verloren, aber sie sagte mir, daß sie noch immer wegen ihres Nackens, den mein Brautstrauß so heftig getroffen hatte, zur Physiotherapie gehen müsse. Ich versuchte, ihr begreiflich zu machen, daß es Glück bringe, egal, wohin einen der Strauß träfe, aber die arme Madge sah nicht allzu hoffnungsvoll aus, als wir uns verabschiedeten. Sie drückte mich ein bißchen und flüsterte unter Tränen: »Du bist meine einzige richtige Freundin, Edna. Irgend etwas sagt mir, daß wir uns eines Tages sehr nahestehen werden.« Ich hoffte von ganzem Herzen, Madge hätte keine prophetischen Gaben, aber die nachfolgenden Ereignisse bestätigten die grauenhafte Wahrheit ihrer Worte. Jetzt ist sie mir viel näher, als mir lieb ist, und sogar während ich dies schreibe, höre ich das unverkennbare Summen ihres Vibrators, mit dem sie ihre alten, schlabbrigen Halsmuskeln auf Vordermann bringen will.

Trevor (nach Trevor Howard) Bruce (nach meinem Vater) Everage wurde um sechs Uhr dreißig morgens an einem schönen Frühlingstag im September geboren. Als man mir sagte, es sei ein Junge, schaute ich mir schnell sein Köpfchen mit der pulsierenden Fontanelle an, um zu sehen, ob er mein lila Haar geerbt hatte – ein Handicap für einen Jungen. Glücklicherweise hatte er die beigebraune Haarfarbe seines Vaters.

Mr. Granville-Bantock fragte mich, ob man es bei ihm »machen« solle, und ich muß zugeben, daß ich ihn bat, sich etwas klarer auszudrücken. Ich hatte immer gedacht, Babies würden bei der Geburt »gemacht«, so wie Kuchen. Freizügigere Leser werden natürlich sofort wissen, was er meinte, und das tat ich mit der Zeit auch, aber ich mußte den Arzt trotzdem nach seiner Meinung fragen.

»Nun«, erkundigte er sich fachkundig. »Wie ist es denn bei Ihrem Mann?«

Das wußte ich nicht. Aber ich versprach, ihn einmal bei passender Gelegenheit danach zu fragen. Schließlich wurde Bruce (wie wir ihn nannten) an seinem kleinen Zipfelchen beschnitten. Ich habe den Eindruck, daß einmal genug ist. Es ist offenbar keine alljährliche Notwendigkeit wie das Beschneiden von Bäumen.

Ich hatte zwar Lois nicht stillen können, bei Bruce gelang mir dies jedoch, und da er ein durstiges kleines Kerlchen war, verbrachte er manchmal eine Stunde an jeder Brust. Wie ich an anderer Stelle schon erwähnt habe, hat mich Dame Natur etwas flachbrüstig geschaffen, aber nach der Geburt von Bruce und dann Valmai und schließlich Kenny wurde meine Brust voller, so daß ich die Nachfrage ihrer gierigen Babymäulchen befriedigen konnte. Mr. Granville-Bantock hat mir vor kurzem gesagt, daß ich selbst jetzt, *in meinem Alter*, theoretisch noch stillen könnte! Bei einer Dinnerparty letzten Samstag erzählte ich dies meinem Freund Cliff Richard, der sehr interessiert aussah. Für meine Freunde ist das natürlich gut zu wissen, für den Fall, daß sie sich einmal allein mit mir auf einer einsamen Insel oder in einem Fahrstuhl wiederfinden – oder beides.

Brucie gedieh, und ich war froh, daß wir so früh unsere eigene Familie gegründet hatten. Nachdem Norm so viel älter war als ich, wollte ich Kinder haben, solange er noch einigermaßen rüstig war. Mama kam aus ihrer Schale oder vielmehr ihrem Kokon hervor und babysittete von Zeit zu Zeit, obwohl sie schon krankhaft verwirrt war und begann, die Leute mit falschem Namen anzureden. Wenn sie mit mir sprach, sagte sie zum Beispiel manchmal: »Soll ich den Kühlschrank abtauen, Ruby ... ich meine, Nancy ... – ich meine, Rita ... ich meine, Victor ... ich meine, Norm ... ich meine, Edna?« Ich habe nie verstehen können, warum ich ganz am Ende der Liste stand, aber schließlich lernte ich es, auf den Namen aller Verwandten, ob Männlein oder Weiblein, tot oder lebendig, zu hören.

Schon bald bekam der kleine Bruce ein Schwesterchen, Valmai Shirley, und wir ließen beim besten Kinderfotografen von Melbourne, Peter Fox, ein Familienporträt aufnehmen. Es war eine Schwarzweißstudie, wundervoll retuschiert, und wenn ich mir Valmai jetzt so betrachte, kann ich verstehen, warum wir sie mit zweitem Namen Shirley genannt hatten. Mit ihrem Krausköpfchen und dem süßen Lächeln sah sie dem berühmten Kinderstar unheimlich ähnlich. Später glättete sich Valmais Haar, und zu meinem Bedauern muß ich sagen, daß ihr jahrelang schon kein Lächeln mehr über die Lippen gekommen ist, jedenfalls nicht in meiner Gegenwart. Aber dies ist eine andere Geschichte voller großer Undankbarkeit, die Sie glatt umwerfen wird, wenn ich sie ein paar Seiten weiter erzähle.

Wegen der Geschichte mit Lois verwöhnte ich Valmai und verdrosch sie nie, nicht einmal damals, als sie ihr eigenes Geschäft aufaß. Ich wette, daß sie sich nicht freuen wird, daß ich das in meinem ehrlichen Bestseller erwähne, und wahrscheinlich wird es ihr auch nicht passen, wenn ihre Freunde vom Trotzkistischen Frauen-Agit-Prop-Guerilla-Marionetten-Workshop das lesen. »Spare mit der Rute, und du verziehst dein Kind« war ein weiterer hellsichtiger Spruch meiner Mutter, und wenn ich Valmai ab und zu mal eine heruntergehauen hätte, wenn sie ungezogen war, hätte ich vielleicht heute noch eine Tochter, auf die ich stolz sein könnte.

Es gibt eine Art Männer, die gern eine große Familie hat und ihren Frauen gar keine Zeit läßt, wieder auf die Beine zu kommen. Norm gehörte ganz bestimmt nicht in diese Kategorie. Er war erfolgreich bei Ball und Welch, hatte einen verantwortungvollen Posten in der Buchhaltung und brachte jeden Freitagabend gewissenhaft seine Lohntüte nach Hause. Zu meinen Brüdern war er wie ein Vater, und auch zu meiner Mutter war er sehr liebenswürdig, wenn man bedenkt, daß sie ihn hauptsächlich mit »Ruby« ansprach. Ich war schon immer stolz auf mein Heim – das heißt, heutzutage bin ich stolz auf all meine Häuser. Aber in jenen bescheidenen Tagen machte ich schon frühmorgens meine Hausarbeit, brachte Brucie in den Kindergarten und ließ mich dann im Morgenmantel mit einer Tasse Tee und einem Bex-Beruhigungspulver am Radio nieder, um meine Lieblingsserien zu hören, so wie alle anderen jungen Ehefrauen und Mütter unter der Sonne. Wenn ich jemals von einem anderen Leben träumte, so waren dies nur Träume, und ich fühlte nur selten den Drang, irgend etwas anderes irgendwo anders mit jemand anderem zu tun. Sie können mich ruhig altmodisch nennen, wenn Sie wollen. Wie die meisten australischen Frauen meiner Generation war ich der Meinung, daß mein biologischer Zyklus nun erfüllt sei. Von nun an würde ich zunehmen, in Hausschlappen zum Einkaufen gehen und meine Enthaarung vernachlässigen dürfen. Mich überläuft ein kalter Schauer, wenn ich nur daran denke, aber so war es nun einmal.

In den Zeitungen herrschte viel Aufregung, weil Melbourne zum Austragungsort der Olympischen Spiele ernannt worden war.

Bulldozer und Preßlufthämmer demolierten und pulverisierten rund um die Uhr die altmodischen, bakterienverseuchten viktorianischen Gebäude, damit die Besucher der Stadt nicht denken sollten, wir seien zurückgebliebene Hinterwäldler. Unglücklicherweise riß man auch die meisten Hotels ab, und die befürchtete Zimmernot versetzte die damaligen Machthabenden im Jahr 1956 in Panik. Im »Morning Murdoch« begannen Anzeigen zu erscheinen, in denen gewöhnliche Hausfrauen gefragt wurden, ob sie einem ausländischen Athleten ein freistehendes Zimmer zur Verfügung stellen würden. Norman hatte bei unserem Haus schon ein paar wundervolle Anbauten vorgenommen. Es gab natürlich das Schlafzimmer auf der Veranda, und unter dem Dachgiebel hatte er zwei kleine Kinderzimmer mit niedriger Decke eingerichtet, zu denen man über eine steile Holztreppe von der Eingangshalle aus gelangen konnte. Unsere Familie wurde immer größer, und auch ich nahm zu, denn ich erwartete mein drittes und letztes Kind, den weltberühmten Couturier, Kenneth Montgomery Everage.

Während ich so bei der weihnachtlichen Hitzewelle auf Kennys Ankunft wartete, meine Füße auf einem Schemel, ein paar Schühchen, gestrickt mit fünf Nadeln, auf meinem erbebenden Bauch, schaute ich Valmai und Brucie zu, die im Wohnzimmer spielten und sich voreinander hinter den herrlichen Doppeltüren versteckten, wo sie mit klebrigen Fingern die Umrisse meines sandgestrahlten Rentiers nachfuhren. Ich war eine glückliche Frau, erfüllt und voll innerem Frieden. Und dennoch, wie immer, wenn das Leben vollkommen zu sein schien, war in meinem tiefsten Herzen dieser kleine, beunruhigende Schatten, dem ich noch keinen Namen geben konnte.

Kapitel 17

Quecksilber auf dem Axminsterteppich

Für jemand, der mich heutzutage kennt, ist es schwer, sich vorzustellen, daß es in meinem Leben einmal eine Zeit gab, in der absolut *nichts* geschah. Es war so, als wäre ich schockgefrostet worden, nicht von Gefriertechnikern, sondern von der Ehe. Damals war das kein schmerzhafter Zustand, ich war mir dessen kaum bewußt, aber meine Hoffnungen, Pläne und kreativen Bestrebungen waren im Stillstand begriffen, als ob mein Leben ein seichtes, buntes, familienfreundliches Video wäre und Dame Natur auf den Stop-Knopf gedrückt hätte.

Meine Kleinen waren mein ganzes Leben. Brucie war ein ernsthafter, gewissenhafter kleiner Mann, Valmai der Augapfel ihres Vaters und der kleine Kenny mein Liebling (unter uns im Vertrauen gesagt), obwohl ich weiß, daß wir Mütter keine Lieblingskinder haben sollten!

»Er ist wie du in seinem Alter, Victor«, sagte meine Mutter einmal zu mir, als sie einen halbwegs lichten Moment hatte. Ich war mir nicht sicher, ob Mama meinte, Kenny gliche Onkel Vic oder mir oder gar jemand völlig anderem, aber jedenfalls liebte meine Mutter meinen Jüngsten so sehr wie ich, und ich fürchte, wir beide verwöhnten ihn fürchterlich.

Mama verbrachte immer mehr Zeit in ihrem Zimmer, strickte, kramte herum oder sah ihre alten Zeitschriften und Briefe durch, die auf dem schmuddeligen Teppich in Haufen herumlagen. Wenn man bedenkt, daß sie schon meinen armen Vater, der so wenig sein eigen nannte, als »Hamster« betrachtet hatte, muß man sagen, daß sie viel, viel schlimmer war. Wenn aber jemand mit Mottenkugeln oder einem Staubwedel in ihr Zimmer kam, hätte sie ihn am liebsten umgebracht. Mamas Zimmer war streng »off limits« für die ganze Familie, und manchmal vergingen einige Tage, ohne daß wir sie zu Gesicht bekamen. Sie muß mitten in der Nacht aufgestanden sein, um sich ein paar Essens-vorräte aus der Küche zu holen. Wir wußten nur deshalb, daß sie noch am Leben war, weil um die Essenszeit Geruchsschwaden von angebrannten gebackenen Bohnen unter ihrer Tür hervor-drangen und das Radio herausdudelte, wenn sie täglich zeremo-niell ihre Lieblingsserie »Blaue Hügel« hörte.

Eines Tages jedoch kam Mama triumphierend mit einer Schach-tel alter Spielsachen aus ihrem Zimmer, mit denen ich als Kind gespielt hatte.

»Ich habe ein paar Spielsachen für Kenny unter meinem Bett gefunden«, krähte sie aufgeregt und deutete auf die Schachtel, die vor Silberfischchen wimmelte. »Wenn ich dich gelassen hätte, hättest du das schon weggeworfen. Aber ich habe gewußt, daß wir es eines Tages brauchen würden«, gackerte sie. »Mein Wahnsinn hat Methode.«

Das war das erste Mal, daß ich meine Mutter eine Andeutung auf den Geisteszustand machen hörte, in dem sie sich normalerweise befand.

Wir öffneten die Schachtel und besprühten den schimmligen Inhalt ausgiebig mit Insektenvernichtungsmittel. Da war mein alter Teddybär, von Kinderzähnchen kahl gekaut, und eine rosa Zelluloidrassel, an der ich Kenny ganz sicher nicht würde lut-schen lassen, es sei denn, man würde sie zuvor gründlich in Dettol einweichen. Aber am Boden der Schachtel unter viel Kapok und toten Motten lag ein kleines Spielzeug, das mir meine Kindheits-erinnerungen zurückbrachte. Es war eine kleine, trommelförmige rote Schachtel mit einem Glasdeckel mit einer silbrig glänzenden Niere aus Quecksilber darin. Wenn man die Schachtel schüttel-

230

te, löste sich das Quecksilber in einzelne Perlen auf und rollte in kleine, sternförmig angeordnete Löcher. Ich nahm sie in die Hand und sah sie verzaubert an. Studenten der Fernuniversität werden wissen, was ich meine, wenn ich sage, daß das winzige Spielzeug bei mir denselben Schwall von unheimlichen Erinnerungen auslöste wie bei Marcel Proust das Essen von Madeleines!*

»Ich habe gedacht, wir hätten das schon vor Jahren verloren, Mama«, flüsterte ich heiser.

»Es ist in Japan hergestellt«, bellte sie. »Du hast Glück gehabt, daß ich es nicht verbrannt habe.« Dann fügte sie etwas sanfter hinzu: »Glaubst du, Lois würde gern damit spielen?«

Sie meinte Kenny, aber ich fühlte einen Stich im Herzen wegen meiner kleinen verlorenen Lois. Und doch, ich war begeistert, daß Mama dieses alte Zauberspielzeug wiedergefunden hatte, und Kenny, der mir so ähnlich war, liebte es und hatte bald den Dreh heraus.

Kenny hatte übrigens wunderschönes Haar mit meinen Naturwellen, obwohl ich erleichtert war, daß er und auch Brucie die bräunliche Haarfarbe ihres Vaters geerbt hatten. Ich glaube irgendwie, mein angebeteter Kleiner hätte nicht all diese großen Machofreunde mit Motorrädern, wenn ich ihm meine lila Locken vererbt hätte.

Als die Olympischen Spiele näher rückten, stellte ich fest, daß die Zeitungsannoncen, in denen die Bürger gebeten wurden, Athleten aufzunehmen, immer dringlicher wurden. Norm und ich hielten eine kleine Beratung ab. Irgendwie fühlte ich eine patriotische Verpflichtung, einem dieser armen muskulösen Kerle ein Dach über dem Kopf zu verschaffen, das Problem war nur, *wo?* Das kleine Haus in der Humouresque Street, das uns meine

---

* Siehe »Überleitungsobjekte und Überleitungsphänomene«, in: »Vom Spiel zur Kreativität« von D. W. Winnicott (1971)

Mutter schließlich nur »geliehen« hatte (wenn sie sich auch nicht mehr daran erinnerte), platzte schon aus allen Nähten. Mama verkroch sich in ihrem kleinen Zimmer, Norm und ich hatten das große Schlafzimmer, Valmai und Kenny die Kinderstube, Athol benutzte gelegentlich das Verandazimmer (Roy war immer noch in Korea), während der neue Dachboden Brucie und ein kleines, spielzeugübersätes Spielzimmer beherbergte.

»Was ist mit der alten Abstellkammer?« fragte ich, indem ich plötzlich von der Zeitung aufsah.

»Das ist doch nur ein kleines Loch, Ed«, gab Norm zurück, dem die ganze Sache sowieso nicht paßte. »Es gibt kein Fenster und nur einen kleinen Lüftungsschlitz, ein Mensch würde darin in zehn Sekunden verrückt.«

Ich dachte daran, wie mich Mama als Kind dort eingesperrt hatte und wie ich den alten Sträflingsanzug gefunden hatte. »Für eine Pygmäe ist es vielleicht groß genug«, wagte ich optimistisch zu sagen. »Wir könnten ein Feldbett hineinquetschen, und es ist sehr *intim*.«

»Du bist der Boß«, sagte Norm wie üblich, bevor er sich wieder seiner Zeitung zuwandte.

Um es kurz zu machen, nach einem kurzen Interview kam ein Wohnungsbeauftragter der Olympiade zu uns nach Hause und sah sich unsere Abstellkammer an. Ich hatte die Spinnweben entfernt und sogar einen hübschen Lampenschirm über die nackte Glühbirne gestülpt, so daß der Raum zwar eng, aber gemütlich aussah.

»Sie müssen wissen, Mrs. Everage, daß wir verzweifelt sind«, sagte der Beamte und lugte in die Abstellkammer.

»Dunkel ist es ja schon«, stellte er fest, indem er laut nachdachte. »Aber wir haben einen kleingewachsenen Menschen aus einem Land namens Lappland auf der Warteliste.« Ich muß in dem Augenblick verständnislos ausgesehen haben, denn er fuhr erklärend fort: »Ich habe auf dem Atlas nachgesehen. Das ist irgendwo

232

da oben beim Nordpol. Ich glaube, das ist ein *verdammter Eskimo*! Dieses Loch hier wird für ihn ein *Palast* sein, verglichen mit den Iglus, die diese armen Teufel ihr Haus nennen.« Er rieb sich die Hände und erschauerte. »Hier ist es auch ganz schön kalt, aber es würde mich überraschen, wenn unserem Lappen dies nicht gefallen würde!« Er lachte schallend, ließ mich an Ort und Stelle einige Formulare unterzeichnen und fuhr davon.

Der Olympische Inspektor war mir, offen gestanden, ziemlich ungehobelt erschienen, aber er *war* nun mal ein australischer Regierungsbeamter. Norm und ich erhielten jedoch eine großzügige finanzielle Anerkennung für unsere patriotische Geste, und zu der Zeit kam es auf jeden Pfennig an.

In den ersten Jahren meiner Ehe pflegte ich noch Kontakt mit einigen meiner alten Freundinnen. Stellen Sie sich meine Freude und auch meine Verlegenheit vor, als ich erfuhr, daß Ann, Val und Phyllis mich bei einem Wettbewerb angemeldet hatten, ohne mir etwas davon zu sagen! Es handelte sich um den international bekannten, preisgekrönten australischen Wettbewerb um den Titel der »Schönsten Mutter«. Man brauchte nur Mutter zu sein und gar nicht einmal so hübsch, wenn man die Bilder der anderen Mitstreiterinnen im »Morning Murdoch« so betrachtete! Meine Freundinnen setzten mich unter Druck, und so sandte ich das neueste Peter-Fox-Familien-Foto ein, und stellen Sie sich unsere Aufregung vor, als es eines Morgens auf der Titelseite mit der Schlagzeile »MUTTER AUS MOONEE PONDS NIMMT AM WETTBEWERB TEIL« erschien! Ich wußte, daß ich nur eine Außenseiterchance hatte, aber es machte doch Spaß. Die Gewinnerin mußte alle möglichen Tests in puncto Schönheit, Benehmen und Kochen bestehen. Sie mußte nicht nur eine hübsche Mutter mit schöner Sprechstimme sein, sondern auch noch dazu Abonnentin des »Morning Murdoch«. Sie würde von einer Jury gewählt und am Ende des Jahres von der Frau des Premierministers, Dame Pattie Menzies, zur »Schönsten Mutter

Australiens« gekrönt werden. Der Hauptgewinn war eine Reise für zwei Personen nach London, inklusive aller Nebenkosten, eine komplette Garderobe aus dem Delphinhaus und 100 Guineen Taschengeld. Ich füllte die Fragebogen aus und vergaß das Ganze dann wieder, es tut mir furchtbar leid, aber so war es nun einmal. Der vergilbte Zeitungsausschnitt aus dem »Murdoch« klebt aber noch immer hinten an der alten Küchentür im Dame-Edna-Museum (vielsprachige Postkarten an der Kasse erhältlich).

Mitten in all diese Aufregung hinein läutete es eines Montag morgens an der Tür, und der größte Mann, den ich jemals zu Gesicht bekommen hatte, stand auf der Matte. Es war unser Athlet. Es wird Sie hoffentlich nicht überraschen zu hören, daß ich kein Wort seiner Sprache sprach, die vermutlich Lappländisch war. Also tat ich das Nächstbeste und bat ihn in lautem, gebrochenem Englisch herein. Er sah ziemlich verwirrt aus, wie er so mit seinem Koffer dastand, aber ich machte eine Menge einladender Gesten, und so saß er schon bald in Papas altem Jason-Lehnstuhl und starrte auf die Tasse Tee und die Spargelröllchen, die ich ihm angeboten hatte, als kämen sie von einem anderen Stern. Ganz offen gestanden sah er nicht nach dem Eskimo aus, den ich erwartet hatte, was aber ganz gut war, denn ich war bei drei Metzgern auf Unverständnis gestoßen, als ich nach Walfischspeck, der leckersten Speise der Eskimos, gefragt hatte. Eigentlich sah er relativ normal aus, wenn auch sehr groß und gebräunt, und trug einen puderblauen Trainingsanzug mit Jackenoberteil und geschnürten Sportschuhen. Er reichte mir seinen Paß und deutete auf seinen Namen: Uuno Klammi (ausgesprochen: you-no clammy). Nicht gerade der Name, fürchte ich, mit dem ein junger Australier die Welt erobern kann. Aber schließlich war Australien damals, mit Ausnahme von ein paar Ureinwohnern und Balten*, eine homo-

* Flüchtlinge aus den baltischen Staaten

gene und monoglotte Gesellschaft und das Telefonbuch voll richtiger Namen; schöne Namen englischen und irischen Ursprungs. Den einzig verrückten begegneten wir bei Filmschauspielern, wie beispielsweise Jesus-Maria Fong, Barry K. Penderecki, Brigitte Stassinopoulos und Yehudi Waldheim Jnr. Jedesmal, wenn Namen wie diese auf der Leinwand auftauchten, lachte das australische Publikum schallend. Leider muß ich sagen, daß wir mit den ausgefallenen Charakteren, die mein Heimatland in den letzten zwanzig Jahren überschwemmt haben, im Hinblick auf seltsame Namen dem Rest der Welt in nichts mehr nachstehen.

Meine Hauptsorge war, wie Mr. Klammi in die Abstellkammer passen würde. Grob geschätzt sah er etwa sechzig Zentimeter länger aus als das Bett, das ich da hineingepfercht hatte. Aber mit Winken, bittenden Gesten und Lächeln lockte ich ihn zur Tür, und nachdem er in die Kammer geschaut hatte, sagte er etwas in lappländisch, das eigentlich nicht so klang wie »Das soll ein Schlafzimmer sein? Sie machen wohl Witze!«, und so nahm ich an, daß er an Schlimmeres gewöhnt war.

Am gleichen Abend gab ich einen Willkommenstee für unseren athletischen Gast. Brucie, Valmai und der kleine Kenny starrten ihn mit Augen groß wie Untertassen an. Norm und ich versuchten, mit ihm auf australisch zu plaudern, sehr langsam und laut, aber er lächelte nur und nickte verwirrt, und so ließen wir es schließlich sein. Nur Mama, die aus ihrem Einsiedlerdasein herausgekommen war und doch tatsächlich etwas Puder aufgetragen hatte (hauptsächlich auf ihre Schultern), schwatzte drauflos und versuchte allen Ernstes, seine Muskeln zu befühlen, was ich damals etwas EIGENARTIG fand. Nachts im Bett stellte Norm zusammenfassend fest: »Eines ist sicher, Ed«, sagte er in der Dunkelheit. »Der alte Klammi ist ein bißchen undurchsichtig, wenn du mich fragst.«

»Mmmmm«, sagte ich zustimmend.

Meine Hauptsorge war, wie Mr. Klammi
in die Abstellkammer passen würde.

»Wenn das so weitergeht, werden wir nicht viel schlauer aus unserem Gast geworden sein, wenn er nach den Spielen wieder abreist.«

Die Tage vergingen. Uuno nahm am Eßtisch Platz, aß riesige Mengen Steak, tätschelte den Kindern recht grob den Kopf und ging dann hinaus in den Hinterhof, wo er mit nacktem Oberkörper auf dem Rasen Liegestütze und an der Wäschespinne den ganzen Morgen lang Klimmzüge machte, was auch die Nachbarn bemerkten. Mama, die damals gerade an einem Krabbelanzug für Kenny strickte, saß manchmal in einem alten Liegestuhl unter unserem Pittosporumbaum und sah ihm zu. Nach dem Essen wurde unser Gast für gewöhnlich mit dem Auto von anderen sehr großen Männern in Trainingsanzügen abgeholt und für den Rest des Tages an irgendeinen Olympischen Ort gebracht. Er beklagte sich nie über sein Zimmer, obwohl ich zu einem sehr frühen Zeitpunkt einmal hineinlugte und sah, daß er sein Feldbett zusammengeklappt hatte und auf einer Decke am Boden schlief! Auf seinem Koffer stand ein kleines gerahmtes Foto von einer Frau mit blonden Zöpfen, die lächelte und dabei viel Zahnfleisch zeigte. Hübsch für eine Lappin, nehme ich an, aber ich finde, daß ein großer, gutaussehender olympischer Athlet etwas Besseres hätte finden können.

Es ist schwer vorstellbar, wie eine Familie in einem so engen Haus eine so große, wenn auch schweigsame Person beherbergen kann, ohne sich ihrer Gegenwart ständig bewußt zu sein, aber in der Tat fiel er uns kaum auf. Außer der Tatsache, daß er riesige Portionen verzehrte, machte er keine Umstände, und am Abend nickte er uns gegen halb neun höflich zu und verschwand in seinem Schrank.

Eines Tages kam Norm mit einem sehr großen und sehr schweren Paket nach Hause.

»Ich finde, wenn wir schon einen Olympischen Athaleten (*sic*) unter unserem Dach haben, könnten wir auch einmal einen Blick auf die Spiele werfen«, sagte er rätselhaft und entfernte die braune Papierverpackung. Es war unser erster Fernsehapparat, ein wunderschöner, teakfurnierter Astor 21. Was hatte ich doch für einen großartigen Mann! Und wie instruktiv dies für die Kinder sein würde, die den Apparat, vom ersten Aufflackern des blaugrauen Bildes an, wie Motten umschwärmten.

Natürlich verlief unser abendliches Familienleben nun anders, denn wir alle saßen gebannt vor dem Apparat. Unsere Nachbarn taten es uns gleich, und schon bald flimmerte dieses gespenstische blaue Licht nach Einbruch der Nacht wie ein Irrlicht aus jedem Wohnzimmer in unserer Straße. Mama wurde auch etwas fernsehsüchtig, blieb aber doch ihrem alten Radio treu. Sie zog sich abends immer frühzeitig zurück, wir hörten, wie sich der Schlüssel in ihrem Schloß herumdrehte, gefolgt von dem Gemurmel ihres Mickey-Maus-Rahmen-Radios. Ich versuchte, zwischen all der Arbeit mit den Kindern manchmal in freien Augenblicken die Olympischen Spiele anzusehen, aber leider bekam ich unseren Lappen niemals beim Kugelstoßen oder was auch immer er tat zu Gesicht. Außerdem war das Streben nach Höherem wieder in mir erwacht, und ich nahm abends einen Auffrischungskurs in Haltung und Grazie. Das brachte eine Flut von alten Erinnerungen an Pixie Lambell mit sich. Wo war sie nun, fragte ich mich, nach diesen sechs Jahren? Was für eine Hilfe und Unterstützung sie mir jetzt sein könnte, wenn sie mich nicht »fallengelassen« hätte, nur, weil ich mich nach einem normalen Leben sehnte.

»Normal«? Als ich eines Morgens am Spülbecken stand, bis zu den Ellbogen in grauem Wasser, auf dem Erbsen herumschwammen, und durch die schon ramponierten enteneierblauen Jalousien in den Hintergarten hinaussah, wo Mr. Klammi seinen soundsovielten Liegestütz machte, fragte ich mich, wie »normal« mein Leben denn wirklich war. Gab es vielleicht noch eine andere Art von »normal«, fragte ich mich, als ich meine Mutter erblickte, wie sie wie verrückt in den Büschen ihr Gestricktes abkettelte, und, ein paar Meter von ihr entfernt, den Athleten bei seinen Lockerungsübungen. Norman stürmte wieder einmal zu spät zur Arbeit davon.

»Huhu, Ed, bis später«, sagte er, stürzte in die Küche und riß seine Jacke von der Stuhllehne. In meinen Augen waren ein paar Tränen, und so sah ich nicht über meine Schulter nach meinem scheidenden Ehemann.

»Tschüs, Schatz«, krächzte ich. Plötzlich kam aus dem Wohnzimmer ein krachendes Geräusch, begleitet von einem scharfen und sehr unqualifizierten Ausruf Norms.

»Was ist los?« rief ich aus und wischte mir mit der Rückseite meines nassen Handgelenks über meine verräterisch feuchten Augen.

»Dieser verdammte Kenny«, hörte ich Norman rufen. »Ich habe ihm schon ein dutzendmal gesagt, daß er dieses blöde Ding nicht mitten im Wohnzimmer liegen lassen soll. Quecksilber vom Teppich abzubekommen ist eine Menge Arbeit.«

Ich eilte an den Ort der Katastrophe. Norm sah mit erstauntem Gesichtsausdruck auf mein wertvolles Erinnerungsstück hinab.

»Ich bin spät dran, Edna. Ich muß weg,« sagte er, »aber es war wirklich *mitten auf dem Boden!*«

Als er zur Arbeit gegangen war, saß ich lange im Lehnstuhl und fühlte mich so traurig und leer, als ob mein Leben ein Spielzeug voll kleiner Löcher wäre, die mit glitzernden Silberperlen gefüllt werden müßten. Dann holte ich Schaufel und Besen. Norm hatte recht mit dem Quecksilber.

Es war eine jener ziemlich heißen, schwülen Nächte, die wir in Melbourne manchmal hatten, bevor das Ozonloch alles veränderte. Ich hatte das Schlafzimmerfenster aufgemacht, um etwas

Luft hereinzulassen, aber die Vorhänge bewegten sich kein bißchen. Als ich schlaflos dalag, den schnaufenden und schnüffelnden Norm neben mir, hörte ich in der Ferne das metallische Rumpeln einer nächtlichen Straßenbahn. Gelegentlich öffnete und schloß sich ein Lichtfächer an der Schlafzimmerdecke, wenn ein Auto die Humouresque Street entlangfuhr. Ich muß weggedöst sein, denn plötzlich war ich wieder in der Schule und zeigte den anderen Mädchen meine Quecksilbersternschachtel, als plötzlich ein großer Junge in puderblauem Trainingsanzug wie aus dem Nichts auftauchte und mich anlächelte. Ich versuchte, ihm meine Schachtel zu schenken, aber er schien mich nicht zu verstehen, denn er schüttelte ständig den Kopf.

»Bitte, bitte«, sagte ich, »nimm sie.« Aber kein Wort kam heraus, mein Mund öffnete und schloß sich tonlos.

Vor nicht allzulanger Zeit habe ich Dr. Sidney Shardenfreude (den ich wegen meiner Kinder aufsuche) diesen Traum erzählt und ihn geradeheraus gefragt, was er zu bedeuten hätte. Seine Antwort war typisch, muß ich leider sagen, und ich fragte mich, warum ich weiterhin Geld in seine Praxis fließen ließ. Ich lag auf der Couch, und er schaute zu mir herüber und fragte mich mit seinem europäischen Akzent: »Was glauben denn *Sie*, Dame Edna, was er zu bedeuten hat?«

Möchte man so jemandem nicht eins auf die Nase hauen?

Ich träumte immer noch, und die Schulglocke läutete immer noch. Ich schien ganz langsam an die Oberfläche zu kommen und zu versuchen, die Glocke abzustellen, und dann wachte ich auf. Das Telefon klingelte in unserem Wohnzimmer; es klingelte so, wie es Telefone zu tun pflegen, die schon eine Zeitlang geläutet haben und bald damit aufhören werden. Ich sprang aus dem Bett und taumelte über den Flur ins Wohnzimmer, ohne das Licht anzuschalten. Ich nahm den schwarzen, vulkanisierten Hörer unseres »Krönungsmodells« ab, sagte schläfrig in die Muschel: »Ja, hier ist Edna Everage« und gähnte dabei.

»Hier ist Kevin Farelly vom ›Morning Murdoch‹«, sagte das Telefon. »Sitzen Sie?«

»Wieviel Uhr ist es denn?« fragte ich und kniff die Augen zusammen, um meine schöne Drummonds-Art-deco-Uhr aus geschnitztem Walnußholz mit Chromzifferblatt und einem Läutwerk, das acht Tage lang ohne Aufziehen funktionierte, auf dem dunklen Kaminsims sehen zu können.

»Es tut mir leid, Edna«, sagte das Telefon. »Es ist zwei Uhr morgens, aber wir haben für morgen eine tolle Geschichte und brauchen Ihren Kommentar dazu – und ein Foto.«

»Sie müssen schon entschuldigen, Herr – wie heißen Sie gleich?« sagte ich und versuchte, meinen Hals knacken zu lassen. »Ich schlafe halb. Was wollen Sie denn nun genau?«

»Sie haben den ›Schöne-Mutter-Wettbewerb‹ gewonnen«, ertönte die Stimme wieder. »Man hat uns einen Tip gegeben. Unser Fotograf Trevor ist gerade auf dem Weg, also ziehen Sie sich was Hübsches an, damit wir ein schönes Foto für die Titelseite machen können.«

»Wie bitte?« hörte ich mich rufen. »*Wie bitte?*«

»Ach ja, und herzlichen Glückwunsch übrigens!« sagte er und hängte auf.

Ein oder zwei Minuten lang saß ich in der Dunkelheit, um sicher zu sein, daß ich nicht träumte. Offenbar hatte der Rest des Hauses tief und fest geschlafen, nachdem niemand das Telefon gehört hatte, dachte ich.

Mit einemmal überkamen mich warme Aufregung und Stolz, schnell gefolgt von einem bohrenden Zweifel. War das vielleicht ein Scherzanruf? Irgend jemand, der eifersüchtig war und mir womöglich einen üblen Streich spielen wollte? Aber die Woge der Erregung kehrte rasch zurück, und *ich mußte es jemand erzählen!* Ich eilte zurück ins Schlafzimmer. »Norm, Norm«, rief ich und schüttelte das feuchte Bündel, »ich habe gewonnen, ich habe den Wettbewerb gewonnen!« Aber er war im Tiefschlaf und

241

grunzte nur. Ich rannte die kleine Holztreppe hinauf, wo Bruce ausgestreckt in seinem Bett lag, dann wieder hinab ins Kinderzimmer, wo Kenny und Valmai mit offenem Mund in seltsamer Haltung schliefen.

»Ich habe gewonnen«, flüsterte ich. »Meine kleinen Lieblinge, *ich bin eine Schöne Mutter!*«

Die Tür zur Abstellkammer stand offen. Warum nicht? dachte ich bei mir. Er wird nicht wissen, wovon ich spreche, aber ich bin so aufgeregt, ich muß jemanden umarmen! Athleten umarmen einander doch ständig. Er wird wissen, daß es sich um eine gute Nachricht handelt. Das war lange, bevor ich gut mit Desmond Morris befreundet war, aber schon damals sprach ich die Körpersprache ziemlich fließend. Einen Augenblick später wurde mir klar, daß die Abstellkammer leer war! Sein kleiner Teppich lag sorgsam zusammengefaltet in der Ecke. Wo war er? fragte ich mich erschrocken. Hatte er einen Mondscheinspaziergang gemacht oder joggte er um den Block? Meine Überlegungen wurden von gedämpften Musikklängen unterbrochen:

> »Liebe und Ehe, Liebe und Ehe,
> passen zusammen wie Pferd und Wagen ...«

Es war Mamas Radio. Sie mußte es angelassen haben, oder sie war noch wach. »Ich muß ihr diese herrliche Nachricht bringen, diese herrliche, herrliche Nachricht!« Ich rannte den Gang hinunter und drückte auf ihre Türklinke. Die Tür war nicht abgeschlossen, und ich marschierte geradewegs in ihr Zimmer, stolperte über einen staubigen Stoß »Woman's Monthlys« und stieß versehentlich an eine leere Dose gebackener Bohnen. Die rosa Lampe im Kerzendochtlook leuchtete neben ihrem Bett. Auf dem Bett lag ein nackter Mann und machte heftige Liegestütze.

»Mama!« rief ich und drehte mich aus Schamgefühl schnell um.
»Wo bist du?«

»Hier bin ich!« kam die gedämpfte Stimme meiner Mutter aus
dem Bettzeug. »Was *glaubst* du denn, wo ich bin, bitte schön?«

»Aber, aber ... wer ist denn das?«

»Uuno.«

»Ich *weiß* nicht! Aber, ich glaube, ich verstehe ...« »Mein Freund,
Uuno Klammi, wenn du es *unbedingt* wissen mußt!« antwortete die
Frau, die mich geboren hatte, irgendwo unter dem Lappen hervor.

Es klingelte laut an der Tür. Ich erstarrte.

Der Himmel helfe uns, dachte ich. DIE PRESSE!!

Mr. Klammi machte ungerührt weiter.

»Hörst du nicht die Glocke, Edna?« rief meine Mutter, als ich so
dastand, gelähmt vor Panik und Abscheu. »Und mach die Tür
hinter dir zu! Niemals hätte ich mir träumen lassen, daß meine
Tochter einmal in ein Zimmer kommen würde, ohne zuvor
anzuklopfen! Und ich hatte gehofft, ich hätte dir gutes Benehmen beigebracht!«

Gutes Benehmen, dachte ich bei mir, und ein Schauer des Ekels
überlief mich. Wie lange wohl *dieses Benehmen* schon ging?
Während ich mich bemühte, alles im Griff zu behalten, hatte sich
meine Mutter jeden Abend in ihrem Zimmer eingeschlossen und
ihre eigenen Olympischen Spiele veranstaltet! Bei flüchtigem
Hinsehen hätte man meinen können, sie trainiere für den Zehn-
kampf.

»Ich komme!« brüllte ich durch das Bruchglas unserer Haustür.
»Ich komme!« Und ich stürzte ins Schlafzimmer, warf meinen
Morgenmantel über und kleisterte Helena Rubinstein auf mei-
nen Mund. Als ich öffnete, explodierten Blitzlichter vor meinen
Augen.

»Kevin Farelly«, sagte ein ehrgeizig aussehender junger Typ in
einem verkrumpelten Anzug. »Wie fühlt man sich denn so?«

»Fühlen?« gab ich schwach zurück.

Norm kam im Schlafzimmer zu sich, und ich hörte seine Stimme. »Was ist denn los? Wer ist denn das, Ed?«

Mr. Farelly zündete sich eine Zigarette an, während zwei andere Fotografen und ein Fernsehteam von einem geparkten Lieferwagen aus die Scheinwerfer auf mich richteten.

»Ja. Wie fühlt man sich denn so, wenn man einen großen Preis gewonnen hat und doch nur eine gewöhnliche Melbourner Hausfrau ist, die in einem Vororthaus wohnt, wo noch nie etwas Aufregendes passiert ist?« befragte er mich.

Ich hätte ihm damals eine Riesengeschichte erzählen können, wenn ich gewollt hätte, aber, nennen Sie mich ruhig altmodisch, ich habe sie mir für Sie aufgespart.

Am nächsten Morgen hätte ich auf der Titelseite besser aussehen können, aber es hätte auch schlimmer sein können. Sie machten ein Interview mit Norm im Schlafanzug, der sagte, daß er nur mein Bestes wolle und die Stellung halten würde, während ich in Übersee wäre. Mama lag, Gott sei Dank, darnieder. Unser Gast erschien nicht zum Frühstück, und ich war erleichtert festzustellen, daß sein Zimmer leer war. Mama schmollte natürlich ein paar Tage lang. Ich muß gestehen, daß ich Norm nichts von dem Vorfall erzählte, weil ich nicht gewußt hätte, wie ich das hätte anstellen sollen. Aber ich kochte Mr. Klammis Bettdecke aus – zweimal.

Ich nahm gerade trockene Unterwäsche vom Trockner ab, weil ich an dem Abend zu einer offiziellen Party mir zu Ehren gehen mußte, als ich Mama bemerkte, die unter einem Lantanabusch saß und mißmutig strickte. Ich starrte sie kalt mit verengten Augen an, als sie mich über ihre Nadeln hinweg ansah. Es war ein lasterhafter und schamloser Blick, von dem ich nur sagen kann, daß ich hoffe, keine Tochter muß jemals dergleichen auf den Gesichtern ihrer Eltern lesen.

»Er ist weg«, sagte ich, »und ich glaube nicht, daß wir ihn je wiedersehen werden.«

»Er ist einer der besten Stoßer in der ganzen Welt«, sagte meine Mutter albern.

»Nun ja«, antwortete ich und sprach nie mehr von der Angelegenheit. »Ab jetzt stößt er woanders.«

Kapitel 18

Que sera sera

Ungefähr einmal im Jahr kommt meine Freundin Mutter Teresa zum Ausverkauf bei Harrod's nach London. Es ist nicht wegen der Waren; sie schläft nur gern auf der Straße. Als wir das letzte Mal miteinander tratschten, sagte sie zu mir: »Edna, das wahre Glück liegt allein in der Entsagung«, oder irgend etwas in dem Sinn. Tess hatte recht. Man muß den Tatsachen ins Auge sehen, ihr Beutelratten, wann hat sie nicht recht? Und ich muß Ihnen an dieser Stelle sagen, daß mein Leben voller Entsagung schon vor Jahren begonnen hat: ich beschloß, meinem Schattendasein zu entsagen.

Sie können mich ruhig altmodisch nennen, aber seither bin ich dem Rampenlicht nie mehr aus dem Weg gegangen. Sogar in jenen fernen Tagen, als meine Karriere gerade erst anfing, muß ich ein ziemlich gutes Image von mir selbst gehabt haben, noch bevor dieser Ausdruck erfunden wurde. Ein mit meinem Sohn befreundeter Friseur namens Hazel sagte einmal zu mir: »Wenn man etwas zu zeigen hat, soll man es tun«, und diese Worte trafen bei mir voll und ganz zu. Ganz ehrlich, ihr Beutelratten, zu einer kleinen Medienreportage sage ich niemals »nein«, was unglaublich paradox ist, wenn man bedenkt, was für eine publikumsscheue Person ich in Wirklichkeit bin. Ja, Publikumsscheu und Verletzlichkeit sind am Ende des Tages meine Grundstimmung.

Als die australische Presse bekanntgab, daß ich den Wettbewerb der Schönen Mutter gewonnen hatte, machte ich zum ersten Mal die erregende Bekanntschaft des Ruhms. Plötzlich gab es eine Berühmtheit in der Humouresque Street in Moonee Ponds, und das war ICH! Der Bürgermeister von Moonee hielt einen kleinen Empfang für mich ab, zu dem ich eines der schönen Kleider tragen konnte, das ich als Teil meines Preisgewinns bei Delphine ausgesucht hatte. Der nette Reporter Kevin Farelly, der mir als erster die Nachricht (und als erster auch die Geschichte) gebracht hatte, wurde mein inoffizieller Presseberater und arrangierte Porträts und Interviews in den nationalen Zeitungen und Illustrierten für mich. Es ist fast nicht zu glauben, daß schon bald mein Gesicht auf der Titelseite des australischen »Woman's Monthly« erschien, umkränzt von Gladiolen – meiner Glücksblume. Norm nahm alles gelassen hin, da er wußte, daß ich mit beiden Beinen fest auf der Erde stand und mein lila Köpfchen das letzte auf der Welt war und ist, das jemals aufgeblasen sein würde. All das trotz der Autogrammjäger vor unserem Tor und einer Lawine Fanpost von dankbaren Frauen – sogar aus Übersee –, die begeistert waren von meinem Sieg.

Ich trat auch bei verschiedenen TV-Ratespielen und Talkshows auf, wo ich die anderen Mitspieler mit meiner Schlagfertigkeit und meinen klugen Antworten erstaunte. Die Produzenten wollten mich immer für eine Serie engagieren. Bei einer Talentshow sang ich sogar die schöne Hymne »Vorwärts, schönes Australien« mit Orchesterbegleitung und war selbst über meine starke und doch lyrische Interpretation verwundert. Man brachte mir Lobeshymnen wie »Mrs. Everage, Sie sind ein Naturtalent« und »Sie sind so erfrischend, so bunt schillernd« – und das zu der Zeit, als das Fernsehen noch schwarzweiß war! Ich gebe hier übrigens nicht an, liebe Leser, ich sage die Wahrheit, und wenn dieses Buch nicht wahrheitsgetreu ist, *können Sie es vergessen!*

Während dieser ganzen Zeit bis zu meiner Krönungszeremonie und meiner Abreise nach England auf der »Himalaya« führte ich weiter das ganz normale Alltagsleben einer Hausfrau und Mutter.

Die Kinder bekamen ihre Brote, meine Mutter war zwar in Ungnade gefallen, wurde aber dennoch gefüttert, und wenn Norm abends von Balls nach Hause kam, stand immer etwas Köstliches, Graues auf dem Herd.

Eines Samstag morgens läutete es an der Haustür (eine wunderbare, zeitgenössische Erfindung, die die komische, altmodische Türglocke ersetzt hatte, an der man ziehen mußte).

Ein wunderhübsches Kind stand auf meinem »Willkommen«-Fußabstreifer. Es hatte blonde Ringellöckchen, ein süßes Lächeln und ein makellos sauberes Sommerkleidchen an.

»Sind Sie Mrs. Everage?« fragte das kleine Mädchen mit einer leicht überzüchteten Stimme, während ich meine Hausfrauen-hände an einem handgewebten taiwanesischen Küchenhand-tuch aus irischem Leinen mit der Aufschrift »Killerkröten von Tasmanien« abtrocknete. Sie überreichte mir einen Umschlag.

»Es ist ein Brief von meiner Mama«, sagte sie. »Darf ich herein-kommen, während Sie ihn lesen?«

Ernsthaft setzte sie sich mit seltsamer Grazie und Haltung auf unsere Genueser Samtcouch, während ich den Brief einmal und dann ein zweites Mal las. Dann griff ich zum Telefon, wählte die Nummer ihrer Mutter und lächelte dabei das strahlende Kind an.

»Mrs. Newton-John?« fragte ich.

Meine Gesprächspartnerin bejahte dies.

»Wenn ich recht verstehe, möchten Sie gerne, daß Ihre kleine Olivia mich Samstagmorgens zu einem kleinen Schwatz und gelegentlichen Singstunden aufsucht.«

Wiederum bejahte die Mutter des Mädchens.

»Aber ich bin keine ausgebildete Sängerin«, protestierte ich. »Und Sie sagen in Ihrem Brief, Sie möchten, daß Olivia etwas von meiner wunderbaren Aura und Starqualität in sich auf-nimmt. Ich fürchte, Sie schmeicheln mir, Mrs. Newton-John!« schloß ich bescheiden.

Die scharfsinnige Mutter überschüttete mich daraufhin mit einer

Litanei von Komplimenten, die mich zum Erröten bringen würden, wenn ich sie hier wiederholen müßte. Es soll genügen, wenn ich sage, daß sie meine Fernsehauftritte gesehen und meine ehrlichen und vernünftigen Interviews gehört hatte und sich kein besseres Vorbild und keinen geeigneteren Mentor für ihre Tochter vorstellen konnte, die schon deutliche Anzeichen eines künstlerischen Talents aufwies.

»Eine Bezahlung kommt gar nicht in Frage, Mrs. Newton-John«, protestierte ich. »Wenn Sie wünschen, daß ich Ihrer Tochter ›geistige Nahrung‹ gebe – um *Ihren* Ausdruck zu verwenden, so will ich mein Bestes versuchen. In ein paar Monaten nach meiner Krönung fahre ich in die Alte Welt. Wenn ich dann aber zurück bin, kann sie gern wieder an den Samstagvormittagen kommen, so lange sie kommen will.«

Als wir am Ende dieser, wie sich herausstellte historischen Unterhaltung angelangt waren, hätte ich schwören können, daß diese reizende Frau am anderen Ende der Leitung vor Dankbarkeit in Tränen aufgelöst war.

Obwohl die nächsten paar Monate mit noch mehr Fernsehauftritten, kostenlosen Kosmetikbehandlungen und Anfragen von Kosmetikfirmen und Kleiderherstellern angefüllt waren, die ihre Produkte vorführen wollten, freute ich mich immer auf meine Stunde mit der süßen Livvy am Samstagmorgen. Wir trällerten zusammen vor uns hin, die neuesten Hits, aber auch klassische Arien wie »Home, Sweet Home« und »The Bonny Banks of Loch Lomond«. Das Kind sang wie eine Nachtigall. Meine eigene junge Familie stimmte oft auch mit ein, obwohl Valmai leider große Schwierigkeiten hatte, die richtigen Töne zu treffen; ein Nachteil, der sie in ihrem späteren Leben aber nicht davon abgehalten hat, größere Gesangsrollen in weniger bekannten Stücken von Brecht im Trotzkistischen Frauen-Agit-Prop-Guerilla-Marionetten-Workshop anzunehmen.

Mein »Ruhm« sprach sich offensichtlich herum, denn Olivia war nicht das einzige talentierte Kind, dessen Eltern mich baten, es auszubilden und vielleicht zu beeinflussen. In der Nähe wohnten ein paar reizende Brüder mit ihren englischen Eltern, Mr. und Mrs. Gibb, und schon bald schlossen sich Barry, Maurice und Robin meiner kleinen Samstagsgruppe an und sangen und schlugen auf ihren Plastikgitarren herum. Ein großes, ziemlich blasses Mädchen nahm auch an der Samstagsgruppe teil. Dessen Talent schien nicht auf musikalischem Gebiet zu liegen, und ich mußte ihrer armen Mutter die Wahrheit so schonend wie möglich beibringen. Der armen Mrs. Greer brach das Herz, denn sie war eine engagierte Mutter, und ich fand sie sehr nett und aufrichtig.

»Könnte sie nicht vorbeikommen, um sich nur ein bißchen mit Ihnen zu unterhalten?« flehte sie. »Sie betet Sie an, und Sie inspirieren sie mehr, als Sie sich vorstellen können.«

Es blieb mir nichts anderes übrig, als »ja« zu sagen, und noch heute sagt Germaine zu mir, daß sie ihre Dankbarkeit mir gegenüber gar nicht in Worte fassen kann.

Was für eine seltsame Verwandlung mein Leben über Nacht durchgemacht hatte! Norman und ich sahen uns vielleicht weniger oft, als es wünschenswert gewesen wäre, obwohl es uns doch gelang, spätnachts in der samtenen Dunkelheit unseres Schlafzimmers ein wenig miteinander zu plaudern.

»Wichtiger Tag morgen, Edna?« ertönte die geliebte Stimme.

»Ja, Norm. Morgen ist endlich die Krönung, also zieh bitte nicht das Hemd mit dem Blutfleck am Kragen an, sei so gut.«

»Du wirst wahrscheinlich an die sechs Monate in England sein.«

»Jag mir keine Schuldgefühle ein. Es ist die Chance meines Lebens, Norman. Die Kinder sehen das ein und wollen, daß ich glücklich bin. Du hättest mitkommen können. Ich habe dich gefragt ... oder etwa *nicht*?«

»Du wirst es viel mehr genießen, dich mit deiner Freundin Val Dunn in höheren Kreisen zu bewegen, und das weißt du auch, Ed.

Ich wäre dir nur ein Klotz am Bein«, sagte mein Mann nachdenklich, vorsichtig tastend.

»Oh, Norm«, antwortete ich und streichelte seinen Flanellpyjama. »Ich werde euch *alle* vermissen, aber denk doch mal an die herrlichen Dias, die ich mitbringen werde. Und ich gebe auch ganz bestimmt nicht mein ganzes Preisgeld aus, das verspreche ich«, fügte ich rasch hinzu. »Dann können wir dir ein neues ... na ja, zum Beispiel ein neues Bruchband kaufen.« Mein Mann hatte ein kleines Problem mit seinen Lenden, aber laut denen, die es gesehen hatten, war es nicht sehr schlimm.

»Du bist mir eine, Ed!« erklärte Norm. »Und es ist sehr schön, wie du dich an den Samstagvormittagen um die Kleinen kümmerst. Der neue Junge aus Sydney, den du jetzt hast, dieser Clive James, ist ein etwas eigenartiger Charakter ...« Eine Zeitlang sprachen wir über meine »Schüler«, von den Hoffnungen, die ich mir für sie machte, über ihre putzigen Aussprüche und ihre zunehmende Abhängigkeit von mir. Ich würde sie während meiner Abwesenheit vermissen.

Dann erzählte ich Norm von den Orten, die ich in England besuchen wollte, den Live-Shows, die ich zu sehen hoffte. Ich sprach über meine Pläne, meine Sehnsüchte und Ängste, bis mir das sanfte Heben und Senken des Flanellbündels neben mir und das Schmatzen trockener Lippen in der Dunkelheit sagten, daß mein Mann einen verfrühten Besuch vom Sandmann gehabt hatte.

Ich schlug den Kragen meines neuen Mantels hoch, aber der Wind drang mir noch immer bis auf die Knochen. Meine behandschuhten Finger schlossen sich fest um die Reling, und ich hatte einen salzigen Geschmack auf den Lippen. Immer noch war es für mich kaum zu glauben, daß ich an Bord der »Himalaya« war und nach England fuhr. Der letzte Zipfel von Australien war noch als düsterer Schatten am Horizont zu sehen, und überall um mich herum schäumten hohe, kohlgrüne Wellen.

»Wir sollten lieber in die Kabine zurückgehen und uns zum Essen fertigmachen, glaube ich. Ich weiß ja nicht, wie es bei dir ist, aber ich bin am Erfrieren.« Das war Val Dunn, meine alte Freundin, an meiner Seite, eingemummt und rotnasig, die versuchte, den heulenden Wind und die kreischenden Möwen zu übertönen.

»Ich hoffe, meinen Kleinen geht es gut«, sagte ich laut, als wir die steilen Stufen zu unserer Kabine zweiter Klasse hinunterstiegen und uns dabei am Geländer festklammerten, als ginge es um unser Leben.

»Ann Forbes liebt sie, Edna«, beruhigte mich Val, »und Kenny und Valmai verstehen sich so gut mit dem kleinen Ian und der kleinen Jeanette.«

Ich war Ann sehr dankbar, daß sie sich erboten hatte, meine drei Kinder aufzunehmen, während ich meine Traumreise machte. Sich um sie zu kümmern wäre zuviel für Norm gewesen, wenn er es auch angeboten hatte, und Mama war nicht länger ein gesunder Umgang für sie, es tut mir furchtbar leid, aber so war es nun einmal. Ich hatte das Gefühl, daß sich mein Vater im Grab umdrehen würde, wenn er hätte sehen können, wie sie sich in letzter Zeit benahm.

Norman hatte mir versichert, daß er in der Lage sei, »die Stellung zu halten«, obwohl ich mir schon ein wenig Sorgen machte, als ich sah, wie er am Abend meiner Krönung ständig auf die Toilette ging. Später gestand er mir, daß er ein »sanitäres« Problem gehabt hatte, und während ich so in der kleinen Kabine herumtapste, die Val und ich uns teilten, und ein hübsches Kleid für das Essen (erste Essensausgabe) aussuchte, fragte ich mich, wie ich zurechtkommen sollte, wenn mein Mann jemals ernsthaft unpäßlich wäre. »Kein Problem«, sagte mir eine kleine innere Stimme, und es wurde mir klar, was ich für ein Glück hatte, einmal Florence Nightingale gewesen zu sein.

In der nächsten Woche wurde die See immer rauher, und ich konnte kaum meine »Kon-Tiki«-Expedition lesen. In einem früheren Leben war ich zwar die Königin Boudicca gewesen, aber ich möchte bezweifeln, daß sie viel Zeit damit verbracht hatte, sich zum Unter-den-Teppich-Kriechen miserabel zu fühlen und dabei Bingo im Indischen Ozean zu spielen. Ganz offen gestanden konnte ich mich nicht auf diese organisierten Spiele konzentrieren, während Val sich geradezu darauf stürzte. Ich glaube, sie hatte eine ziemliche Schwäche für den Zahlmeister, einen recht gepflegten Amerikaner aus den USA namens Chip. Sie war mir geradezu idiotisch dankbar dafür, daß ich sie als Begleitung auf dieser Gratisreise unseres Lebens gewählt hatte.

Als wir am Suezkanal ankamen, hatte ich mich schon sehr gut an das Leben an Bord gewöhnt. Dort machten wir alle einen Tages-Landausflug, kauften Sitzpuffs und besichtigten die Sphinx und die Pyramiden. Natürlich brachten diese altägyptischen Überreste ab und zu Erinnerungen an ein früheres Leben mit sich. Ich glaube, es war meine amerikanische Freundin Shirl, die mir gesagt hat, daß *sie* früher einmal die Sphinx war, aber da ich sie damals noch nicht kannte, konnte ich die Ähnlichkeit nicht feststellen.

Beim letzten großen Kostümball an Bord vor dem Englischen Kanal mußte ich passen, obwohl ich genausogut hätte hingehen können, denn der Seegang hielt mich die halbe Nacht wach. Ich lag allein in der kleinen Kabine und stellte mir Val in den Armen ihres Zahlmeisters vor. Ich hörte, wie die Band »Love Letters in the Sand«, »Magic Moments« und das hübsche Lied spielte, das mich in diesem stürmischen Jahr meines Lebens zu verfolgen schien:

»Als ich ein kleines Mädchen war,
fragte ich meine Mutter,
was aus mir werden würde.
Werde ich berühmt sein,
werde ich reich sein?
Und sie sagte zu mir:
Que sera sera ...«

Wohin führte mich *mein* Leben? fragte ich mich unruhig. Diese Gratisreise, dieses plötzliche Rampenlicht. Wollte mir Dame Natur damit etwas sagen? Würde auch ich berühmt werden? Vielleicht sogar reich?

Ich glitt in den Schlaf und träumte wieder von dieser herrlichen, berauschenden Nacht, bevor wir vom Melbourner Hafen ablegten, als ich zur Hübschesten Mutter Australiens gekrönt wurde. Die gnädige Dame Pattie Menzies, die Frau von Sir Robert, Australiens letztem kultivierten Premierminister, stülpte das Satinband über meinen Busen und setzte mir das schöne Krönchen auf. Um meine Schultern lag ein üppiger Samtumhang mit weißer Pelzumrandung, genauso, wie ihn die Königin auf dem Kalender trug. Obwohl mir Delphine und die anderen Elitecouturiers von Melbourne Tonnen schöner neuer Kleider geschenkt hatten, trug ich an diesem Abend ein Kleid von Miss Wilmot, das sie nach dem »Enid-Gilchrist-Schnittmusterbuch« geschneidert hatte. Es war ein rückenfreies Ballerinakleid mit Nackenverschluß aus zyklamfarbener Thaiseide mit wasserfarbener Tüllstola, worunter ein Hauch von ebenfalls wasserfarbenem Unterrock hervorspitzte.

Thaiseide war damals in Australien noch kaum bekannt, obwohl sie dann in den sechziger Jahren groß in Mode kam. Ich glaube, unsere Frauen hatten anfangs ein bißchen Angst, Thaiseide zu tragen, denn sie wußten nicht genau, wo sie herkam und wie sauber ihre Hersteller gewesen waren.

Dann hielt der Vorsitzende des Wettbewerbs, Sir Colin Herring, eine schöne Rede, und Kameras blitzten auf, als der Herausgeber des »Morning Murdoch« mir einen Scheck über 100 Guineen und einen Umschlag mit den Reisetickets für zwei Personen auf dem Luxusliner »Himalaya« überreichte.

Danach fand eine herrliche Party im Ballraum des Hotel Australia statt. Norm hatte sich mit seinem Angestelltenrabatt bei Ball und Welch einen nagelneuen Abendanzug gekauft und eine modische Fliege, die man selbst anstecken mußte.

Krank vor Aufregung fuhr ich im Lift hinauf in den Ballsaal, als ich, zu spät, eine Spur Palmolive-Rasiercreme an Norms linkem Ohrläppchen bemerkte, einen neuen Blutfleck auf seinem Kragen und ziemlich viel Haare auf seinen schwarzen Baratheaschultern. Ich versuchte gerade, sie abzuwischen, als sich die Lifttüren öffneten und ich zum ersten Mal in meinem Leben den Duft des Erfolgs roch.

Beim Eintreten in diesen funkelnden Ballsaal mußte ich zweimal hingucken, als ich feststellte, daß in der modischen Menge, die lachte und Champagner trank wie gewöhnliche Sterbliche, ein paar von Melbournes international bekannten Fernsehstars waren. Da war »Happy« Hammond, der mit dem hübschen Model Gretta Myers plauderte, und Norman von Nida, der Golfchampion, der gerade mit Panda, einer der schönsten Frauen Australiens, scherzte. Dame Enid Lyons trug eine atemberaubende, aber auf inhumane Art hergestellte Silberfuchsstola. Ihr Blick traf den meinen, und sie lächelte liebenswürdig. Der vornehme Herr neben ihr sah aus wie Sir Bernard Heinz, der Dirigent des international anerkannten Melbourner Symphonieorchesters. Das Herz blieb mir fast stehen, aber ich schwebte mit der scheinbaren Selbstsicherheit und Haltung eines professionellen Glamourgirls in den Ballsaal. Überall waren berühmte Gesichter, und Sir Colin Herring stellte mich einer Galaxie von Berühmtheiten vor: Lew Hoad, dem Tennisas, Robert Helpmann, einem Stenographen, wenn ich mich nicht verhört hatte, dem Erzbischof Mannix und Hal Todd. Einige küßten mir sogar die Hand und verneigten sich, als ich ihnen vorgestellt wurde.

In einer Ecke des überfüllten Raumes neben einem Arrangement fleischfarbener Gladiolen stand ein gutgekleidetes Paar mit dem Rücken zu uns, von dem ich das Gefühl hatte, es zu kennen.

»Mrs. Everage«, sagte Sir Colin, »ich möchte Ihnen zwei unserer verehrten Preisrichter vorstellen.«

Das Paar drehte sich um. »Miss Pixie Lambell und Sir Charles Eltham!« Mir klappte die Kinnlade herunter, während Sir Colin fortfuhr: »Darf ich Ihnen unsere einstimmige Siegerin vorstellen, Mrs. Edna Everage.«

Es gab eine lange und recht seltsame Pause, als Pixie und ich einander anstarrten.

»Sagen Sie bloß, Sie kennen sich schon?« fragte Sir Colin.

»Um Himmels willen, nein!« rief Pixie rasch aus und gab mir ein kleines Zeichen. »Ich wünschte, es wäre so, nicht wahr, Charlie?«

»So ist es!« bestätigte der Künstler und zwinkerte mir ganz deutlich zu.

Ich stellte fest, daß Norm ungeschickt ein paar Schritte hinter mir stand, sein schütteres Haar kämmte und seine Fingernägel betrachtete, und zum ersten Mal in meinem Leben schämte ich mich ein wenig für ihn, es tut mir furchtbar leid, aber so war es nun einmal.

Als Sir Colin sich entfernt hatte, um ein paar Worte mit der berühmten Schauspielerin Zoe Caldwell zu wechseln, nahm Pixie meine Hand.

»Es ist nicht, weil wir dich kannten, Edna, das mußt du mir glauben. Deine Fotos und Referenzen waren einfach Lichtjahre besser als die anderen.«

Noch immer Pixies Hand haltend, errötete ich und hatte sogar das Gefühl, daß ich am liebsten in Tränen ausbrechen würde.

»Ich halte nichts von leeren Komplimenten, Edna«, begann Pixie von neuem, »aber du siehst heute abend großartig aus. Das letzte Mal, als du so eine Chance hattest, hast du sie weggeworfen. Ich bitte dich, sie diesmal mit beiden Händen zu ergreifen – denn du hast alles, was man braucht, und, glaube mir, *nur der Himmel setzt dir Grenzen!*«

»Darauf trinke ich!« kicherte Charlie und tauchte einen Moment seinen Schnurrbart in ein Glas Champagner. Hinter meiner Schulter hörte ich ein Hüsteln.

»Oh«, rief ich unbeholfen aus und griff hinter mich nach der klammen Hand meines Ehegatten. »Ich glaube, Sie haben Norman, meinen ... äh ... Mann, noch nicht kennengelernt.«
Norm schüttelte ihnen so heftig die Hand, daß Wein verschüttet wurde.

»Erfreut, Sie kennzulernen«, sagte er, als ich sie einander vorgestellt hatte. Dann schaute er Charlie fragend an: »Warten Sie mal, sind Sie nicht der Typ, der bei meiner Edna zudringlich geworden ist ...?«
Ich versetzte ihm einen kleinen Tritt, nicht brutal, nur genau so fest, wie es nötig war, um intensiven Schmerz hervorzurufen.

»Norm verwechselt immer die Leute«, warf ich rasch ein, aber der kleine Zwischenfall wurde durch eine Ankündigung des Conférenciers, des berühmten Schnulzensängers Geoff Brooke in seinem nachtblauen Smoking, verhindert.

»Dame Pattie, verehrter Herr Oberbürgermeister, Eure Eminenz Erzbischof Mannix, sehr verehrte Damen und Herren, ich darf die Preisträgerin des diesjährigen Wettbewerbs der Schönsten Mutter, Mrs. Edna Everage, und ihren Mann bitten, den Ball zu eröffnen.« Aller Augen waren auf uns gerichtet, man klatschte und lächelte, und Dennis Farringtons Bigband hob an, »Que sera sera« zu spielen. Norman schaute mich mit leerem Gesichtsausdruck an.

»Los«, zischte ich. »Hast du zwei linke Füße? Sie wollen, daß wir

257

den Ehrentanz tanzen.« Und das taten wir dann auch, vielleicht etwas ungeschickt. Ich bemühte mich, so gut ich konnte zu führen und nicht allzuviel größer als Norman auszusehen, auch wenn ich es in Wirklichkeit natürlich war. Doch in meinem tiefsten Innern war ich froh, daß ein schlimmer Augenblick gerade noch hatte abgewendet werden können.

> »... was auch immer geschehen wird,
> wird geschehen,
> wir können nicht in die Zukunft
> blicken ...«

»Wach auf, Edna, wach auf! Das sind die Lichter von England!« Das war Val, immer noch im Abendkleid, aber mit verräterisch verschmiertem Lippenstift und einer mehr als leichten Sherry-fahne, die mich rüttelte. Sie rauchte auch und hatte ein Glas in der Hand. Ich brauchte Ewigkeiten, bis mir klar wurde, wo ich war. Gerade noch hatte ich mit Norm im Ballsaal des Hotel Australia getanzt, und was sollte denn nun dieses Gequatsche über die Lichter von England?

Ich setzte mich auf, plötzlich wieder in der Gegenwart.

»Komm, Edna. Zieh was über und komm nach oben. Alle sind an Deck.« Val hatte einen aufgeregten Schluckauf und rauschte davon, gehüllt in eine Wolke von Rothmans.

Bis ich endlich mit allen Pullovern, die ich finden konnte, an der Reling erschien, war der Himmel grau und die flackernden Lichter von Southampton nicht mehr weit entfernt. Ich strengte meine Augen an, um die berühmten weißen Klippen von Dover oder wenigstens ein paar Rotkehlchen zu sehen, aber ich nehme an, es war noch zu früh und zu neblig dazu.

Als ich England vor mir auftauchen sah, dachte ich wieder an meine Ur-Ur-Ur-Ur-Ur-Ur-Ur-Großmutter, auf ein »Ur« mehr oder weniger soll es hier nicht ankommen. Mit ihren Handschellen auf Captain Cooks unbequemem Schiff rasselnd, hatte sie wohl unter Tränen auf ebendieselbe Küste gestarrt und sich gefragt, ob sie England jemals wiedersehen würde.

Kapitel 19

Heißer Lehm

Val und ich wurden von einem Beamten der Australischen Botschaft in einer erstklassigen Londoner Unterkunft untergebracht. Sie trug den Namen »Die Blaue Tür – Privathotel« und befand sich in einem Vorort namens Bayswater in der Nähe des Hydeparks und nur eine Untergrundstation von der Oxford und Park Lane Street entfernt.

Als ich am ersten Morgen mit der Central-Line fuhr, war ich etwas nervös, aber ich mußte zur Australischen Bank in der Sackville Street, um Reiseschecks und meine Post abzuholen, also wagte ich mich auf die steilen Rolltreppen. London erschien mir ein wenig schmutzig. Außerdem gab es seltsamerweise viel mehr Aborigines, als man jemals in australischen Städten zu Gesicht bekommt. Offenbar hatte London auch Probleme mit den öffentlichen Verkehrsmitteln, denn auf den Stufen unseres kleinen Hotels warteten immer eine Menge gutgekleideter junger Damen, wahrscheinlich auf ein Taxi.

Unser Zimmer war sauber, aber winzig. Als Val sich jedoch darüber beklagte, verteidigte ich es.

»Das hat mit der Geschichte zu tun, Valerie«, schalt ich sie. »In der guten alten Zeit waren die Menschen viel kleiner. Dies war vermutlich einmal ein mittelalterlicher Ballsaal.«

Ganz offen gestanden, liebe Leser, sagte ich dies nur so dahin, obwohl es wahrscheinlich sogar stimmte. Aber weise schätzte ich Val Dunn so ein, daß sie nichts mit der Tatsache würde anfangen können, daß ich in meinem früheren Leben Mrs. Samuel Pepys gewesen war. In diesem erleuchteten Zeitalter gibt es immer noch ein paar trübe Tassen, die einfach nicht kapieren können, daß es die Wiedergeburt gibt, nicht einmal dann, wenn ihnen eine ins Gesicht schaut.

Val blickte etwas mißtrauisch im Zimmer umher, sagte aber nichts mehr, weil sie sich vermutlich daran erinnerte, daß ich die Kasse hatte.

»Das ist sowieso nur ein Stützpunkt«, besänftigte ich sie, »ein Ort, an dem wir unsere Sachen lassen und unser müdes Haupt niederlegen können, aber wir sollten uns beeilen, wenn wir den Tower von London, Buckminster Castle und St. Pauls Abbey noch vor dem Mittagessen hinter uns bringen wollen.«

Auf der Bank war interessante Post für mich: eine süße gemeinsame »Komm-bald-wieder«-Karte von der kleinen Livvy, den Gebrüdern Gibb, Germaine und Clive mit einer Menge Küssen und Umarmungen darauf, und ein schöner, langer Luftpostbrief von Norman, der mir mitteilte, daß er meine Karte aus Aden erhalten habe, mich vermisse und daß Mama sich ruhig verhalte. Nur das Postskriptum verwirrte mich etwas: »... Bruce, Valmai und der kleine Kenny sind glücklich wie im Paradies bei Ann Forbes, Ed. Es wird dich freuen zu hören, daß sie nicht ein einziges Mal von dir gesprochen haben, seit du weg bist, also mach dir keine Sorgen.«

Hoffentlich vergessen mich meine Kleinen nicht so schnell, dachte ich und öffnete hastig einen ziemlich großen Umschlag mit einer neuseeländischen Briefmarke. Es schien eine in silberner Schnörkelschrift gedruckte Einladung zur Hochzeit von jemandem in Auckland zu sein.

Wen kannte ich denn in dem Loch, um Himmels willen? Leute, die Hamish und Heather McDonald hießen und von denen ich noch nie gehört hatte, wollten, daß ich an der Hochzeit von Douglas Hugh Allsop mit ihrer Nichte, Marjorie Kiri McWhirter teilnahm. Ich wollte diese fehlgeleitete Botschaft schon in den

Papierkorb werfen, als ich noch einmal genauer hinsah: »Marjorie McWhirter? ... *Madge*!!«

Ein rascher Blick auf das Datum sagte mir, daß ich nicht an der
Feier würde teilnehmen können, auch wenn ich gewollt hätte,
denn ich würde noch auf See sein, wenn sie stattfand. Erst dann
bemerkte ich den dünnen blauen Brief, der in der Karte steckte.
Mein Herz rutschte mir in die Hosentasche, als ich ihn las, denn
ich konnte zwischen den Zeilen wieder einmal Madges winselnde
Stimme hören und fast die altmodische, seifige, aber nicht unbedingt saubere Ausdünstung riechen, die sie ausströmte. Wie
dumm war ich doch gewesen anzunehmen, sie sei aus meinem
Leben verschwunden. Dabei hatte sie nur »hinter den Kulissen«
gewartet, um einen Ausdruck aus dem Showbusineß zu verwenden. Ihr Brief lautete folgendermaßen:

> *»Liebste Edna,*
>
> *hör mal, wie geht es Dir denn? Du hast mir sehr gefehlt, seit ich
> nach Kiwiland heimgekehrt bin, und jetzt ist der Auckland Star
> voller Bilder von Dir. Herzlichen Glückwunsch, Edna. Wer hätte
> jemals gedacht, daß Du einmal einen Schönheitswettbewerb ge-
> winnen würdest? ...«*

Da schlossen sich meine Finger fest um das brüchige blaue Papier,
und ich verspürte eine kleine, gar nicht unangenehme Aufwal-
lung puren Hasses. Indem ich den Brief wieder glättete, las ich
weiter:

> *»Hör mal, Edna, ich hoffe, es geht Dir gut. Du hast nie geschrie-
> ben, also habe ich angenommen, daß Du noch immer sauer auf
> mich wegen irgend etwas bist, obwohl ich Dich immer geliebt habe
> und Dir nie etwas Schlechtes gewollt habe. Hör zu, Edna, ich
> habe eine wundervolle Nachricht ...«*

Wieder sah ich verzweifelt von dem Brief hoch. Warum sagte Madge – *wie übrigens alle Neuseeländer* – »hör mal« vor jedem Satz? Instinktiv muß es ihnen bewußt sein, daß alle weghören, während sie vor sich hin schwatzen.

> *».... ich habe diesen tollen Mann kennengelernt. Sein Name ist Douglas Allsop, und wir haben einander wirklich gern. Zwischen uns ist ein kleiner Altersunterschied, der jedoch im Vergleich zu dem zwischen Dir und Norm nicht groß ist, aber er besitzt eine Touristenbusgesellschaft in Palmerstone North und ist sehr gutsituiert, nicht, daß das für mich eine Rolle spielen würde. Hör mal, Edna, bitte komm und sei meine Ehrendame, denn ich habe Deinen Brautstrauß aufgefangen und Douglas gefunden. Er hat gesagt, daß er für Deine Reisekosten aufkommt. Sei glücklich für mich. Immer Deine Freundin Madge.«*

»Wer hätte das gedacht«, lachte Val, als ich später in der »Blauen Tür« mit der Nachricht herausplatzte. Nachdem wir den ganzen Tag lang in Sachen Stadtbesichtigung unterwegs gewesen waren, waren wir an jenem Abend fast zu müde, um uns ins Nachtleben zu stürzen und unseren zweiten Frühling zu erleben, aber wir zwangen uns dazu.

Obwohl mich Madges Brief genauso gereizt hatte, wie sie selbst es immer getan hatte, muß ich gestehen, daß ich neugierig war zu sehen, welcher Mann mit meiner problematischen Brautjungfer vor den Traualtar treten würde. War er vielleicht irgendwie behindert? fragte ich mich. Heutzutage würde ich wahrscheinlich sagen, daß er »wenig Selbstachtung« hat. All das dachte ich in einer fürsorglichen Art und Weise; wenn ich nicht schon immer so weichherzig gewesen wäre, wäre es mir vermutlich egal gewesen, mit wem sich Madge verehelichte.

Ich muß zugeben, daß ich die ganzen nächsten sechs Wochen während unserer Runde durch die Alte Heimat an die kleine

Zeremonie in Auckland dachte. Ich hatte Madge eine Postkarte von einem See im Daffodil-District geschickt, auf der ich ihr mitteilte, wie sehr ich mich für sie freue, daß ich aber nicht glaube, daß ich über Neuseeland nach Hause zurückkehren könne. Ein paar Tage später jedoch traf ich zufällig bei einem Empfang in der Australischen Botschaft einen der Organisateure des Wettbewerbs, und wir schauten uns zusammen meine Rückreiseroute an. Aus heiterem Himmel, ohne mein Zutun, hatte er vorgeschlagen, wir sollten auf der »Rangitoto« zurückfahren, und hatte ganz nebenbei hinzugefügt: »Am 3. Juli macht sie für drei Tage in Auckland halt. Sie könnten also leicht die Mineralquellen in Rotorua besuchen und die Nase mit einem Maori reiben.« Ich erinnerte mich daran, einmal die Queen in einem Nachrichtenfilm bei dieser Tätigkeit gesehen zu haben, also nahm ich an, daß keine Gefahr damit verbunden war.

So ein Zufall! Madges Hochzeit war am 3. Juli! Das Schicksal *wollte* mich dort haben, und so änderte ich meine Pläne entsprechend. Arme Madge, dachte ich. Irgend etwas wird bei der Hochzeit schiefgehen – fürchterlich schief –, und es sollte jemand Hilfreiches wie ich dabeisein und ihr dabei helfen, die komische Seite der Sache zu entdecken, dachte ich mitfühlend.

Inzwischen hatten Val und ich zusammen etwa 3276 Farbdias gemacht und errechnet, daß es etwa drei Monate dauern würde, bis wir sie gerahmt hätten und in vier langen Diaabenden pro Woche den Nachbarn in Moonee Ponds würden zeigen können – vorausgesetzt, daß wir keine Wurstbrötchenpause einlegten.

Ich muß zugeben, daß ich ab und zu eine kleine Regung von Heimweh verspürte. Ich war vor Weihnachten abgereist und hatte daher dieses besondere Familienereignis mit meinen schnell heranwachsenden Kindern um mich herum versäumt. Die Weihnachtsfeierlichkeiten an Bord waren es nicht wert, daß ich davon nach Hause berichtete, obwohl Vals Freund, der Zahlmeister, sich als Weihnachtsmann verkleidet hatte und nonstop Tag und Nacht über die Lautsprecher »Stille Nacht« und »Alles, was ich mir zu Weihnachten wünsche, sind zwei Vorderzähne« gespielt wurde. Was auch immer in Zukunft geschieht, dachte ich, ich werde zusehen, daß ich am 25. Dezember zu Hause sein kann, um meine Geschenke in Empfang zu nehmen – und auch welche zu verteilen, natürlich!

Während eines Großteils der Zeit, die wir in der Alten Heimat verbrachten, war es dort Winter, aber wir waren so müde, daß uns das trübsinnige Wetter nicht störte. Ich wollte insbesondere Stonehenge besuchen, denn ich hatte das dumpfe Gefühl, daß irgendwo in unserem Stammbaum ein paar Druiden versteckt waren. Übrigens färbten sich die Druiden den ganzen Körper mit einer Pflanze namens Färberwaid, die sie malvenblau machte, was unheimlich an meine natürliche Haarfarbe erinnert! Auch wollte ich unbedingt den Kontinent aufsuchen und zwischen Stratford-on-Avon und dem Planetarium auch das Fröhliche Paris sehen, aber mein Zeitplan war so gedrängt, daß ich diesen Besuch einfach nicht einschieben konnte. »Das nächste Mal«, tröstete ich mich, denn ich wußte im tiefsten Inneren, daß es ein nächstes Mal geben *würde*. Mein Besuch in der Harrod's Nahrungsmittelhalle war herrlich, und ich genoß auch meinen Abstecher zu Madame Tussaud. Damals wußte ich noch nicht, daß eines Tages dort eine lebensgroße Statue von mir stehen würde, umringt von ehrfürchtigen Besuchern und japanischen Touristen, die alle neben ihr fotografiert werden wollten.

Von Zeit zu Zeit trennten sich Val und ich, besonders, wenn Chip auf ein paar Tage in der Stadt war. Das Verhältnis der beiden schien recht ernst zu werden. Ich glaube, daß Val aufgrund der umwerfenden Nachricht von Madge anfing zu befürchten, sie könnte als einzige von uns eine alte Jungfer werden.

Eines Nachts in der »Blauen Tür«, als wir nicht schlafen konnten, weil im Stockwerk über uns ein komisches Klopfen und Stöhnen zu hören war, sagte sie mir, wie sehr mich alle Mädchen um meine

Ehe mit Norman beneideten, und dann schloß sie rätselhaft: »Du hast absolute Wunder an ihm vollbracht.« Ich konnte daraufhin die ganze Nacht nicht schlafen, Stonehenge und die Schreckenskammer spukten mir im Kopf herum, dazu waren da noch diese komischen Hotelgäste, die anscheinend die ganze Nacht die Stufen hinauf- und hinabtrampelten. Vals Bemerkung über Norm beruhigte mich auch nicht gerade. Was meinte sie damit, ich hätte »Wunder« bei ihm bewirkt? Was stimmte denn nicht mit Norm? Ich wußte, daß Mama meinte, ich hätte eine bessere Wahl treffen können, sie hatte es ja sogar gesagt. Ich wußte auch, daß er bei gesellschaftlichen Anlässen immer etwas unbeholfen war, und beim Gedanken an die Begegnung mit Pixie und Charlie bei meiner Krönung und sein hinterwäldlerisches Benehmen errötete ich. Ich seufzte, als mir klar wurde, daß mein lieber Norm, so reizend er auch zu Hause war, woanders eher zur Belastung wurde. Vielleicht war er gar kein *vollwertiges Mitglied der Gesellschaft*? Aber, lassen Sie uns den Tatsachen ins Auge sehen, welcher Australier ist das denn schon?

Ganz gewiß hatte der arme Norm nur wenig Freunde, und obwohl er es in seinen Briefen nicht aussprach – sie waren fröhlich und gut gelaunt –, konnte ich seine Einsamkeit zwischen den Zeilen herauslesen. Ich schämte mich etwas meiner illoyalen Gedanken und sehnte mich danach, wieder in der Humouresque Street zu sein, um den guten Alten kräftig zu umarmen und ihm ein bißchen zärtliche, liebevolle Fürsorge angedeihen zu lassen.

Unser letzter Abend in London war ein Höhepunkt der ganzen Reise. Eine schöne Loge im Royal Theatre, Covent Garden, zur Premiere von »My Fair Lady«, einer Liveshow mit Rex Harrison und Julie Andrews. Da wir die Loge mit einigen Beamten des Australienhauses und weiteren Würdenträgern teilten, beschloß ich, meine Schöne-Mutter-Krone und den dazugehörigen pelzumsäumten Umhang zu tragen, und als wir in dem herrlichen Plüschalkoven Platz nahmen, von dem aus man den Zuschauersaal überblicken konnte, drehten sich viele Köpfe nach uns um. Eine Menge Leute im Parkett aus Modekreisen reckten die Hälse, zeigten auf mich und schauten mich sogar durchs Opernglas an, so als würden sie mich mit jemand anderem, entsprechend Bedeutendem, verwechseln. Was für eine wundervolle Aufführung das doch war, deren Story tief in mir eine Saite zum Klingen brachte: das einfache Blumenmädchen (meine Urahnin hatte in der Guten Alten Zeit Blumen verkauft!) wird von einem gutaussehenden Professor ausgebildet und wird schließlich ein berühmtes Glamourgirl in der Höheren Gesellschaft. In der Pause, als die Leute sich vor mir verneigten und mir die Hand küßten und Pagen mir Champagner anboten, identifizierte ich mich mit der kleinen Julie. Es tut mir furchtbar leid, aber es war ganz einfach so.

Neben mir in der Loge saß ein junger Mann namens Charles Osborne, der irgend etwas mit dem Kunstausschuß zu tun hatte. Er fragte mich, ob ich schon viel auf der Bühne gestanden sei, und war höchst erstaunt, als ich das verneinte. Ich erwähnte »Macbeth« und Maria Magdalena. Er sagte, es überrasche ihn, daß ich mit meiner Figur und schönen Sprechstimme noch nicht Hedda Gabler und eine andere Person namens »Phädra« gespielt hätte. Ich weiß, daß der Name korrekt geschrieben ist, weil ich ihn hinten aufs Programm notiert habe. Er gab mir eine Liste von Rollen, die ich eines Tages in Angriff nehmen sollte. Hier ist sie (ich zitiere): Die heilige Johanna von Bernard Shaw, die Marguerite in der »Kameliendame«, die Madame Ranevesky im »Kirschgarten«, die Blanche Dubois in »Endstation Sehnsucht« und Brechts Mutter Courage.

Obwohl ich noch nie von auch nur einer einzigen dieser Shows gehört hatte, war ich sehr geschmeichelt, daß mich dieser sensible junge Mann in diesen Rollen sehen wollte. Er war sehr aufmerksam und voller Komplimente und sagte, er hoffe, mich eines Tages in der Drury Lane auf der Bühne stehen zu sehen, worüber wir herzlich lachten. Ich bekomme eine Gänsehaut, wenn ich an diese Unterhaltung zurückdenke, denn jetzt, wo ich dies niederschreibe, steht mein Name in großen Leuchtbuchstaben an *ebenjenem Theater*, wahrscheinlich dem schönsten und angesehensten auf der ganzen Welt.

Mr. Osborne erzählte mir, er sei früher auch einmal Schauspieler gewesen (ich fürchte, er war kein Rex Harrison) und man habe ihn oft für Marlon Brando gehalten. Ich muß sagen, daß ich so tat, als sei ich ganz seiner Meinung, obwohl er so sehr wie Marlon Brando aussah, wie Madge Allsop Marilyn Monroe ähnelt. Aber es ist manchmal gut, die Mannsbilder bei Laune zu halten ...

Val und ich trennten uns, als sich unsere Traumreise dem Ende zuneigte. Sie ging zurück auf die »Himalaya«, Sie wissen schon, zu wem, um die Rückreise anzutreten, und ich schiffte mich auf der »Rangitoto« über Rotterdam, Lissabon, Genua, Columbo und Auckland nach Melbourne ein. Dieser erste Besuch in England und diese erregenden Eindrücke vom Leben der ethnischen Minderheiten in Portugal, Italien und Indien, die ich auf der Durchreise erhielt, machten mir Lust auf Weltreisen, eine Lust, die niemals mehr nachgelassen hat.

Obwohl ich allein war, langweilte mich das Leben an Bord nie. Ich katalogisierte meine 5712 Dias, las immer wieder den Covertext der »My Fair Lady«-Schallplatte (der ersten, die jemals nach Australien gelangte) und schrieb ein paar Ideen für eine Bühnenshow nieder, bei der ich mit dem Publikum plaudern wollte, als sei es bei mir zu Hause. Eine revolutionäre Show, wenn ich das auch damals noch nicht wußte, die sein sollte wie eine Unterhaltung zwischen zwei Leuten, von denen die eine interessanter ist als die andere. Übrigens ist das meine Definition von »Theater«, liebe Leser.

Als ich in London Geschenke für meine Familie einkaufte, zermarterte ich mir den Kopf über ein passendes Hochzeitsgeschenk für Madge. Ich hatte ihr natürlich gesagt, daß ich an der

Hochzeit teilnehmen würde. Laßt uns den Tatsachen ins Auge blicken, keine zehn Pferde hätten mich davon abhalten können, aber es war trotzdem schwer, ein passendes Geschenk zu finden. Es gibt zwei Arten von Menschen, für die es sehr schwer ist, einzukaufen: die, die alles, und die, die gar nichts haben. Madge gehörte zur zweiten Kategorie, aber schließlich entschloß ich mich, es zu wagen und ihr ein herrliches vierundzwanzigteiliges englisches Teeservice bei Harrod's zu kaufen, das wunderbar verpackt war. Es war überraschend billig, aber der Verkäufer wies mich darauf hin, daß es kleine Fehler hatte. Ich sagte ihm, daß das gar nichts ausmache, da das zur Empfängerin passe.

Ich will mich nicht lange mit der Reise nach Auckland aufhalten – meine Reisetagebücher werden einen weiteren faszinierenden Band ergeben –, aber ich muß erwähnen, daß die »Rangitoto« am ersten Juli, zwei Tage von der Küste von Neuseeland entfernt, in einen Taifun geriet. Es war den ganzen Tag schon sehr windig gewesen, und man hatte uns geraten, alle Luken dichtzumachen. Auf der Rückreise hatte mich bisher noch keine Seekrankheit befallen, aber als jetzt das Schiff begann, ominös zu rollen, fühlte ich mich ziemlich flau. Durch das Bullauge sah ich auf eine riesige Welle in der Farbe alter Socken, und innerhalb kürzester Zeit waren wir inmitten des Taifuns. Aus dem Bauch des Schiffes ertönte schreckliches Krachen und Ächzen. Gerade als ich beschlossen hatte, daß der sicherste Platz für mich in meiner kleinen Koje sei, fiel mein Koffer und mein gesamtes Gepäck mit Getöse von der Garderobe herunter und rutschte den schrägen Kabinenboden hinab.

Der Sturm wütete eineinhalb Tage lang, während der es mir nur einmal gelang, mich zum nahezu leeren Speisesaal zu einem sehr schrägen Imbiß zu tasten. Natürlich war ich mit dem Kapitän befreundet, der an diesem Tag so ungefähr der einzige Essensgast war. Ich benutzte die Gelegenheit, um ihn zu fragen, wann wir in Auckland eintreffen würden. Er lachte grimmig. »Hören Sie«, antwortete er, und ich bemerkte sofort, daß auch er ein Kiwi war.

»Wir kommen keinesfalls planmäßig an, fürchte ich, Mrs. Everage. Wir sind weit vom Kurs abgewichen, um dem Sturm zu entgehen, und ich schätze, wir werden nicht vor dem vierten Juli in Auckland sein.«

»Aber Madges Hochzeit!« rief ich aus. »Ich bin die Ehrendame!«

»Es tut mir leid, Mrs. Everage«, erklärte der Skipper mit Bedauern. »Ich fürchte, ich kann es nicht ändern. Aber ich kann Ihnen anbieten, unseren Telegraphendienst zu benutzen, um Ihrer Freundin eine Nachricht zukommen zu lassen.«

So, liebe Leser, verpaßte ich Madges Hochzeit.

»Oh, Edna! Huhu!« ertönte eine vertraute Stimme auf dem Hafenkai von Auckland.

»Ohne dich war es nur halb so schön, nicht wahr, Douglas?« Neben Madge stand ein etwas ältlich aussehender Mann mit beigem Anzug, Hemd, Krawatte und Hut. Sogar sein Gesicht war beige, aber gütig.

»Madge war wirklich sehr betrübt, daß Sie nicht dabeisein konnten, Edna«, sagte er. »Sie wollte sogar, daß wir die Feierlichkeiten verschieben, aber dazu war es zu spät.«

Ich hatte die meisten meiner Sachen in meiner Kabine gelassen, ein Träger hatte nur einen Koffer und Madges Hochzeitsgeschenk auf einen Gepäckwagen geladen, und wir schlenderten zu Douglas Allsops Fahrzeug. Meine Beine fühlten sich – wieder an Land – komisch wacklig an, aber zu meiner Überraschung freute ich mich, ein bekanntes Gesicht zu sehen, wenn es auch nur das von Madge war. Ich wollte alle Einzelheiten über die Hochzeit wissen. Alles schien reibungslos geklappt zu haben, und doch ... warum zum Teufel hatte ich das komische Gefühl, daß irgend etwas schiefgegangen war? Offenbar war die einzige Panne mein Nichterscheinen gewesen.

»Laßt mich mal einen Schnappschuß von euch beiden machen«, sagte Madge und kicherte dabei auf aufreizend mädchenhafte Art. Douglas legte seinen beigen Arm um meine Hüfte, während sich Madge mit ihrer Brownie-Box neben dem Auto niederkauerte, um uns aufzunehmen. Wenn Madge ein Bild macht, ist das eine solche Staatsaffäre, daß man länger lächeln muß als die Mona Lisa.

»Hör mal, Edna, wenn wir nach Hause kommen, hat Doug eine aufregende Nachricht für dich, und sie darf nicht ›nein‹ sagen, nicht wahr, Doug?«

»Nein zu was?« bellte ich freundlich.

»Nun gut«, sagte Madge, während wir durch recht steile und kurvige Straßen fuhren. »Wir erzählen dir jetzt gleich von unserem kleinen Plan, aber wenn du nicht einverstanden bist, rede ich nie wieder ein Wort mit dir!«

Man höre sich das bloß einmal an! dachte ich. Ich habe einen Umweg gemacht, um bei der Hochzeit dieser Waise dabeizusein. Du lieber Himmel, ich habe fast *Schiffbruch* erlitten, und jetzt, nur, weil sie einen kleinen Goldring am Finger hat, glaubt sie, sie kann mir Vorschriften machen! Aber ich hielt den Mund. Und ich war neugierig.

»Doug und ich finden«, begann Madge, »daß du die wichtigste Person in unserem Leben bist, und du warst immer wunderbar zu mir.«

Ich lächelte liebenswürdig und zuckte abwehrend mit den Schultern.

»Doch, doch«, beharrte Madge. »Und wir wollen, daß du bei unseren Flitterwochen dabei bist, nicht wahr, Douglas?«

»Was?« rief ich aus.

Douglas griff rasch ein und berührte meine Hand. »Wir wissen, daß Ihr Schiff in drei Tagen geht, Edna, und daß Sie zurück zu Ihren Kleinen müssen, aber es wäre uns eine große Ehre, wenn Sie einen Tag oder so mit uns im Grand Hotel von Rotorua verbringen könnten. Ich habe mir erlaubt, ein schönes Zimmer für Sie zu reservieren, und die heißen Quellen und Lehmbäder wirken Wunder bei müder Haut.«

Ich sah den verhutzelten, kamelfarbenen Mann neben mir auf dem Fahrersitz und dann über meine Schulter Madge an, die aufgeregt grinste.

»Wenn dieses Hotel auf müde Haut spezialisiert ist«, anwortete ich, »dann haben Sie und Madge genau den richtigen Ort für Ihre Flitterwochen gewählt.«

»Bitte sag, daß du einverstanden bist, Edna«, bettelte Madge auf dem Rücksitz. Meine Bemerkung war offensichtlich auf taube Ohren gestoßen.

Douglas' Haus war anscheinend in einer anderen Stadt namens Palmerston Nord, wo sich auch sein Geschäftssitz befand, also war er nur wegen der Hochzeit in einem Aucklander Hotel. Aus Bequemlichkeitsgründen wohnte Madge noch bei ihrem Tantchen Heather, bis das Ehepaar seine eigentlichen Flitterwochen als Mann und Frau begann. Damals erschien mir das etwas altmodisch, aber wir waren schließlich in Neuseeland.

Als ich, wie ich finde, liebenswürdigerweise Douglas' Einladung annahm, wurde Madge fast hysterisch vor Aufregung und bestand darauf, bei ihrer Tante haltzumachen, um das Geschenk auszupacken, das ich ihnen mitgebracht hatte. Ich brauche wohl nicht zu erwähnen, daß sie noch aufgewühlter wurde, als sie das grüngoldene Packpapier von Harrod's sah. Aber bald schon herrschte große Enttäuschung, als sie feststellen mußte, daß jedes einzelne

Stück des vierundzwanzigteiligen Teeservices in Scherben gegangen war. Das muß während des Sturms passiert sein, und ich muß gestehen, daß mir Madge ein bißchen leid tat, die erbarmenswürdig in die Schachtel mit dem klirrenden Inhalt starrte. Auf einmal griff sie mit dem Ausruf »Oh, wie schön!« ins Stroh und brachte eine verhältnismäßig unversehrte Teetasse hervor, bei der nur der Henkel fehlte.

»Oh, schau mal, Douglas!« rief sie aus und schmiegte sich an ihn. »Schau, was Edna uns geschenkt hat. Das können wir gut für unsere Zahnbürsten gebrauchen!«

Es ist seltsam, jedesmal, wenn mir Madge echt leid tut, sagt sie etwas, das mein Gefühl für sie sofort ins Gegenteil verkehrt.

Wir ließen Madge bei ihrer Tante, damit sie ein paar Sachen einpacken konnte, bevor wir im Morgengrauen nach Rotorua fahren würden. Douglas Allsop und ich fuhren allein ins Star-Hotel. Ich wollte ihm zu seiner Hochzeit mit Madge gratulieren, fühlte mich aber etwas heuchlerisch dabei. Aber er bestritt statt dessen den größten Teil der Unterhaltung, und offensichtlich betete er sie an.

»Haben Sie schon viele von ihren Shows gesehen, Edna?« erkundigte er sich.

»Shows?« fragte ich. »Was für Shows?«

»Ihre Ballettaufführungen. Madge spricht immerzu von ihrer Zeit als Tänzerin«, fuhr der irregeführte Ehemann fort. »Ich habe ein bißchen Geld auf die Seite gelegt, und wenn wir aus den Flitterwochen zurückkommen, würde ich gerne die Stadthalle von Auckland mieten, damit sie ihr ›Brachland‹ in würdiger Umgebung aufführen kann. Madge sagt, daß die Show ein Publikumsliebling in Australien ist.«

»Ich fürchte, ich habe das verpaßt«, gab ich höflich zurück. »Aber einigen meiner Freunde hat es gut gefallen. In der Tat«, fuhr ich wahrheitsgemäß und taktvoll fort, »hat es einigen so sehr gefallen, daß ihnen die Tränen heruntergelaufen sind.«

Als ich Douglas am Hotel gute Nacht sagte und mich auf den Weg machte, ein Ferngespräch mit Norm anzumelden, tat mir diese liebe alte Grille von einem Mann echt leid. Madge hatte ihm offensichtlich eine Menge übler Märchen erzählt, und ich hatte das Gefühl, daß es in nicht allzuweiter Ferne großes Herzeleid geben würde. Dieses Vorgefühl sollte sich eher bestätigen, als ich mir dachte.

Ich wagte nicht, dies der Dame Margot Allsop gegenüber zu erwähnen, als wir sie am nächsten Morgen mit dem Wagen abholten und nach Rotorua aufbrachen. Sie hatte eine Menge Gepäck dabei, das beinahe das ganze Auto ausfüllte und die Reise sehr unbequem machte. Ich war deshalb froh, als wir endlich Neuseelands berühmte Vulkangegend erreichten. Schon beim Näherkommen roch die Luft nach faulen Eiern. Da ich Madge nur zu gut kannte, öffnete ich instinktiv das Fenster, nur um feststellen zu müssen, daß dieser scheußliche Schwefelgeruch von draußen kam.

Das Grand Hotel war schön und altmodisch; es war sogar so schön und altmodisch, daß sie es, glaube ich jedenfalls, inzwischen abgerissen haben. Aber es war nur einen Katzensprung von den Thermalbädern entfernt, wo man alle möglichen großartigen Behandlungen erhalten kann. Wir checkten ein, und mit Erleichterung stellte ich fest, daß mein Zimmer nicht unmittelbar an die Flitterwöchner-Suite angrenzte. Ich fürchte, mein Gehör ist einfach zu gut.

Zum Mittagessen nahmen wir eine leichte Kürbiscremesuppe und Brandygebäck zu uns (Neuseelands Nationalgericht), und Madge zog ein funkelnagelneues und ziemlich mädchenhaftes geblümtes Kleid an.

»Hör mal, Edna«, sagte sie.

»Ich *höre* zu, Madge«, gab ich mit zusammengebissenen Zähnen zurück.

»Wir haben für heute nachmittag eine Besichtigung der heißen Quellen gebucht. Ist das nicht aufregend?«

Und aufregend wurde es tatsächlich.

Wir schlossen uns einer Touristengruppe an einem Ort außerhalb von Rotorua an, wo ständig große Dampfwolken aus der Erde quollen. Unsere Führerin war eine berühmte alte Maorifrau namens Guide Rangi, die behauptete, schon mit allen Mitgliedern der Königlichen Familie seit Königin Viktoria Nasen gerieben zu haben. Sie schien ein liebes, altes Ding zu sein, und Madge machte ein schönes Dia, wie sie auch mit mir die Nase rieb. Aber ich wollte kein Risiko eingehen und ging gleich darauf auf die Toilette, um meine Nase rasch mit Dettol abzuwischen.

Der vulkanische Gestank war fast unerträglich, als wir nacheinander über die schmalen, aschebestreuten Pfade und über Brücken und Dämme gingen, nur ein paar Meter von brodelnder Lava, kochendem Wasser und Lehm entfernt, die sprudelten und Blasen warfen wie schwarzes Porridge. Es war viel zu dampfig, um Fotos zu machen, aber Madge bestand darauf. Als wir zu einer kleinen, rustikalen Brücke kamen, die über einen wirklich schaurigen Lehmkrater führte, wollte sie unbedingt zum soundsovielten Mal mich und Douglas aufnehmen, wie wir uns ans Geländer lehnten. Bei mir dachte ich, die Nachwelt müsse beim Betrachten all dieser Schnappschüsse annehmen, *ich* sei die Braut!

Aber offen gestanden war ich in Gedanken ganz woanders. Am Abend zuvor hatte ich, bei schlechter Verbindung, Norm erreicht, aber das Gespräch war eigenartig unbefriedigend gewesen; sehen wir doch der Wahrheit ins Auge, welche Telefongespräche sind das nicht? *Hatte man mich auch genügend vermißt?* überlegte ich, als ich den Hörer auflegte und etwas weinte.

Guide Rangi stand etwa fünfzig Meter vor uns im Nebel.

»He, ihr beiden!« rief sie. »Sir, Lady! Können Sie denn das Schild nicht lesen?«

Sie starrten auf die schwarze, pockennarbige Oberfläche.

»Lächeln«, rief Madge. »Lächelt noch mal, ich habe vergessen weiterzuspulen!«

Was für ein Schild, dachte ich, nahm den Ellbogen vom Geländer und schaute hinter mich. Auf der schwachen Brüstung war ein Hinweis, den man leicht übersehen konnte: VORSICHT – NICHT ANS GELÄNDER LEHNEN!

»Edna«, rief Madge, »hier! Lächeln!«

Ein lautes Krachen ertönte, und ich schaute nach links. Das Teil der Brücke, auf das ich mich gerade noch gestützt hatte, war weggebrochen, und Douglas stand neben mir, leicht zurückgelehnt und mit den Armen wie eine Windmühle in der Luft herumwedelnd. Er sah mich mit einem verwunderten Gesichtsausdruck und einem schwachen Lächeln an, als ob er sagen wollte: »Was zum Teufel ist denn hier los?«

Es gab einen lauten Klatsch und eine Art Glucksen. Guide Rangi schrie auf, und eine Menge Touristen rannten zurück auf die Brücke, hielten sich aneinander fest und starrten auf die schwarze, pockennarbige Oberfläche und den darauf schwimmenden beigen Hut.

Zufälligerweise waren einige der Leute, die Zeugen der Tragödie wurden, sogar ausgebildete Schwimmer, leider aber nicht in kochendem Schlamm.

Kapitel 20

Die Bühne meines Lebens

»Huhu! Huhu! Ist jemand zu Hause?«
Es war ein phantastischer Melbourner Herbsttag, der Himmel war lavendelblau, und die Platanen in der Humouresque Street raschelten bei dem leichten Wind mit ihren großen gelben Blättern. Ich war an die Haustür gerannt, während der Silvertop-Taxifahrer das Auto auslud und mit dem Gepäck den Weg herauftaumelte. Sie sind wohl im Hinterhof, dachte ich, als ich den vertrauten Gang entlanglief und dabei meine Küche geflissentlich übersah, in der es aussah, als hätte eine Bombe eingeschlagen. Die Fliegengittertür schlug hinter mir ins Schloß. Ich stand auf unserer kleinen Veranda und schaute hinunter in den Garten, wo mein geliebter Norman und unsere drei Kinder um die Verbrennungsanlage herumstanden und einen Armvoll goldener und rostroter Blätter nach dem anderen hineinwarfen. Es stieg blauer, süßlich riechender Rauch auf.
»Huhu! Huhu! Ihr Beutelratten, schaut mal, wer da ist!« trällerte ich und benutzte dabei den Lieblingskosenamen unserer Familie, den ich seither auf den Rest der menschlichen Rasse ausgedehnt habe.
»Hallo, Mama!« schrie Bruce, eine kleine, stämmige Gestalt, der mit seinem Gartenrechen beschäftigt war.
»Hallo«, rief Valmai so ziemlich nebenbei und näherte sich dem Feuer mit einem Blätterspieß an einem trockenen Ast. Meine wildäugige alte Mutter, die in ihrem abgetragenen alten Armeemantel ein bißchen wie Königin Lear aussah, schwang eine

Heugabel. Sie winkte mir zu, ohne mich dabei überhaupt anzuschauen.

Norm, in einem alten Khakihemd und ausgebeulten Hosen, linste durch den Rauch. »Tag, Edna!« rief er. »Heute arbeitet die ganze Mannschaft mit mir! Willst du uns helfen?«

Obwohl der Rauch am anderen Ende des Gartens war, tränten mir die Augen, aber nicht wegen des Rauchs. Wollte mein Mann denn nicht seine Tätigkeit ein paar Sekunden lang unterbrechen und über den Rasen kommen, um die Mutter seiner Kinder zu umarmen, die mehr als sechs Monate weggewesen war? Nur der kleine Kenny, in schmutzstarrenden Shorts, mit aufgeschlagenen Knien und einem Sturzbach von salatgrünem Rotz zwischen Nase und Oberlippe, rannte mit ausgestreckten Armen auf mich zu. Ich putzte ihm die Nase mit meinem Taschentuch, und als ich ihm in die Augen sah, bemerkte ich die verklebten Augenwinkel und die gelben Kristalle in seinen Wimpern – Zeugen der Vernachlässigung.

»Wo ist mein Geschenk?« fragte er. »Du hast versprochen, daß du mir viele Geschenke mitbringst.«

»Gleich, Kenny, gleich, Liebling. Laß die Mama erst mal auspacken«, sagte ich und wandte mich ab, um die Tränen meines inneren Schmerzes zu verstecken.

Ich ging zurück an die Haustür, um den Fahrer zu bezahlen. Auf der Veranda schien verflixt viel Gepäck zu stehen.

»Das gehört nicht alles mir«, beschwerte ich mich in scharfem Ton und schneuzte mich.

»Eine Menge davon gehört mir, Edna«, ertönte eine Stimme aus dem Vorgarten. Es war Madge.

»Aber Madge«, protestierte ich. »Ich habe gedacht, du fährst mit dem Taxi weiter zu Mrs. Findlay, deiner Tante. Ich meine, das hatte ich angenommen. Du willst doch nicht etwa hierbleiben?«

»Habe ich dir das denn nicht gesagt, Edna?« antwortete meine

Brautjungfer mit großen unschuldigen Augen. »Oh, das tut mir aber leid. Gott in seiner Gnade hat sie vor drei Jahren zu sich genommen. Als du mir die Fahrkarte nach Australien gekauft und mir gesagt hast, daß du dich um mich kümmern wolltest, habe ich halt gedacht ...« Die Frau hatte zu weinen angefangen, und der Taxifahrer machte sich rasch mit meinem Kleingeld davon.

»Um Himmels willen, Madge«, hob ich mißmutig an und fuhr dann, mehr meiner würdig, fort: »Bitte, versteh das doch. Ich konnte nicht mit ansehen, wie du nach dieser schrecklichen Tragödie mittellos dastandest, aber ich habe einen Mann, eine junge Familie und eine wahnsinnige Mutter. Dies ist nur ein kleines Vororthaus. Wie konntest du nur annehmen, wir hätten Platz für dich?«

Hinter mir aus dem Haus kam Valmais weinerliche Stimme: »Wo sind unsere Geschenke, Mama? Du hast es versprochen!«

»Hör mal, das verstehe ich doch«, wimmerte die Witwe. »Ich war nur etwas durcheinander, das ist alles. Ich habe gedacht, daß ich vielleicht ... nur für ein paar Tage, bis ich ein billiges Zimmer gefunden habe. Jetzt will ich dir aber nicht länger zur Last fallen.« Und damit ergriff Madge mit ihren knochigen Fingern ein paar riesige Koffer und versuchte mit aller Kraft, sie in Richtung Gartentor zu zerren. Eine Zeitlang schaute ich ihrer sich entfernenden Gestalt nach. Sie entfernte sich sehr langsam, denn die Koffer waren so schwer, daß sie sie nicht vom Boden hochbekommen konnte, und sie zerpflügten den Rasen. Plötzlich gab in mir etwas nach.

»Komm zurück, Madge, du Dummkopf!« schrie ich besorgt. »Du kannst ein paar Tage hierbleiben. Ich arrangiere alles. In Ordnung? Ich nehme Kenny mit in unser Zimmer, stecke Brucie zu Valmai, und du kannst auf dem Dachboden wohnen. Aber hör um Himmels willen damit auf, dieses Gepäck herumzuschleppen. Du ruinierst den von Hand gejäteten Rasen.«

Madge zeigte mir eine frühe Version ihres dankbaren Blicks, den ich in der Zwischenzeit als ihren »Ich-will-noch-mehr«-Blick zu interpretieren gelernt habe.

»Wenn du dich nützlich machen willst, dann mach doch eine Tasse Tee für uns alle. Ich gehe in den Hinterhof, um mich bei meiner Familie wiedereinzuführen.«

Auf Ann Forbes war ich böse, sehr sogar. Sie hatte mir versprochen, sich um meine Kinder zu kümmern wie um ihren Augapfel, und zurückgekommen waren sie am Morgen meiner Heimkehr wie vernachlässigte Lumpensammlerkinder. Glücklicherweise waren sie bei guter Gesundheit, verhielten sich aber mir gegenüber etwas sehr lässig, um es gelinde auszudrücken. Bildete ich es mir nur ein, oder war auch mein Ehemann etwas distanziert? Sie waren jedoch alle sehr fröhlich, als ich meine Geschenke auspackte; Taschentücher mit wunderschönen Initialen und Schweizer Unterhosen für Norm, Spielsachen und Bücher für die Kleinen, und, gerade zum rechten Zeitpunkt, eine neue Morgenjacke für meine Mutter. Die arme kleine Madge saß in einer Ecke unseres Wohnzimmers und sah sich die glückliche Familienszene an. Norm bemerkte sie, ging durchs Zimmer auf sie zu und überreichte ihr einen Umschlag.

An jenem alptraumhaften Tag in Neuseeland, als Douglas von einer Minute zur anderen dahingerafft wurde, rief ich in Australien an, um Norm die furchtbare Nachricht mitzuteilen. Wie die meisten australischen Männer kann er nicht gut sein Beileid ausdrücken, was auch für alle anderen Gefühle gilt, und so erwähnte er Madges Verlust mit keinem Wort, als er sie leibhaftig vor sich hatte. Statt dessen schaute er bei unserem Zeitungshändler vorbei und kaufte eine schöne, passende Karte mit einem Bild von Veilchen in einer Vase und den Worten »Mit dem tiefsten Mitgefühl« darauf. Als er ihr den Umschlag gab, sagte er kein Wort, aber ich bemerkte, daß Madge die Karte mit einem komischen Gesichtsausdruck las. Später fand ich sie, sie lag noch auf der Armstütze des Stuhles, und las, als ich sie öffnete: »Zum liebevollen Gedenken an eine wunderbare Mutter.« Der arme alte Norm hatte die falsche Karte gekauft, aber ich denke, es kommt auf die gute Absicht an.

An meinem ersten Abend zu Hause verkündete Norm zu meiner Überraschung, daß er in die Loge gehen würde. Es war irgend etwas Besonderes los, was er nicht versäumen wollte. Ich las den Kindern gerade vor, als er diese Bombe platzen ließ, und wollte vor ihnen meine Enttäuschung nicht zeigen. Aber bei mir dachte ich, er könnte von mir aus an jedem verdammten Abend des Jahres irgendeine blöde Ziege besteigen, nur nicht ausgerechnet an diesem.

Ihm schien es egal zu sein. Ich hörte ihn im Schlafzimmer vor sich hin pfeifen, während er sich fertigmachte. Er hatte übrigens schon den ganzen Nachmittag dieselbe Melodie gepfiffen. Ich ging ins Badezimmer, um mir das Gesicht zu waschen, denn ich hatte wieder geweint, als ich die Kinder zu Bett brachte. Neben dem Waschbecken stand eine seltsame, bauchige Glasflasche mit einem großen, runden, hölzernen Stöpsel und einer urinproben-gelben Flüssigkeit darin. Darauf stand »Aftershave-Lotion für Männer«. Während ich so daraufstarrte, kam Norm im Unterhemd herein, schraubte den Stöpsel auf und schmierte sich etwas davon unter den Arm.

»Was ist denn das, bitte schön?« hörte ich mich selbst ausrufen, ein Echo meiner Mutter, fürchte ich. Dann schrie ich mit überschnappender Stimme meinen lustig vor sich hin trällernden Ehemann an: »Deine Freimaurerkumpane haben heute abend mehr Glück als deine arme kleine Frau!«

»Edna«, ertönte Madges schmeichelnde Stimme vor der Tür. (Diese Frau war Meisterin darin, den falschen Moment zu wählen.) »Edna, ist es in Ordnung, wenn ich meine Sachen auf ein eigenes Regal im Badezimmerschrank stelle?«

Wann Norm in dieser Nacht nach Hause kam, weiß ich nicht.

Ich versuchte, die Augen so lange wie möglich offenzuhalten, und sagte mir voll Abscheu immer wieder: »Mein erster Abend zu Hause ... wie kann er nur?«

Ich beschloß, steif mit den Armen an den Körper gepreßt dazuliegen, wenn Norm endlich heimkommen, wie üblich seinen Schlafanzug im Dunkeln anziehen und mich liebkosen würde. Vielleicht würde er sogar versuchen, mich auf die Wange zu küssen, und dann würde ich dafür sorgen, daß sich darauf frisch hervorgequetschte Tränen befanden. Aber trotz diesem bohrenden Ärger und den verschleimten Atemzügen des kleinen Kenny in seinem Feldbett neben mir muß ich sofort eingeschlafen sein.

Am nächsten Morgen lag das Flanellbündel neben mir und roch nach dem gelben Zeug im Badezimmer. Ken schlief auch noch, und so schlich ich mich aus dem Bett, warf meinen Morgenmantel über und machte mich auf in die Küche. Dort saß, gehüllt in eine Rauchwolke aus dem Toaster, Madge und weinte am Küchentisch vor sich hin. Ich schlang den Arm um ihre vogelartig mageren Schultern.

»Komm, Madge, wein doch nicht«, tröstete ich sie. »Schließlich war deine Ehe so schön, auch wenn sie nur eineinhalb Tage gedauert hat. Sagt man nicht, es kommt auf die Qualität und nicht auf die Quantität an?«

Man muß es Madge lassen, sie schien nicht überzeugt zu sein und zeigte mir einen Brief, den sie gerade gelesen hatte. »Das ist heute früh an deine Adresse gekommen, Edna. Es ist von den Rechtsanwälten.« Ich sah den tränenfleckigen Luftpostbrief an.

»Sie teilen mir mit, daß kein Geld da ist. Douglas hatte seine Busgesellschaft verpfändet. Es ist nichts übrig.«

Sie begann wieder zu schluchzen, und ich machte einen nicht mehr rückgängig zu machenden Vorschlag. »Du kannst so lange hierbleiben, wie du willst, Liebes.«

»Nein, Edna. Irgendwie komme ich schon zurecht. Ich suche mir

eine Arbeit. Ich gebe Tanzunterricht.« Sie öffnete ihre Handtasche und kramte darin herum.

»Es macht mir eigentlich nichts aus, daß Douglas keinen Pfennig
hatte«, erklärte sie schniefend, »ich habe ja großartige, gast-
freundliche Bekannte, so wie dich. Es ist nur, daß ich so wenig
Erinnerungsstücke an ihn habe – nur das.« Aus den verstaubten
Tiefen ihrer Tasche zog sie einen seltsam mißgestalteten Metall-
klumpen.

»Ich lasse eine Kette dafür anfertigen, dann kann ich es immer
tragen«, sagte sie etwas aufgemuntert.

»Was ist denn das, Madge?«

»Seine Uhr, Edna. Das ist alles, was man von ihm gefunden hat.
Die Zeit kann man nicht mehr ablesen, weil sie geschmolzen
ist.«

»Was du nicht sagst«, wäre die angemessene Bemerkung gewesen, die ich *nicht* machte!

»Es ist meine Salvador-Dalí-Uhr«, verkündete die Witwe stolz.
Damals wie heute fand ich Madge unerträglich, wenn sie mit den
Bruchstücken ihres Wissens glänzte.

Unter den verkohlten Überresten von Madges Frühstück befanden sich einige Briefe für mich, die alle voll guter Nachrichten
und sehr interessant waren. Eine »Willkommen-zu-Hause«-Kar-
te von Pixie Lambell, eine Einladung zum Ball, zu einer Cocktail-
Party und einer Kunstausstellung. Die Einladungen waren entweder für »Mr. und Mrs. Everage« oder für »Edna Everage und
Begleitung«. Ich stieß einen kleinen innerlichen Seufzer aus, als
ich mir Norms Ungeschicklichkeit und ungehobelte Manieren
bei solchen Anlässen vorstellte. Wurde ich snobistisch? fragte
ich mich. Das war ein furchtbarer Gedanke.

Von Mrs. Newton-John war ein netter, warmherziger Brief gekommen, in dem es hieß, daß Livvy sich im Singen geübt hatte
und alle Kinder sich danach sehnten, mich wiederzusehen. Ein
weiterer Brief kam von Leuten namens Gibson, die mich baten,

ihrem Sohn Mel Schauspielunterricht zu geben. Von meinem Bruder Roy, der aus Korea zurück war, war ein Brief angekommen, in dem er mir mitteilte, daß er von nun an ständig in Frankston leben würde. Das war eine Erleichterung, denn so hatten wir mehr Platz. Eine andere Postkarte war von Athol, der in Mildura Düngemittel studierte und eine Freundin erwähnte. Ich hoffte nur, daß es sich nicht um diese Dawn Purdie handelte, befürchtete aber das Schlimmste.

Der letzte Brief war der wichtigste meines Lebens. Auf dem Briefkopf stand die Anschrift eines halbwegs vornehmen Vorortes von Melbourne. Ich goß mir eine Tasse Tee ein und las:

Liebe Mrs. Everage,

ich bin ein junger Melbourner Schauspieler und plane eine Art Revue oder Varieté über das Leben in australischen Vororten, wobei ich seine komische Seite aufzeigen möchte. Alle Rollen werden von mir selbst gespielt. Eine davon ist die Rolle einer Hausfrau, die gerade ihre erste Überseereise hinter sich hat und sich für Kochen, Inneneinrichtung, Familie und Blumenarrangements interessiert. Im letzten Jahr habe ich viel über Sie in der Zeitung gelesen und würde gerne wissen, ob Sie mir eine Stunde Ihrer kostbaren Zeit opfern könnten, um mich zu besuchen und mir bei meinen diesbezüglichen Studien zu helfen. Sagen wir mal, ich würde Sie gerne detailliert ausfragen. Wenn Sie mich treffen möchten, würde ich ein Mittagessen in einem guten Restaurant in der Stadtmitte namens »Russell Collins« vorschlagen. Wie wäre es mit nächsten Mittwoch um halb eins? Wenn es Ihnen paßt, rufen Sie mich doch bitte unter BX 5116 an.

Mit freundlichen Grüßen

Barry Humphries

»Was ist denn los, Edna?« fragte Madge, die gehört hatte, wie ich den Brief auf den Küchentisch knallte.

»Jetzt schreiben mir schon Verrückte«, beklagte ich mich. »Der da klingt noch dazu ein bißchen wie eine Memme. Er plant eine Show, bei der er als Frau verkleidet ist und sich über unsere großartige australische Lebensart lustig macht. Aus welchem Stall stammen denn solche Leute? Wahrscheinlich bricht er seinen Eltern das Herz.«

Madge sah angemessen beeindruckt aus und studierte den Brief. »Oh, ich weiß nicht, Edna. Hör mal, so schlecht klingt das gar nicht einmal. Es ist so etwas wie ein Kompliment für dich. Sieh es doch als Preis für den Ruhm an.«

»Pppphhhh!« war alles, was ich sagte. Ich konnte Norm unter der Dusche pfeifen hören, und der kleine Kenny schrie.

»Russel Collins« lag im Untergeschoß eines zwölfstöckigen Wolkenkratzers, einer Holzkonstruktion aus Nut- und Federbrettern, an der Ecke Russel- und Collins-Street. Es war ultramodern. Man ging über Terrassenstufen zwischen zwei erleuchteten Metallpfeilern hinunter. Wenn man durch den Lichtschein trat, öffnete sich eine Glas-Chrom-Tür wie von Geisterhand. Dann befand man sich in einem hübschen, schwach erleuchteten Restaurant voller Nischen, verkleidet mit hellem Holzfurnier. Auf allen Tischen standen Vasen voll Mohnblumen, und geschmackvoller Schmuck und Wandtafeln erzeugten eine heimelige Atmosphäre. Während ich darauf wartete, daß mich mein fremder Briefpartner begrüßte (ich hatte keine Ahnung, wie er aussah), las ich eine der hübschen Tontafeln. Sie zeigte eine kleine strohgedeckte Hütte, von der Rauch in einen Keramikhimmel aufstieg. In einer komischen, verschnörkelten Handschrift war zu lesen: »Das Leben ist Musik, wenn man nur die Melodie summt.« Das blieb mir im Gedächtnis haften. Es schien mir so weise, so einfach und doch fast unmöglich zu verstehen. Das muß Philosophie sein, dachte ich mir.

»Mrs. Everage?«

»Ja.«

Ein großer, ziemlich gebeugter junger Mann hatte mich angesprochen und zeigte auf einen kleinen Tisch neben einem Goldfischaquarium. Wir stellten uns einander nicht vor, aber ich wußte, daß dies Mr. Humphries sein mußte. Während er vorausging, bemerkte ich, daß er zwar einen schönen Anzug, aber Wildlederschuhe trug (kein gutes Zeichen) und daß sein Haar so lang war, daß es ihm ins Auge hing. Er hatte wohl schon lange kein Loxene-Spray mehr benutzt!

Während ich die Speisekarte genau studierte, zündete er sich eine Rothmann-Zigarette an, ohne mich um Erlaubnis zu fragen. Ich hüstelte etwas, was er nicht zu bemerken schien. Als die schwarzgekleidete Kellnerin mit weißgestärktem Kragen und Schürze erschien, wie das damals vor der Zeit der schmuddeligen Jeans und T-Shirts üblich war, bestellte er Weißfischfilets, und ich entschloß mich zur Spezialität des Hauses: Tomatencremesuppe mit Croutons und süßem Mais auf Toast.

Um ganz ehrlich zu sein, genoß ich mein Mittagessen. Wenn man mir offene Fragen über mein Leben stellt (wir waren damals noch nicht vom »Lifestyle« infiziert), gebe ich gern Auskunft. Ich bin nun mal eine interessante Persönlichkeit; Sie hätten nicht bis hierher gelesen, wenn das nicht der Fall wäre. Dieser Barry Humphries war jedenfalls ganz offensichtlich an mir interessiert, denn er bat mich mehrmals, etwas zu wiederholen (als ich zum Beispiel mein Haus beschrieb), und kritzelte alles aufgeregt in ein Notizbuch. Seine Bühnenshow sollte in ein paar Wochen im Kongreßzentrum stattfinden, und anscheinend war er etwas nervös. Außerdem war er auch, wie die meisten Studenten seines

Alters, ein Besserwisser. In ihren früheren, klareren Zeiten hat meine Mutter diesen Typ sehr gut beschrieben; sie pflegte zu sagen: »Wisse alles, und du weißt nichts.« Meine Leser werden eine Menge Leute kennen, die in diese Kategorie gehören; keine Namen – keine üble Nachrede.

Wir trennten uns mit einem Versprechen meinerseits, daß ich zu ein paar Proben kommen und ihm bei der Verkörperung der weiblichen Rolle helfen würde, obwohl ich bei dem Gedanken an einen Mann in Frauenkleidung ein etwas unangenehmes Gefühl hatte. Das ist noch heute so; es tut mir fuchtbar leid, aber so ist es nun einmal. Vielleicht hat mich im Endeffekt auch die Tatsache, daß er eine Bezahlung erwähnte, trotzdem bewogen zuzustimmen.

Nach dem Essen war ich etwas »high«, um diesen Ausdruck das erste und letzte Mal benutzt zu haben. Ich beschloß, ein bißchen im Stadtzentrum herumzulaufen, unter den Arkaden umherzuschlendern und gelegentlich liebenswürdigerweise ehrfürchtigen Fußgängern, die mich erkannt hatten, Autogramme zu geben. Ich hatte es nicht eilig, nach Hause zu kommen; vernünftigerweise hatte ich ein paar meiner Hausarbeiten an Madge Allsop delegiert.

Wenn sie für eine Zeitlang bei uns einzog – sie hatte Athols Postkarte gesehen und war daraufhin in das größere Zimmer der Jungen im Keller umgezogen –, würde sie sich ins Zeug legen und für ihr Essen etwas tun müssen. Ich hatte sie gebeten, die Küche sauberzumachen, den Eisschrank abzutauen, die Betten zu machen, Kenny vom Kindergarten und Bruce und Valmai von der Schule abzuholen. Ich hatte ihr auch gesagt, sie solle den Gartopf frühzeitig bei mittlerer bis höherer Temperatur aufsetzen und dann um fünf Uhr auf niedrig schalten.

Ich trug ihr diese Dinge in fürsorglicher Absicht auf. Sie waren auch als Beschäftigungstherapie gedacht, damit sie nicht trübsinnig würde. Sicher werden mich Trauerberater, die dies lesen, darin voll und ganz unterstützen.

Wir hatten einen neuen Plattenspieler gekauft, um unsere »My-Fair-Lady«-Schallplatte abspielen zu können, und an diesem Nachmittag kaufte ich zwei weitere Platten: »Mantovanizauber« und Mario Lanza in »Der Bettelstudent«. Als ich, noch immer ganz aufgedreht von meinem Mittagessen und sorglosen Nachmittag, nach Hause kam, war es fast sechs Uhr. Es erstaunte mich seltsamerweise überhaupt nicht, schwarzen Rauch aus meiner Haustür quellen zu sehen. Mit einem Taschentuch vor der Nase kämpfte ich mich zur Küche durch, schnappte mir den ruinierten Topf, schaltete den Strom aus, öffnete alle Fenster und suchte die Allsop. Schließlich fand ich sie im Hintergarten, wie sie mit meiner Mutter schwatzte. Obwohl es fast schon dunkel war, liefen die Kinder Amok, und von Norm war nichts zu sehen.

»Hallo, Edna«, sagte Madge, als ich endlich bei ihr angelangt war. »Hast du was anbrennen lassen? Es riecht so komisch.«

»Es ist nichts«, sagte ich, sarkastisch, fürchte ich, während ich meine Mutter zurück in ihr Zimmer führte. »Norm ißt keine Holzkohle, also werde ich ihm etwas anderes zum Abendessen kochen müssen.«

»Oh!« rief mein hoffnungsloser Gast aus. »Norm kommt nicht zum Essen. Er hat angerufen.«

»Und wo, bitte schön, ist er hingegangen?« erkundigte ich mich, in der Ausdrucksweise meiner Mutter und mit brechender Stimme. »Doch nicht *schon wieder* in die Loge?«

Madge zuckte die Achseln, lächelte blöde und zuckte dann zusammen, als ob ich sie schlagen wollte. Seltsamerweise hätte ich das auch fast getan.

An diesem Abend fütterte und badete ich die Kinder, machte Rühreier und einen Salat für Mama, Madge und mich, las den Kindern wieder vor und warf mich schließlich traurig auf die Couch im Wohnzimmer. Ich versuchte, ein bißchen Mantovani zu hören, aber ich war eigentlich nicht in Plattenlaune. Madge schmiß sich in den Sessel mir gegenüber und schaltete den

Fernseher ein, um Graham Kennedy in »Heute abend in Melbourne« zu sehen. Betrübt folgten meine Augen den ihren auf das vibrierende graue Viereck. Man konnte Kenny aus dem Schlafzimmer husten hören.

»Diese Ann Forbes hat mir meine Kinder mit allen Bakterien von Moonee Ponds zurückgeschickt!« wütete ich.

»Sei doch froh, daß du überhaupt Kinder hast«, schwafelte Madge. »Der arme Douglas und ich haben nicht einmal ...«

Ich hievte mich von der Couch hoch und brachte mich dazu, ihr den Hinterkopf zu streicheln.

»Vielleicht sind wir Frauen viel zu abhängig von den Männern, Madge«, tröstete ich sie und sah gleichzeitig auf die Uhr. *Es war zehn nach elf!* Wo zum Teufel blieb er?

Als ob damit meine sorgenvolle Frage beantwortet würde, ertönte lautes Pfeifen auf der Vorderveranda, gefolgt von dem Kratzen des Schlüssels.

»Hallo, Mädels, seid ihr schön brav?«

Norm kam zu mir und gab mir einen hastigen Kuß auf den Kopf.

»Und wie geht es meiner Madge?« fragte er, rannte zu ihr hinüber, hob sie aus dem Stuhl und schwenkte sie durchs Zimmer.

Als die beiden aufgehört hatten zu lachen und zu kichern, erkundigte ich mich in meinem eisigsten Tonfall: »Wo warst du heute abend, Norman?«

»Ich habe bei Ball gearbeitet, Ed. Hat dir Madge nicht gesagt, daß wir Inventur machen?« Damit nahm er die Zeitung und setzte sich, um die Sportseite zu lesen. Ich sah Madge lange scharf an und ging dann zu Bett.

»Das sind schon zwei Abende in dieser Woche, Madge, und er hat was von einer Sitzung nächsten Mittwoch gemurmelt.«

Madge wärmte gerade den Tee auf.

»Das gefällt mir nicht«, sagte ich. »Irgend etwas stimmt da nicht. Und dieses Lied, das er immer pfeift ...«

»›An einem zauberhaften Abend‹.«

»Was?«

»Es heißt ›An einem zauberhaften Abend‹ und ist aus dem neuen Film, ich habe es im Radio gehört.«

»Ich hätte niemals wegfahren sollen. Ich hätte ihn niemals monatelang allein lassen sollen«, wimmerte ich. »Er ist ein attraktiver Mann, jedenfalls war er das.« Ich dachte an den jungen Soldaten am Strand, an die kleinen Regenbogen, die unter seiner Achsel tanzten, den Rost auf seiner Gürtelschnalle, die Aussicht in seine Nasenlöcher.

Madge stellte zwei Tassen Tee vor uns auf den Tisch.

»Was willst du denn dagegen machen, Edna?« fragte sie trocken und unerwartet nüchtern.

»Ich kann doch nicht hinter ihm herspionieren, Madge«, sagte ich. »So gern ich ihm auch bis zur Türschwelle der Frau folgen würde, mit der er etwas hat, ich kann es nicht.«

»Also?«

»Nun ja, vielleicht könnte ihm jemand anderes folgen. Jemand Diskretes. Jemand, der niemand auffallen würde. Eine farblose, unbedeutende Person mit keinerlei Persönlichkeit. Eine Kreatur, die fast unsichtbar ist ...«

»Ich?«

»Oh, Madge!« stieß ich hervor, drückte ihre Hände und verschüttete fast den Tee. »Würdest du das tun, du Beutelratte? Du brauchst nur deinen alten braunen Mantel anzuziehen und am Personaleingang von Ball zu warten. Du wirst fast mit dem Mauerwerk verschmelzen. Beobachte, wo er hingeht, und sag es mir dann. Es wird mich umbringen, Madge, aber du mußt es mir sagen!«

Eine lange Pause folgte, und dann bekam Madge einen unsagbar verschlagenen Gesichtsausdruck.

»Ich habe ein paar Möbelstücke untergestellt, Edna« sagte sie. »Nur ein paar Stücke. Könnte ich die in den nächsten Tagen in mein Zimmer bringen lassen?«

Das hätte ich mir ja denken können, dachte ich, verdrehte die Augen und nickte etwas verkniffen.

»Natürlich, Madge«, sagte ich. »Du bist mein Gast.«

Während ich durch all diese Qualen des Zweifels und Mißtrauens ging – ich, Australiens Schönste Mutter, zum Teufel noch mal! –, war ich darauf bedacht, daß Madge als einzige von meiner Schande erfuhr.

Norman schien meine launische Art gar nicht aufzufallen. Zweifellos erinnerte ihn die Melodie, die er immer trällerte, an eine behagliche Nacht im *Südpazifik*, während ich mich in London zu Tode gefroren und versucht hatte, eine gute Botschafterin Australiens zu sein. Dieser übelkeitserregende Geruch muß *ihr* Lieblingsparfüm sein, dachte ich und warf es in den Treteimer, als Norm wieder einmal »aus« war. Madge hatte ein paar Nächte zuvor versucht, ihm verabredungsgemäß zu folgen, aber er muß ihr in der Stoßzeit in der Menge auf dem Regentenplatz entwischt sein.

An jenem schicksalsträchtigen Morgen hatte er mir eine alberne fadenscheinige Geschichte darüber erzählt, daß er nach der Arbeit einen alten Armeekameraden im Krankenhaus besuchen müsse. Das widerte mich dermaßen an, daß ich ihn nicht einmal fragte, in welchem Krankenhaus und welchen Freund. »*Amüsier* dich gut«, rief ich über die Schulter, als er aus der Tür eilte. Später an diesem Nachmittag zog Madge ihren alten braunen Mantel und ein Kopftuch an und brach zu einer weiteren kalten Wache am Personaleingang von Normans Büro auf.

»Ich hoffe, du hast diesmal mehr Glück, Madge«, sagte ich verbittert. »Ruf mich sofort an, wenn du die Adresse hast. Du darfst mich nicht schonen.«

Am gleichen Abend war ich gerade dabei, die armen, vaterlosen

Kinder zu Bett zu bringen, als das Telefon läutete. Ich raste zum Apparat und bellte das Wort »JA?!«

»Ich wollte nur wissen, Mrs. Everage, ob Sie Lust hätten, morgen zu einer Probe im Kongreßzentrum zu kommen. Wir könnten Ihnen ein Taxi schicken«, sagte eine ziemlich »helle«, kratzige Stimme.

»Kann ich zurückrufen, Barry?« stammelte ich hastig. »Ich erwarte einen dringenden Anruf.«

Aber eine Stunde verging, und nichts geschah. Madge mußte wieder die Spur verloren haben. Was ist die nur für ein Sherlock Holmes! überlegte ich mit schwerem Herzen, während ich mich vorbeugte, um den Fernseher einzuschalten – und damit das Vergessen.

Klingeling, klinge ...»Ja! ... Ja, ich höre zu, Weib! Von wo aus rufst du an? ... Sprich lauter, Madge ... Er tut was? ... Bist du sicher? ... Ist er noch da? ... Komm so schnell du kannst mit dem Taxi, damit ich fortkann!«

Eine lange Weile saß ich einfach neben dem Telefon mit dem Gefühl, als sei etwas in mir abgetötet. Es war unglaublich, aber in einer gewissen Weise machte es auch wieder Sinn. Jedenfalls sah es so aus, als ob ich, wenn ich Norman behalten wollte, um ihn würde kämpfen müssen.

Als Madge heimkam, hatte ich mich herausgeputzt. Wir wechselten nur einen tiefen, tragischen Blick auf der Türschwelle, während ich hinausstürmte, um ihr Taxi zu übernehmen.

»Viel Glück, Edna«, rief sie. »*Aber beeil dich*!«

Ein kalter Wind blies den Regen die Little Collins Street hinunter, als ich den Chauffeur bezahlte und zitternd vor der Pixie-Lambell-Akademie der Grazie stand. Das Gebäude war in Dunkelheit gehüllt, aber oben, wo sich die Büros befinden, leuchtete ein warmes Licht. Ich erinnerte mich an das Leopardenfellsofa, die weichen Teppiche, den exotischen Duft schwarzer Zigaretten und die hennafarbenen Haare. Als ich den dunklen Gang betrat, wimmerte ich laut vor Selbstmitleid und Wut. Hierher ging er also Abend für Abend, dachte ich, als mich der kleine Lift nach oben trug. Und das also war die Frau, von der ich gedacht hatte, sie sei meine Freundin, die ihren Einfluß bei den Preisrichtern geltend gemacht hatte, damit ich den Preis gewann *und aus dem Weg geräumt war*! Sehr bequem, Miss Lambell! Sehr schlau. Gewonnen!

Die Lifttür öffnete sich. Über Cynthias leerem Schreibtisch zeigte die Uhr zehn Uhr fünfundvierzig, und schon konnte ich die fremdartigen Zigaretten riechen. Ich ging auf die Tür zum Allerheiligsten zu, blieb dann aber wie angewurzelt stehen. Ich vernahm eine Frauenstimme, die von Pixie nämlich, die rauchig und verworfen etwas sagte. Ich hörte genauer hin.

»Probieren Sie's noch mal, Norman«, sagte sie mit fast hörbarem Schnaufen, »aber nicht ganz so fest. Frauen mögen es nicht so fest.«

»Wie finden Sie *das* jetzt?« hörte ich Norman sagen.

»Mmmm! Das ist schon viel besser. Sie haben den Dreh wirklich schon gut raus.«

»*Das freut mich aber*!« sagte ich, indem ich durch die Tür hereinstürzte und mutiger aussah, als ich eigentlich war, nur die Stimme versagte mir.

Außer Norm und Pixie befanden sich noch drei andere Männer im Raum, die mich alle erstaunt ansahen.

»Edna!« rief Pixie aus. »Wo zum Teufel kommen denn Sie her?«

»Mensch, Edna, das solltest du doch gar nicht wissen«, sagte mein anscheinend vollständig bekleideter Ehegatte. »Wer hat es dir denn verraten?«

»Sie müssen entschuldigen, meine Herren«, wandte sich Miss Lambell an die anderen, die sehr verwundert dreinsahen. »Dies hier ist meine Freundin, Mrs. Everage, die Gewinnerin des diesjährigen Wettbewerbs zur Schönsten Mutter und außerdem eine meiner ehemaligen Schülerinnen.«

Zum ersten Mal in meinem Leben war ich sprachlos.

»Edna«, fing die Rothaarige wieder an. »Willkommen im Abendkurs der Herren. Es wird Sie freuen zu hören, daß diese Mannsbilder, Ihr Ehemann eingeschlossen, an meinem speziellen Benimm-Kurs teilnehmen, und heute abend behandeln wir das kultivierte und dennoch aufrichtige Händeschütteln.«

»Tatsächlich?« krächzte ich.

»Norman«, befahl Pixie. »Als ich Sie zum ersten Mal im Australia Hotel gesehen habe, haben Sie mir fast das Handgelenk abgerissen. Schütteln Sie doch jetzt mal Edna die Hand so, wie ich es Ihnen beigebracht habe.«

Mit dämlichem Grinsen kam Norman auf mich zu und machte eine alberne kleine Verbeugung; dann nahm er meine Hand und drückte sie fest und dennoch sanft. Daraufhin führte er sie an seine Lippen und küßte sie so, wie ein paar Leute die von Julie Andrews an jenem Abend in der Drury Lane geküßt hatten. Die anderen Männer applaudierten alle, aber ich zog meine Hand weg.

»Warum hast du mir nicht gesagt, daß du hierhergehst, Norman? Warum all diese Ausreden von wegen Sitzungen und Freimaurern und Krankenhäusern?«

»Da muß ich mich mal einmischen, wenn es gestattet ist«, sagte Miss Lambell und legte uns den Arm um die Schultern. »Ihr Leben verändert sich, Edna, sogar sehr schnell. Sie bewegen sich in verschiedenen Kreisen und treffen im Laufe der Monate immer interessantere Menschen. Norman wäre gern ein Teil Ihres neuen Lebens, aber er fürchtet, dem nicht gewachsen zu sein, und deswegen hat er sich an mich gewandt. Ich hoffe, es macht ihm nichts aus, wenn ich seine Worte wiederhole: Bitte, Miss Lambell, bringen Sie mir ein bißchen Anstand und Benehmen bei, damit Edna stolz auf mich sein kann. Sie ist eine wundervolle Frau, und ich will sie nicht enttäuschen.«

»Hast du das wirklich gesagt? Denkst du wirklich so, Norman?«

flüsterte ich und versuchte, meine Tränendrüse unter Kontrolle zu halten.

Norman schaute mit den Händen in der Tasche zu Boden, grinste mich aber scheu von der Seite an.

»Glaub' schon, Edna«, war alles, was er rausbrachte.

Auf dem Heimweg saßen wir schweigend Arm in Arm im Taxi, und ich sagte ihm glücklicherweise kein Wort von meinen vorausgegangenen Verdächtigungen. Bei unserer Ankunft sah uns natürlich Madge höchst seltsam an, und ich beschloß, sie mindestens einen Tag lang im dunkln tappen zu lassen, weiß der Himmel, warum.

In dieser Nacht, ganz leise, damit Kenny nicht aufwachte, tat Norm etwas, was er seit den ersten Monaten unserer Ehe nicht mehr getan hatte: Er brachte mir einen großen Becher voll heißem Milo.*

Die Versammlungshalle ist Teil einer großen presbyterianischen Kirche im Herzen von Melbourne. Ich kam um etwa halb acht dort an und setzte mich still nach hinten. Trotz der feierlichen, kirchlichen Stimmung waren ein paar langhaarige Typen da, sowohl Männer als auch Frauen, die rauchten und sich gegenseitig Dinge zuriefen, während sie die Beleuchtung in Bühnennähe regelten. Ein Mädchen in Radlerhosen und Sandalen, das auch vor sich hin qualmte, hämmerte auf das Klavier ein. Mir kam die Zeit, die ich so im Dunkeln herumsaß, ohne daß etwas geschah, wie eine Ewigkeit vor. Inzwischen weiß ich, daß das beim Theater normal ist.

---

* Eine Art Malzkaffee
  (Anm. d. Übers.)

So etwa gegen neun, als mir gerade der Geduldsfaden reißen wollte, brachte mir jemand eine Tasse Tee und einen Keks. Auf dem Klavier ertönte eine Art Rock 'n' Roll. Ein Mann und zwei Mädchen, alle drei ziemlich albern angezogen, erschienen und sangen etwas »Aktuelles« mit viel Text, den man wegen des Echos in der Halle nicht verstehen konnte. Aber ich schnappte ein paarmal den Namen Chruschtschow auf. Ab und zu hielten sie inne, schauten in den verdunkelten Zuschauerraum und beschirmten ihre Augen mit der Hand, während der Produzent, ein unhöflicher, bärtiger Mann neben mir, ihnen sagte, was sie alles falsch gemacht hatten. Dann fingen sie alle noch einmal von vorne an.

Nach diesem heillosen Durcheinander schlenderte Barry H. auf die Bühne. Er war als alter Mann mit Morgenmantel verkleidet und murmelte mindestens eine halbe Stunde lang etwas völlig Sinnloses vor sich hin. Obwohl er sein Haar weiß gestäubt und sich Falten ins Gesicht gemalt hatte, konnte man aus zehn Kilometer Entfernung sehen, daß er es war. Ich fragte mich, was ich hier eigentlich zu suchen hatte, und war mir ziemlich sicher, daß sich in wenigen Tagen das zahlende Publikum dieselbe Frage stellen würde.

Als Barry endlich zu Ende gekommen war und seinerseits mit der Hand-vor-die-Augen-, In-den-Zuschauerraum-spähen- und »Wie-war-ich?«-Routine begann, rief Dan, der Produzent, zu meinem Erstaunen: »Phantastisch, Barry! Es war lustig und einfühlsam!« Was für ein Unsinn, dachte ich. Waren diese Leute hier, um das Publikum zu unterhalten oder um sich gegenseitig ständig auf den Rücken zu klopfen? Das Trio von vorher erschien wieder und sang irgendein Liedchen, in dem sie sich über unsere örtlichen Fernsehgrößen lustig machten, was ich sehr geschmacklos fand. Während sich das hinzog, fühlte ich, wie mir jemand auf die Schulter tippte, drehte mich um und sah hinter mir in der Dunkelheit eine verrückt aussehende Frau mit einem spitzen gelben Hut und einem schlabbrigen Twinset. Ihre Wangen waren puppenartig mit Rouge bemalt, ihr Lippenstift sah aus, als wäre er während einer Fahrt mit der Achterbahn aufgetragen worden, und ihre Beine waren stark behaart. Zu meinem Erstaunen sprach sie mich mit Männerstimme an.

»Wie finden Sie es bisher, Mrs. Everage?«

»Barry! Sie haben mich zu Tode erschreckt!« rief ich aus. »Was wollen Sie denn darstellen, einen Clown?«

»Sie« schaute etwas verdutzt drein.

»Das ist mein neuer Charakter, eine Hausfrau. Bitte, sehen Sie sich doch das Nachfolgende an und machen Sie sich ein paar Notizen. Ich möchte Sie bitten, mir dabei zu helfen, die Rolle so authentisch wie möglich zu spielen.«

Als er ein paar Minuten später auf die Bühne trat, wußte ich nicht mehr, wo ich hinsehen sollte. Er hatte eine Art Gedicht geschrieben, das das Leben in einem Vorort auf die Schippe nimmt. Soweit ich das beurteilen konnte, würde das Melbourner Durchschnittspublikum bei so etwas in Scharen den Saal verlassen und sein Geld zurückverlangen. Er trug das Ganze in einer hohen, quietschenden Stimme vor, und, was noch schlimmer war, er unterbrach sich ständig und kicherte über seine eigenen dummen »Witze«. Während dieser Vorstellung beobachtete ich Wendy, die Pianistin, scharf, die kaum die Lippen verzog, während ein paar Sitze von mir entfernt Dan, der brummige Produzent, sich eine Zigarette nach der anderen anzündete und sich den Bart kratzte. Etwa vierzig Minuten später, als der Monolog zu Ende ging, wagte es Barry, noch einmal in den Zuschauerraum zu spähen, um unser Lob zu heischen.

»Wie war das denn, Dan? Ich fand es ganz gut.«

Es gab ein langes, düsteres Schweigen, das schließlich von einer kultivierten Frauenstimme gebrochen wurde. »Ganz gut *fand ich das überhaupt nicht*! Eher ziemlich grauenhaft. Solch einen

Quatsch und Blödsinn habe ich noch nie im Leben auf der Bühne gehört, und ich komme gerade vom Londoner Westend.«

Diese Frauenstimme gehörte mir!

Barry auf der Bühne wurde unter seinem obstsalatartigen Make-up blaß, und der Kiefer klappte ihm herunter. Dan schnellte herum und nahm mich zum ersten Mal im leeren Parkett wahr. Wendy, die Pianistin, lachte vor Erleichterung, als meine vernünftigen Worte ertönten. Die Szene erinnerte an das Märchen »Des Kaisers neue Kleider« in der Fabelsammlung von Allsop, in dem das Kind es als einziges wagt zu sagen, daß der König nackt ist. Ich war dieses Kind, und Barry, fürchte ich, der alberne, sich selbst zum Narren haltende Monarch.

»Wer sieht sich denn da unsere Probe an?« fragte Dan, indem er auf mich zeigte. Barry, der auf einem Stuhl saß und den Kopf in den Händen verborgen hielt, murmelte bloß eine Vorstellungsfloskel.

»Mein Gott, doch nicht *die* Edna Everage aus Moonee Ponds, die den Preis gewonnen hat?«

Ich nickte stolz und dennoch bescheiden.

»Barry hat mich um meine Beurteilung gebeten, und ich wäre eine Heuchlerin, wenn ich nicht meine ehrliche Meinung sagen würde«, sagte ich klar und deutlich mit einer Stimme, die man noch im letzten Winkel der Versammlungshalle hören konnte.

»Er geht recht in der Annahme, daß die weibliche australische Bevölkerung und ihr Lebensstil ein Recht darauf haben, zur Kenntnis genommen zu werden, aber es ist eine Beleidigung und eine Obszönität, daß unsere Stellung innerhalb der sozialen Infrastruktur, wie wir sie per se haben, ausgerechnet von einem Mann en travestie auf zynische Weise vorangebracht werden soll, der all das, was wir sind und woran wir glauben, verhöhnt und herabsetzt.«

Unter uns gesagt, liebe Leser, ist das nur ganz grob das, was ich wirklich sagte, aber es hatte einen elektrisierende Wirkung auf diese kleine amateurhafte Theatertruppe.

Dan nahm mich beim Ellbogen und steuerte mich schnell ins Foyer hinaus, während die anderen untröstlich um die Bühne herumhingen.

»Wir haben ein Problem, Mrs. Everage«, verkündete er verschwörerisch, »und Sie haben den Nagel auf den Kopf getroffen. Humphries ist ein hochintelligenter junger Mann, aber sein Hausfrauensketch ruiniert diese Show, und im tiefsten Inneren weiß er das auch.«

»Barry hat mich um meine Hilfe gebeten, er hat mich nach meiner Meinung gefragt, und ich habe sie ihm gesagt. Sie können mich ruhig altmodisch nennen, aber so ist es nun einmal. Es tut mir furchtbar leid.« Der Produzent nickte eifrig und sagte andauernd: »Ja, ja, ja.«

»Ich kann überhaupt keine Vorschläge machen, um diese Passage zu verbessern«, fuhr ich fort, »es sei denn, ich würde mich persönlich auf die Bühne begeben und selbst etwas bringen.«

Dan sah mich seltsam an und hörte auf, »ja, ja« zu sagen und sich am Bart zu kratzen.

»Sie?« ächzte er. »Sie wollen damit sagen, Mrs. Everage, daß … äh … bei gewissen finanziellen Zusagen … *Sie* morgen abend einspringen und unsere Show retten würden?«

»Daran hatte ich noch gar nicht gedacht«, sagte ich zuversichtlich, aber mit Schmetterlingen im Bauch. »Aber ich weiß, daß ich es besser hinkriegen würde als der arme kleine Barry.«

Dan ergriff mich bei der Hand und gab mir einen Theaterkuß auf beide Wangen – übrigens den ersten von vielen Millionen.

»Warten Sie nur ab, bis ich das den anderen sage!«

Alles in allem nahm es Barry H. recht gefaßt auf. Schließlich war er dadurch nicht ganz aus der Show draußen, und die Mitwirkung einer vergleichsweise berühmten Persönlichkeit, die schon auf dem Titelblatt des »Woman's Monthly« zu sehen gewesen war, würde ihm außerdem Geld einbringen. In der folgenden Nacht zerbrach ich mir etwas den Kopf darüber, was um Himmels willen ich am nächsten Abend auf der Bühne sagen oder tun sollte, aber es sollte sich herausstellen, daß ich mir keine Sorgen hätte machen müssen.

Der Rückblick auf die Premiere ist etwas verschwommen. Sehen wir doch der Wahrheit ins Gesicht, all das ist jetzt Teil der Theatergeschichte, und die Studenten können alles darüber auf Mikrofilmen in den Everage-Archiven der Universität von Südwestvirginia erfahren (wenden Sie sich an Miriam K. Benkowitz). Es soll hier genügen, wenn ich sage, daß ich ein herrliches kirsch- und chartreusefarbenes Ballerinakleid aus Thaiseide aus dem Haus Delphine trug und daß das Publikum mir eine stehende Ovation darbrachte, als ich auf die Bühne trat. Es tut mir furchtbar leid, aber so war es nun einmal. Ich tat nur das, was ich immer mache: ich schwatzte. Ich sprach etwas über meine junge Familie. Ich beschrieb mein Zuhause und teilte ganz allgemein meine Erfahrungen, Hoffnungen und Stärken mit dem Publikum. Sie waren in Erwartung beißender Satire, ironischer Tiefschläge und billigen Spotts gekommen. Statt dessen lieferte ich ihnen eine zartfühlende, schrittweise Beschreibung des Lebens einer Hausfrau, und sie schluckten alles. Sie lachten sogar, nicht höhnisch, sondern erleichtert, daß sie nicht umsonst einen Babysitter bestellt und sieben sechzig hingelegt hatten.

Als ich so vor mich hin plauderte, bemerkte ich eine kleine Frau in der ersten Reihe, die die herrlichen Gladiolen in einer Vase auf Wendys Klavier anstarrte. Sie waren schön und fleischfarben, mit wunderbar gerüschten und geformten Blütenblättern. Wie Sie schon wissen, liebe ich »Gladiolus« (der Name bedeutet

301

»kleiner Speer« – dies nur nebenbei für diejenigen unter meinen Lesern, die nicht gärtnern). Als ich zum Ende kam, gab ich einem plötzlichen Impuls nach, riß den tropfenden Strauß aus der Vase und warf ihn mit unglaublicher Kraft der grauen Maus vorn im Parkett zu, die ihn schon die ganze Zeit so sehr begehrt hatte.

Ich fürchte, sie brauchte ein paar Sekunden, um das Bewußtsein wiederzuerlangen und sich meiner blumigen Großzügigkeit bewußt zu werden, aber dann begann sie sofort, selbstlos meine Blumen in der ersten Reihe zu verteilen, die kurz darauf einem Garten voll fröhlich im Winde schwankender Gladiolen glich. Ich schloß mit einem Vers und dem Lied »Home, Sweet Home«, in das das Publikum donnernd einstimmte, und meine »Speerträger« in der ersten Reihe schwenkten instinktiv ihre Stengel im Takt der Musik! Eines der großen Finale der Theatergeschichte war entstanden, ein Finale, mit dem ich noch immer meine wundervollen Shows beende.

Das Ganze war ein Hit, und Barry H. mußte es zugeben. Dan bat mich, an der Kulissenparty nach der Vorstellung teilzunehmen, und da Madge zu Hause babysittete, dachte ich mir: Warum nicht? Die Party war etwas bohèmehaft, es gab eine Menge Rotwein in Krügen und nicht viel zu essen, aber natürlich verspürte ich ein Hochgefühl und war voll gesunder Wertschätzung meiner eigenen Person, was laut Dr. Shardenfreude, zu dem ich nicht wegen mir selbst gehe, völlig in Ordnung ist.

Ich tanzte sogar zur Feier des Tages mit Dan zu den Klängen des Grammophons:

> Vol-ah-ray ... Oh Oh
> Vol-ah-ray ... Oh Oh Oh OH!

Am nächsten Morgen brachte mein journalistischer Freund, Kevin Farelly, eine tolle Story über mich im »Morning Murdoch«. Ohne mir dessen ganz bewußt zu sein, hatte ich die erste Stufe der Leiter zu meinem Erfolg als Megastar erklommen.

Kapitel 21

Unsanftes Erwachen

Vernünftige Leute, wie Sie es hoffentlich sind, haben schnell die Nase voll von Theatergeschwätz à la »Ich habe das gemacht« und »Dann habe ich das gemacht« und »Da war ich mit So-und-So«. Wenn man mir einen Gefallen tun will, so soll man dies *unterlassen*! Sie können mich ruhig altmodisch nennen, aber ich muß auf diesen Seiten nicht mein eigenes Loblied singen, im übrigen muß ich das sowieso nirgendwo. Gleich werde ich auf den »Schnell-Vorlauf«-Knopf in meinem Leben drücken, aber Sie können sicher sein, daß ich Ihnen die pikanten Momente nicht entgehen lassen werde.

Schon bald nach meinem sensationellen Debüt in der Versammlungshalle, als ich in letzter Minute für BH eingesprungen war, wurde ich ein wahrer Lokalstar. Eine Menge von denen, die Wettbewerbe wie den zur Schönen Mutter gewinnen, verschwinden danach, fürchte ich, wieder in der Versenkung. Bei mir war es jedoch nicht so. Plötzlich gab es wieder Anfragen für TV-Shows und Wohltätigkeitsveranstaltungen. Ich nahm sogar ein paar Langspielplatten auf, die nun Sammlerwert haben. Schon bald konnte Barry Humphries keine Show mehr ohne mich machen, und, ganz ehrlich, liebe Leser, ich fürchte, das Publikum kam, um *mich* zu sehen, und nicht ihn.

Auch Norman war stolz auf mich und mengte sich oft unter das Publikum, um mir zuzuschauen, wie ich auf der Bühne stand, ohne dabei die Intelligenz des Publikums zu beleidigen und auf alles zu spucken, was ihm lieb und wert war, sondern ruhig und klug über das wahre Leben und wahre Themen sprach. Norman saß immer außen, damit er jederzeit auf die Herrentoilette gehen konnte. Er hatte immer noch ein geringfügiges Problem mit seinen sanitären Anlagen, was wir damals aber noch nicht ernst nahmen. Mir war nicht klar, daß eines Tages die Augen der ganzen Welt auf die Prostata meines Ehemannes gerichtet sein würden, aber bis dahin würde noch eine Menge Wasser den Bach hinunterlaufen.

Anstatt am Morgen nach einer Nacht im Theater müde zu sein, stand ich frisch und früh auf und brachte die Kinder zur Schule, und so ging es die paar nächsten Jahre weiter. Madge war im Verandazimmer zu einer festen Institution geworden, und meine Mutter verbrachte mehr und mehr Zeit in ihrer eigenen kleinen Welt, obwohl sie der Fernseher in unserem Wohnzimmer jeden Abend etwas herauslockte. Madge und Mutter waren dicke Freundinnen geworden, *hätte man sich das nicht denken können?* Und es amüsierte mich sehr zu hören, daß man sie in der Stadt beim Einkaufen eines Nachmittags für Schwestern gehalten hatte! Mein Bruder Roy, der Koreaveteran, lebte auf dem Lande, und der Jüngste, Athol, hatte leider diese geistlose Dawn Purdie in der Kirche der Schmerzensreichen Jungfrau Maria geheiratet, und ein halbes Jahr später produzierten sie Wayne. Was soll man dazu sagen? Es ist ein schrecklicher Gedanke, aber ich nehme an, es ist nur eine Frage der Zeit, bis sie meinen armen schwachen Bruder auf ihre Seite gezogen haben werden.

Zu einer Zeit, in der die meisten Frauen, die ich kannte, einschließlich Ann und Phyllis und Val (die übrigens Chip, den Zahlmeister, geheiratet hatte), anfingen, Bowling zu spielen und Samstag nachmittags in ihren matronenhaften weißen Kostümen umherzuspazieren, stand ich am Anfang einer ganz neuen Karriere. Bruce und Valmai wurden schnell groß, aber Kenny blieb immer mein kleiner Schatz und ist es heute noch. Mir gefällt der Gedanke, daß während der nächsten zehn Jahre meine Kinder stolz waren auf den wachsenden Ruhm und Erfolg ihrer Mutter. Es wäre mir niemals in den Sinn gekommen, daß mich meine Tochter Valmai innerlich ablehnen könnte, weil sie das Gefühl hatte, ich sei ein überwältigendes Vorbild, dem sie es niemals würde gleichtun können. Um der Wahrheit gerecht zu werden, muß ich sagen, daß die Kinder damals wahrscheinlich nicht in derlei Kategorien dachten, aber es tut mir weh zu denken, daß Valmai während all dieser Jahre, während der ich sie mit kostspieligen Geschenken überhäufte und ihre Erziehung mit Telefonnummern aufstockte, insgeheim vor Wut kochte.

Ich hielt auch noch meine Unterrichtsstunden für Kinder am Samstagmorgen, obwohl meine Täubchen schnell groß wurden und die Flügel ausbreiteten. Eines Morgens saßen wir gerade alle um den Küchentisch, und ich gab ein paar meiner Lebensphilosophien von mir, während Norm, der eine von meinen taiwanesischen »Tödliche-Schlangen-aus-Queensland«-Küchenschürzen aus handgewobenem irischem Linnen trug, die Kartoffeln schälte und abspülte. Er war großartig in dieser Rolle und fand es nie memmenhaft, Hausarbeit zu verrichten. Gott sei Dank!

Ich sah, daß ihn die kleine Germaine Greer wie ein Luchs beobachtete und mich dann mit unverhohlener Bewunderung ansah. Als wir danach über Norm hinwegstiegen, der gerade den Küchenfußboden schrubbte, flüsterte sie: »Das können die viel besser als wir, nicht wahr, Tantchen Edna? Es ist so, als ob Mutter Natur sie für diese Arbeit geschaffen hätte!«

Ich lachte über die Weisheit aus ihrem kindlichen Mund, und erst Jahre später, als ich eines ihrer klugen Bücher las, ging mir das Herz auf vor Stolz bei dem Gedanken, daß all ihre Ideen auf diesem einen fruchtbaren Moment in meiner Küche basierten.

Dan rief mich mit aufregenden Neuigkeiten an. Ein Impresario aus Sydney interessierte sich für Barrys Show, aber nur unter der Bedingung, daß ich an der Spitze der Mitwirkenden stand. Ich muß gestehen, daß ich mich förmlich auf diese Gelegenheit stürzte. Es handelte sich schließlich nur um ungefähr einen Monat, und Norm sagte, er würde mit Bruce, Valmai und Mutter zurechtkommen. Ich beschloß, Kenny mitzunehmen, und dazu noch Madge als Babysitter. Offen gestanden machte ich mir ein bißchen Sorgen, daß ich mit meinen Melbourner Gedanken bei dem hartgesotteneren, gewöhnlicheren Publikum in Sydney Perlen vor die Säue werfen könnte, aber das hätte ich mir sparen können. Als die Leute endlich ihre Gladiolen am Ende der Show schwenkten, war ich der Star dieser Hafenstadt, und Barry Humphries mußte das schlucken oder daran ersticken.

Ich liebte es, ins Publikum zu schauen und mit Frauen zu plaudern, die mir vom Aussehen her gefielen, für gewöhnlich schüchterne Typen. Aber die Gesichter begannen, ein bißchen verschwommen auszusehen, weshalb ich beschloß, daß ich eine neue Brille brauchte. Ich hatte schon immer eine getragen und hatte schon als Kind als eine der ersten die etwas nach oben gebogenen Rahmen, die inzwischen durch mich berühmt geworden sind. Bei meinem nächsten Besuch beim Optiker fraß ich jedoch einen Narren an den glanzvolleren, schmetterlingsähnlichen Nasenfahrrädern, die noch heute mein Wahrzeichen sind. Ich begann auch damit, zunächst auf diskrete Art und Weise, mein natürliches Malvenhaar herauswachsen zu lassen. Das Publikum liebte es, und ich fragte mich, warum ich mich so viele Jahre meiner lila Locken geschämt hatte.

Es war vermutlich unvermeidlich, daß ich wieder Reisefieber bekam. Meine letzte Reise in die Alte Heimat war wie im Fluge vergangen, wenn wir auch immer noch etwa tausend Farbdias hatten, die die Nachbarn noch nicht gesehen hatten. Ich liebte es, Dia-Abende zu veranstalten, weil sie mich an die großartigen Stätten erinnerten, die ich besucht hatte. Außerdem erweckten sie bei Leuten, die noch niemals Moonee Ponds verlassen hatten, eine gesunde Eifersucht. Ich glaube, ich hoffte naiverweise, die wundervollen Dinge, die ich erlebt hatte, seien für jede Frau erreichbar. Es war mir noch immer nicht klar geworden, was für ein außergewöhnliches, einmaliges Talent ich war. Es tut mir furchtbar leid, aber so war es nun einmal.

Aber dann fand eines Tages ein fürchterlicher Dia-Abend statt, der mich beinahe veranlaßt hätte, diese ein für allemal aufzugeben. Nach einer Reihe von nicht sortierten und etwas verschwommenen Aufnahmen von Auckland im Regen kamen auf einmal völlig schwarze Bilder, dann ein schwarzes Bild mit einer gespenstischen, braunen Scheibe in der Mitte. Das Ganze erinnerte sehr an das UFO in »Der Tag, an dem die Erde stillstand«, und mein Herz setzte eine Sekunde lang aus bei dem Gedanken, wir könnten vielleicht wirklich eine fliegende Untertasse aufgenommen haben.

»Was zum Teufel ist das, Madge?« rief ich in der Dunkelheit.

Sie war nebenan in der Küche, wärmte Wurstbrötchen auf und drückte Passionsfrüchte auf der Pavlova fürs Abendessen aus, steckte aber doch den Kopf durch die Tür in unser verdunkeltes Wohnzimmer, um sich das fragliche Dia anzuschauen. Sie stieß eine Art erstickten Schrei aus und ließ ein ganzes Tablett Spargelröllchen auf den Teppichboden fallen. Das Weib hat wieder genascht und Barossa Pearl gesoffen, dachte ich. Geschieht ihr ganz recht, wenn ihr ein Wurstbrötchen im Hals steckenbleibt. Aber Madge erholte sich genug, um auf das zweifelhafte Bild zu deuten, das noch immer auf unserer tragbaren Leinwand flimmerte.

»Das ist sein Hut!« heulte sie. »Das ist der Hut von Douglas in dem Schlammpfuhl!« Und damit zog sie sich wimmernd in die Küche zurück.

Danach wurden alle ein bißchen still, außer Kenny, dessen melodisches Kichern das starre Schweigen brach. Auch er war ein außergewöhnliches Wesen, dachte ich voll Stolz, und schien meine Philosophie geerbt zu haben, die Dinge von der heiteren Seite zu betrachten.

Aber ich fürchte, ich bin eine ungeduldige Frau. Ich will, was ich will, wann ich es will. Ich bin eine von jenen Personen, die, während sie sich mit erhobenem Arm an den Bordsteinrand stellen, sich fragen, warum das Taxi nicht schon längst mit quietschenden Bremsen angehalten hat. Wenn ich auf den Knopf drücke, um den Lift zu holen, verspüre ich immer wieder einen Stich der Enttäuschung, wenn die Lifttür nicht sofort aufgeht. Wenn das nicht in Ordnung wäre, hätte es Dr. Sidney Shardenfreude sicher schon bei den Sitzungen erwähnt, die ich wegen Valmai bei ihm habe. Auch wenn ich inzwischen meine höchst profilierte Karriere begonnen und den öffentlichen Ruhm geschmeckt hatte, war ich doch eine sehr ruhelose und frustrierte *Hausfrau*.

Während der nächsten Jahre, als meine Familie heranwuchs, hatte ich einige Erfolge zu verzeichnen, die ich nicht im Detail beschreiben muß. »Warum denn nicht, Edna?« höre ich die Frauen unter Ihnen fragen. Weil ich ganz offen gestanden, ihr Beutelratten, meine Leser nicht eifersüchtig machen will. Das ist nicht der Zweck dieses Buches, das bilden, informieren und inspirieren soll. Es tut mir wirklich furchtbar leid, aber so ist es nun einmal.

Wenn Norm und ich einmal zu einer wichtigen Veranstaltung gingen, waren seine Manieren untadelig, dank Pixies Bemühungen. Wenn ich heutzutage den Ehemann von Mrs. Thatcher bei den Essen in Nummer 10 sehe, erinnern mich seine ruhige Aufmerksamkeit und seine sanfte Höflichkeit sehr an Norm, wenn man einmal davon absieht, daß er den Tisch anscheinend nicht ganz so oft verlassen muß.

Als ich gerade schon anfing zu denken, daß ich nichts weiter erleben würde als den warmen Schein eines kurzlebigen Erfolgs in meinem eigenen Heimatland, kam ein Telegramm an – aus England. Es lautete folgendermaßen:

BERUEHMTER DICHTER JOHN BETJEMAN HAT
MIR EINE IHRER ERSTEN LANGSPIELPLATTEN
GELIEHEN STOP SIE HABEN VIELE FANS IN
ENGLAND UND WERDEN HIER EIN GROSSER
STAR WERDEN ODER ICH WILL EIN
HOLLAENDER SEIN STOP HABE IHREN MANAGER
BARRY HUMPHRIES GEBETEN DIE SHOW IN
MEINEM NEUEN LONDONER CLUB AUFZUFUEHREN
DER EINRICHTUNG WO WIR DIE LEUTE MIT
IRONIE, UNUEBERTREFFLICHEM HUMOR UND
SATIRE AUF DEN ARM NEHMEN STOP
ANTWORTEN SIE SCHNELL STOP PETER COOK.

Meine Aufregung beim Lesen dieser Zeilen mischte sich mit der
Verärgerung darüber, daß man in Übersee glaubte, Barry Humphries sei mein Manager. Verbittert darüber, daß mein Ruhm den
seinen meilenweit übertroffen hatte, versuchte er vermutlich, das
Gesicht zu wahren, indem er sich den meinen zunutze machte.
Norm las das Telegramm und war einerseits höchst erfreut für
mich, andererseits bestürzt über die Konsequenzen. Wenn ich in
England ein Star würde, würde sich unser Familienleben radikal
verändern, und Norman würde noch mehr Pflichten im Haushalt
übernehmen müssen, als es jetzt schon der Fall war. Mein lieber
Ehemann zog einen Gummihandschuh aus, wischte sich die Stirn
mit der Schürze und deutete auf Barrys Namen auf dem Telegramm.
»Gar nicht mal so eine schlechte Idee, Ed«, sprach er. »Du
brauchst jetzt einen Manager, wenn du in Übersee einen Riesen-
erfolg haben willst, und auch wenn Barry ein kleiner Schlemihl
ist, weißt du doch zumindest, mit wem du es zu tun hast!« Ich
überdachte alles noch einmal, und ein paar Wochen später trafen
sich Barry und ich mit meinen Anwälten Fennimore und Gerda,
und ich unterzeichnete den Vertrag.

Wenn du allein bist und das Leben dich einsam macht,
Kannst du immer noch in die Stadt gehen
Wenn du Sorgen und Kummer hast, helfen Lärm und
Geschäftigkeit
der Stadt, ich weiß es ...

Soho in den sechziger Jahren war weit von der makellosen
Sauberkeit meiner Heimat Moonee Ponds entfernt. Als ich die
Greek Street zum Establishment Club hinauflief, umklammerte
ich fest meine Handtasche und versuchte, weder nach rechts
noch nach links zu sehen. In den engen Hauseingängen mit den
schamlosen Pinups lauerten unheimliche Gesellen, die gelegentlich vorübergehende Männer aufhielten und ihnen etwas zumur-
melten. Junge Mädchen aus zerrütteten Familien mit bemalten
Gesichtern gingen in anderen Türen ein und aus, auf denen
Schilder »Französischunterricht« oder »Cane-bottomed chairs
– eine Spezialität«* versprachen. An anderen Straßenecken kauerten schmutzige Beatniks in ihren Marinemänteln mit »Weg-
mit-der-Bombe«-Ansteckern. Überall roch es nach Hamburgern,
und man hörte Rockmusik.
Eigentlich ist es erstaunlich, wieviel ich bemerkte, wo ich doch
weder nach rechts noch links sah und *noch dazu* eine glotzende
Brautjungfer aus Neuseeland diese gruselige Strecke entlangsteu-
ern mußte. Der Club selbst war wieder so ein Loch in der Wand,
und das kleine sogenannte Theater, in dem Barry und ich auftreten mußten, war eher ein schwach beleuchteter Korridor als ein

---

* Im Englischen ist »Cane-bottomed chairs« zweideutig: Cane bedeutet »Rohr-
stock«, als Verb auch »mit dem Stock schlagen« und »bottom« ebenso Sitz-
wie Hinterteil. (*Anm. d. Übers.*)

Zimmer. Man gelangte durch eine, nun ja, eine Bar dort hinein. In diesem düsteren Etablissement lungerten ein paar Mädchen herum mit kurzen Röcken, hellem, perlfarbenem Lippenstift, Pony und zuviel Wimperntusche. Ihre Augen sahen aus wie schwarze Flecken in ihren ungesund weißen Gesichtern. Sie hießen anscheinend alle Suki oder Vanessa oder so ähnlich, sagten Dinge wie »dufte« und »yeaah« statt »ja«, und alles war bei ihnen »super«. Sie schienen sich sehr für Madge und mich zu interessieren, als wir hereinkamen, aber wahrscheinlich deshalb, weil die Ärmsten noch nie in ihrem Leben anständige Leute gesehen hatten.

Ich kann meine Leser geradezu fragen hören: »Warum um Himmels willen hat Edna Madge Allsop im Schlepptau? Sie war doch sicher eine große Last in einer so vornehmen Umgebung?« Meine Leser haben, wie immer, den Nagel auf den Kopf getroffen, aber Madge zurückzulassen, wäre noch katastrophaler gewesen. Bevor wir von Melbourne abflogen (jawohl, Mr. Cook hatte uns Flugtickets geschickt!), hatte mir Norman liebevoll versichert, daß er sich allein um die Familie kümmern könne. Brucie und Valmai waren ja schon recht erwachsen und sicher imstande, sich um Kenny zu kümmern und Mama im Auge zu behalten, und so flog ich guten Gewissens ab. Wenn jedoch Madge Allsop zu Hause geblieben wäre, *wie sie es gewünscht hatte*, hätte sie im Triumph »Einzug gehalten«. Ich konnte mir gut vorstellen, wie sie vor Norman ein lächerliches Theater aufgeführt, sich bei meiner Mutter noch mehr eingeschmeichelt und den Geist meiner Kinder mit ihrem albernen Geschwätz vergiftet hätte. Da ich so viel Zeit für meine Shows aufwenden mußte, hatte sie schon viel zuviel Zeit mit ihnen verbracht, und als Kenny sie einmal aus Versehen »Mama« nannte und sie umarmte, sah sie aus wie eine Katze, die gerade die Sahne gefunden hat. Jedenfalls würde sie mir ganz nützlich in London sein, wenn meine Show im Establishment erst einmal ein Hit sein würde. Sie würde mir bei den

Körben voll Fanpost helfen, meine Blumengrüße arrangieren und das Telefon beantworten können. Und außerdem, trotz all ihrer Fehler, war Madge wenigstens Gesellschaft für mich; es tut mir furchtbar leid, aber so war es nun einmal.

Ein großer, drahtiger, junger Mann in legerer Kleidung mit Tennisschuhen begrüßte uns. Er hatte die jungenhafte Angewohnheit, seinen Kopf auf die Seite zu legen, an seiner langen Nase herunterzuschauen und eine hellbraune Locke zurückzuwerfen; außerdem hatte er ein etwas schiefes Lächeln, so wie ein dünner, liebenswerter Hai. Peter Cook, denn es war kein anderer als er, führte uns in den Club, wo sich Barry Humphries schon häuslich niedergelassen hatte. Auf der Bühne verkörperten ein paar Studenten Harold Macmillan, machten viele Lachpausen und zündeten sich stinkende Zigaretten der Marke Disque Bleu an. Als ihre Probe zu Ende war, begann Barry mit seinem endlosen Geplapper, und dann fragte mich Peter, ob ich mit meinem Stück beginnen wolle.

»Ich mache kein Stück, Mr. Cook«, antwortete ich. »Ich spreche lediglich ruhig über mein Leben und meine Familie und improvisiere dabei, so, wie es im richtigen Leben ist, wenn Leute miteinander reden.«

Peter schien betroffen, aber nicht unbeeindruckt von dieser schlichten Beschreibung meiner »Nummer« zu sein, und Madge und ich gingen nach Hause in unser kleines Hotel, um uns vor dem ersten Abend noch etwas zu erfrischen. Seltsamerweise war ich nicht nervös, ich machte mir nur Gedanken darüber, wie das sogenannte »lustige« Stück des armen Barry beim Londoner Publikum ankommen sollte, ohne ein einziges Mal Harold Macmillan zu erwähnen.

An jenem Abend saßen dichtgedrängt an den Tischen berühmte Persönlichkeiten im Club, von denen mir der freundliche, zuvorkommende Peter ein paar zeigte, während wir in einer Ecke unsere Steaks aßen. Der fröhliche kleine Mann mit sich lichtendem Haar und der geschwungenen Oberlippe war John Betjeman, der berühmte Poet, der mich angeblich anbetete. Weiter drüben in einem schmuddeligen rosa Anzug saß ein schlaff wirkender Mann, dessen Arme zu lang für seinen Körper waren und der mit den falschen Fingern kettenrauchte. Er hieß Tynan und war offensichtlich Kritiker. Ich errötete bei dem Gedanken, daß er denselben Vornamen hatte wie mein männlicher kleiner Sohn. Jean Shrimpton, das berühmte Glamourgirl, sah verwirrt aus. An ihrem Tisch saß ein kamelgesichtiger Mann mit karottengelben Haaren in einem Cordanzug namens Dr. Miller, der mit einigem Erfolg versuchte, seine Arme zu verknoten. Ich bemerkte auch ein paar Journalisten mit gezücktem Notizbuch.

Es kam mir so vor, als sei ich Sekunden später auch schon in der engen Garderobe, wo mir Madge in das hübsche Kleid half, das die alte Miss Wilmot für mein Debüt in London geschneidert hatte. Es war ein herrliches pfauenblau- und zyklamfarbenes Abendkleid aus Thaiseide mit fliegenden Schals. Meine Accessoires, Schuhe, Handtasche und Brillenrahmen, hatte ich mit dem Ensemble abgestimmt. Madge war wirklich ganz süß. »Ich drücke alles für heute abend«, sagte sie und umarmte mich.

Peter Cook steckte den Kopf durch die Tür. »In ein paar Minuten sind Sie dran, Mrs. Everage«, verkündete er mit recht besorgtem Blick. »Das heißt, wenn Barry endlich zu Ende kommt.«

Ich horchte an der Tür, die meine Garderobe von der kleinen Bühne abtrennte. Barrys Stimme, die mit monotonem Tonfall redete und redete, war deutlich hörbar, aber wo waren die Ausbrüche von Gelächter, die seine Shows in Australien immer unterbrochen hatten? Statt Lachen und Applaus hörte ich scharrende und klirrende Geräusche und sogar Leute, die ganz laut miteinander redeten.

Plötzlich flog die Tür auf und warf mich fast zu Boden. Es war Barry, der schweißüberströmt war. Er ließ sich in einen Stuhl fallen und winkte in Richtung Publikum. »Sie sind jetzt dran,

Mrs. Everage«, bellte er grob. »Sehen sie zu, ob Sie mit diesem Haufen schwuler Engländer zurechtkommen. Die machen keinen Unterschied zwischen einer guten Komödie und einem Loch im Boden. Die sind nur da, damit sie gesehen werden!«

Ich trug das alles mit Fassung. Barry war schon immer ein schlechter Verlierer gewesen, und ich wußte, daß mir das Publikum aus der Hand fressen würde, wenn ich erst einmal im Rampenlicht stünde. *Als der große Moment kam*, war allerdings das Rampenlicht so grell, daß ich ganz geblendet war und nicht die Menge eifriger, erwartungsfroher Gesichter erkennen konnte, die mir von den alkoholbeladenen Tischen entgegensahen. Aber ich fing trotzdem an zu plaudern.

»Verzeihung! Ich bin Mrs. Everage, Mrs. Norm Everage aus Moonee Ponds, Melbourne ...« Die Stimme zitterte mir. Warum waren alle so still? Ich duckte den Kopf und spähte mit zusammengekniffenen Augen durchs Licht, um die Reaktion des Publikums erkennen zu können, aber die drei Tische neben der Bühne, die ich sah, schienen leer zu sein ... »Es ist wunderbar, in der Alten Heimat zu sein, die so voll Prunk und Pracht ist ...« Ich schaute wieder ins Publikum, diesmal mit der Hand vor den Augen. Was ich sah, wünsche ich keiner anderen jungen Schauspielerin, und übrigens auch keiner alten. Der Raum war leer. Es war wie auf der »Marie Celeste«.*

Um genau zu sein, er war fast völlig leer. An ein paar entfernten Tischen saßen mit verlegener Haltung die Kritiker, die in ihre Notizbücher kritzelten, aber auch sie waren schon weg, noch bevor mein Monolog schwach zu Ende ging. Ich hatte mit Qantas aus Australien mehrere Dutzend herrlicher Gladiolen mitgebracht, die mir Madge pflichtbewußt durch einen Türspalt reich-

---

* Das Segelschiff »Marie Celeste« wurde im letzten Jahrhundert menschenleer an der Westküste Afrikas aufgefunden; das Schiff war völlig intakt, sogar das Essen war ausgeteilt – nur von der Besatzung fehlte jede Spur. *(Anm. d. Übers.)*

te, obwohl niemand da war, der sie hätte auffangen können. Aber ich warf sie trotzdem und hörte ab und zu das dankbare Klirren einer Champagnerflasche oder eines Weinglases, als diese lieblichen Blüten, Symbol meines eigenen, unschlagbaren Talents, in das verlassene Restaurant fielen.

Danach weinte ich ein bißchen. Barry war beleidigt nach Hause gegangen, nach ein paar Sherries in noch schlimmerem Zustand, wie ich fürchte, aber Peter war sehr lieb und sagte mir unter vier Augen, das ganze Publikum sei während Humphries Nummer in die Bar gegangen, und er sei der Meinung, meine Nummer werde schließlich doch noch bei den bewußter denkenden Leuten ankommen. Und wie auf ein Stichwort hin kam John Betjeman herein und sagte, er habe alles von einer dunklen Ecke des Raumes aus gesehen und fände es »großartig« und »einfach genial«. Wollten die beiden ganz einfach nur nett sein? fragte ich mich. Oder sollte ich das nächste Flugzeug zurück nach Australien nehmen?

Stunden später erwachte ich aus einem tränenreichen Schlaf, weil das Telefon in unserem kleinen Hotelzimmer klingelte. Ich machte mich aus dem schraubstockähnlichen Nackengriff frei, mit dem mich Madge umklammert hielt, und nahm verschlafen den Hörer auf.

»Edna? Hier ist Kev Farelly aus Sinny.«

»Wer? Wer ruft da aus Sydney an?«

»Kevin vom ›Morning Murdoch‹, Edna«, kam die zirpende Foxterrierstimme aus der Leitung nach Australien.

»Tut mir leid, daß ich dich aus dem Bett hole, aber ich will dir ein paar Fragen über die Show gestern abend stellen. Es heißt, sie war ein Flop.«

»WAS?« stieß ich hervor.

»Wer ist denn das, Edna?« fragte Madge und lupfte ihre Schlafmaske.

»Halt den Mund, du Grünschnabel! Nein, *nicht du, Kevin*! Steht es schon in der australischen Zeitung? Lies es mir vor, um Himmels willen!«

Kevin Farelly klang fast fröhlich, als er mit der Zeitung ins Telefon raschelte und zitierte: »›ENGLISCHE KRITIKER ZERREISSEN UNSERE EDNA!‹ ... Willst du noch mehr hören?«

Ich stöhnte: »Nein, aber mach weiter.«

»›Gestern abend hatte in Londons elegantem Establishment Club Barrie Humphries eine durchschlagende Wirkung auf sein Publikum, unter dem sich auch höherstehende Persönlichkeiten und verschiedene Literaturkenner befanden. Das Publikum verließ den Saal. Der Melbourner Komiker, der bekannt dafür ist, daß er die Leute auf den Arm nimmt, konnte das Eis bei der britischen Presse nicht brechen, die derselben Meinung ist wie etliche vernünftige australische Kritiker schon seit Jahren: Barrie ist ein Langweiler!‹«

»Das wissen wir doch schon!« versetzte ich ungeduldig, zog mein Nachtgewand über die Schultern und gab Madge einen Tritt, die versuchte, ihr Ohr an den Hörer zu halten.

»Was ist mit mir, Kevin? Was sagen sie über *mich*?«

»Das ist es ja gerade, Edna, das kommt jetzt«, antwortete der Journalist. »Sie haben alle geglaubt, du wärst Barry!«

»*Was haben sie geglaubt*?« rief ich ungläubig aus.

»Du kannst das alles morgen in der englischen Zeitung lesen, Edna«, fuhr er unbarmherzig fort. »Wir haben alles schon gestern abend über Funk reingekriegt, und deswegen haben wir eine große Story daraus gemacht. Es ist so, daß alle denken, du bist der verkleidete Barry! Hör dir mal an, was im ›Daily Mail‹ steht:

›... Nach dem Massenexodus nach Humphries erster Nummer konnten die paar Mutigen, die noch übriggeblieben waren, ein zweites bizarres Schauspiel erleben, diesmal in Frauenkleidern! Diesem australischen Witzbold kann man nur dazu gratulieren, wie schnell er sich in eine attraktive Melbourner Hausfrau verwandelt hat. Aber wo blieb die Komödie? Wo die Satire? Wo die soziale Relevanz? Seine Mrs. Everage hätte genausogut eine echte Frau sein können. Das ist nicht der beißende und zersetzende Stoff, den wir uns von Peter Cooks neuem Club erwartet haben. Mr. Humphries kann einpacken und zurück in die australische Wildnis gehen.‹«

Am anderen Ende der Leitung herrschte Schweigen, und dann sagte Kevin Farellys Stimme: »Nun ...?«

»Nun, was?«

»Hast du ein paar Kommentare für unsere Leser, Edna?«

»GANZ GEWISS NICHT!« bellte ich und knallte den Hörer so fest auf, daß Salzwasser aus dem Unterwasserkabel auf meine Uhr spritzte.

»Was hast du denn, Edna? Was ist denn los?« beschwor mich die Allsop, während ich laut stöhnte und mit den Fäusten auf mein Kissen einschlug.

»Du hast doch das Programm von gestern abend, Madge? Zeig es mir, aber schnell!«

Die Brautjungfer sprang aus dem Bett und zerrte eine Broschüre aus der Tasche ihres ausgefransten beigen Mantels. Ich blätterte sie hastig durch. Als ich die richtige Stelle gefunden hatte, warf ich sie Madge hin und stach mit meinem Finger auf die Seite ein.

»Sieh dir das an, Frau, sieh dir das bloß an! Ich hätte es wissen sollen! Wo ist mein Name? Nirgends! Wer steht an erster Stelle auf dem Programm? Er! Von wem ist da in Großbuchstaben mit einem Photo und einer Biographie die Rede? VON IHM! Man könnte denken, ich wirkte gar nicht mit! *Und das haben die auch gedacht!*«

Ich schleuderte das Programm quer durchs Schlafzimmer und stürzte mich in die kadaverähnliche Umarmung der Mrs. Allsop.

»Oh, Madge!« brachte ich erstickt hervor. Ich kochte noch vor Wut und verletztem Stolz. »Er hat sich das ganze Rampenlicht unter den Nagel gerissen, und jetzt bin ich das Gespött der Menschheit. Diese Erniedrigung! Diese Schande!«

Madge wußte nicht, was sie sagen sollte, aber das ist ja nichts Neues.

»Wie kann ich jemals diesen Schandfleck wieder loswerden? schloß ich tränenreich. »Wo auch immer ich hingehe, die Leute werden sich noch jahrelang an diese Geschichte erinnern. Meine Weiblichkeit, die Essenz meines Wesens, ist angefochten worden!«

Eigentlich sagte ich nicht »angefochten«, einfach deshalb, weil ich erst zehn Jahre später begann, Scrabble zu spielen.

Seither hat immer mal wieder ein Schmutzblattschreiberling behauptet, ich sei gar keine schöne, talentierte Frau, sondern ein krankhafter und verschrobener Mann in Frauenkleidern. Dieses Gerücht wird allerdings nicht oft gedruckt, denn jedesmal, wenn eine Zeitung die Geschichte bringt, kostet es sie etwa eine Million Pfund Strafe und Schmerzensgeld wegen Verleumdung. Aber nehmen wir mal theoretisch an, daß ich wirklich der verkleidete Barry Humphries bin, wie erklärt man sich dann die Tatsache, daß er drei Kindern das Leben geschenkt hat, bitte schön? Wenn man mir einen Gefallen tun will, soll man das lassen!! Andere erfolgreiche Frauen haben anscheinend unter ähnlichen Verleumdungen zu leiden gehabt. Ich habe sogar üble Andeutungen gehört, wonach Mrs. Thatcher in Wirklichkeit ein Mann ist. Pfui Teufel!

Am nächsten Morgen verrissen alle Londoner Zeitungen die Show, und die wenigen, die mich erwähnten, hatten meine Rolle ebenfalls völlig mißverstanden. Glücklicherweise hatte mich Kevin vorgewarnt. Nach nur ein paar Vorstellungen kam einer der Clubmanager zu mir. Er trug einen kohlegrauen Anzug (in den frühen sechziger Jahren war alles irgendwie kohlefarben), ein rosa Hemd und eine schwarze Strickkrawatte. Er hieß Johnny Soundso und war in irgendeiner Garde gewesen. Es gibt eine Menge

318

Mittelklasseengländer namens John, die sich bei ihrem Schulnamen »Johnny« rufen lassen, weil sie glauben, daß sie das etwas schillernder und interessanter wirken läßt; außerdem bringt es sie ein paar wichtige Stufen auf der sozialen Leiter nach oben. Zeigen Sie mir einen Johnny, und ich zeige Ihnen einen Langweiler. Dieser hier war sehr nett, aber er deutete mehr oder weniger an, daß er mich am Ende der Woche auszahlen würde. Die Show war vorbei. Peter Cook rief an und entschuldigte sich, aber von Barry war kein Mucks zu hören; er hielt sich klugerweise bedeckt. Unser Establishment-Vertrag wurde mit großem Bedauern beendet, und wir alle fuhren mit eingezogenem Schwanz zurück nach Australien.

Dies war der tiefste Tiefpunkt meiner Karriere, aber ich habe ihn hier ehrlich und tapfer beschrieben. Damals war ich sehr verletzt, und mein Selbstvertrauen war sehr erschüttert, aber ich beschloß daraufhin, meinem Vertrag mit Mr. H. ein paar scharfe neue Klauseln hinzuzufügen. Ich schwor mir auch, daß ich an diesen Vorfall denken würde, sollte ich jemals außerhalb meines Heimatlandes Erfolg haben.

Und das tat ich auch. Er kam mir wieder in den Sinn, als ich eines Abends auf der Bühne des herrlichen Londoner Apollo-Theaters in der Shaftesbury Avenue stand und das gesamte Publikum seine Gladiolen umklammert hielt und – mir stehend eine rauschende Ovation darbrachte. Das war der strahlende Glanz des Erfolgs, den ich um so mehr zu schätzen wußte, als ich schon seine Schattenseite, die Ablehnung, kennengelernt hatte.

»Halt!« höre ich meine Leser ausrufen. »Überspringt Dame Edna mehr als ein Jahrzehnt ihrer fesselnden Lebensgeschichte? Will man uns übers Ohr hauen? Was ist mit Norm, Bruce, Valmai und Kenny? Und ist Madge noch dabei?«

Ich will Ihnen eine ganz einfache Antwort geben. Viele andere Berühmtheiten dehnen ihre Memoiren auf x Bände, und zwar aus finanzieller Gier. Ich könnte jetzt gut mit meiner Geschichte aufhören und Sie nach dem nächsten Band lechzen lassen, aber so bin ich nicht. Es tut mir furchtbar leid, aber so ist es nun einmal. Vielleicht wären die Senioren unter uns gar nicht mehr am Leben, um Band zwei zu lesen, um es mal ganz brutal auszudrücken. Ich muß außerdem auch an die Menschen mit Leseschwierigkeiten und an meine Fans denken, die noch nie in ihrem Leben ein Buch gelesen haben. Statistiken haben ergeben, daß ich eine riesige Menge Analphabeten unter meinen Anhängern habe. All diesen Menschen würde ich keinen Gefallen tun, wenn ich noch einen Band veröffentlichen würde, für den sie mit dem Finger unter der Zeile ein Jahr brauchen würden. Das sind nur ein paar der Gründe, die mich veranlassen, jetzt zur Gegenwart zu kommen. Aber hier ist ein kurzes Resümee, damit Sie im Bilde sind:

Gladys Beazley. Meine Mutter ist wirklich großartig. Sie ist keinem Wechsel unterworfen, wenn ich auch wünschte, sie würde ab und zu ihre Unterwäsche wechseln. Sie fluktuiert ziemlich stark, fürchte ich.

Norm. Hält weiterhin »die Stellung«, wenn ich auf Tournee bin. Hat immer noch Probleme mit seiner Wasserleitung, ist aber ein großartiger Ehemann und Vater.

Barry Humphries. Immer noch mein Manager, aber unter Aufsicht meiner Anwälte. Sein Beitrag zu unserer Show wird von Jahr zu Jahr kleiner.

Bruce. Verheiratet! Wurde, viel zu früh, natürlich, während ich in Übersee war, von einer eingebildeten Kindesentführerin namens Joylene Wacker geschnappt. Sie wagte es doch tatsächlich, mir bei der Hochzeit zu sagen, daß sie ihn vor seiner dominierenden Mutter gerettet hätte! Habe erst auf dem Heimweg bemerkt, daß sie damit mich meinte. So ein Biest! Schon ein Kind – leider mit dem Namen Troy.

Valmai. Eine echte Last. Rebellisch, launisch, undankbar. Mit einem sehr netten Jungen namens Mervyn Gittis verheiratet, der mir nur leid tun kann. Ein Kind – der kleine Wayne – und noch eines unterwegs! Mir graut bei dem Gedanken, wohin das alles noch führen wird.

Kenny. Gott sei Dank normal. Hingebungsvoll, talentiert, zärtlich. Ich wünschte, er würde sich ein bißchen besser mit Norm verstehen, der ihn manchmal einen Schlappschwanz nennt, nur weil er nicht mit der erstbesten Mitgiftjägerin vor den Altar getreten ist. Kenny hat dieses Jahr das Weihnachtsschaufenster von Ball und Welch dekoriert und dabei tausend Meter Trevira-Tüll verbraucht. Am Abend studiert er Choreographie. Manchmal bis spätabends. Ich habe ihm beigebracht, daß Mädchen »nein« meinen, wenn sie »ja« sagen.

Madge Allsop. Ich unterhalte sie jetzt voll und ganz, wofür ich verdiene, heiliggesprochen zu werden. Wo auch immer ich bin, da ist sie auch. »Keine Show ohne Pep«, wie meine Mutter immer zu sagen pflegte. Wird immer eingebildeter und aufgeblasener.

Nach der ersten triumphalen Vorstellung von »Superstar Hausfrau« rief mich unser kleiner Produzent Michael White an. »Glauben Sie, das wird ein Hit?« fragte ich Mr. White besorgt. »*Absolut!*« sagte er mit Nachdruck. (Im Jahr 1976 bedeutete »absolut« »ja«.) Er las mir die begeisterten Kritiken vor, und diesmal wurde Barry kaum erwähnt. Es ist erstaunlich, wie die gute alte Dame Natur die Dinge in Ordnung bringt, wenn man ihr nur Gelegenheit dazu gibt.

Kapitel 22

Wasser im Fluß der Zeit

Ich war der Star Londons. Die Kritiker, die mich im Establishment Club verrissen oder sogar mein Geschlecht angezweifelt hatten, erstickten nun an ihren eigenen Worten. Ich machte große Talkshows mit dem lieben Russell Harty, den ich mochte und vermisse, und dem anbetungswürdigen verschrumpelten Michael Parkinson, dessen Augen man zwar nie sehen kann, der es aber doch fertigbringt, seine Krähenfüße zum Lachen zu bringen. Mr. Osborne, der vor Jahren bei meinem ersten Besuch in London die Loge bei »My Fair Lady« mit mir geteilt hatte, tauchte wieder auf. Er war jetzt ein recht hohes Tier im Kunstausschuß und verteilte Steuergelder an behinderte lesbische Guerilla-Korbflechterinnen.

»Ich habe Ihnen ja eine große Theaterkarriere vorausgesagt«, sagte er ziemlich selbstzufrieden eines Abends in meiner blumenüberfüllten Garderobe zu mir. »Aber Sie haben noch nicht im Royal Theatre in der Drury Lane gespielt.« Einigen Leuten kann man es nie recht machen, dachte ich philosophisch. Mr. Osborne lud mich ein, eine Dichterlesung mit zwei Schriftstellern namens Allen Ginsberg und W. H. Auden zu halten. Ich las ein paar meiner eigenen Werke und weitere hübsche Verse von australischen Frauen, und alle waren wie gebannt. Die anderen zwei jedoch – hätte man sich das nicht denken können? – machten es dem Publikum sehr schwer, als sie ihre eigenen undurchsichtigen Verse vorlasen. Mr. Ginsbergs Gedichte waren noch dazu etwas zweideutig! Mr. Auden und ich verstanden uns aber hinter der

Bühne ganz gut, obwohl sein Anzug aussah, als ob jemand (jemand anderes) darin geschlafen hätte. Norm würde sagen, das arme alte Ding »ist nicht gerade in bühnenreifem Zustand«.

Während Wystan und ich so über das Leben und die Kunst plauderten, schaute ich mir betrübt sein verhutzeltes Aussehen an. So ein Gesicht bekommt man nicht vom Erdbeerenessen!

Irgendwann wurde ich zur »Dame« ernannt. Bitte verzeihen Sie mir, liebe Leser, daß ich nicht präziser werde, aber Sie sollten inzwischen ja schon wissen, daß mir Ehrungen wenig bedeuten. Eine Schlange an der Kasse, eine Platte in der Hitparade oder Spitzeneinschaltquoten bei einer Fernsehshow stellen in meinem Leben die echten Ehrungen dar, die Liebe meiner Familie natürlich nicht zu vergessen. Ich muß jedoch gestehen, daß ich zu jener Zeit manchmal tagelang nicht an meine Lieben in Melbourne dachte; das ist schrecklich, ich weiß, aber so war es nun einmal.

Zumindest wußte ich aber, daß in der Humouresque Street 36 alles wie am Schnürchen lief, und Norm hätte einen Orden dafür verdient, wie er alles regelte. Meine Schwägerin Audrey, geborene Foote, war uns auch eine große Hilfe, und die liebe alte Mama wurstelte so vor sich hin. Kenny hielt mich immer brieflich auf dem laufenden. Er schrieb wunderbare, lange Briefe mit grüner Tinte, und anstatt einen Punkt auf die »i«s zu setzen, machte er einen kleinen Kreis – ein sicheres Anzeichen für künstlerisches Talent. Das habe ich einmal im »Woman's Monthly« gelesen. Kenny liebte Filme, ganz besonders die alten Filme, die schon mir in meiner Jugend großes Vergnügen bereitet hatten. Seine Lieblingsschauspielerinnen waren June Allyson, Susan Hayward, Barbara Stanwyck, Joan Crawford und Marlene Dietrich, obwohl er auch Judy Garland liebte und zu ihren Schallplatten Pantomimen aufführte. Ich schrieb ihm zurück und berichtete ihm von den großartigen Leuten, die ich traf, insbesondere auf den Parties, die mein kleiner Produzent Michael White gab. Ken war völlig platt, als ich ihm erzählte, daß ich am Abend zuvor mit Ava Gardner, Gloria Grahame und Andy Warhol im selben Raum gewesen war. Ich kann nicht behaupten, daß ich Andy umwerfend fand; er sah immer wie ein Gespenst aus oder, wenn er in gutem Zustand war, wie ein von langer Krankheit Genesender; er stand immer gegen die Wand gelehnt oder in der Nähe einer Tür, für den Fall, daß eine wichtige Persönlichkeit hereinkam. Wenn keine kam, war er wenigstens in der Nähe des Ausgangs. Er sagte, er wolle ein paar Seidensiebdrucke von mir machen, aber wir kamen nie dazu, und das bedaure ich auch nicht. Ganz offen gestanden habe ich ihn nie so richtig verstanden.

Ich habe begonnen, von meiner Ernennung zur Dame zu sprechen, aber damit will ich mich jetzt nicht weiter aufhalten, außer um zu sagen, daß mir der Titel von dem verstorbenen australischen Premierminister Gough Whitlam verliehen wurde. Es gibt sogar Dokumente in den Archiven, die ihn bei der Zeremonie zeigen. Ich habe den Titel aufgrund meiner Verdienste um die Weltkultur bekommen, und – man braucht es nicht extra zu betonen – es hat seither eifersüchtige Charaktere gegeben, die gespottet haben, ich sei gar keine *wirkliche* Dame. All denen kann ich nur freundlich sagen: »Nun gut, wenn ich keine Dame bin, warum habe ich dann all die Jahre gebraucht, die Königin dazu zu bringen, meinen Titel fallenzulassen und mich Edna zu nennen?«

Andere Elemente haben mich dafür kritisiert, daß ich als eigentlich Linksradikale den Titel »Dame« akzeptiert habe. Ich glaube, ich bin etwas widersprüchlich wie so viele berühmte Frauen. Ich bin beispielsweise die Reinkarnation von Jeanne d'Arc (was erklären dürfte, warum ich Barbecues nicht ausstehen kann). Jeanne stand ganz weit links von Vanessa Redgrave – *und war noch dazu eine Heilige*! Darüber sollen die Zyniker einmal nachdenken.

Neben dem Theater in der Shaftesbury Avenue führte Lady

Olivier (die süße Joan Plowright) ihre Show auf, die, glaube ich, etwas mit Möwen zu tun hatte. Man braucht nicht zu betonen, daß das Publikum nicht gerade gefesselt war. Die arme Joan klopfte ständig an die Wand, wenn meine Zuschauer zu laut lachten, also ungefähr alle zehn Sekunden. Ich fürchte, der Erfolg bringt immer eine große Lärmbelästigung mit sich. Es tut mir furchtbar leid, aber es ist nun einmal so. Aber wahrscheinlich ist es tatsächlich etwas irritierend, neben dem Theater, in dem ich auftrete, eine Show hinlegen zu müssen, dabei jenseits des Rampenlichts nur ein spärliches, mißmutiges Publikum zu sehen und gleichzeitig Schreie des Vergnügens und Heiterkeitsausbrüche durch die Trennwand zu hören. Heutzutage bitte ich meine Zuschauer immer, mit Rücksicht auf die Shows, die weniger Erfolg haben als die meinen, leise zu lachen und zu applaudieren.

Am letzten stürmischen Abend von »Superstar Hausfrau« platzte eine Bombe. Wie wunderbar hatte Dame Natur den Zeitpunkt gewählt! Ich erhielt einen Anruf von meiner Schwägerin Audrey in Melbourne.

»Was soll das heißen, ich brauche mir keine Sorgen zu machen? Natürlich mache ich mir Sorgen, Audrey!« rief ich aufgeregt. »Ich mache mir Sorgen, noch bevor ich weiß, was los ist. Ist es Mama? Oder der kleine Kenny? Sag ja nicht, daß sich Valmai wieder aufführt!«

Audreys Stimme schwankte. »Denen geht es allen gut, Edna. Wir freuen uns über deinen Erfolg. Es ist nur, daß Norman ...«

»Norm? Was ist mit Norm?«

»Nur eine kleine Routineuntersuchung, Edna«, sagte Audrey ruhig. »Nichts Ernstes. Gestern nacht hat man ihn mit Polizeieskorte ins Krankenhaus gebracht. Jetzt ist er auf der Intensivstation, und es geht ihm den Umständen entsprechend gut. Ist das nicht ein herrlicher Tag heute?«

»Es ist eiskalt, und es schüttet, meine Gute!« explodierte ich.

»London liegt am anderen Ende der Welt. Glaubst du wirklich, daß auf dem ganzen Planeten schönes Wetter ist, wenn bei euch in Melbourne die Sonne scheint??!« Ich riß mich zusammen und fügte etwas sanfter hinzu: »Was hat er denn?«

»Es ist die Prostata, Edna, entschuldige den Ausdruck. Er hat schon eine Zeitlang Beschwerden damit, und gestern ist sie einfach geplatzt. Gott sei Dank hat er nicht seinen neuen Anzug angehabt.«

»Gott sei Dank für die kleinen Gnaden!« antwortete ich. »Ich nehme das nächste Flugzeug.«

»Oh, Edna«, winselte Audrey (sie ging mir langsam auf die Nerven, die Ärmste), »wir kommen schon zurecht. Man sagt, daß die australischen Ärzte führend in der Prostataforschung sind. Unterbrich doch nicht deine großartige Karriere.«

»Hör auf, Blödsinn daherzureden, Audrey«, gab ich verärgert zurück. »Dies ist eine Familienkrise, und Norms Prostata ist genausosehr Teil der Familie wie du.«

Im Geiste machte ich mir eine Notiz, daß ich in einem anständigen Medizinbuch nachschlagen mußte, um zu sehen, wo die Prostata war. Ich hielt sie für ein schwer faßbares Organ, ähnlich dem Blinddarm, etwas, das wir alle haben, aber gar nicht mehr brauchen. Auf jeden Fall brauchte ich Norms Prostata nicht, und es war abzusehen, daß er demnächst – Gott segne ihn – ohne sie würde leben müssen.

Kurz darauf waren Madge und ich auf dem Rückflug nach Australien und in eine neue Phase meines Lebens, was ich damals aber noch nicht wußte. Die Bordfilme heiterten mich auch nicht gerade auf. »Rillington-Platz Nummer zehn« und »In meiner Suppe ist ein Mädchen«. Man muß sich das mal überlegen.

Dr. Gerald Finzi nahm mich beiseite. »Bitte machen Sie sich keine übermäßigen Sorgen um Mr. Everage«, sagte er.

»*Lord* Everage«, korrigierte ich ihn, steckte mein Taschentuch weg und schaute tapfer. »Aber ich kann es doch nicht ändern, wenn ich mir Sorgen um meinen Mann mache, Doktor. Er sieht so blaß in dem Dingsbums aus. Wie heißt das?«

»Es ist eine eiserne Prostata«, antwortete der Arzt, hustete und zündete sich eine Zigarette an.

Ich setzte mich in den Stuhl, den er mir zugewiesen hatte, während er in dem kleinen Büro auf und ab ging.

»Mr ... äh ... ich meine, Lord Everage ist an einen einmaligen technologischen Apparat angeschlossen, der für sein kleines schurkisches Organ das tut, was die eiserne Lunge für andere Teile der menschlichen Anatomie tut.« Er hielt inne, um zu husten.

»Sie wissen es vielleicht nicht, Dame Edna, aber Australien ist ganz vorn in der Prostataforschung, und da wollen wir auch bleiben. Aber wir brauchen finanzielle Unterstützung.« Er sah aus dem Fenster, als ob gleich eine Menge Geld vom Himmel fallen würde. »Ich habe einen Traum, Dame Edna«, sagte er, indem er sich plötzlich hinter seinem Schreibtisch auf einen Stuhl fallen ließ und sich mit dem Stummel seiner letzten Zigarette eine neue ansteckte. »Die erste Prostatabank und Prostatatransplantationsklinik. Das ist *möglich*! Mein Team ...«

Ich wartete hoffnungsvoll, aber er hatte gerade einen neuen Bronchialanfall.

»Mein Team hier hat mit Wombats gearbeitet, und wir haben eine unglaublich hohe Erfolgsrate bei der Transplantation von Wombatprostatas. Wenn Sie gestatten, gnädige Frau, möchte ich das auch bei Ihrem Mann versuchen.«

»Ich weiß nicht, ob mir der Gedanke gefällt, daß Norm die Prostata eines Wombats haben wird«, protestierte ich. »Buddeln die nicht ungebührlich viel?«

Dr. Finzi lachte keuchend. »Sie haben mich falsch verstanden, liebe gnädige Frau. Wir würden natürlich einen menschlichen Spender auswählen, aber Sie müssen sich darüber klar sein, daß es zum jetzigen Stadium unserer Forschung noch gut möglich ist, daß das Organ von Ihrem Mann abgestoßen wird.«

»Daran dürfte er inzwischen schon gewöhnt sein«, erwiderte ich sachlich. »Aber Sie müssen tun, was Sie für richtig halten.« Ich fügte tapfer hinzu: »Ich bin sicher, Norm wäre glücklich, die Prostatologie vorwärts zu bringen.«

Madge und ich schlichen auf Zehenspitzen ins Zimmer, um noch einen letzten Blick auf Norm zu werfen. Sein kleiner Kopf ragte aus einer riesigen Chromkiste voller Skalen und aufleuchtender Glühlampen heraus. Er war ziemlich fertig, erkannte mich aber und brachte ein schwaches Lächeln zustande. Es freute mich zu sehen, daß eine charmante Schwester sich um ihn kümmerte, die sich mir als Schwester Thelma Younghusband vorstellte. Vielleicht war sie sogar etwas *zu* charmant. Sie würde immer wieder Norms Behandlung überwachen, noch viele Jahre lang, wie sich herausstellen sollte. Meinen unschuldigen Augen erschien sie zunächst als sehr nett, aber mir war zu diesem Zeitpunkt nicht klar, daß dieses Biest die Prostata meines Mannes schon damals fest in der Hand hatte.

Ich hatte alles getan, was ich an dem Tag tun konnte, und litt außerdem nach dem langen Flug am Jetlag. Als ich deshalb erschöpft auf dem Krankenhausparkplatz in mein Auto kletterte, ertönte von hinten mit einemmal ein rauher Husten und signalisierte mir die Anwesenheit von Dr. Finzi.

»Bevor Sie wegfahren, Dame Edna, sollte ich Ihnen vielleicht noch sagen, daß Ihr Mann bei erfolgreicher Behandlung nach Hause zurückkehren kann. Aber er wird wahrscheinlich die ganze Ausrüstung in seiner unmittelbaren Nähe brauchen. Haben Sie ein freies Zimmer zur Verfügung?«

Ich freute mich, war aber gleichzeitig auch etwas schockiert – und weiß der Himmel, was wirklich. Ich sagte, ich würde darüber nachdenken. Dann fügte der Arzt hinzu: »Wenn Sie jemals eine gute Sache unterstützen wollen, Dame Edna, wir hier in der Klinik wären sehr stolz, wenn Sie sich entschließen könnten, der Prostata Geld zufließen zu lassen.«

Als wir aus dem Parkplatz fuhren, drehte sich Madge plötzlich um und sah zurück zum Krankenhaus. »Schau mal, Edna, ist das nicht Norms Krankenschwester?« Ich folgte ihrem bräunlichen Zeigefinger mit meinen Blicken. Aus einem Fenster im ersten Stock starrte uns Thelma Younghusband mit einem sehr seltsamen Blick nach.

Die Humouresque Street 36 war ein einziger Schweinestall. Ich lief wie im Traum von einem schäbigen Zimmer zum anderen und betrachtete die Stapel alter Zeitungen, die leeren Tassen mit den klebrigen Bodensätzen und, vor unserem Fernseher, die Stöße von ungespülten Tellern mit den vertrockneten Spuren von vor langer Zeit verzehrten gebackenen Bohnen.

Mein Schatz Kenny hatte mich an der Haustür begrüßt. Er trug ein phantastisches purpurrotes, gebatiktes T-Shirt mit Kordelärmeln und ein wunderschönes Paar burgundfarbener Pannesamthosen über seinen Clogs. Er war über den Zustand des Hauses ebenso entsetzt wie ich. Jedesmal, wenn er saubergemacht oder aufgeräumt hatte, war anscheinend meine Mutter aus ihrem Zimmer gekommen und hatte innerhalb weniger Minuten das Haus in eine Müllhalde verwandelt. Seit Norms plötzlicher Einweisung ins Krankenhaus war es mit Mama immer schlimmer geworden, und sie benahm sich seltsamer als jemals zuvor. Kenny hatte Kleiderdesign in der Abendschule studiert. Seine Singer-Nähmaschine verwahrte er gut in einer Ecke des Wohnzimmers. Trotzdem war eines Nachts, als er mit seinem Freund Clifford Smail ins Theater von Moonee Ponds gegangen war, um »Blumen ohne Duft« anzuschauen, Mama auf der Maschine Amok gelaufen und hatte es irgendwie fertiggebracht, ihr Nachthemd an die Gardinen zu nähen. Ich starrte böse auf die Zimmertür meiner Mutter, die unheilverkündend geschlossen war. Komisch, dachte ich mir. Ihre berühmte Tochter ist nach Monaten in der Alten Heimat wieder zu Hause, und sie traut sich nicht mal, ums Eck zu schauen! Ein sicheres Anzeichen für ein schlechtes Gewissen.

»Hast du in letzter Zeit mal Valmai gesehen?« fragte ich laut und bemerkte mehrere Aschenbecher, die vor Zigarettenstummeln fast überquollen. Mein reizender Teenager, der loyalste Bruder, den Valmai jemals haben wird, holte tief Luft, verdrehte seine wunderbaren braunen Augen zur Decke und machte eine vielsagende Bewegung. Aber ich mußte Ken nicht allzusehr ködern, um die Wahrheit zu erfahren. Anscheinend hatte meine schwierige Tochter ihrem armen, jungen Mann Mervyn die Hölle auf Erden bereitet, seitdem ich weg war. Die meiste Zeit mußte er allein auf das Baby Wayne aufpassen, während sie mit ihren verkommenen Freunden Vergnügungsreisen unternahm, die sie sich nur schwerlich leisten konnte. Widerstrebend zeichnete mir Kenny ein Bild von meiner Tochter, das keine vernünftige Mutter gerne rahmen und auf ihr Klavier stellen würde. Anscheinend war sie für ein paar Wochen nach Bali gefahren und war nicht nur mit einer Pilzinfektion zurückgekommen, sondern rauchte auch noch diese gräßlichen indonesischen Zigaretten. Deswegen stank das ganze Haus wahrscheinlich jetzt so ekelhaft nach Nelken und kaltem Rauch, dachte ich und schnüffelte angewidert.

Ken sagte, daß sie jedesmal, wenn sie Krach mit Mervyn hatte, was jeden zweiten Tag vorkam, zu Hause erschien, um hier zu übernachten, und daß sie immer eine Spur der Verwüstung und volle Aschenbecher hinterließ. Ihr neuester Spleen war das Living Theatre, irgendeine schrullige Truppe von gestörten jungen Frauen, die auf der Bühne ihre Kleider auszogen und sich mit riesigen Subventionen der Regierung gegenseitig beim Nichtstun filmten.

Ich begann zu verstehen, daß Valmai eifersüchtig auf mich war und auf ihre jämmerliche Art versuchte, selbst ein bißchen Aufmerksamkeit zu erlangen, ohne daß sie dazu die nötige Vorbedingung, nämlich »Talent« hatte. Schaudernd überlegte ich, wo das hinführen sollte.

Ich sah mir noch einmal die Unordnung und das Chaos in meiner mißhandelten Wohnung an und wünschte mir irgendwie, ich hätte die Schuld auf Madge Allsop schieben können. Aber Madge hatte ein hieb- und stichfestes Alibi: Sie war mit mir in England gewesen.

»Schau dir mein schönes Wohnzimmer an, Madge«, rief ich. »Schau dir diesen Schweinestall an! Wenn du nicht darauf bestanden hättest, in Europa spazierenzugehen und mir am Schürzenzipfel zu hängen, hättest du hierbleiben und das Haus in Ordnung halten können, wie es sich gehört!«

Madge zog die Schultern ein bißchen ein und sah gehetzt aus.

»Kenny ist noch auf der Schule, Norm ist bettlägerig, und Mama ist verrückt, also bist du dafür verantwortlich, daß mein schönes Haus in diesem furchtbaren Zustand ist!« Und damit warf ich mich auf die Couch und weinte unkontrollierbar in den Armen meines Sohnes.

»Wo war Norm, als ich ihn brauchte?« zeterte ich unter Tränen, während mich Ken in seiner nach herbem Rasierwasser duftenden Umarmung wiegte. Ich hatte diesen Schatz all diese Jahre für selbstverständlich angesehen, und jetzt gehörte er der Wissenschaft – ein menschliches Meerschweinchen in einem kalten, unpersönlichen Krankenhaus – und fremden Händen, die ihn pflegten.

Plötzlich traf ich eine Entscheidung. Ich dachte mit Schaudern an das Gesicht von Schwester Younghusband am Fenster. Norman *würde* nach Hause zurückkehren, und das schon bald! Hatte Dr. Finzi nicht gesagt, das sei machbar, wenn wir genug Platz für die Apparaturen hätten? Nun, wir hatten zwar keinen Platz, aber ich würde ihn *schaffen*! Ich lief in Windeseile zu Mamas Zimmer und klopfte an. Ich hörte das Radio laut spielen; es lief eine dieser populären Telefonsendungen, bei denen alberne Frauen Disk-jockeys mit Stroh im Kopf ihr Herz ausschütten. Ich drückte auf die Türklinke. Es war abgeschlossen, und der eindeutige Geruch nach etwas Verbranntem drang durch den Türspalt. Ich hatte einen Geistesblitz und hechtete zum Telefon. In den »Gelben Seiten« fand ich die Nummer des Radiosenders. Die Telefonistin war etwas überwältigt, nachdem ich meinen berühmten Namen genannt hatte, stellte mich aber gleich zu Neville ins Studio durch, dem ich mein Problem erläuterte, während er eine Platte laufenließ.

Sekunden später war ich auf Sendung.

»Kannst du mich hören, Mama? Hier ist deine Tochter Edna, die aus England zurück ist. Mach das Radio aus und die Tür auf, und zwar sofort! Und außerdem brennen deine Bohnen an! Hörst du mich?«

Ich schaute zu ihrer Tür hinüber, aber es tat sich nichts.

»Komm friedlich heraus, Mama«, schloß ich und dachte dabei an die Krimis im Fernsehen, in denen Polizisten mit Lautsprechern und Gewehren sich nachts hinter Autos verstecken und darauf warten, daß Geistesgestörte aus den Hauseingängen kommen.

»Niemand tut dir etwas, Mama«, fuhr ich fort und erwärmte mich zusehends für mein Vorhaben. »Du bist völlig umzingelt, also komm ganz ruhig mit erhobenen Händen heraus.«

Aus dem Schlafzimmer meiner Mutter konnte ich das gespensti-sche Echo meiner eigenen Stimme im Radio hören. Der Himmel weiß, was Nevilles Publikum von dieser seltsamen Sendung hielt, aber das Ganze wirkte, denn als ich den Hörer auflegte, öffnete sich die Tür meiner Mutter einen Spalt, dann noch etwas weiter, und meine Mutter torkelte in einem fleckigen Nachthemd und einer ausgebleichten Bettjacke mit erhobenen Händen heraus. Wenn Sie jemals das herrliche alte Video von »Jane Eyre«

gesehen haben, werden Sie wissen, was ich meine, wenn ich sage, daß Mama aussah wie Grace Poole an einem ihrer schlechten Tage.

Kenny gab eine recht elegante Version des Rugbygriffs zum besten und stürzte den alten Liebling krachend zu Boden, während ich den Atem anhielt und in ihr Zimmer spähte. Das war kein Zimmer mehr. Alte Zeitungen, uralte Ausgaben des »Woman's Monthly«, altes Zeug und Abfall waren vom Boden bis zur Decke dicht gestapelt. Dazwischen verlief ein enger Tunnel, mehr ein Spalt, durch den ich mich gerade so hindurchquetschen konnte. Indem ich mich durch diesen ranzig riechenden Irrgarten vorwärtstastete, fand ich schließlich den grauen Haufen aus Frottee und Nylon, den meine Mutter »Bett« nannte. Unter den verrosteten »Heinz«-Konservendosen und steifen Kleenex-Rosetten befanden sich Dinge, die sich keiner meiner Leser näher anschauen sollte, nachdem er gut gegessen hat oder dies noch tun will. Ich fühlte mich ein bißchen wie Lord Caernarvon beim Betreten von Tutanchamuns übelriechender Grabstätte. Es war unheimlich zu denken, daß dieser Raum die ganze Zeit eine lebende Mumie beherbergt hatte! Es soll hier genügen zu sagen, daß ich würgend wieder herauskam und daß mir die Augen vor unterdrückter Übelkeit tränten. Ich konnte nur hoffen, daß die innere Kammer *meiner* Mama nicht verflucht war!

Wieder nahm ich mir das Telefonbuch vor und durchblätterte zielbewußt die »Gelben Seiten«. Dabei wandte ich mich in liebevollem Ton an meine Mutter, die geradezu lässig auf dem Teppich neben Kennys Clogs lag, die sie in Schranken hielten.

»Liebling«, hob ich an, fand die Nummer, die ich unter »Geriatrische Einrichtungen« gesucht hatte, und wählte sie an. »Was hältst du denn von einem luxuriösen Urlaub in einem schönen Hotel?« Meine Mutter blickte wütend drein und schüttelte heftig den Kopf.

»Du könntest all deine schönen Sachen mitnehmen, Mama«,

sagte ich in meinem betörendsten Tonfall. »Na ja, wenigstens ein paar.«

Die lethargische Oma verengte die Augen mißtrauisch zu Schlitzen. »Darf ich dort fernsehen und meine Bohnen essen?« erkundigte sie sich sachlich.

»Natürlich, Liebling, das ist ein Heim, nur daß es nicht daheim ist«, erklärte ich mit beträchtlicher Aufrichtigkeit.

Eine energische Stimme ertönte aus dem Hörer.

»Dunraven-Dämmerheim, Schwester Choate am Apparat.«

»Oh«, rief ich nett aus. »Hier ist Dame Edna Everage, Superstar Hausfrau. Ich wollte fragen, ob Sie etwas frei hätten für eine kultivierte Dame, um genau zu sein, für meine Mutter?«

Schwester Choate bejahte, fragte nach dem Zeitpunkt der Aufnahme und ob ich den Abholdienst benötigte.

»Oh, das muß aber ein schönes Zimmer sein. Ich bin sicher, daß meine Mutter dort gern einen Kurzurlaub verbringen würde, und Sie sagen, daß gebackene Bohnen die Spezialität Ihres Küchenchefs sind?« Die Augen meiner Mutter leuchteten auf, und ein glänzender Speichelstalaktit zog sich von ihrem Mundwinkel bis zum Boden.

»Wie war das noch mal? Wie bitte?« schallte Schwester Choates Stimme aus dem Telefonhörer.

»Wie schön!« beharrte ich trotz der überraschten und verwirrten Ausrufe am anderen Ende der Leitung.

»Mrs. Beazley freut sich schon sehr. Vielleicht könnten Sie den Busdienst so schnell wie möglich vorbeischicken.« Ich gab ihr unsere Adresse und legte auf.

»Oh, Mama, Liebling«, sagte ich begeistert und half ihr auf, als Madge mit dem Tee kam. »Hast du aber ein Glück, daß du in Dunraven Urlaub machen kannst. Wir sind alle schon ganz neidisch, nicht wahr, Madge?«

Allsop schaute uns verständnislos an.

»Kenny und Madge packen dir ein paar von deinen persönlichen Sachen ein, und das andere schicken wir dir später.«

334

Mein Sohn und meine Brautjungfer wechselten einen verzweifelten Blick. Aber es freute mich zu sehen, daß meine Mutter, schon ganz aufgeregt bei der Aussicht auf einen Fünf-Sterne-Urlaub, einen Augenblick zurück in ihr Zimmer schlurfte und dann mit einer schmutzigen weißen Tennis-Schirmmütze und einem Tennisschläger, von dem die Bespannung runterhing wie Spaghetti, wieder herauskam.

»Dort muß es eine Menge Sportanlagen geben, Edna«, sagte meine Mutter beunruhigend normal. »Hoffentlich haben sie einen anständigen Partner für mich.«

Mit einem Schlag war es Nacht geworden, und die Erwartungen meiner Mutter bezüglich ihrer zukünftigen Unterbringung wurden von Stunde zu Stunde ekstatischer, ohne daß ich sie darin bestätigt hätte. Sie saß auf der Bettkante und überwachte das Packen, während Kenny und Madge mit improvisierten Gesichtsmasken in übelriechenden Schubladen und Schränken wühlten, die kaum noch mehr als eine Brutstätte für Motten waren. Es gelang ihnen, ohne daß meine Mutter es merkte, eine große Anzahl ihrer sogenannten Habseligkeiten durch die Hintertür zur Verbrennungsanlage zu bringen. Sonst hätten die Angestellten von Dunraven möglicherweise Stunden gebraucht, um sie auszugraben, falls sie sich im letzten Moment doch noch ihrer Einkerkerung widersetzt hätte.

Zu guter Letzt jedoch bog ein Lieferwagen in unsere Einfahrt ein, und vier nette Jungs in weißen Overalls traten in ihr Zimmer. Mit einem Minimum an unnötiger Gewalt zerrten sie meine perverse Angehörige heraus und packten sie fürsorglich in ihr nach Desinfektionsmittel riechendes Gerimobil.

Als sie die Türen hinter ihr zugeschlagen hatten, bot ich den hilfsbereiten jungen Pflegern eine schöne Tasse Tee an, während Ken und Madge noch dabei waren, eine nicht unbeträchtliche Schneise in Mamas Müllhalde zu schlagen. Schon bald lief die Verbrennungsanlage wieder auf Hochtouren und spuckte riesige, schöne orangefarbene Flammen. Als die reizenden jungen Männer mir für die Erfrischungen dankten und zurück in den Lieferwagen kletterten, fiel mir jedoch seltsamerweise auf, wie das liebenswerte kleine Gesicht meiner Mutter, das aus dem kleinen, vergitterten Glasfenster an der Rückseite des Wagens schaute, von dem warmen, zuckenden Schein ihrer brennenden Habseligkeiten erleuchtet wurde.

Kapitel 23

Der psychedelische Weihnachtspudding

Niemals im Leben werde ich den Tag vergessen, an dem Norm nach Hause kam. Die ganze Humouresque Street war auf den Beinen. Nach meinem großen Erfolg in Übersee war ich das geworden, was man in Australien eine »öffentliche Person« nennt, und natürlich waren die Leute aus Moonee Ponds sehr stolz auf mich. Zum Zeichen des Tributs und der Ehrung war die alte Straße geflaggt, und sogar der Bürgermeister und Stadtrat Tom Puckle (ein Abkömmling des Forschers, der Moonee Ponds entdeckt hatte) erschien in seinem pelzverbrämten Prunkgewand, um den Sanitätswagen mit seinem gefeierten Passagier zu empfangen.

Natürlich waren die Medien in voller Stärke anwesend, um die ergreifende menschliche Wärme bei Lord Norms festlicher Heimkehr einzufangen, aber – man soll den Tatsachen ins Auge sehen – es war auch ein gutes Stück profanes Interesse dabei. Schließlich schrieben wir hier medizinische Geschichte, denn es war das erste Mal, daß eine dieser Wundermaschinen in einem Privathaus in Betrieb genommen wurde.

»Werden Sie Ihre Karriere aufgeben, um Ihren Mann zu pflegen?« lautete die Frage, die allen auf der Zunge lag, und im Morgengrauen fand ich sogar einen Grünschnabel vom »Morning Murdoch« auf meiner Türschwelle vor, der mich fragte, ob meine Rückkehr ins Privatleben unmittelbar bevorstehe.

»Unfug!« rief ich aus und benutzte einen Ausdruck, den man heutzutage nicht mehr oft hört. Ich dachte an Dame Margot

Fonteyn und ihren behinderten Gatten. *Das* war ein wirklich tapferer Superstar, dem es gelang, auf der Bühne Pirouetten zu drehen und gleichzeitig einen Rollstuhl zu schieben!

Als ich diesem Milchbubi von einem Reporter erklärte, daß ich die volle Absicht hatte, meine Arbeit mit meinen Pflichten als Ehefrau und Mutter unter einen Hut zu bringen, überlegte ich ein wenig wehmütig, wieviel Zeit schon vergangen war, seit Kevin Farelly im Morgengrauen auf ebenderselben Veranda gestanden war und mir die Nachricht meines Sieges im Wettbewerb der Schönen Mutter überbracht hatte. Ich fragte mich, was wohl aus ihm geworden war. Seit jenen fernen Tagen hatte sich viel verändert. Die Weltpresse stand jetzt vor meiner Tür Schlange.

Ich hatte zu dem großen Anlaß ein wunderhübsches neues Kleid angezogen, eine schöne »Ozelot«-Kreation aus bedrucktem Crêpe aus dem berühmten Haus Le Louvre in der Collins Street. Die arme Miss Wilmot, die mir immer meine Garderobe geschneidert hatte, war dahingerafft worden – oder, wie man in Klamottenkreisen sagt, in die große himmlische Garderobe eingegangen.

Während der Bürgermeister und ich nervös auf der Veranda standen und darauf warteten, daß Norms Fahrzeugkolonne um die Ecke der Puckle Street biegen würde, drückte ich die Daumen, daß Valmai, meine frustrierte Tochter, nicht plötzlich in unpassender Kleidung auftauchen und die ganze Aufmerksamkeit auf sich lenken würde. Madge machte mir nicht weniger Sorgen, da sie eine erschreckende Tendenz entwickelt hatte, sich auf die Leute zu stürzen. Wenn nur eine einzige kleine Berühmtheit anwesend war, stürmte sie auf sie zu, üblicherweise mit ihrem Autogrammheft in der Hand. Nette Freunde von mir, wie zum Beispiel Barry Manilow, Larry Hagman und Roger Moore, haben sich ihrer erbarmt und etwas hineingeschrieben, und meine Leser werden nicht erstaunt sein zu hören, daß jetzt, während ich dieses Buch schreibe, aus Madges Autogrammheft in Neuseeland eine Fernsehserie geworden ist. Man hat es auf eine kleine Staffelei gestellt, eine Kamera darauf gerichtet, und eine behandschuhte Hand (die die von Madge sein soll) blättert jede Woche eine Seite um. Die Serie hat sogar Preise gewonnen – in Neuseeland allerdings.

In letzter Zeit stürzt sich Madge auf Mitglieder des Königshauses, in der Hoffnung, von den Leibwächtern mißhandelt zu werden. Neulich hat sie sich sogar auf die Dagenham-Frauenblaskapelle gestürzt, weil die Ärmste hoffte, daß eine Frau sie grob behandeln würde. Aber am Tag von Norms Heimkehr gab ich ihr eine Menge in der Küche zu tun, um sie fernzuhalten. Sie hatte den Auftrag, leckere Dips für ein paar VIPs und Würdenträger des Krankenhauses zuzubereiten. »Dips« waren das Neueste in Australien und hatten Wurstbrötchen und Lamingtons ganz verdrängt, die die meisten von uns jetzt verstohlen hinter verschlossenen Türen in sich hineinstopfen mußten, wenn die Gäste nach Hause gegangen waren.

Als der Krankenwagen endlich erschien, jubelten die Anwohner, die am Straßenrand Spalier standen, aufgeregt und bewarfen das weiße Fahrzeug mit Luftschlangen und ab und zu mit einer Gladiole. Es folgte jedoch ein kleines, ehrfürchtiges Schweigen, als sie das riesige Pantechnikon dahinter sahen. Das Fahrzeug transportierte den kostspieligen und sperrigen Prostatahilfsapparat meines Mannes, der nun bald in dem ehemaligen Zimmer meiner lieben alten Mutter installiert werden würde.

Schon wochenlang zuvor war mein Haus von Leuten vom Schädlingsvernichtungsdienst, Installateuren und urologischen Ingenieuren belagert gewesen, die im »Maschinenraum« einen Zementboden legten und Löcher in die Wand schlugen, um die komplizierten Leitungen und Rohre verlegen zu können, die schon bald die eiserne Prostata mit dem angrenzenden Schlafzimmer meines Mannes verbinden würden. Damals entschloß ich mich, den neben dem Zimmer meines geliebten Invaliden liegenden Raum zu meinem Schlafzimmer zu machen. Nachdem Brucie, und in gewisser Hinsicht auch Valmai, nicht mehr zu Hause wohnten, hatte ich das alte Kinderzimmer neu hergerichtet und war da hinein gezogen. Auf Vorschlag von Dr. Finzi hatte ich eine Lärmschutzvorrichtung in meinem Zimmer einbauen lassen, denn Norms Maschine war weit davon entfernt, leise zu arbeiten. Ich hatte meiner Sorge Ausdruck verliehen, daß das ohrenbetäubende Röhren, das sie Tag und Nacht von sich gab, auch unsere etwas empfindlicheren Nachbarn stören könnte. Der Arzt wies mich darauf hin, daß Norm den Strom abstellen konnte, wenn er wollte, um dann das Hilfssystem von Hand oder durch Tretbewegungen anzutreiben. Das erwies sich aber schließlich als unpraktisch, da er gegen etwa vier Uhr morgens regelmäßig die Bettücher in Fetzen gerissen hatte. Ein paar Jahre später hätten wir diese alternative Stromquelle als »kontraproduktiv« bezeichnen können.

Die örtliche Polizei mußte die Medien und die krankhaft Neugierigen fast gewaltsam fernhalten, als Norm, der tapfer lächelte und einen neuen beigegestreiften Flanellschlafanzug mit geripptem Revers und Kordelgürtel trug, sorgsam aus dem Krankenwagen gehievt und durch die Haustür getragen wurde, dabei sein aufregendes technologisches Gewirr hinter sich herschleifend. In Nullkommanichts hatte ihn eine kleine Armee weißgekleideter Männer und Frauen mit Gesichtsmasken ins Bett gesteckt, an die Apparaturen angeschlossen und diese in Gang gesetzt.

Bald darauf konnte die schweigende Menschenmenge draußen ein elektronisches Kreischen hören, gefolgt von lauten und rhythmischen Vibrationen, die das Haus in seinen Grundfesten zu erschüttern schienen. Norms Prostata pulsierte zurück ins Leben. Es ertönte lautes Jubelgeschrei, und der Ratsherr Puckle öffnete mit einigen Schwierigkeiten eine Magnumflasche Cham-

Die Menge jubelte aufgeregt.

pagner und spritzte dabei eine schaumige, weiße Fontäne in die versammelte Menge.

Als wir uns erst einmal daran gewöhnt hatten, in einem leise bebenden Haus zu wohnen, in dem man etwas brüllen mußte, um sich verständlich zu machen, normalisierte sich unser Leben wieder. Ich ging mindestens einmal pro Tag zu Norm ins Zimmer, um seinen Tropf mit etwas Leckerem zu füllen, ihm von meinen Aktivitäten zu berichten und ihm manchmal sogar ein paar Seiten aus »Die Dornenvögel« vorzulesen. Später, als ich mehr zu tun hatte, investierte ich in eine großartige Umblättermaschine, auf der oben ein Spiegel angebracht war, so daß er selbst lesen oder im Spiegel fernsehen konnte. Jedesmal, wenn ich ihn fragte, ob er etwas Interessantes in der Glotze gesehen habe, gab er mir einen ziemlich verworrenen Bericht, der mich sogar etwas mit Besorgnis erfüllte. Erst Jahre später wurde mir klar, daß er alles spiegelverkehrt sah.

Ab und zu hatte der arme alte Schatz einen Anfall von IA (Ich Armer). Einmal ergriff er meine Hand und sagte lieb: »Ich möchte, daß du dein Leben weiterführst wie bisher, Edna. Mach dir keine Gedanken um mich. Ich habe ein langes, erfülltes Leben gehabt.« Als ich das hörte, sah ich schnell weg und gab meiner Stimme einen verärgerten Tonfall, um meine Rührung zu verbergen. »Wenn du noch einmal so einen Quatsch daherredest, mein Junge, dann versohle ich dir den Hintern!« Komisch, nicht wahr, liebe Leser, daß wir mit unseren Kranken reden, als wären sie Kinder.

Natürlich hatte Madge nichts gegen die Vibrationen, weil sie sie an Neuseeland erinnerten, wo die Erdkruste lächerlich dünn ist. Aber Kenny war etwas ungeduldig mit unserem Invaliden, muß ich leider sagen. Ich habe schon einmal erwähnt, wie traurig ich darüber war, daß Norm und Kenny sich nie so verstanden, wie es zwischen Vater und Sohn sein sollte. Ich nehme an, daß sie auf gewisse Weise so verschieden waren wie Tag und Nacht. Kenny war sensibel, künstlerisch und eher ein Stubenhocker, während Norm sportlich, körperorientiert und sogar athletisch war, wenn man einmal davon absieht, daß er zwei linke Hände hatte. Ken gestand mir mehr oder weniger, daß er mit Norm nicht über seine Interessen sprechen könne, und es ist natürlich was dran, daß mein geliebter Mann nicht allzu scharf war auf die frühen Filme von Barbara Stanwyck, Art nouveau, die Gedichte von einem gewissen Cavafy und Showalben aus vergangenen Zeiten.

Mein Sohn hatte die Bekanntschaft eines international anerkannten, preisgekrönten australischen Schriftstellers namens Dominic Gray gemacht, der mit einer Menge Katzen in einem großen, weitläufigen Gründerstilhaus am Stadtrand von Melbourne wohnte und sich gerne mit jungen Leuten umgab. Ich habe seine berühmten Bücher nie richtig gelesen, obwohl ich es ein paarmal versucht habe. Ich bin jedoch nie über die ersten paar Seiten hinausgekommen, aber, seien wir doch mal ehrlich, geht einem das nicht mit den meisten berühmten Büchern so?

Ich hatte den alten Dominic noch nicht persönlich kennengelernt, war aber erfreut, daß mein Sohn begann, sich in intellektuellen Kreisen zu bewegen. Ken pflegte sich schick anzuziehen und so mit talentierten jungen Theaterproduzenten, Choreographen und Luftlinienstewards zu kleinen Dinnerparties zu gehen. Der Gedanke gefiel mir, daß sie alle bis in die frühen Morgenstunden dasaßen und über die höheren Dinge des Lebens sprachen. Ein Riesenunterschied zu meiner eigenen Mädchenzeit, die bar aller Kultur gewesen war!

Kurz nach Norms Rückkehr stellte mich Ken einem reizenden Jungen vor, den er bei einer von Mr. Grays Soireen kennengelernt hatte. Ich mochte ihn auf Anhieb, und schon bald waren Clifford Smail und oft auch seine Mutter regelmäßig bei uns in der Humouresque Street 36 zu Gast. Clifford war ein Multitalent wie Kenny und verstand anscheinend eine Menge von allem. Sobald er meine herrlichen sandgestrahlten Rentier-Eßzimmertüren sah, hüpfte er fast vor Entzücken. »Schau mal, Elspeth«, rief er aufgeregt (Cliff nannte seine Mutter beim Vornamen, was ich etwas unpassend fand). »Was für ein HERRLICHES Stück Art deco!« Er war begeistert von Norms alter Standardlampe aus Chrom und Bakelit und seinem Raucherbesteck. Ich erklärte ihm, daß keiner uns etwas von Art deco gesagt hatte, als wir die Sachen in den fünfziger Jahren gekauft hatten. Und wenn, überlegte ich mir, hätten wir sie wahrscheinlich nicht gekauft. Cliff sammelte anscheinend etwas namens Lalique, offenbar, glaube ich jedenfalls, das französische Wort für die Hochzeitsgeschenke von Verstorbenen.

Cliff war etwas älter als mein Sohn und trug einen Bart, unter dem ich allerdings erkennen konnte, daß er eigentlich recht gutaussehend war und in einem oder zwei Jahren sicher einige Herzen brechen würde – wenn er das bis jetzt nicht schon getan hatte. Er kam aus Sydney und hatte vor kurzem den Mr.-Leder-Wettbewerb gewonnen – ich glaube, das hatte etwas mit Mode zu tun. In Melbourne besaß er ein kleines langgestrecktes, enges und düsteres Restaurant namens »Smail's Place«, wo nach einer neuartigen Idee die Speisekarte auf eine Tafel geschrieben wurde. Das Essen brachten höfliche junge Männer in weißen Polohemden an den Tisch. Es wurden ungewöhnliche, ziemlich kontinentale Speisen serviert, wie zum Beispiel Curry-Pastinakensuppe, ziemlich roher Lammrücken, Kräuterbrot und eine Crème brûlée, die man mit einem Löffel plattschlagen mußte, bevor man sie essen konnte. Die Musik war laut, aber ganz schön. Ken sagte, das sei Vivaldi.

An jenem Abend, als mich Kenny und Cliff dorthin ausführten, lernte ich auch Dominic Gray kennen, aber nur sehr kurz. Er war gerade dabei, mit ein paar von seinen jungen Freunden aus dem Restaurant zu stürmen, denn er hatte zufällig einen Künstler an einem anderen Tisch mit einer Frau sitzen sehen, *die nicht seine Frau war!*

Dem armen alten Mr. Gray quollen vor Zorn fast die Augen aus den Höhlen, als er seinen Begleitern zurief: »Kommt, Ian, Mario, Larry, Billy, Stavros und Timmy, machen wir, daß wir hier herauskommen! Wir bleiben nicht im selben Restaurant mit einer *Schlampe*!« Er sagte dies so heftig, daß ihm das Gebiß aus dem Mund fiel und auf dem gefliesten Boden zerbrach, und das letzte, was ich von ihm sah, war, daß er draußen in ein Auto gepackt wurde, ein Taschentuch vor den Mund gepreßt, während ein aufmerksamer junger Mann zurückblieb, um die Zähne des Autors aufzusammeln. Wie dankbar war ich, daß sich mein Sohn einer großen Rarität in unserem Zeitalter angeschlossen hatte: einem Mann, der noch moralische Wertmaßstäbe hatte.

Sie können mich ruhig altmodisch nennen, aber ich hoffe doch, daß auch ich ein paar Prinzipien habe, von denen eines die Aufrichtigkeit ist. Es tut mir furchtbar leid, aber so ist es nun einmal. Ich war immer bemüht, zu meinen Kindern und ihren Partnern ein so ehrliches Verhältnis zu haben wie möglich, auch wenn sie manchmal vielleicht die Wahrheit nicht hören wollten.

Sie wundern sich möglicherweise, warum diese großartige Autobiographie, die so voller Ehrlichkeit und schonungsloser Genauigkeit ist, nicht die Kindheit meiner Kinder im Detail beschreibt. Der Grund dafür ist, daß ich hier *mein* Leben beschreibe und nicht das ihre, und ich fürchte, sie stehen mir zu nah, als daß ich ohne die zwiespältigen Emotionen über sie schreiben könnte, die alle Eltern gut kennen. Es ist mir klar, daß Bruce, Valmai und Kenny in diesem Kapitel plötzlich erwachsen auftauchen, aber ist es nicht im wahren Leben ganz genauso? Ehe man es sich versieht, sind sie groß, und ihre kostbare Kindheit ist wie im Traum vergangen. Man kann seine Kinder in die richtige Richtung bringen, aber man kann ihnen leider nicht ihre Schritte vorschreiben oder gar die Personen, mit denen sie den Lebensweg beschreiten.

Joylene Wacker war, ob ich es wollte oder nicht, meine Schwiegertochter. Während ihrer ganzen Ehe mit meinem Sohn Brucie war ich unglaublich nett, geduldig und hilfsbereit, und als ihr erstes Kind, Troy, geboren wurde, besuchte ich sie persönlich im Krankenhaus, geradewegs vom Flughafen aus, und sprach mich so richtig mit ihr aus. Es war weder der passende Ort noch der richtige Moment, um ihr zu sagen, was ich von dem Namen Troy hielt, mit dem man – bitte berichtigen Sie mich nicht, wenn ich mich täuschen sollte – in der Guten Alten Zeit ein hölzernes Pferd benannt hatte. Aber ich sagte etwas zu Joylene, das nicht viele Frauen ihrer Schwiegertochter sagen würden, die gerade siebzehn Stunden Wehen und einen Kaiserschnitt hinter sich gebracht hat. Ich sagte, indem ich ihr dabei die Hand hielt: »Joylene, wenn Bruce und du jemals den Eindruck habt, daß es zwischen euch nicht klappt, nehmt bitte keine Rücksicht auf meine Gefühle.« Das arme Ding sah ein bißchen verwirrt aus, als ich fortfuhr: »Früher einmal war die Scheidung ein Makel, aber das ist jetzt nicht mehr so, und es wäre sehr schade, wenn du und Bruce nur wegen der Sicherheit des kleinen Troy zusammenbleibt. Wenn ihr euch jetzt trennen würdet, würde ich das voll und ganz verstehen. Ich würde dir sogar dankbar für deine Ehrlichkeit sein.«

»Aber Mama«, rief sie unter Tränen aus. »Was redest du denn da über eine Scheidung? Bruce und ich lieben einander!«

»Liebe!« stieß ich mit melodischem Lachen aus. Wie ich es haßte, wenn sie mich »Mama« nannte! »Ihr jungen Leute wißt doch gar nicht, was Liebe ist.« Was ich dann sagte, muß ganz im Stil der siebziger Jahre gewesen sein: »Liebe ist, wenn man niemals sagen muß, daß man heute abend Kopfweh hat.«

»Aber ich habe *nie* Kopfweh, Mama!« protestierte die streitbare kleine Dame.

»Natürlich hast du das – das ist bei uns allen so. Und wenn die Männer uns lieben würden, würden sie wissen, daß das so ist, ohne uns fragen zu müssen. Die Sache ist die, Joylene«, beharrte ich geduldig, obwohl die Schwester hinter Joylenes Rücken auf die Uhr deutete, »dem kleinen Troy wird es gutgehen, auch wenn Brucie und du auseinandergeht. Ich kann dir versichern, daß ich mich seit Norms Krankheit ganz allein um meine Familie kümmere und daß es ihr deswegen keineswegs schlecht geht.«

»Aber Mama, deine Familie ist doch jetzt erwachsen, und sieh dir doch nur mal Valmai an. Sie ist nicht gerade ... nun ja, *normal*, oder?«

»Die Besuchszeit ist längst vorbei, Dame Edna, und ich glaube, die Patientin ist ziemlich erschöpft«, wandte die Schwester ein.

»Wie kannst du es wagen, meine Tochter anzugreifen, wenn sie nicht anwesend ist, um sich zu verteidigen, Joylene Wacker!« explodierte ich, erhob mich zu meiner vollen Größe und stampfte hinaus. »*Und nenne mich bitte nicht Mama!*«

Das sind gewiß keine Worte, die eine Frau gern lauthals in einer Entbindungsstation von sich geben würde, aber ich konnte es einfach nicht ändern, und schließlich war es Joylenes Schuld. War sie absichtlich so widerspenstig? überlegte ich mir. Und wie tapfer – oder dumm – von meinem Sohn, daß er dies weiterhin aushalten wollte. Ich war so erregt, daß ich den Strauß Nelken, den ich meiner Schwiegertochter hatte geben wollen, noch immer in der Hand hielt, als ich wieder im Auto saß. Manche Leute können einfach die Wahrheit nicht vertragen. Eines Tages würde ich lernen müssen, das zu akzeptieren.

Aber Joylene hatte einen wunden Punkt bei mir getroffen, wie es höchst unsensiblen Leuten manchmal gelingt. Valmai war wirklich ein Problem. Ihr armer Mann Mervyn kam manchmal abends bei mir vorbei und schüttete mir sein Herz aus über die Mätzchen meiner Tochter, die im Mittelpunkt stehen wollte. Valmai mangelte es an nichts, und oft warf ich mir vor, ich hätte sie verwöhnt. Sie hatten ein schönes Heim, das sich Mervyn in dem Modevorort Highett erkämpft hatte, wo die meisten Häuser aus cremefarbenem Backstein waren, Birken in den Vorgärten standen und die Fischteiche mit Draht bedeckt waren, damit die Fische nicht herausspringen konnten. Er war alleinerziehend, noch bevor dieser Ausdruck überhaupt erfunden wurde, weil Val entweder mit dem Living Theatre auf Tournee war oder Macrameearbeiten oder Mandalas aus Alteisen in der örtlichen Frauenkooperative fertigte.

Norm war etwa ein Jahr zu Hause, als eines Tages aus heiterem Himmel das Telefon klingelte.

»Ein Mr. Farelly ist am Apparat, Edna«, rief Madge aus dem Wohnzimmer. »Er sagt, er sei ein alter Freund.«

»High, Edna«, ertönte die muntere Stimme des Journalisten. »Lange nicht mehr gesehen. Wie geht's?«

Wieso hatte er so einen amerikanischen Tonfall? überlegte ich bei mir. Was sollte dieses amerikanische Wie-geht's-Getue?

»Na ja, gut, Kevin«, antwortete ich. »Eigentlich habe ich gerade ein Angebot von der BBC in London bekommen, eine Serie in London zu drehen, und ich glaube, ich nehme an. Willst du mich interviewen?«

»Hoffentlich«, sagte Kevin und benutzte damit ein Wort, das in den siebziger Jahren lebensnotwendig war.

»Und wann?« fragte ich und suchte meinen Terminkalender.

»Hoffentlich gleich. Wir bringen in der Dezemberausgabe des ›Woman's Monthly‹ eine große Story, und wir bekommen hoffentlich auch ein paar Kommentare von dir hoffentlich.«

»Was für eine Story, Kevin?« erkundigte ich mich unschuldig.

»Deine Tochter Valmai hat unserem Top-Feature-Redakteur Trish Chipp ein langes, schonungslos ehrliches Interview gegeben, in dem sie dich so richtig niedermacht.«

»Ja«, sagte ich und gefror innerlich. »Ja?«

»Ich habe mir halt gedacht, du würdest hoffentlich ein paar Kommentare dazu abgeben. Um unserer alten Freundschaft willen, hey, Edna? Schließlich«, fuhr diese Kröte fort, »bin ich jetzt Redaktionsleiter und könnte es vielleicht fertigbringen, eine Menge Leser auf deine Seite zu ziehen. Valmai hat ganz schön abgesahnt.«

»Wie lautet die Schlagzeile?« fragte ich mit zitternder Stimme.

»Die ist toll«, lachte diese Ratte. » ›DIE DAME, DIE SICH DEN TEUFEL SCHERT – Tochter gibt die Geheimnisse des Superstars preis!‹ Willst du noch mehr hören?«

Zitternd legte ich langsam den Hörer auf, bis Kevins kläffende Stimme endlich durch ein Klicken zum Schweigen gebracht wurde.

»Was ist denn los, Edna?« fragte Madge. »Du bist ja ganz blaß.«

»Pack deine Sachen, Madge«, befahl ich in einem seltsamen, abwesenden Tonfall. »Wir fliegen zurück nach London. Ich bin ja vielleicht stark, aber ich will nicht da sein, wenn diese Illustrierte erscheint. Es tut mir furchtbar leid, aber so ist es nun einmal.«

Madge sah einigermaßen verständnislos drein, was ihr nicht weiter schwerfiel.

Ich stellte mich Valmai nicht. Wozu auch? Das wäre nur wie das berühmte rote Tuch für den Stier gewesen. Aber ich hatte eine Unterredung mit dem klugen Chris Bland bei Fennimore und Gerda, der nur mit den Achseln zuckte und die übliche Rede über den »Preis des Ruhmes« schwang. Es bereitete mir jedoch Kummer, einfach nach Übersee zu fahren und Norm auf »Automatikbetrieb« zu schalten. Ich konnte nur hoffen, daß ihm keiner die Weihnachtsausgabe des »Woman's Monthly« auf seine Seiten-Umblätter-Maschine knallen würde, sonst würde der arme Schatz mit seiner Apparatur einen Kurzschluß produzieren und einen Großteil von Moonee Ponds in Dunkelheit hüllen.

Weihnachten stand vor der Tür, und ich hatte sorgfältig Pläne geschmiedet, um die ganze Familie in der Humouresque Street zu vereinen. Ich hatte schon meinen Bruder Roy und seine Frau

Audrey eingeladen, die keine Kinder hatten, und ich hatte sogar daran gedacht, Athol und Dawn einzuladen, falls mir eine Idee kommen würde, wie ich ihre vielen Kinder von der Einladung ausschließen könnte. Aber jetzt war alles ins Wasser gefallen. Jedermann würde Valmais übles Geschwätz im »Woman's Monthly« lesen, und die ganze Straße würde über meine Demütigung kichern und flüstern. Es war ein grauenerregender Gedanke, daß ich von dem raffinierten Journalisten Trish Chipp aus meinem Haus und dem Kreise meiner Familie vertrieben wurde, der wahrscheinlich vor Eifersucht auf meinen Ruhm platzte und meine gestörte Tochter so lange bearbeitet hatte, bis sie sich in die eigene Tasche wirtschaftete. Ich hörte auch, daß der verräterische Kevin Farelly, der einst sehr nett und sogar ein bißchen idealistisch gewesen war, sich inzwischen Sir Mark Bartok, dem Zahnpasta-Großunternehmer aus Sydney, gegenüber, der große Anteile am »Woman's Monthly« erworben hatte, wie ein Speichellecker benahm.

Aber auch wenn Madge und ich weit weg sein würden, war ich fest dazu entschlossen, daß Norm und Kenny ein schönes Weihnachtsfest haben sollten, und so begann ich, fieberhaft zu kochen.

Der arme Norman war auf einer ziemlich strengen Diät, und es muß eine Qual für ihn gewesen sein, so dazuliegen und den Duft von Hackfleischpasteten und Truthahnbraten aus der Küche zu riechen. Madge übernahm die Füllung, denn das brachte ich nicht fertig, seitdem ich einmal vor Jahren an einem traumatischen Tag unerwartet an Weihnachten in die Küche gekommen war und meine Mutter bis übers Handgelenk im Hinterteil eines Truthahns hatte herumwühlen sehen. Dieses Bild ist mir im Gedächtnis haftengeblieben, fürchte ich, aber als ich Dr. Sidney Shardenfreude (den ich wegen Valmai aufsuche) fragte, was das zu bedeuten habe, sagte er nur mit seinem europäischen Akzent: »Was glauben denn Sie, was es bedeuten soll?« Wenn ich mir überlege, daß ich diesen Mann bezahle!

Ich hatte die Absicht, den leckeren kalten Truthahn, Unmengen von Hackfleischpasteten und einen schönen Pudding für alle zurückzulassen, den Ken aufwärmen konnte. Alles, was ich für Norm tun konnte, war, mich an sein Bett zu setzen und ihn an meinen Fingern riechen zu lassen, nachdem ich mit dem Kochen fertig war. Das war alles, was er anstelle eines guten Weihnachtsessens haben konnte. Brucie hatte versprochen, nach Dunraven zu fahren, um Mama zu besuchen und ihr einen Teller mit Resten zu bringen, und ich hinterließ alle Geschenke unter dem Christbaum. Das wichtigste war, daß Madge und ich im Flugzeug saßen, bevor die Weihnachtsausgabe dieser Schundzeitschrift in den Kiosken erschien. Da Kenny und Cliff im »Smail's Place« zu tun hatten, fuhr mich Brucie zum Flughafen.

Mein ältester Sohn tat mir leid, wiel er mit dieser ruhelosen Frau Joylene Wacker verheiratet war. Er beklagte sich nicht einmal; er tat sogar so, als wäre er sehr glücklich, aber wir Mütter wissen ja Bescheid, nicht wahr? Bruce sagte niemals etwas gegen Joylene, was sehr loyal von ihm war, aber eigentlich hätte er seinem eigenen Fleisch und Blut gegenüber schon zugeben können, was Sache war (um einen Ausdruck aus den achtziger Jahren zu benutzen). Er sagte mir, daß er sich um einen Posten bei der Regierung beworben hatte, der ihn vielleicht nach London führen würde. Ich gab vor, erfreut zu sein, während ich mir vorstellte, wie sich Joylene mit Hilfe meines Namens in Premieren, Galas und chice Parties hineindrängen würde. Sie ist leider ein so drängelndes Persönchen. Aber ich war froh, daß sich Bruce zu etwas entschlossen hatte. Er hat die Vielseitigkeit der Beazleys geerbt und kann alles zum Erfolg führen, was er nur anfaßt, obwohl Norm, der seinen klugen Söhnen gegenüber nicht immer verständnisvoll genug war, zu sagen pflegte: »Hansdampf in allen Gassen, aber Meister in keiner.« In den siebziger Jahren hatte Bruce mit Makadamnüssen (zufälligerweise einer australischen Erfindung) und dann mit Makadamnußmöbeln zu tun, die sehr klein, aber auch sehr hübsch waren.

»Ich weiß, daß ihr beiden nicht miteinander klarkommt, Brucie, und das bricht mir das Herz«, sagte ich im internationalen Flughafengebäude, »aber sei bitte nett zu deinem Bruder Ken und sorge für deinen Vater. In der Küchenschublade ist ein bißchen Lametta und Plastikstechpalme, um seine Leitungen zu dekorieren, und im Kühlschrank findest du Brandybutter, die ihr ihm am Weihnachtsabend in den Tropf geben könnt.«

An diesem Weihnachtsfest hatte Madge einen Scheck von Douglas Allsops Rechtsanwälten erhalten. Anscheinend war noch ein bißchen Geld in der Kasse gewesen, nachdem alles verkauft worden war, und Madge erbot sich, unsere Flugtickets zu bezahlen, wenn wir über Los Angeles fliegen würden. Sie führte irgend etwas im Schilde, aber schließlich war Weihnachten, und so ließ ich sie gewähren, weichherzig, wie ich bin. Sobald wir in der Luft waren und das »Bitte-nicht-Rauchen«-Schild erloschen war, hörte ich im Sitz hinter mir ein furchtbares Husten. Als ich mich umdrehte, erblickte ich im blauen Dunst einer brennenden Benson & Hedges das pflaumenähnliche Gesicht des Dr. Gerald Finzi.

»Ich bin auf dem Weg nach Palm Springs zu einem internationalen Prostata-Symposium«, verkündete er. »Es wird von den Freunden der Prostata abgehalten, einem wundervollen Verband, den Sie unterstützen sollten, Dame Edna. Haben Sie schon deren Weihnachtskarte gesehen?« Er zeigte mir eine hübsche Karte mit einem sehr psychedelisch aussehenden Weihnachtspudding darauf.

»Was für ein herrlicher Pudding«, sagte ich bewundernd. Dr. Finzi lachte, bis er einen Hustenanfall erlitt.

»Falsch geraten, fürchte ich, gnädige Frau«, kicherte er. »Das ist kein Pudding, das ist eine Prostata in voller Aktion!«

Ich beschloß, mir das zu merken, und sagte ihm, was Norm für gute Fortschritte machte.

»Das wissen wir, das wissen wir«, antwortete der Arzt, »aber ich hoffe immer noch, daß wir mit dieser neuen Mikrochip-Technologie die Apparatur Ihres Gatten auf ein Minimum reduzieren können. In ein paar Jahren wird es ihm vielleicht möglich sein, das Bett zu verlassen und mit seiner Prostata in der Westentasche ein normales Leben zu führen. Und dann gibt es auch noch die Gefriertechnik.«

»Was ist denn das, bitte schön?« erkundigte ich mich und nahm einen Willkommenscocktail.

»Ganz einfach«, ließ sich der Mediziner zu einer Antwort herab. »Wir schockgefrieren das Organ Ihres Gatten, in der Hoffnung, daß eines Tages ein Arzt geboren wird, der daran operieren kann. Aber ich schätze, das wäre ein kalter Trost für Lord Everage.« Während er so über seinen keineswegs sehr lustigen Scherz lachte, konnte ich erfreut feststellen, daß die nachfolgenden Bronchialkrämpfe ihn mindestens die nächsten fünfzehn Minuten in Atem halten würden.

Madge gab mir Rätsel auf. Kaum hatten wir uns in einem der rosa Elizabeth-Arden-Bungalows im Beverly-Hills-Hotel häuslich niedergelassen, als sie zu einem mysteriösen Ausflug aufbrach.

»Es ist schließlich mein Geld, Edna«, sagte sie recht unhöflich, »und ich gebe es aus, wie es mir paßt.«

Hatte sie vielleicht getrunken und sprach deshalb so mit mir? fragte ich mich. Ich hatte jedoch ein paar Treffen mit Produzenten vor mir, die mit der Idee spielten, mich dem amerikanischen Publikum zu präsentieren, und ich wollte Freunde treffen, David Hockney, das süße Pärchen Michael und Pat York, die Familie Vincent Price und die liebe Joan Rivers. Offen gestanden war ich froh, daß mir Madge nicht eine Woche lang hinterhertrotten würde, denn die Stimmung der Leute wurde immer etwas gedämpft, wenn sie sie bei gesellschaftlichen Anlässen bedrückt in ihren mottenfarbenen Kleidern herumsitzen sahen. Wie eingebildet von Madge, sich vorzustellen, daß ich sie vermissen würde!

Joan Rivers hatte mich zu einem leckeren vorweihnachtlichen Lunch in ihr schönes Heim in Bel Air eingeladen und berichtete mir von dem wunderbaren Weihnachtsgeschenk, das sie ihrer treuen alten Haushälterin gemacht hatte. Ein kostenloses Gesichts-Lifting!

»Mein Schönheitschirurg ist *einfach toll!*« sagte sie begeistert und fügte dann merkwürdigerweise hinzu: »Wie gut, daß Sie Ihr Mädchen in dieselbe Klinik geschickt haben. Schließlich müssen wir diese Frauen ja Tag für Tag anschauen.«

»Mein Mädchen?« rief ich aus und sah quer über den Tisch hinweg Roddy McDowell und Coral Browne verwirrt an. »Ich habe kein Mädchen und kenne auch niemanden, der sich das Gesicht liften läßt.«

Joan lachte und legte sich dann die Hand über ihren hübschen Mund. »Hoppla!« sagte sie. »Habe ich jetzt aus der Schule geplaudert? Es ist nur so, daß meine Bella in der Marmont-Klinik neben einer Frau namens Allsop liegt, die behauptet, für Sie zu arbeiten.«

Ich war so schockiert, daß ich das Ganze lachend abtat, weil ich nicht die Atmosphäre dieses großartigen Essens verderben wollte, indem ich mein Erstaunen öffentlich zeigte oder meiner Gastgeberin das Gefühl vermittelte, ins Fettnäpfchen getreten zu sein. So bin ich nun einmal, es tut mir furchtbar leid.

Aber bevor ich ging, schwärmte Joan weiter von dieser Wunderklinik. Bei der Aufnahme erhielt man angeblich ein Album berühmter Filmstars, um es im Wartezimmer durchzublättern und anschließend seinem Schönheitschirurgen mitteilen zu können, wem man in Zukunft ähnlich sehen wollte. Mir schauderte vor düsteren Vorahnungen.

Sie haben erraten, wer an jenem Abend auf der Schwelle der luxuriösen Marmont-Klinik stand, als die Sonne prachtvoll hinter Hollywoods Hawaiipalmen unterging. Ich hatte eher den Eindruck, in der Empfangshalle einer Werbeagentur als in einem

Krankenhaus zu sein. Überall standen große Topfpflanzen, schwarzes Ledermobiliar, und an den afrikanischen Schiefertafelwänden hing goldgerahmtes Gekritzel von Weiß-der-Teufel-Wem. Natürlich gab es eine Patientin namens Allsop, wie ich auf meine entsprechende Frage hin erfuhr, und offenbar ging es ihr nach ihrer »radikalen Nasen-Lippen-Rekonstruktionstherapie« sehr gut.

Ich konnte das Klappern meiner Kurt-Geiger-Schuhe im Korridor widerhallen hören, als eine »Hosteß« in weißer Tracht mich zu meiner postoperativen Brautjungfer führte. Es war ein Schock. In einem Bett erblickte ich eine Art großen Wattebausch. Ich ergriff einen schlaffen, beigen, auf der Bettdecke ruhenden Arm und studierte das daran befindliche Erkennungsarmband. Die bandagierte Mumie im Bett war in der Tat Mrs. Douglas Allsop, und sie war wach.

»Nun gut, Madge«, sagte ich mit beherrschter Stimme und ließ mich in einen futuristischen Stuhl neben dem Bett fallen. »Was hat das alles zu bedeuten?«

Ein kleiner Schlitz in den Bandagen ging auf und zu. Bevor uns die Hosteß allein ließ, sagte sie noch: »Erwarten Sie nicht von ihr, daß sie die nächsten paar Tage viel spricht, bevor sich ihr Gesicht etwas beruhigt hat. Der Arzt muß gleich da sein, um den Verband abzunehmen. Sie sind also in einem aufregenden Moment gekommen.«

Ich wiegte müde das Haupt. »Wen hast du dir denn ausgesucht, Madge?« fragte ich recht liebenswürdig. Madge versuchte zu sprechen, aber ihre Stimme war gedämpft. Ich rückte näher, voll Neugier, wie ich zugeben muß. »Welchen Filmstar hast du dir ausgesucht, Schatz?« fragte ich, diesmal schon nachdrücklicher.

Sie drückte meine Hand mit klammer Pfote. »Joan Crawford!« murmelte die Mumie. »Ich habe das Buch aufgeschlagen und auf Joan Crawford gedeutet.« Madge sank zurück in die Kissen, die

Mühen des Sprechens müssen zuviel für das wunde alte Gesicht gewesen sein. Aber ich wurde abgelenkt durch ein Gemurmel hinter mir. Ein eleganter junger Arzt stand da, rieb sich die Stirn mit der Hand und flüsterte eindringlich mit einer Schwester, die ängstlich-gespannt auf eine Karteikarte starrte.

»Entschuldigen Sie, gnädige Frau«, sagte der Arzt, indem er sich mir zuwandte. »Ich nehme an, Sie sind eine Freundin der Patientin. Habe ich gerade richtig gehört, daß sie von Joan Crawford sprach ... *Joan* Crawford?«

Während wir miteinander sprachen, gab die Schwester Madge eine kleine Spritze und begann langsam damit, die Verbände abzunehmen.

»Warum fragen Sie, Doktor?« erkundigte ich mich, fasziniert von der Art und Weise, wie meine alte Brautjungfer langsam aus ihrem Mullkokon zum Vorschein kam.

»Nun ja«, fuhr er fort, biß sich auf die Lippe und wiegte den Kopf. »Es ist nur so, daß wir etwa fünfzig Patienten pro Tag haben. Normalerweise komme ich in den Operationssaal, sehe mir die Fotovorlage an und arbeite dann entsprechend.« Er senkte die Stimme zu einem Flüstern: »Ich nehme an, irgendein Idiot hat versehentlich die Seite umgeblättert oder es hat Durchzug gegeben und der gottverdammte Wind hat die Seite verblättert oder sonst irgend etwas ...«

»Was wollen Sie denn damit sagen, Doktor?« rief ich aus. Die Schwester war jetzt bei der letzten Verbandsschicht angekommen.

»Ich glaube, wir müssen noch einmal von vorne anfangen und das Beste hoffen, das ist alles«, erklärte er und fuhr sich mit sorgenvollen Fingern durchs Haar.

Ein lauter Schreckensruf der Schwester unterbrach unsere Unterhaltung, und wir fuhren in Richtung Bett herum. Dort lag in den Kissen in einem Haufen von Verbänden kein anderer als – *Broderick* Crawford und lächelte uns aufgeregt zu!

Der Arzt sank in einen Stuhl, verbarg das Gesicht in den Händen und stöhnte leicht, während die Schwester schluchzend aus dem Zimmer floh. Ich lief ans Bett meiner Freundin, die nunmehr auf unheimliche Weise aussah wie der kantige Star aus »Die Männer des Königs« und »Highway Patrol«. Ich nahm ihre Hand in die meine.

»Warum, Madge, warum nur?« beschwor ich sie. »*Um Himmels willen, warum nur?*«

Broderick Crawford sah mich mit süßem Lächeln an. »Ich habe es für dich getan, Edna«, sagte sie. »Du verdienst eine schöne Begleiterin, also habe ich es für dich getan. Könntest du mir jetzt einen Spiegel bringen?«

Kapitel 24

Kennys Geständnis

Madge polierte meine Trophäen, als ich nach Hause kam. Ich hatte zwar in meinem luxuriösen Penthouse hoch über Mayfair eine Haushälterin, eine liebenswerte Spanierin namens Purificación Lorca, aber ich übertrug ihr nie die schweren Aufgaben. Wozu auch, wo es doch eine alte neuseeländische Brautjungfer gab, die noch gut in Schuß und durchaus fähig war, zu saugen und den Staubwedel zu schwingen? Außerdem war das eine Art Beschäftigungstherapie für Madge, denn je schwerer sie arbeitete, desto weniger hatte sie wahrscheinlich Schuldgefühle, weil sie wie die Made im Speck an meiner Seite lebte.

Erschöpft sank ich auf das große orangefarbene Eileen-Gray-Sofa unter meinem Portrait von Gilbert und George und kickte meine Maud-Frizon-Schuhe von mir. Vor mir sah ich Madge, die, glücklich wie ein Kind, eine dieser stacheligen, futuristischen Bronzeskulpturen auf Marmorsockel putzte, die ich mit peinlicher Regelmäßigkeit in den letzten zehn Jahren gewonnen hatte. Das Onyxregal über unserem Kamin war voll davon in allen Formen und Größen, und sie waren allesamt Dame Edna Everage für außergewöhnliche Verdienste in nahezu jedem Bereich verliehen worden. Es war ein zauberhaftes Jahrzehnt gewesen, und diese glänzenden Stücke Stein und Metall waren nicht nur Symbole für meinen kometenhaften Aufstieg, sondern auch Meilensteine auf der steilen, aber lohnenden Straße zum Megastar.

Madge hatte damit begonnen, einen um vieles größeren Klumpen mit Messingputzmittel einzureiben.

»Um Himmels willen, Madge, das brauchst du doch nicht zu polieren! Das ist die Büste, die Dame Elizabeth Frink von mir gemacht hat. Sie *muß* diese Farbe haben.«

Madge sah erleichtert aus, denn zu diesem sieben Fuß hohen Monolith aus solider Bronze hätte sie wohl die ganze Nacht gebraucht.

Ich bemerkte, daß meine Begleiterin als Putzlappen lange weiße Mullstreifen verwendete; zweifellos Überreste ihres kosmetischen Verbandes. Seit diesem grauenhaften Vorfall in Los Angeles und der darauffolgenden Notoperation hatte sie während der letzten zehn Jahre immer wieder ab und zu einen Verband tragen müssen. Es war wirklich ein Wunder, daß sie jetzt wieder mehr oder weniger wie sie selbst aussah, was auch immer das bei ihr heißen soll. Ehrlich gestanden, konnte ich mich nicht mehr richtig an ihr eigentliches Aussehen erinnern. Madges Eitelkeit hatte sie aufs Glatteis geführt, und raten Sie mal, wer für die Folgen aufkommen mußte?

Wenn man erst einmal mit den Schönheitsoperationen angefangen hat, nimmt es im allgemeinen kein Ende mehr, und an Madge ist so viel herummodelliert und herumgeschnippelt worden, daß ihr Rücken inzwischen einem Rosenkohl gleicht. Weit davon entfernt, dadurch jünger zu wirken, sieht sie heute im Gegenteil mehr denn je wie eine Klofrau aus.

»Ich habe einen Alptraum von einem Tag hinter mir, Madge«, verkündete ich gereizt und schaltete eine große malvenfarbene Gallé-Tischlampe an. »Das war das letzte Mal, daß ich ins englische Hinterland fahre, um meine Enkelkinder zu besuchen. Es ist mir unerklärlich, wie man darauf bestehen kann, in einer entweihten methodistischen Kapelle auf der Isle of Dogs zu wohnen.« (Die Kapelle war von der Luftwaffe entweiht worden.) »Brucie sollte man für verrückt dafür erklären, daß er sich von dieser Joylene so herumkommandieren läßt«.

Madge sah mich an, überlegte, ob ein Kommentar von ihr erwartet würde, und polierte, nachdem das nicht der Fall zu sein schien, weiter.

»Als sie damals nach London gekommen sind – das muß schon mindestens neun Jahre her sein –«, fuhr ich fort, »habe ich versucht, diesem Ehepaar behilflich zu sein, so gut ich konnte. Aber schließlich hatte ich ja meine neue Show, meine Fernsehserie und Norm in Melbourne, um die ich mich kümmern mußte. Joylene hat darauf bestanden, in Ruislip zu wohnen, was praktisch in Schottland liegt, und als sie nach Clapham umgezogen sind, war es auch nicht viel besser. Und jetzt ist es die Isle of Dogs! Pfui Teufel!«

»Aber soll es da draußen im Hafenviertel nicht ganz modern sein, Edna?« wagte die Allsop zu fragen.

»Wenn das der Fall sein *sollte*, so haben die Ratten jedenfalls noch nichts davon gehört«, erklärte ich. »Sie hat das Haus im Posthigh-tech-Stil eingerichtet, dieses eingebildete Biest. Sie fährt dort auf Rollschuhen in einem silbernen Lurex-Overall auf den Gummiböden herum und sieht dabei aus wie ein Knoblauchbrot auf Rädern.«

»Armer kleiner Troy und arme kleine Lisa«, sagte Madge mitleidig.

»Das kannst du laut sagen. Und doch geht es Brucie gut in der City mit seinem neuen Yuppie-Essensdienst, den er die ›Seriöse Sandwich Gesellschaft‹ genannt hat. Es ist keine Kleinigkeit, diese Handelsmakler namens Giles und Piers zu überreden, geräucherten Rochen und Walnuß auf Roggenbrot zu essen und dazu eine Flasche Badoit aus irgendeiner französischen Wasserleitung zu trinken, wenn ihnen in Wirklichkeit ein altes schottisches Ei viel lieber wäre. Ich bin froh, daß ich etwas Geld in Bruces Geschäft angelegt habe«, fügte ich vorsichtig hinzu. »Schließlich war es mein Vorschlag, seinem Essensdienst einen vornehmen, altmodischen Touch zu geben, indem er diese arbeitslosen Parson-Green-Chalet-Mädchen mit Jeans unter ihren

Krinolinen dazu brachte, in kleinen Vorkriegsautomodellen her-
umzufahren und wohlschmeckende Gesellschaftssnacks auszulie-
fern.« Brucies Oldtimer stammten aus einem Film über den
Ersten Weltkrieg – ich glaube, aus dem, in dem Jane Seymour
den Kaiser spielt. Er hatte sie braunrot lackieren lassen. Sie sahen
jetzt ungefähr so aus, als trügen sie eine Lieferlivree. Auf der Seite
stand in goldener Schrift: »Sandwichlieferant des Adels seit
1987.«
Während ich so von Brucies Geschäft sprach, hörte mir Madge
anscheinend gar nicht mehr zu. Sie zog ihre Gummihandschuhe
aus und fuhr sich erschöpft mit einem Kleenex über ihr narbiges
Gesicht.
»Hör mal zu, während du weg warst, sind Blumen, ein Fax und
ein Anruf gekommen, Edna.«
Die Rosen waren von dem kleinen Warren Beatty. Ich fragte
mich, warum mir nur alle Männer nachliefen. Natürlich war das
ein Kompliment, aber ich war glücklich mit einem Mann verhei-
ratet, der inzwischen zum bekanntesten Prostatakranken der
Welt geworden war. Das »Time Magazin« hatte sogar der Dame-
Edna-Prostata-Stiftung, die ich in Melbourne und London ins
Leben gerufen hatte, eine Titelseite gewidmet. Ja, ich hatte den
Rat des verstorbenen Dr. Finzi befolgt. Und als in den achtziger
Jahren das große Geld zu rollen begann, hatte ich – typisch für
mich – sofort an andere gedacht.
Leider war Norms Aufenthalt in der Humouresque Street relativ
kurz gewesen, da die Nachbarn, kaum hatte ich ihnen den
Rücken gedreht, alle eine Petition unterschrieben hatten, in der
sie sich über die Lärmbelästigung von Norms Apparatur be-
schwerten. So war Norm ins Krankenhaus zurückgebracht worden und wartete nun auf eine Transplantation. Offen gestanden
kannte ich mich langsam bei seiner komplizierten medizinischen
Geschichte nicht mehr aus, aber ich erhielt regelmäßige Kran-
kenberichte, und ich stand natürlich in engem Kontakt mit

meinem Mann, so wie mit allen meinen Tochtergesellschaften, die mir gänzlich gehören.

Das Fax war von Barry Humphries, meinem australischen Manager und gelegentlichen Bühnenkollegen. Wie sehr es dieser Mann doch liebt, schlechte Nachrichten zu überbringen! Es gibt solche Menschen, die furchtbar wenig Selbstachtung haben und einen gerne aus heiterem Himmel mit lückenhaften, unangenehmen Informationen überfallen, so daß man sich um Hilfe, Rat und Unterstützung an sie wenden muß. Auf diese Art und Weise wird ihr winziges Ego aufgewertet. Pfui Teufel! Was für ein Syndrom! Barry hatte mir ein Fax geschickt, um mich auf schnellstem Weg davon zu unterrichten, daß Valmai zum x-ten Mal wegen Ladendiebstahls festgenommen worden war und noch dazu mit einer Gruppe von Aborigines auf den Stufen des Parlaments geschlafen hatte, um gegen die Streichung von staatlichen Subventionen für behinderte, lesbische Aborigines-Marionettenfilmemacherinnen zu protestieren. Es stellte sich heraus, daß die »Aborigines« in Wirklichkeit unzufriedene Jugoslawen waren, über deren Haupt vielleicht irgendwann einmal jemand einen Bumerang hatte schweben lassen, aber Valmai, das arme Kind, hatte, wie es schien, die ganze öffentliche Aufmerksamkeit erhalten, nach der es sie verlangt hatte. Auf dem Fax war ein jämmerliches Foto von ihr zu sehen, wie sie von der Polizei mitgenommen wurde. Später erfuhr ich, daß sie als Sexualberaterin in Nordlondon arbeitete und verwirrten Zehnjährigen dabei half, ihren Weg zu finden (was auch immer das zu bedeuten hat!). Sie war geradezu lächerlich übergewichtig (sie schaufelte sich schon seit einigen Jahren ihr eigenes Grab mit den Zähnen), hatte eine gebleichte Mohawk-Frisur und trug eine Flagge mit der Aufschrift »Kastriert die Vergewaltiger langsam«. Ob ich eine Kaution für sie entrichten würde? ließ Barry anfragen.

»Ganz gewiß nicht! Nie! Nie! Nie!«

»Ganz gewiß nicht was?« fragte Madge und schaute ängstlich das

Fax an, das ich inzwischen in der Hand zerknüllt hatte. Purificación erschien mit einer schönen Tasse Tee und verschwand dann wieder diskret.

Danach brach ich zusammen, muß ich leider sagen, meilenweit von dem hartgesottenen, erfahrenen Megastar entfernt, für den man mich halten könnte, wenn man mich nicht genau kennt.

»Oh, Madge«, schluchzte ich. »Valmai treibt es zu bunt mit mir. Wie oft habe ich versucht, ihr zu helfen, aber das macht sie nur um so zorniger. Was habe ich denn schon verbrochen, außer, daß ich die wundervollen Gaben genutzt habe, mit denen Dame Natur mich überhäuft hat? Was kann daran denn falsch sein, Madge? Und dennoch verurteilt mich Valmai und schreibt zusammen mit ihrer Wohnungsgenossin, dieser hinterlistigen Schlange Trish Chipp, weiterhin diese grauenhaften Artikel.«

Madge nahm mir die Tasse aus der Hand, setzte mich in einen Stuhl und massierte mir ziemlich ungeschickt die Schultern mit ihren knochigen Fingern.

»Ist ja schon gut, Edna«, beruhigte sie mich. »Du mußt sie ihren Weg gehen lassen. Du mußt versuchen, dich von ihr zu lösen. Sprich doch das nächste Mal mit den anderen darüber, wenn du zu einem Treffen der Anonymen Megastars gehst. Dort sind wahrscheinlich Menschen, die sich mit deinem Problem identifizieren und dir helfen können.«

Ich schneuzte mich zufriedenstellend und befreiend in ein Taschentuch aus Brügger Spitze. »Du hast recht, Madge«, gab ich widerwillig zu. »Ich mache es so, wie du gesagt hast, obwohl diese AM-Treffen für gewöhnlich in sehr kleinem Kreis stattfinden; manchmal bin ich die einzige Teilnmehmerin.« Es ging mir schon besser; ja, ich wurde schon beim Gedanken an die Ratschläge von Minute zu Minute positiver, die meine Selbsthilfegruppe für Problemkinder mir zweifellos geben würde.

»Strenge Liebe, Madge, das ist es, was Valmai braucht«, verkündete ich. »Strenge Liebe.«

Sir Mark Bartok saß an einem riesigen Schreibtisch. Hinter ihm konnte ich durch das Fenster auf die Abtei St. Paul sehen. Er war kräftig und gedrungen, etwa fünfundsechzig Jahre alt, völlig glatzköpfig und trug eine sehr dicke Brille. Als ich sein großes Büro betrat, erhob er sich leicht und verbeugte sich. Es war befremdlich, daß er mich während des ganzen folgenden Interviews nicht einmal richtig, das heißt direkt, ansah. Neben ihm auf dem Schreibtisch stand eine Art Fernseher mit der Rückseite zu mir, von dem er niemals wirklich die Augen ließ. Ich sah den Widerschein seines flimmernden grünen Lichtes in seiner Brille. Er zündete sich eine dicke Zigarre an, und erst nachdem er ein paarmal daran gepafft hatte, fragte er mich, ob es mir etwas ausmache, wenn er rauche. Was sollte das? fragte ich mich und spürte schon ein leichtes Kratzen im Hals. An diesem Abend sollte ich in der Royal Albert Hall mit dem großartigen Carl Davis in meiner weltlichen Kantate »Das Lied Australiens« auftreten, und ich mußte meine kostbare Stimme schonen.

Sir Mark sprach mit einem ausländisch klingenden Akzent, als ob er von sonstwoher käme.

»Ich bin nur für ein paar Tage in meinem Londoner Büro, Dame Edna, bevor ich wieder nach Sydney zurückkehre, aber ich wollte einmal im Vertrauen mit Ihnen sprechen.«

»Ja, Sir Mark, meine Brautjungfer hat mir ausgerichtet, daß Sie gestern abend angerufen haben, während ich meinen Sohn und meine Schwiegertochter besucht habe.«

Sir Mark beugte sich nach vorn über den Tisch, ließ aber noch immer nicht den Bildschirm aus den Augen. »Ich bin Geschäftsmann, Dame Edna. Australien hat mich seit meinem ersten Besuch dort sehr freundlich aufgenommen. Heute bezeichne ich mich selbst als Australier. Wie Sie investiere auch ich in viele

Dinge: Grundbesitz, Bergwerke, Hotels, die Medien. Der Premierminister ist eng mit mir befreundet.«

Ich fragte mich, warum er mir das alles erzählte.

»Dame Edna, ich will die Karten ganz offen auf den Tisch legen.«

Warum, fragte ich mich wieder, verwendeten wirklich ehrliche Menschen nie diesen Ausdruck?

»Sie haben die Zeitungen gelesen, die Fernsehberichte gesehen, Sie haben wie der Rest der Welt Berichte über Gier, Korruption, Schiebung und Verbrechen in den obersten politischen Kreisen Australiens gehört.«

»Ja«, fragte ich so schlicht, wie wir Frauen es nun einmal tun, »ist das denn alles wahr?«

Sir Mark gab ein gutturales Lachen von sich und zeigte dabei einen beunruhigenden Goldzahn. »Natürlich nicht, liebe gnädige Frau Edna«, zuckte er mit den Achseln. »Das sind alles schmutzige Lügen, die von der Opposition verbreitet werden, aber etwas davon bleibt eben immer haften.« Er streifte die Asche von seiner Zigarre ab und lehnte sich wieder vertraulich nach vorn. »Der Premierminister macht sich große Sorgen um das internationale Ansehen Australiens. Er will, daß unsere politischen Führer und Spitzenpolitiker eine makellos reine Weste haben, sagt man nicht so?«

»Ich kenne nicht viele unserer wunderbaren Politiker persönlich«, sagte ich wahrheitsgemäß, »aber manchmal treffe ich zufällig welche. Komischerweise bin ich auf eine ganze Menge von ihnen gestoßen, als ich meine Bank in der Schweiz aufgesucht habe. Ich glaube, die fahren zum Skilaufen dorthin ...«

Sir Mark hielt offensichtlich nichts von Wintersport, denn er fiel mir ins Wort: »Dame Edna, wir wollen Ihnen das Amt der australischen Kulturbotschafterin übertragen.«

Mir muß der Mund offen geblieben sein. Dann bemerkte ich, daß noch eine weitere Person in einer düsteren Ecke des Raumes stand. Ein dünner, junger Mann im Anzug. Sir Mark fuhr fort: »Seit Jahren schon zeigen Sie der Welt das wahre Gesicht Australiens. Sie haben die Einwanderungsquote, den Tourismus und die Investitionen gefördert. Jetzt sollen Sie unser beflecktes Ansehen reinigen. Antworten Sie nicht gleich, aber denken Sie bitte darüber nach. Wir würden uns sehr großzügig zeigen.«

Der junge Mann trat vor und überreichte mir ein kleines Stück Papier, auf dem so etwas wie eine Telefonnummer mit internationaler Kennziffer stand.

»Das«, sagte Sir Mark und paffte bedächtig an seiner Havanna Royale, »ist *nicht* Ihr offizielles Diplomatengehalt, sondern ein kleiner Betrag, den wir Ihnen, liebe gnädige Frau Edna, auf einer Bank Ihrer Wahl zu Ihrer Verfügung stellen möchten.«

Nachdem ich das Papier gelesen hatte, nahm es der junge Mann wieder an sich und übergab es Sir Mark, der es mit seinem Wedgwood-Ronson-Tischfeuerzeug anzündete und in den Aschenbecher warf, als nur noch ein verschrumpelter, schwarzer Fetzen davon übrig war.

Ich versprach, darüber nachzudenken, und ich muß sagen, daß ich das Angebot als ein sehr schönes Kompliment und als eine herrliche Gelegenheit ansah, all das üble und weitverbreitete Geschwätz über unsere politischen Führer zu zerstreuen.

Der dünne junge Mann begleitete mich hinunter zu meiner wartenden Limousine. Als ich einstieg, konnte ich es mir nicht verkneifen, ihm eine Frage zu stellen, die mir schon die ganze Zeit während des bedeutsamen Gesprächs im Kopf herumgegangen war.

»Entschuldigen Sie«, sagte ich, »aber die ganze Zeit, als ich da war, hat Sir Mark nicht einmal von seinem kleinen Fernseher auf dem Schreibtisch weggesehen. Darf ich fragen, was er angeschaut hat?«

Der Angestellte lächelte schwach. »Den Dollar«, antwortete er. »Der Monitor hat eine Direktverbindung mit der Börse. Sir Mark schaut gerne den Dollar an.«

Meine Mutter ist eine bekennende Christin. Sie ist verrückt, aber eine Christin. Und doch war es keine Glaubenskrise, die mich nur wenige Wochen vor meiner großen Premiere im Royal Theatre in der Drury Lane nach Melbourne führte.

Ich hatte erfahren, daß Mama, nach Jahren der stetigen, zufriedenen Verwirrtheit, einen neuen Krankheitsschub erlitten hatte. Wahrscheinlich geriet ich in Panik, wie das bei jeder liebenden Tochter der Fall wäre. Schließlich war das klare Erinnerungsvermögen meiner Mutter von essentieller Wichtigkeit, wenn ich meine Memoiren akkurat zu Papier bringen wollte.

Es war wahrhaftig nicht der passendste Moment in meiner Karriere, um ins Flugzeug zu steigen. Ich hatte jedoch Sir Charles Mackerras praktisch versprochen, daß ich sein Brecht/Weill-Konzert in Melbourne aufführen würde. Ich konnte also Mama auch einplanen und so zwei Fliegen mit einer Klappe schlagen. Ganz ehrlich gesagt, liebe Leser, ich brauchte für meine Londoner Show gar keine Proben. Sie sollte erst in einem Monat stattfinden, und ich probe sowieso nie vorher. Meine Shows finden statt wie das Leben selbst: aus dem Stegreif.

Kenny, Cliff und Elspeth waren zur Premiere nach London gekommen und ein bißchen beleidigt, daß ich für vierzehn Tage zurück nach Australien eilte. Ich hatte ihnen allen mein Penthouse angeboten, und Cliffs etwas gewöhnliche Mutter hatte auch angenommen, aber die Jungens bestanden darauf, in einem komischen kleinen Etablissement in der Nähe der Cromwell Road zu wohnen, das so überbelegt war, daß sie sich ein Zimmer teilen mußten!

»Warum wollt ihr Jungens es euch immer so schwer machen?« fragte ich sie, erhielt aber nur ein dämliches Gelächter zur Antwort.

Es ist wirklich eine große Unterlassungssünde von mir, daß ich noch nicht erwähnt habe, daß mein Sohn Kenneth während der letzten paar Jahre meine ganze Garderobe entworfen hatte. Bei einem meiner Australienbesuche in den frühen achtziger Jahren zeigte mir Ken ein paar phantastische Kreationen, die er für eine Kostümparty entworfen hatte, die er und Clifford im »Smail's Upstairs« gaben – einer Art Künstlerclub über dem Restaurant, der bis spät in die Nacht hinein geöffnet war. Die Kleider waren »umwerfend«, um ein Modewort aus Sydney zu benutzen, das anderswo überall ausgestorben zu sein scheint.

Im Geist dachte ich zurück an die alten, traumhaften Tage, als Norm und ich noch das große Doppelbett in der Humouresque Street teilten und Kenny sich spätnachts nach seinen anstrengenden Modedesign-Kursen heimschlich. Wenn er sich über mich beugte, um mir einen Gutenachtkuß zu geben, war er oft so müde, daß er vergaß, die Stecknadeln aus dem Mund zu nehmen. Die Erinnerung an mein talentiertes kleines Stachelschwein kam mir wieder, als er mir die herrlichen Entwürfe zeigte, die er für meine neue Show ersonnen hatte.

Ich hatte im Laufe der Jahre eine kleine Immobilie in der Nähe des Rodeo Drives in Los Angeles erworben und sie Kenny als Studio angeboten. Er war sofort Feuer und Flamme gewesen und hatte eine Managerin, ja, wirklich, eine Managerin namens Brian eingestellt. Es soll hier genügen, wenn ich sage, daß die berühmte Jerry Hall, als sie letztes Jahr zu einer meiner Talkshows kam, eine atemberaubende Kreation trug, genau wie ich. Wir waren gleich angezogen! Ich warf einen raschen Blick auf ihr kleines handgesticktes Markenzeichen über dem Reißverschluß, und da stand es: »Kenneth Everage Moden. Moonee Ponds, Mustique und Malibu.« Moonee Ponds stimmte, der Rest war in Vorbereitung.

Es war geplant, daß ich über Genf nach Australien zurückfliegen würde, um Mama (und Norm – wie gräßlich, ihn zu vergessen!)

zu besuchen. Dort sollte ich mit meinen Verlegern und meinem Finanzberater, Dr. Otmar Schock, zusammentreffen. Am Vorabend meiner Abreise kam Ken zu einer Anprobe meines Finale-Kleides ins Penthouse.

»Nimm in den nächsten zwei Wochen nicht zuviel zu, Mama«, sagte er, als er wunderschöne, handgearbeitete taiwanesische Seidengladiolen anheftete. »Wir dürfen nicht zulassen, daß du in der Drury Lane in deiner neuen Garderobe herumstolzierst und dabei wie Shelley Winters aussiehst.«

Ich war erschöpft. Ich glaube, unterschwellig, eigentlich sogar oberschwellig, drehte und wendete ich Sir Mark Bartoks Angebot im Geist. Es war eine Falle dabei, aber ich war zu müde, um herauszukriegen, welche.

»Kenny«, murmelte ich, als ich bemerkte, daß er eine Stunde später immer noch da war und meine Erté-und-Icart-Kollektion ansah. »Du mußt jetzt nach Hause, kleine Beutelratte. Ich habe schon ein halbes Mogadon genommen und gehe zu Bett.«

»Mami«, sagte er flehend. »Können wir einmal miteinander reden?«

»Aber Liebling«, protestierte ich. »Es ist doch schon spät. Ich muß morgen mit Madge in die Schweiz fliegen, der Himmel möge mir beistehen, dann geradewegs zu meiner verwirrten Mutter in Australien, ganz zu schweigen von deinem lieben, armen Vater. Dann muß ich direkt wieder nach London, um meine Show aufzuführen. Bitte gönne deiner Mutter ihren Schönheitsschlaf, sei ein Schatz.«

Die Dinge um mich herum verschwammen. Eine Frau sollte niemals ihr Moggie (Mogadon) oder auch nur Vallie (Valium) einnehmen, bevor sie im Nachthemd ist. Ken sah etwas beleidigt drein.

»Also gut, Ken«, sagte ich. Meine Stimme hörte sich nach Dr. Granville-Bantocks verordnetem Beruhigungsmittel dick und belegt an.

»Was willst du mich denn fragen? Oder mir sagen?«

Ich kann mich nicht an seine genauen Worte erinnern, liebe Leser. Offen gestanden ist es ein Wunder, daß ich mich bei diesem Vorfall überhaupt an etwas erinnern kann, und meine Erté-und-Icart-Kollektion an der Wand hatte sich verdoppelt.

»Ich bin ganz verdreht.«

»Wie bitte, Kenny?«

»Ich bin ganz verdreht, Mama. Schon seit Jahren. Clifford Smail ist auch anders, und das ist ganz in Ordnung; im Laufe der Geschichte waren großartige Menschen ebenfalls ganz verdreht: Lawrence von Arabien, Oscar Wilde, General Gordon, James Dean, Michelangelo, Beethoven, Florence Nightingale ...« Ich *glaube*, daß er »ganz verdreht« sagte, liebe Leser. Ich bin mir fast sicher, und wenn es das nicht war, dann war es so etwas Ähnliches, es klang jedenfalls so. Vielleicht sagte er auch »anders« oder »andersrum«, ich weiß es nicht mehr so genau.*

»Bitte, Kenny«, lallte ich, »nicht so schnell, Liebling, ich auch.«

»WAS!« rief mein Sohn aus. »Du auch, Mama? du meinst, in bezug auf Madge!?«

»Nein, Liebling, sie versteht mich doch überhaupt nicht, aber mein Publikum findet mich herrlich verdreht, und Gott sei Dank ist das so, sonst hätten wir keine Häuser in Melbourne, Montreux, Mustique und Malibu!«

»Ich verstehe überhaupt nichts mehr«, sagte Ken niedergeschlagen. »Was willst du mir denn sagen?«

Es gelang mir, mich in mein Negligé zu kämpfen und mich neben Madge aufs Bett zu werfen, die ziemlich laut schnarchte. Ich fühlte mich etwas betrunken.

»Ich versuche, dir mitzuteilen, Kenny«, sagte ich mit erhobenem

---

* Im englischen Original verwechselt Edna hier in ihrer Erinnerung die Worte »gay« (übertragen für »schwul«, wörtlich: »fröhlich«) und »hilarious« (»heiter, vergnügt«). *(Anm. d. Übers.)*

Zeigefinger zu der verwirrten jungen Person in stone-washed Denimjeans mit George-Michael-Knierissen vor mir, »daß es längst Zeit ist, ins Bett zu gehen, und daß es in Ordnung ist, wenn man lustig und verdreht ist. Aber wenn das schon so ist, Liebling, dann sieh doch um Himmels willen etwas fröhlicher dabei aus.«

Kenny schaute, als ob er gleich weinen wollte, aber dann erinnere ich mich an nichts mehr. Das Mogadon hatte gewirkt.

Kapitel 25

Mein königliches Ich

»Nur zu, Liebling, *nur zu*! Fest, *fester*!«

Prinzessin Diana erwartete ihr erstes Kind, und ich sprach mit ihr.

»Streng dich an, so fest du kannst!« befahl ich ihr in höchster Lautstärke. Aber es nützte nichts. Sie rief mich aus einer öffentlichen Telefonzelle an, und ihre Münze war im Schlitz steckengeblieben. Für Herrn und Frau Jedermann sah sie aus wie eine hochschwangere Doppelgängerin von Prinzessin Diana, die im fünften Stock von Harrod's wütend auf einen kaputten Apparat der Britischen Telecom einhieb, von dem aus sie mich regelmäßig inkognito anrief. Ich wußte, daß sie wieder anrufen würde, das nächste Mal wahrscheinlich aus dem Buckingham Palace, da ihre Niederkunft kurz bevorstand und ich versprochen hatte, ihr mein berühmtes Mittel gegen Schwangerschaftsstreifen zu verraten (zur Patentierung angemeldet).*

Die Mitglieder der Königlichen Familie sind nicht die einzigen, die bei mir Rat suchen, sich wegen ihrer Eheprobleme beraten lassen oder auch nur einen freundlichen Schwatz halten wollen. Winnie Mandela, Joan Collins, Mutter Teresa, Fergie, Imelda Marcos, Raissa Gorbatschow, Prinzessin Michael von Kent, Pia Zadora, Margaret Thatcher, Madonna, Prinzessin Susanne von Albanien, Marika Rökk, Brigitte Helm und Gotthilf Fischer sind

* Siehe Anhang, Seite 409

auch unter meinen regelmäßigen Anrufern. Sie erwarten von mir, daß ich alles stehen- und liegenlasse, während sie mir ihr Herz ausschütten. Ein paar von denen, die auf der Liste stehen, rufen mich sogar aus dem Ausland per R-Gespräch an: Es ist leicht zu erraten, wer!

Aber, man soll den Tatsachen ins Auge blicken, ihr Beutelratten, es ist doch ein großes Kompliment für mich, daß all diese Leute der Meinung sind, auf diesem Planeten gibt es jemanden, dem sie vertrauen und bei dem sie sich gehenlassen können und der nicht alles gleich der Presse weitersagt. Sie wissen, daß alles, was sie mir sagen, egal, wie intim es ist, nicht nach außen dringt – zumindest nicht weiter nach außen als bis in die Seiten dieses Buches, das nur von ein paar Millionen äußerst diskreter Menschen gelesen werden wird.

Prinzessin Diana hatte an jenem Tag für ihr Baby eingekauft und nur ein paar Ratschläge für ihre Einkaufsliste gesucht und – wie ich glaube – auch einen mütterlichen Rat. Es kommt mir wie gestern vor, daß meine eigene Fruchtblase geplatzt ist, aber zu jener Zeit litt auch ich unter den üblichen Ängsten und Befürchtungen, insbesondere an überfüllten Orten wie Kaufhäusern, wo ich *alles* für die Telefonnummer eines gütigen, besorgten und hilfreichen Megastars gegeben hätte. Das war vor ein paar Jahren, und jetzt hat meine liebenswerte königliche Anruferin zwei prächtige Kinder. Aber bei den Privatessen im Kensington Palast sagt sie jedesmal, wenn die Rede auf Schwangerschaftsstreifen kommt, was oft der Fall ist, stolz: »Ich habe keine, *dank* Dame Edna.«

Ich wünschte, ich könnte alle Mitglieder der Königlichen Familie dazu überreden, meinen Ehrentitel fallenzulassen, wenn sie mit mir reden, und mich statt dessen nur »Edna« zu nennen. Einmal sagte ich: »Um Himmels willen, Liz, *bitte* bemühen Sie sich doch ein bißchen! Ich komme aus Australien, wo man nicht so förmlich ist.«

»Ich will es versuchen, ich verspreche es!« antwortete meine prominente Freundin. »Aber Sie haben eine solche Aura um sich, es käme mir richtig respektlos vor. Für mich werden Sie immer eine Dame sein.«

Solche Komplimente sind rar, nicht wahr, liebe Leser? Und die kleine Dame, deren Anonymität ich bewahre, weiß mit Sicherheit, wie man Komplimente macht. Schließlich macht sie jedes Jahr am Neujahrstag welche in großem Stil.

Seit einigen Jahren schon war ich eine inoffizielle Australische Hoheit – das ist ein bißchen paradox, wenn man bedenkt, wie stark linksgerichtet ich bin. Ich weiß aber, daß jedermann jemanden braucht, zu dem er aufsehen kann; das ist ein menschliches Bedürfnis, und die Leute werden ganz verkniffen, verhärmt und ausgelaugt, wenn sie kein leuchtendes Idol haben, das sie auf ein Podest stellen können. Dasselbe gilt auch für meine australischen Landsleute, denn, egal, wie emanzipiert, amerikanisiert oder republikanisch sie auch tun, die Statistiken haben bewiesen, daß sie doppelt soviel Zeitungen oder Illustrierte kaufen, wenn die Königin oder ich auf dem Titelblatt abgebildet sind. Es tut mir furchtbar leid, aber so ist es nun einmal.

Das erste Mal begegnete ich meiner englischen Gegenspielerin nach einer rauschenden Wohltätigkeitsgala bei einem dieser vor Stars strotzenden Defilees hinter den Kulissen. Wir standen alle in einer Reihe, als die Königliche Abordnung, angeführt von der Königin, langsam vorbeischritt und mit jedem einzelnen Star plauderte, während eine sorgfältig ausgewählte Gruppe von Paparazzi Blitzlichtaufnahmen von den Begegnungen machte. Sie können wohl leicht erraten, wessen Bild am nächsten Tag weltweit auf der Titelseite war! Viele der Stars machten einen nervösen Eindruck. Der kleine Leo Sayer zu meiner Rechten zitterte fast, bis ich mich zu ihm hinbeugte und ihm sanft den Kopf tätschelte. Sogar der süße David Frost sprühte sich diskret Pfefferminzfrische in den Mund und verursachte damit wahrscheinlich ein weiteres Loch in der Ozonschicht, ohne sich dessen bewußt zu sein.

Schließlich war die prunkvolle Abordnung bei mir angelangt, und der Theatermanager stellte uns einander vor. Unsere Augen trafen sich, dann unsere Finger, während ich mich anschickte, einen Hofknicks zu machen. Bildete ich es mir nur ein, oder hatten ihre Beine *tatsächlich* etwas nachgegeben? Anscheinend war ich nicht die einzige, die es bemerkt hatte, denn es lief ein leises Raunen durch die versammelten Superstars, und erst danach erwies ich meiner Herrscherin meine Ehre. Dr. Sidney Shardenfreude (zu dem ich wegen meiner Kinder gehe) sagte mir, daß Leute, die großartig miteinander zurechtkommen werden, dies vom ersten Augenkontakt an wissen, und das war bei uns der Fall. Der Augenkontakt kam übrigens gar nicht so leicht zustande, da die königlichen Augensterne fest auf mein Diadem gerichtet waren, das mit *echten* Steinen besetzt ist. Normalerweise bewahre ich es übrigens in einer Schweizer Bank auf. Das, das ich manchmal auf der Straße trage, ist falsch (Räuber, bitte merkt euch das!).

Ihre kleine behandschuhte Hand lag immer noch in der meinen, und mit einemmal wurde mir klar, daß sie versuchte, mir etwas in die Hand zu drücken. Es fühlte sich wie ein Stückchen Papier an. In diesem Augenblick trafen sich unsere Augen wieder, und ich bemerkte in den ihren ein solch schmerzliches Flehen, daß ich es niemals vergessen werde. »Bitte, Edna«, schien sie mich zu beschwören, »*bitte* behalten sie mein Geheimnis für sich. Verhalten Sie sich ganz normal.« Glücklicherweise bin ich hochsensibel und daran gewöhnt, mit eiserner Disziplin normal zu wirken, und so schlossen sich meine Finger um diesen geheimnisvollen Zettel. Währenddessen blitzten die Photoapparate auf, und Fernsehkameras wurden um uns herum geschwungen, aber niemand bemerkte diesen versteckten Austausch zwischen zwei höchst privaten Personen unter den Augen der Öffentlichkeit. Natürlich sprachen wir auch darüber, wie großartig meine Vorstellung gewesen war, aber verglichen mit den dringenden Botschaften, die unsere Herzen einander sandten, waren das alles nur leere Worte.

Sobald die Zeremonie vorüber war und die Königliche Abordnung das Theater verlassen hatte, eilte ich in meine Garderobe, verschloß die Tür und lehnte mich einen Augenblick dagegen, um tief Luft zu schöpfen. Erst dann öffnete ich meine rechte Hand, und tatsächlich lag in meiner silbernen Lurex-Handfläche ein verknittertes Stück Papier. Ich entfaltete den Zettel und breitete ihn auf meinem Schminktisch aus. Was ich sah, ließ mir für einen Augenblick das Herz stocken. Ich las nur ein einziges Wort – »Hilfe« – in einer zittrigen, gehetzten Handschrift, und darunter stand eine Londoner Telefonnummer, die ich aus offensichtlichen Gründen nicht enthülle. Wie die Leser dieser Autobiographie wissen werden, habe ich ein unheimlich gutes Gedächtnis. Ich sah mir also die Telefonnummer an, prägte sie mir ein, steckte das Papier in den Mund und versuchte, es hinunterzuschlucken. Wie die Spione unter meinen Lesern schon lange wissen werden, ist das gar nicht so einfach. Ich war noch immer am Kauen, als Madge mir eine halbe Stunde später die Tür zu meinem Luxus-Penthouse über dem Mayfair öffnete. Ich schickte sie ins Bett, warf mich aufs Sofa und griff zum Telefon.

Es klingelte nicht lange. »Hallo«, erklang eine berühmte Stimme durch den Äther.

»Hier ... hier ist Dame Edna. Sie haben mich gebeten ...«

»Ja, o ja. Gott sei Dank, daß Sie anrufen. Ich habe ja gewußt, daß Sie mich nicht verraten würden, und ich habe auch irgendwie gespürt, daß Sie mich verstehen. Es ist nur so, daß ...«

Sie brach ab, und ich fragte mich, ob ich sie weinen hörte. Was für furchtbare Sorgen hatte dieses arme Mädchen, daß sie sich in ihrem Leid an mich wandte?

»Bitte, meine Liebe«, sagte ich, wie nur ich es kann, warm und fürsorglich. »Sagen Sie Edna, was Sie bedrückt. Ich bin doch für Sie da und werde es immer sein.«

»Sie werden mich auch bestimmt nicht für albern halten?« sagte sie schlicht wie ein junges Mädchen, die Stimme noch immer tränenerstickt. Aber im Geiste sah ich auf ihren Lippen ein Lächeln des Vertrauens aufkeimen.

»*Albern?*« schrie ich fast. »*Jeder* von uns ist doch mal albern«, sprach ich. »Selbst ich war schon manchmal im Leben albern, und wenn ich jemals meine Autobiographie schreiben sollte, schicke ich Ihnen ein Exemplar, Albernheiten hin, Albernheiten her.«*

»Nun ja,« setzte sie etwas schüchtern an. »Haben Sie ein gutes Rezept für eine Pavlova?«

»*Wie bitte?*« stieß ich hervor und vergaß beinahe, mit wem ich sprach.

»Sie wissen schon, ein Rezept für einen australischen Pavlova-Kuchen«, fuhr sie fort, ungeachtet meiner überraschten Zwischenrufe. »Nächsten Samstag abend kommen der australische Premierminister und seine Gefolgschaft zum Essen, und ich möchte ihnen eine Ihrer nationalen Spezialitäten auftischen, aber unseren Küchenchefs fällt absolut nichts ein. Ich weiß, daß nur Sie den Abend retten können.«

»Wer ist denn das, Edna?« kam eine Stimme aus dem Schlafzimmer, und ich sah meine alte Brautjungfer in ihrem Second-hand-Flanellnachthemd mit einem Glas »Nachtschwester«-Frappé in der rechten Hand und dem Schlafzimmerapparat in der linken in der Tür stehen.

»Leg sofort *auf*, du dumme Gans!« schrie ich. »Kann ich nicht eine Minute meine Ruhe haben? Und wechsle das Nachthemd, du siehst darin aus wie Lumpensammlers Töchterlein.«

---

* Das habe ich auch getan.

Die feine Stimme am Telefon sagte: »Wie bitte? Mein Nachthemd? Was ist daran nicht in Ordnung?«

»Doch nicht Sie!« bellte ich zurück, nachdem Madge widerstrebend den Hörer aufgelegt hatte, jedenfalls dachte ich das. »Ich habe mit meiner Hofdame gesprochen, Eure Majestät«, fügte ich in netterem Tonfall hinzu und versuchte, mich zusammenzunehmen. »Gleich morgen schreibe ich das Rezept aus meinem Kochbuch ab«, versprach ich mit praktischer Stimme, »und bringe es Ihnen auf dem Weg zu Harrod's am Samstag morgen vorbei. Ist da jemand zu Hause?«

»Es wäre noch besser«, sagte meine mitternächtliche Bittstellerin, »wenn Sie am Nachmittag vorbeikämen, die Pavlova zubereiteten und uns anschließend beim Dinner Gesellschaft leisteten! Das heißt, wenn Sie Zeit haben.«

Ich tat so, als schaue ich in meinem Terminkalender nach.

»Wir haben Zeit!« ertönte eine neuseeländische Stimme aus dem Nebenzimmer, und seltsamerweise, liebe Leser, war das das einzige Mal in meinem Leben, daß ich mich fähig fühlte, einen Mord zu begehen.

Die Königin sagte: »Natürlich können Sie das Personal mitbringen, das Sie benötigen.«

»Das wird nicht nötig sein, Madam«, sagte ich vernehmlich, »ich hoffe doch, daß ich eine Passionsfrucht-Pavlova allein zustandebringe.«*

Nach dem Austausch weiterer Liebenswürdigkeiten, Dankbarkeitsbezeugungen und Versicherungen der gegenseitigen Wertschätzung legten wir auf. Danach nahm ich ein schönes Bad, rieb meine Krähenfüße (»das ausgetrocknete Bett früherer Lächelns«, um den wunderbaren Ausdruck meiner Mutter dafür zu benutzen) mit etwas kostbarem Wombat-Milz-Gelee (ein Ge-

* Siehe Anhang, Seite 410

heimtip) ein, schlüpfte in mein Lieblingsnachthemd von Janet
Reger und verabreichte Madge Allsop eine Abreibung.
Ich kann nicht behaupten, daß ich danach gut schlafen konnte.
Mir war irgendwie ziemlich mulmig. Ich glaube, daß ich etwas
Falsches gegessen hatte, wahrscheinlich die Telefonnummer der
Königin.

Die Pavlova war ein Triumph, aber das Essen war furchtbar.
Meine Landsleute schienen alle ganz schön abgefüllt zu sein, und
die Frauen sahen aus, als ob sie vor dem Besuch im Palast ein
bißchen zuviel Valium eingenommen hätten. Ganz offen gestanden schämte ich mich für mein Heimatland. Wenn man bedenkt,
wie viele kultivierte und akzeptable Männer es in Australien gibt,
fragt man sich, warum sie es nie bis ins Parlament schaffen. Auch
der australische Generalgouverneur war da, ein Mann, der der
Stellvertreter der Königin sein soll und dabei der ungeschliffenste
Diamant ist, den man sich vorstellen kann. Er glich einem
Straßenbahnschaffner in einem geliehenen Anzug. Ich bin einfach unheimlich mystisch! Später fand ich nämlich heraus, daß
er einmal eine Stelle bei der Straßenbahngesellschaft gehabt
hatte!
Ich war schon früh am Nachmittag mit einer Motorradeskorte
gekommen, die mir der Palast zur Verfügung gestellt hatte. Man
führte mich gleich in die königliche Küche, wo der Küchenchef
mir voll und ganz zur Verfügung stand. Er schlug Eiweiß zu
Schnee, drückte Passionsfrüchte aus, schlug Sahne und siebte
Zucker. Bald schon streckte meine neue Freundin ihr hübsches
Köpfchen durch die Küchentür, dankte mir schüchtern und
fragte mich, ob ich etwas brauche. Da ich mein atemberaubendes
Kleid trug (das mein Sohn Kenny entworfen hatte), das ich

*Meine neue Freundin streckte ihr
hübsches Köpfchen durch die Küchentür.*

danach auch zum Dinner tragen wollte, fragte ich sie, ob ich eine ihrer Schürzen ausleihen könnte, um mich vor Pavlova-Spritzern zu schützen. Bildete ich es mir nur ein oder wurde sie etwas verlegen, als ich diese einfache Bitte äußerte? Ziemlich vage wiederholte sie ein paarmal das Wort »Schürze?«, und das Herz brach mir fast für sie, als mir klarwurde, daß sie, die über all diesen Luxus verfügte, sich wahrscheinlich nie an der stolzen Uniform einer normalen Hausfrau hatte erfreuen können. An ihrem nächsten Geburtstag schickte ich ihr eine herrliche Schürze aus irischem Leinen mit einer Abbildung der giftigen Insekten Australiens darauf, zusammen mit passenden Küchentüchern, die in Korea von Hand hergestellt werden, und einem Paar hübscher gelber Gummihandschuhe.

Das Essen selbst war natürlich lecker, aber die australische Abordnung hatte wahrscheinlich nichts davon, sie war schon zu weit hinüber und rauchte außerdem die ganze Zeit über, ja, bot sogar der Königin Zigaretten an, die mit der Liebenswürdigkeit einer Heiligen ablehnte. Ich nehme an, man muß das dem Ehrfurchtsfaktor zuschreiben. Schließlich kam diese kleine Gruppe von übertrieben fein angezogenen armen Kerlen von irgendwoher aus der Wildnis und fand sich nun in einem rotgoldenen Raum mit einer vierzig Fuß hohen Decke, alten Meistern an den Wänden, dem Königlichen Paar und *mir* wieder! Erst als meine Pavlova hereingefahren wurde, kam etwas Leben in sie, und als schließlich der Portwein serviert wurde, hatte es gar den Anschein, als würden sie am Ende über Gebühr lange bleiben und sich die ganze Nacht hier häuslich niederlassen wollen, während sie über die Shows sprachen, die sie gesehen, und die Einkäufe, die sie auf Kosten der australischen Steuerzahler in London gemacht hatten.

Ich war erstaunt, mit welcher Leichtigkeit es meiner königlichen Gastgeberin gelang, mit scheinbarem Interesse der unartikulierten Kurzsprache zuzuhören, die ihre Gäste von sich gaben, ganz besonders, als unser Premierminister unablässig darüber sprach, daß sie die Wachparade gesehen hätten und ob Ihre Majestät vielleicht auch schon einmal die Gelegenheit gehabt hätte, sie zu sehen.

Ich fragte mich, wie sie die wohl loswerden würde? Wie durch ein Wunder erhielt ich die Antwort. Die Königin erhob sich von einem herrlichen goldenen Stuhl und sagte mit ziemlich fester Stimme: »Hätten Sie gern noch eine Tasse Kaffee, *bevor Sie gehen?*« Das wirkte. Sehr bald schon halfen zwinkernde Bedienstete der schlampigen kleinen Abordnung, deren Münder noch mit Meringe und Passionsfrucht verschmiert waren, in die Mäntel. Der charmante Prinz hatte sich zurückgezogen, und ich war allein mit meiner Gastgeberin.

»Wie kann ich Ihnen nur danken?« sagte sie und drückte meine Hand. Dabei verweilte ihr Blick einen Augenblick auf dem an meinem Finger funkelnden Everage-Diamanten.

»Nichts zu danken, Beutelratte«, sagte ich kühn, aber aufrichtig. »Sie haben sich ja heute abend tapfer geschlagen«, fügte ich hinzu. »Wie haben Sie das nur geschafft?«

»Das ist mein täglich Brot, Dame Edna«, sagte sie mit müdem Lächeln. »Aber es wäre schon schön, wenn Australien eines Tages einen weiblichen Premierminister hätte. Eine Frau mit Intelligenz, Würde, Kultur und Schönheit, die diesem wunderbaren Subkontinent gerecht werden könnte.«

»Ja, vielleicht«, sagte ich versonnen. »Aber wo sollte man denn eine solche Frau finden, Eure Majestät?«

Die Königin sah mich mit altmodischem Blick an und schenkte mir ein strahlendes Lächeln. »Sie ist vielleicht schon näher, als Sie denken, Dame Edna. Sagen Sie mir, wo wohnen Sie in London?«

»Ich habe früher in den Suiten der großen Hotels gewohnt«, beichtete ich ihr. »Aber jetzt habe ich mein eigenes, herrliches Penthouse in Mayfair und außerdem noch Häuser in Montreux, Mustique, Malibu und Melbourne. Warum fragen Sie?«

»Ich hoffe«, sagte die Königin zögernd, »Sie halten mich nicht für dreist, aber mein Mann und ich sähen es gerne, wenn Sie sich im Buckingham Palast jederzeit zu Hause fühlten.« Mir stockte der Atem, aber die Königin fuhr fort: »Das muß ja ein Alptraum für Sie sein, immer im öffentlichen Interesse zu stehen, sozusagen in einem Goldfischglas zu leben. Mein Leben ist geradezu privat, verglichen mit dem Ihren. Sie sind herzlich dazu eingeladen, hier ein und aus zu gehen, bei Tag und Nacht, wenn die Presse Sie verrückt macht. Hier ist ein Schlüssel.«

Sprachlos vor Dankbarkeit nahm ich den kleinen, goldenen Gegenstand entgegen, umklammerte ihn fest mit der Hand und befühlte den Schlüsselbart.

»Betrachten Sie dies hier als Ihr Mauseloch«, sagte sie, als ich in meinen auf humane Art hergestellten Kunstpelz schlüpfte. »Sie können sich sogar Ihre eigene Abteilung im Kühlschrank einrichten.«

Wir umarmten uns rasch, und dann fuhr ich in meiner Limousine die Mall hinunter, wo mir die Lichter Londons strahlender als je zuvor erschienen.

Sollte ich das Madge erzählen? fragte ich mich. Keinesfalls! Geradesogut könnte ich es gleich dem »Sunday People« mitteilen. Der goldene Schlüssel in meiner Handtasche war mein Geheimnis – unser Geheimnis, dachte ich und schaute über meine Schulter durchs Rückfenster auf den entschwindenden Palast.

Wenn mich die Leute, wie so oft, fragen, ob ich der Königlichen Familie begegnet bin, lächle ich ein gewisses Lächeln: Bin ich ihr begegnet? Kenne ich sie? Ach, lassen wir das doch, tun Sie mir den Gefallen, Sie machen wohl Witze!!

Kapitel 26

Kratzer am Türpfosten

Wenn ich Menschen umarme – sehr oft Frauen, die während meiner wundervollen Shows darauf bestehen, auf die Bühne zu kommen –, flüstern sie mir oft ihre Dankbarkeit zu und lassen nicht selten einen Brief nachfolgen.

Einige davon bewahre ich auf, insbesondere wenn die Briefschreiberin bei einer körperlichen Krankheit oder sogar einer geistigen Behinderung eine Besserung erfahren hat. Kommen Sie jetzt nur ja nicht auf den Gedanken, daß ich heilende Kräfte besitze! Was wäre ich doch für eine eitle Frau, wenn ich mich hier als ein Ein-Frauen-Lourdes hinstellen würde! Aber während meiner Vorstellung sind schon ein paar unheimliche Dinge geschehen, und es vergeht kaum ein Abend, ohne daß der Aufräumdienst in den Gängen oder unter einem Sitz ein paar Krücken, einen Gehrahmen oder eine Prothese findet. Mehr will ich gar nicht behaupten.

Eines der Komplimente, das ich am häufigsten höre, bezieht sich auf meine Weichherzigkeit. Männer, Frauen und Kinder schreiben mir und sagen: »Sie waren so lieb« oder »Ihre Güte war für unsere Familie sehr überraschend« oder, wie im Fall eines dankbaren Fans: »Sie waren die weichste Frau, die ich jemals auf einer Bühne vor dreitausend Leuten geherzt habe.« Diejenigen unter Ihnen, die mir nicht glauben wollen, sind herzlich dazu eingeladen, all diese Briefe auf Mikrofilm im Dame Edna Museum in Melbourne, Australien, oder im Edna-Archiv an der Universität von Südwestvirginia einzusehen (Miriam K. Benkowitz verlangen).

Ich glaube, daß sich meine berühmte Güte so richtig entwickelte, als mein erstes Kind geboren wurde. Ich konnte mir nicht helfen – ich mußte ganz einfach an den kleinen Brucie denken, als ich das alte Kinderzimmer in der Humouresque Street wieder einmal besuchte. Meine hübschen, haselnußbraunen Augen schwammen in Tränen, als ich mich umsah. Jawohl! Dort auf dem zerkratzten, vergilbten Türpfosten waren noch immer die Bleistiftstriche, mit denen ich die Größe meiner Kinder angezeigt hatte. Noch immer, nach all diesen Jahren, waren sie da.

Als ich auf dem Anstrich Valmais Namen las, war mir so, als dringe eine kalte Hand in meine Brust und schnüre mir das Herz ab. Was war sie doch für ein süßes Kind gewesen, dachte ich bei mir. Wenn man sich überlegte, wie verbittert und verdreht sie geworden war! Nur ein paar Fuß über dem Boden war Kennys Bleistiftstrich. Schon als er einem Grashüpfer nur bis zum Knie ging, streichelte er meine schönen Kleider bewundernd, und jetzt entwarf er sie gar! Weiter oben auf dem Türrahmen hatten Norm und ich sogar unsere eigene Größe eingetragen.

Madge und ich hatten rasch unseren Besuch im Mädchengymnasium von Moonee Ponds abgeschlossen. Es hatte sich bis zur Unkenntlichkeit verändert, der Unterstand im Hof war abgerissen worden, und auf unserem ehemaligen Spielplatz ragten häßliche neue Bauten empor. Alles sah auch viel *kleiner* aus, wie es immer der Fall ist, wenn man unklugerweise an irgendwelche Orte zurückkehrt. Ich hatte das Gefühl, daß meine Erinnerungen an die Schule und die Geister, die darin wohnten, verzerrt und sogar beschmutzt würden durch ihr gegenwärtiges, fürchterliches Erscheinungsbild, wenn ich auch nur einen Augenblick länger blieb. Ich setzte eine Sonnenbrille auf und zog ein hübsches, mit Hufeisen und hechelnden, roten Settern bedrucktes Kopftuch über, das mir die Königin geschenkt hatte. Das war meine Verkleidung, wenn ich inkognito sein wollte. »Komm, Madge«, sagte ich, ergriff sie beim Arm und zog sie zurück zum Auto. »Ich habe genug. Laß uns jetzt zu meinem Museum fahren, es ist nur ein paar Straßen entfernt, und ich muß mich ihm ja früher oder später einmal stellen.«

Das Königliche Edna-Museum ist etwas ganz Besonderes in Australien und – so ist nun einmal – sogar auf der ganzen Welt. Die Touristen besuchen gern die Häuser von berühmten Persönlichkeiten, aber sie haben nur selten die Gelegenheit dazu, bevor der gefeierte Bewohner im Jenseits ist. Ich bezweifle stark, daß es Englands Dr. Johnson, der Erfinder von Johnsons Babypuder und – ich bin mir fast völlig sicher – auch des Wattebausches, geschätzt hätte, wenn eine Horde Touristen durch sein schönes stilvolles Haus hinter der Fleet Street getrampelt wäre. Das gleiche gilt für Anne Hathaway in Stratford, Goya in Toledo und Elvis in Gracelands. Ich glaube, ich bin einer der ganz wenigen Megastars, dessen ehemaliges Haus noch zu seinen Lebzeiten in ein Museum umgewandelt wurde. Was für ein großartiges Kompliment!

Als unsere Limousine in die Humouresque Street einbog, gewahrte ich wieder einmal einen der riesigen Silberbusse, die das Haus zwergenhaft klein erscheinen ließen, und die lange Schlange japanischer Touristen, die vor meiner Vorderveranda stand. Sie war fast so lang wie die, die ihre Landsleute vor dem Louis-Vuitton-Laden in Hong Kong bilden, und *das* will schon etwas heißen!

Ich war nicht mehr in der Nummer 36 gewesen, seit Chris Bland bei Fennimore und Gerda es in eine gemeinnützige Stiftung umgewandelt hatte und es offiziell dem Land geschenkt worden war. Ich hatte all dem vom Ausland aus zugestimmt, aber nur unter der Bedingung, daß man alles so ließ, wie wir es verlassen hatten. Schließlich würde die Nachwelt ja jedes Detail meines Lebensstils wissen wollen, bis hin zum Inhalt des Vorratsschranks und zum Badezimmer, wenn ich auch im letzteren Fall darauf bestanden hatte, daß einige alte Gegenstände aus Mamas

Zeit vom oberen Regal entfernt wurden, die die Leute nur verwirrt hätten. Der Souvenirladen auf der Veranda war die Idee des nationalen Schatzamtes. Dort werden meine Platten und Videos, aber auch Grußkarten, T-Shirts, Getränkeuntersetzer und Kochhandschuhe verkauft, und jetzt auch noch dieser Bestseller! Auch die Freunde der Prostata hatten einen kleinen Stand.

Trotz meines Kopftuches und meiner Sonnenbrille erkannte mich eine nette Frau an der Tür sofort und ließ mich diskret ein. Ich muß zugeben, daß man mein Haus gut in Schuß gehalten hatte. Den Wänden entlang verliefen Seilabsperrungen, um die Leute daran zu hindern, meine Porzellanenten und anderen Schnickschnack zu berühren, und auch bei den Stühlen verliefen von Armlehne zu Armlehne Seile, für den Fall, daß sich dort irgendwelche Japaner niederlassen wollten, um sich fotografieren zu lassen, Gott segne sie. Meine sandgestrahlten Rentiertüren von unermeßlichem Wert waren vor zufälliger Beschädigung oder Vandalismus durch Verrückte geschützt. Man hatte ein dickes Schutzschild aus kugelsicherem Plexiglas davor angebracht, angeblich das gleiche wie vor dem Leonardo-da-Vinci-Cartoon in der Nationalgalerie in London. Es war verboten, sie zu fotografieren, da eine hübsche Postkarte davon im Andenkenladen erhältlich war.

In jedem Raum meines Museums saß ziemlich steif und etwas gelangweilt eine ältliche Frau von der Stiftung, die alles im Auge behielt, und als ich meine ehemalige Küche aufsuchte (was für ein unheimliches Gefühl), schalt gerade eine dieser Wächterinnen ein ziemlich süßes kleines Geisha-Mädchen, weil es die Tür meines Kühlschranks angefaßt hatte. In unserem ehemaligen Schlafzimmer, in dem Norm und ich so viele glückliche Minuten verbracht hatten, schnurrten die Videokameras. Ich stellte fest, daß ein paar weibliche Touristen Dame-Edna-Perücken und -Brillen dabei hatten, die sie zu ihren »Ich-wäre-gern-Edna«-T-Shirts trugen. Von meinem Besuch in der früheren Kinderstube meines Nachwuchses habe ich schon berichtet und auch von den erinnerungsträchtigen Hieroglyphen am Türpfosten.

»Entschuldigen Sie, gnädige Frau!« Eine schnarrende Stimme unterbrach mich in meinen Träumereien, und als ich herumfuhr, erblickte ich eine untersetzte Amerikanerin in einem Plastikregenmantel, die eine Olympuskamera fest umklammert hielt.

»Verzeihen Sie, aber sind Sie vielleicht Maria Callas, nur besser aussehend?« Ich verneinte höflich, innerlich triumphierend, weil meine Verkleidung so gut funktioniert hatte.

Hinter dem Haus war ein geschmackvolles kleines Auditorium gebaut worden, wo einst unsere alte Verbrennungsanlage und unser Hühnerhaus gestanden hatten. Dort wartete eine Menschenmenge in der Schlange, um einen ständig laufenden Film über mein Leben anzusehen. Fremde Nachbarn schauten über den Zaun. Sie waren anscheinend ganz nett, aber bestimmt nicht auf dieser Seite des Ozeans geboren.

Als Madge und ich gingen, lief mir die gleiche kleine Amerikanerin wie zuvor keuchend nach und packte mich am Ärmel, als ich gerade in die Limousine einsteigen wollte.

»Entschuldigen Sie, Ma'am«, sagte sie gedehnt, »aber Sie kommen mir irgendwie bekannt vor. Kenne ich Sie nicht von irgendwoher?« Mir war gar nicht klar geworden, wie emotional ich beim Besuch meines hübschen, ehemaligen Häuschens geworden war, das nicht mehr mein eigen war, und ich war froh über meine dunkle Brille, als ich dieser Pest von einer Frau antwortete.

»Ich bin gar niemand. Ich habe nur einmal hier gelebt«, sagte ich.

Wir fuhren ab, und ich sah, wie sie stocksteif mit offenem Mund auf dem Grasstreifen stand und der Limousine nachstarrte.

Beim Einbiegen in die Puckle Street mußten wir am Straßenrand anhalten, um einer weiteren riesigen Menge japanischer Touristen, die passenderweise mit einer Busgesellschaft namens »Pilgerfahrten« unterwegs war, den Weg in die Humouresque Street freizugeben.

»Man könnte denken, die hätten den Krieg gewonnen«, murmelte Madge nicht ohne einen inakzeptablen Hauch von Anti-Japanertum. »Zum Glück ist dein Onkel Vic nicht da, Edna. Er hat das Kriegsbeil nie so ganz begraben, oder? Und wenn er all diese kleinen Touristen sehen würde, würde das vielleicht bei ihm etwas auslösen.«

Das löste *in der Tat* etwas aus. In meinem Kopf. *Wo war der Schlächter von Borneo?* Hatte er uns denn nicht am Flughafen von Melbourne in Empfang genommen? Aber wann war das eigentlich gewesen? Verzweifelt kramte ich in meinem vom Jetlag gebeutelten Gedächtnis und versuchte, die verworrenen Ereignisse der vergangenen vierundzwanzig Stunden zu rekonstruieren. Ereignisse, die um so verworrener waren, als ich meine Lebensgeschichte gerade eben so eindringlich aufs neue durchlebt hatte. Ja, Onkel Viktor *hatte* uns am Flughafen begrüßt, und er war auch mit uns in der Limousine bis nach Dunraven mitgefahren, um Mama zu besuchen, Gott segne ihn. *Aber wo war er auf der Rückfahrt geblieben?* Ich war durch die turbulenten Ereignisse im Altenheim über alle Maßen gestreßt gewesen. Es ist schließlich nicht witzig, wenn einen die eigene Mutter nicht mehr erkennt. Ich war sogar an ihrem Bett eingeschlafen. Dann waren Madge und ich irgendwie allein ins Hotel zurückgefahren. Ich mußte den Onkel verloren haben! Ich riß das Autotelefon aus seiner Halterung und drückte eilends auf den bekannten Code zur Endstation meiner Mutter. Eine Schwester (war es etwa Ng?) nahm ab und verband mich mit Schwester Choate.

»Entschuldigen Sie, Schwester, aber habe ich gestern abend in Dunraven etwas vergessen?«

»Uns ist nichts übergeben worden, Dame Edna«, antwortete diese unappetitliche Frau. »Ich glaube mich erinnern zu können, daß Sie Ihre Handtasche unter dem Arm hatten, als Sie uns verließen.«

Hmmm, dachte ich, typisch, daß sie das bemerkt hat! Wenn ich meine Handtasche in dieser Diebeshöhle vergessen hätte, wären die Chancen gering, daß ich sie jemals wiedersehen würde!

»Nein, Schwester Choate«, erklärte ich, diesmal etwas direkter. »Eigentlich spreche ich nicht von meiner Handtasche, sondern von meinem Onkel.«

»Ihrem Onkel?«

»Das habe ich doch gesagt, gute Frau!« Das Autotelefon gab wie alle Autotelefone ein scheußliches Krachen von sich.

»Warten Sie mal einen Moment, Dame Edna«, ertönte Choates Stimme. »Gestern abend haben wir einen Mann gefunden, der in verwirrtem Zustand auf dem Gelände umherirrte. Einer der Wärter nahm an, es handle sich um einen entlaufenen Patienten, hat ihm ein schweres Beruhigungsmittel verabreicht und ihn auf die Marilyn-Monroe-Station eingeliefert. Übrigens hat er behauptet, mit Ihnen verwandt zu sein, aber wir hielten das für ein Zeichen von *Größenwahn*, unter dem viele unserer Insassen leiden.«

»Und was ist jetzt mit ihm?« erkundigte ich mich, ziemlich erleichtert, kann ich Ihnen sagen.

»Er ist unheimlich zufrieden«, antwortete Schwester Choate. »Er ist schon zum Stationsliebling geworden und sehr gut untergebracht.«

Eine furchtbare Störung in der Leitung beendete unser Gespräch.

Nachdem Onkel Victor allein lebte, nahm ich an, daß es nichts schaden konnte, wenn er eine Zeitlang in Dunraven verbleiben würde. Schwester Choates fröhlicher Tonfall ließ mich vermuten, daß sie wahrscheinlich seine Kreditkarte gefunden hatte. Mir war jedoch ein großer Stein vom Herzen gefallen, und ich war froh, daß ich dieses kleine Rätsel aufgeklärt hatte. Ich beschloß, daran zu denken, meinen Onkel bei nächster Gelegenheit, irgendwann, wenn ich wieder in der Gegend war, rauszuholen, vorausgesetzt, er ließ sich rausholen. Erst als wir unseren nächsten Bestimmungsort erreichten, wurde mir bewußt, daß ich ganz versäumt hatte, Schwester Choate nach dem Befinden meiner Mutter zu fragen.

Das von dem berühmten Melbourner Architekten Neil Clerehan entworfene niedrige, weiße Gebäude lag auf einem herrlichen Grundstück unter wunderbaren, einheimischen Bäumen. Als unsere Limousine durch die Toreinfahrt fuhr, sah ich auf einem geschmackvollen Schild aus poliertem Kalkstein die Inschrift: DAME-EDNA-PROSTATASTIFTUNG. Ich überlegte mit Stolz, daß diese revolutionäre Klinik und ihr Londoner Gegenstück nur durch mich und Ednacare Switzerland ermöglicht wurde, eine Firma, derer ich mich für die meisten meiner philanthropischen Projekte bediene. Ein paar Jahre waren ins Land gegangen, seit Dr. Finzi seine letzte Zigarette geraucht hatte. So begrüßte mich auf den Eingangsstufen Professor Colin Morris, Vorsitzender der Prostata-Weltbank. Am Eingang stand auch eine rührende kleine Ehrengarde, Krankenschwestern und Ärzte mit Gladiolen, und ein lieber Patient in einem makellos sauberen Pyjama mit Morgenmantel wurde zu mir gefahren, um mir einen herrlichen Strauß zu überreichen.

Wir bildeten eine prächtige Prozession, als wir so den langen weißen Korridor in Richtung des Norman-Everage-Flügels entlangschritten, wo sich die Apparatur meines Ehemannes befand. »Es geht ihm ganz ausgezeichnet«, sagte Professor Morris. »Er ist wirklich stark wie ein Ochse und fühlt sich laut des letzten Krankenberichts pudelwohl. Seitdem er hier ist, hat die Oberschwester Younghusband persönlich seine Therapie überwacht. Die beiden sind fast unzertrennlich. Es ist eine Freude, das zu sehen.«

Ich wäre fast wie angewurzelt stehengeblieben. »Oberschwester Younghusband? Ist das die Krankenschwester, in deren Obhut

sich Lord Everage befand, bevor ich ihn nach Hause holte?«
fragte ich in scharfem Ton.

»Ja, ich glaube schon«, erwiderte der Vorsitzende. »Sie ist eine
ganz bemerkenswerte Frau und geht ganz in dem Fall Ihres
Mannes auf. Dank Thelma ist Australien auf dem Gebiet der
Prostataforschung führend.«

Wir waren um eine Ecke gebogen und in einem großen, heller-
leuchteten Raum angekommen, der wie ein futuristisches Labor
aussah. Ein Pfleger mit Gesichtsmaske gab uns mit Greifzangen
Masken, Kittel und Handschuhe, während uns eine Krankenschwester weiße, steife Mützen aus Polyäthylen-Tüten aufsetzte.
Bald darauf gingen wir zwischen den leise vibrierenden Maschi-
nen durch, bis Professor Morris plötzlich vor dem großen Kasten
anhielt, der meinen Ehemann und seine technische Ausrüstung
beherbergte. Er zog eine Fernbedienung aus seinem Kittel, richtete sie auf Norm und drückte ein paar Tasten. Auf einem
Bildschirm erschienen in grüner Schrift verschiedene Daten. Der
Arzt betrachtete sie einen Augenblick lang und kicherte dann.

»Er freut sich von ganzem Herzen, Sie zu sehen, Dame Edna«,
sagte er. »Wenn Sie Ihre Hand da hineinstecken, können Sie
seine Hand halten.« Er wies auf eine ovale Öffnung auf der einen
Seite des Kastens, in die ich zaghaft meine Hand einführte.

Ich weiß, liebe Leser, wie ich in diesem Augenblick hätte
denken, und auch, was ich hätte fühlen sollen, aber der Gedanke an diese Thelma Younghusband spukte mir ständig im
Kopf herum. Ich sah sie noch so vor mir, wie ich sie zuletzt
gesehen hatte, vor vielen, vielen Jahren, bald nachdem Norm
seinen ersten urologischen Unfall gehabt hatte. Damals war
sie am Klinikfenster gestanden und hatte meinem abfahrenden
Auto mit unheimlichem Gesichtsausdruck nachgestarrt. Jetzt
waren Norm und sie unzertrennlich. Sie war eine »bemerkenswerte Frau«. Noch dazu war sie meinem Mann treu ergeben.
Wie schön! Wie *wunderbar*!

Als ich so dasaß, neben mir etwas, was einem riesigen zusammen-klappbaren Kühlschrank glich, mitten in einer Art gigantischer Käsefabrik aus dem Weltraumzeitalter, hatte ich einen Geruch von ... konnte es *Parfüm* sein? ... in der Nase. Ich roch ganz schwach das Aroma eines Duftes, den ich mir einmal im Einkaufs-zentrum des Internationalen Flughafens von Singapur aufs Hand-gelenk gesprüht und sogleich verworfen hatte. Ich konnte mich nicht mehr an den Namen erinnern, aber es war das Parfüm, das nach Fliegenspray riecht und das die Frauen in Sydney lieben. Pfui Teufel! Das war *ihr* Geruch – und sie war gar nicht weit weg. Wahrscheinlich lauerte sie irgendwo. Sobald ich im Flugzeug nach London saß, würde sie meinen Platz einnehmen, die Hand in Norms Öffnung stecken und darin herumfummeln.

Ich hoffe doch sehr, daß ich keine eifersüchtige Frau bin. Die Leser dieses Buches können hoffentlich bestätigen, daß ich mich meinem Mann gegenüber niemals wie ein Wachhund benom-men habe, obwohl er auf Frauen sehr, sehr anziehend wirkte, auch wenn es ihnen nicht bewußt war. Der Vorfall mit Pixie Lambell war ein Irrtum meinerseits, was ich gern zugeben will, aber hier in der Prostatastiftung ging ganz zweifelsohne irgend etwas vor. Wenn ich meinen Mann behalten wollte, würde ich handeln müssen. Und zwar schnell.

Ganz offen gestanden konnte ich mich in diesem Augenblick nicht auf ein Tête-à-tête oder besser ein Tête-à-machine mit meinem Mann konzentrieren. Wir würden unseren Moment der Intimität noch etwas hinausschieben müssen. Jetzt war weder der richtige Zeitpunkt noch der richtige Ort dafür, außerdem wollte ich nicht, daß die ganzen Fremden um uns herum mir über die Schulter sahen und die Ausdrucke seiner Äußerungen lasen. Davon abgesehen, schlief er, glaube ich.

Im Büro von Professor Morris ließ ich die Bombe platzen, und ich muß zugeben, daß er es gefaßt aufnahm.

»Natürlich ist das machbar, Dame Edna«, sagte er, legte die

Fingerspitzen zusammen, führte sie an den Mund und stieß sie mit den Lippen wieder weg. »In London haben sie dieselbe Technologie, und theoretisch ist es ganz einfach, einen Jumbo zu chartern und Lord Norm in unser englisches Institut zu bringen. Alles, was wir ändern müßten, wären die Stecker seines Apparates. Was haben Sie denn da drüben? Dreipolige mit 240 Volt oder zweipolige mit 210 Volt?«

Ich hatte natürlich nicht vor, meine ernstlichen Befürchtungen bezüglich Thelma Younghusbands zu enthüllen, das wäre ja würdelos gewesen.

Glücklicherweise fragte mich niemand, warum ich Norm eilends nach London verlegen lassen wollte. Ich nehme an, alle dachten, ich wollte ihn bei meiner Premiere im Royal Theatre in meiner Nähe haben. Und das war es schließlich auch, um Himmels willen!

Aber Professor Morris schien meine Gedanken erraten zu haben. Als er mir in meine vor der Stiftung wartende Limousine half, sagte er: »Sie können sicher sein, daß ich dieses Unternehmen persönlich überwachen werde, Dame Edna. Mit etwas Glück ist Ihr Mann schon nächste Woche gut in Westminster untergebracht, vorausgesetzt, daß British Airways oder Qantas mitspielen. Wenn man es genau betrachtet, so ist das Ganze eigentlich nur eine Geldfrage.«

Wie recht er doch hat, dachte ich. Und denke es noch immer.

Mir gingen eine Menge Gedanken durch den Kopf. Sehen wir den Tatsachen ins Auge, Beutelratten, so ist es doch immer. Meine neue Show in London, die wichtigste meiner ganzen Karriere, stand unmittelbar bevor. Mein geliebter Mann würde Australien zu seiner ersten Reise nach Übersee verlassen, wenn auch, fürchte ich, zu einer Reise, von der nicht viele Farbdias entstehen würden. Meine Tochter Valmai, die ich auf dieser Spritztour zu sehen gehofft hatte, war verschwunden, und nicht einmal ihr armer Mann Mervyn Gittis oder das »Mädchen« in der Agit-Prop-Frauenzentrale hatten eine Ahnung, wo sie sich aufhielt.

»Grundsätzlich haben wir sie seit der letzten Demo zur Befreiung der Tiere nicht mehr gesehen, grundsätzlich betrachtet«, sagte eine ziemlich ordinär klingende Stimme am Telefon. Ich fragte mich, warum bei diesen Leuten alles immer so *grundsätzlich* sein mußte. Und brachten sie überhaupt jemals einen Satz zustande, ohne das Wort »grundsätzlich« zu Hilfe zu nehmen?

Mein Hauptproblem, das ich seit Wochen in meinem Kopf herumwälzte, war Sir Marks Prestigeangebot. Nach langem Hin und Her hatte ich beschlossen, es anzunehmen. Ich konnte schließlich nicht den Rest meines Lebens damit verbringen, auf der Bühne herumzuhüpfen. Ich sollte mich lieber auf dem Gipfel meines Ruhmes aus dem Showgeschäft zurückziehen und eine alternative Karriere als berühmte Diplomatin und Botschafterin des größten Subkontinents der Welt anstreben. Ich könnte Ihnen ein paar Stars nennen, die »auf ihre Art« weitermachen, bis sie mit einem Fuß schon im Grab stehen. Offen gesagt hat die gesamte jüngere Generation Schwierigkeiten zu verstehen, warum sie immer noch da oben im Rampenlicht stehen und ihre alten Nummern herunterkrächzen. Das ist nichts für mich! Keinesfalls! Tun Sie mir einen Gefallen, lassen wir das!

Während Madge und ich in unserem Flugzeug zurück nach London saßen, richtete ich im Geiste schon die Australische Botschaft in der Strand Street in London neu ein. Meine wunderschönen Art-deco-Möbel, nach denen meine Antiquitätenspürnasen Big Vic und Edward Clark die ganze Welt durchkämmt hatten, würden im Foyer gut aussehen. Dort würde ich auch das Porträt von Charlie Eltham aus meiner Jugendzeit aufhängen. Im Treppenhaus ...

»Edna.«

... im Treppenhaus würde ich ein paar von meinen Jasper-Johns-Lithographien (an die Wand angeschraubt, man weiß ja nie) anbringen, ebenso wie die nur wenig bekannte David-Hockney-Seidenmalerei mit meinem Bildnis ...

»Edna.«

»Mein Gott, Madge«, explodierte ich. »Merkst du denn nicht, daß ich meine Schlummermaske aufhabe und meinen ›Weckt-mich-nicht-zum-Cocktail‹-Sticker angesteckt habe?«

Madge wedelte mir mit einer Zeitung vor der Nase herum und deutete mit mehr Erregung auf die Titelseite, als sie normalerweise in einem ganzen Jahr aufbringt. Das Flugzeug war gestartet, und der alte Malcolm, einer meiner Lieblingsstewards, schob einen großen Wagen mit klirrenden Getränkeflaschen und matschigen Kanapees den Gang entlang.

»Was hast du denn, Madge? Du hast mich aufgeweckt, also würde ich dir raten, einen guten Grund dafür zu haben!«

»Der ›Morning Murdoch‹ ist voll davon, Edna. Man hat uns die Zeitungen nach dem Start gegeben, aber du hattest schon die Schlummermaske an. Es handelt sich um deinen Freund.«

Ich ergriff die Zeitung und kniff die Augen zusammen, um den verwischten Kleindruck lesen zu können. Ich hätte mir die Mühe sparen können. Alles, was ich wirklich wissen mußte, stand schon in der riesigen, schwarzen Schlagzeile, die man aus einer Meile Entfernung hätte lesen können. Natürlich las ich aber weiter:

BARTOK IN BRASILIEN

Sir Mark Bartok, der Geschäftsmann und Finanzmanager aus Sydney, Vorsitzender von Bartok Trust, Bartok Textilien, Bartok Baugesellschaft, Bartpac Investments und dem Gleitmittelimperium Bartjel, der letzte Woche am Vorabend einer Untersuchung seiner finanziellen Angelegenheiten verschwunden ist, ist einer zuverlässigen Quelle zufolge in Rio de Janeiro wieder aufgetaucht. Die Befürchtungen nehmen zu, daß Sir Mark möglicherweise in direkter Verbindung mit einem riesigen Massagesalon-

Betrug steht, bei dem es um mehrere Milliarden Dollar geht.

Neuesten Erkenntnissen zufolge stand Sir Mark seit einiger Zeit unter Beobachtung, erhielt aber rechtzeitig von einer nicht bekannten Seite in der Regierung einen Tip und konnte so seine Schäfchen ins Trockene bringen, bevor er sein Land fluchtartig verließ. Aus derselben Quelle verlautet, daß Sir Mark, ein enger persönlicher Freund des Premierministers, noch nie einen australischen Paß besessen und seit Jahren mit einem Touristenvisum in diesem Land gelebt hat. Zyniker behaupten, daß Sir Marks Flucht nach Brasilien, das mit Australien keinen Auslieferungsvertrag hat, der Regierung akute Peinlichkeiten ersparen könnte, da der in Ungnade gefallene Finanzmanager über »zu viele Leichen im Keller« Bescheid weiß.

Ich war wie vor den Kopf geschlagen. Was hatte das alles zu bedeuten? Er war doch anscheinend so besorgt um das Image Australiens gewesen. Da konnte doch irgend etwas nicht stimmen. Dann erblickte ich eine andere, etwas kleinere Überschrift:

Spitzenjob für Les

Dr. Sir Les Patterson, ehemaliger Kulturattaché am St. James Court und Vorsitzender des Australischen Käseausschusses, ist soeben in einem Blitzentscheid zum weltweiten internationalen Kulturbotschafter Australiens ernannt worden. Sir Les zeigte sich gestern abend in seinem Hazienda-Cape-Cod-Haus in einem westlichen Vorort hoch erfreut darüber. Er sagte: »Scheiße ...«

Ich warf die Zeitung zu Boden und griff nach der kleinen Tasche an der Rückseite des Sitzes vor mir. Auf dieser Reise wurde Madge verwöhnt, da sie in der ersten Klasse reisen konnte, aber normalerweise füllte ich eine Air-sickness-Tüte mit Leckereien und schickte sie ihr in die Economy-Klasse. Diesmal ergriff ich eines dieser wasserdichten Papierbehältnisse, um es seinem wahren Gebrauch zuzuführen. Die Nachrichten über Sir Mark waren schon schlimm genug, aber der Gedanke an diesen Trottel Patterson, den ich schon seit langem kannte und der jetzt *meinen* Platz einnehmen würde, war grauenerregend!

Malcolm, der Steward, hob die verstreuten Seiten des »Morning Murdoch« auf und überflog die Titelseite, während ich würgend über meine Papiertüte gebeugt saß.

»Na also so was, Dame Edna. Der alte Bartok ist aufgeflogen! Haben sie ihn endlich erwischt! Man sagt, er war völlig pleite, als er die Fliege gemacht hat. Hatte keinen Pfennig mehr.«

Obwohl ich meine Tüte noch immer festhielt, kam nichts heraus, Gott sei Dank. Ich war zu sehr damit beschäftigt, an diesen Almosenempfänger Sir Mark zu denken. Meine letzte Erinnerung an ihn war, wie er auf die kleinen, flimmernden Zahlen auf dem Bildschirm gestarrt hatte. Wahrscheinlich hatte er doch einmal geblinzelt.

Wenn ich auch *eigentlich* nicht probe, so laufe ich doch am Tag einer Royal-Gala-Premiere gern im Theater herum, nur um ein Gefühl für den Ort zu kriegen. Es heißt, daß es im Royal Theatre in der Drury Lane mindestens drei Geister gibt, und falls ich jemals sterben sollte, wird es mit einiger Sicherheit vier geben; aber ich will natürlich niemandem angst machen. Wahrscheinlich wird es Glück bringen, mich zu sehen, wie ich geisterhafte Gladiolen von der Bühne herabwerfe.

Draußen standen die Leute Schlange nach Eintrittskarten. Ich dachte daran, wie stolz der gute alte Sir John Betjeman, der damals in den sechziger Jahren ein solches Vertrauen zu mir gehabt hatte, auf mich gewesen wäre, wenn er hätte sehen können, daß die ganze Welt und sogar seine Frau jetzt auf seine Meinung eingeschwenkt waren. Als meine Betreuer mich vor der Probe durch die Menge zum Bühneneingang steuerten, hörte ich viele Leute rufen: »Wie geht es Norm?«, und es freute mich, daß ich stolz erwidern konnte: »Er ist heute früh angekommen, danke, ihr Beutelratten.«

Man hatte mich aus der Stiftung angerufen, als der Jumbo landete, mir aber mitgeteilt, daß es wenig Zweck hätte, wenn ich vorbeikäme und meine Arbeit unterbräche. Sie sagten, es wäre das beste, wenn ich wartete, bis Norm in seiner neuen Behausung fest installiert wäre.

Zumindest ist er aus den Krallen dieser Younghusband heraus, dachte ich, während ich meine Finale-Nummer »Schüchternheit« hinlegte. Beim Singen überlegte ich mir, wie schön es wäre, wenn Norm einen Teil meiner Premiere auf dem Fernsehschirm betrachten könnte – die Ankunft der Berühmtheiten vor dem Theater und Charles und Diana würden an diesem Abend in allen Nachrichtensendungen zu sehen sein, und es wäre wunderbar, wenn auch mein geliebter Invalide das alles miterleben könnte, wenn auch spiegelverkehrt.

In der Mittagspause in meiner luxuriösen Garderobe, umgeben von Blumen von Steve Sondheim, den Ian Davidsons, den Larry Hagmans, Joan Didion, den Roger Moores, Gian-Carlo Menotti, Fergie und Andrew, Heino, Tally und Gerald Westminster, Sting, Klaus von Bülow, Pixie Lambell, Sir Stephen Spender, Mark Birley, Dame Joan Sutherland, Roald Dahl, Paloma Picasso, Peter Palumbo, Bruce Oldfield, Françoise Sagan, Ken Thomson, Elton John, Billy Connolly und Pamela Stephenson, Madonna und Herbert von Karajan, ganz zu schweigen von *Sie-wissen-schon-von-Wem*, griff ich zum Telefon und rief in der Stiftung an.

»Ist da Lord Norms Station?«

»Ganz recht«, ertönte eine Frauenstimme. »Wer ist denn am Apparat?«

»Dame Edna. Und wer sind Sie, bitte schön?«

»Hier ist Thelma Younghusband, Dame Edna. Ich fürchte, Norm ist nicht kräftig genug, mit Ihnen zu plaudern. Er macht gerade ein Nickerchen.«

Die herrlichen Blumen in meiner Garderobe schwankten einen Augenblick lang vor meinen Augen, bevor ich wieder klar sehen konnte.

»Guten Tag, Oberschwester Younghusband«, sagte ich mit eisiger Ruhe. »Ich bin sehr überrascht, Ihre Stimme zu hören. Ich hatte gedacht, Sie seien in Australien geblieben.«

»Er hat darauf bestanden, daß ich mitkomme«, kam die empörende Antwort. »Ich bin die einzige, die etwas von seinen Anzeigetafeln versteht. Die einzige, der er vertraut.«

»Weiß Professor Morris Bescheid?« erkundigte ich mich mit anschwellender Stimme, aber die Verbindung brach ab, als mein Bühnendirektor Harriet über die Sprechanlage rief: »Dame Edna, bitte zur Probe des Ballettfinales auf die Bühne. Dame Edna auf die Bühne, bitte.«

»Why must the show go on?« fragte ich laut Dame Natur, wie es wahrscheinlich schon viele Stars vor mir getan hatten. Schnell drückte ich auf den Wiederwahlknopf.

»Ich möchte mit Professor Morris sprechen.« In Sekundenschnelle war er am Apparat, und die Worte brachen nur so aus mir heraus: »Professor Morris. Etwas ist gerade vorgefallen, das ich einfach unmöglich finde ...«

Aber er unterbrach mich: »Nur ruhig Blut, Dame Edna«, sagte er sanft. »Hier ist auch gerade etwas geschehen. Ein Notfall. Schlechte Nachrichten, fürchte ich. Lord Norm ist gerade verschieden.«

»Dame Edna auf die Bühne bitte. Das Orchester wartet. Dame Edna wird aufgerufen. Bitte sofort auf die Bühne.«

»Verzeihung, Professor? Aber ich habe doch gerade mit dieser Younghusband gesprochen ... Er hat geschlafen ...«

»Alles ist ganz friedlich verlaufen, Dame Edna. Keiner von uns hätte etwas daran ändern können. Er hat eine wunderbare Reise hinter sich und hat sich sogar in Singapur zollfreies Rasierwasser gekauft, das wir in seine Beatmungsmaschine gesprüht haben. Er hat auch noch die Hälfte von ›Nachbarn‹ gesehen, bevor er einschlief.«

Irgendwie brachte ich an jenem Abend die Show hinter mich. Irgendwie brachte ich es fertig, daß das Königspaar meine Tränen nicht sah – Norms Geschichte wurde erst später an diesem Abend publik. Irgendwie schaffte ich so-und-so-viele Vorhänge und erschien sogar auf der Kulissenparty. Und irgendwie gelang es mir sogar, mich beim Essen mit Chris und Jeremy im Le Caprice zurückzuhalten. Unmittelbar nach Erhalt der Todesnachricht hatte ich Dr. Shardenfreude angerufen, für den Fall, daß er wußte, wo sich Valmai aufhielt. Er hatte mir einen weisen Rat erteilt: »Die Zeit heilt alle Wunden«, hatte er gesagt, »nur die Zeit allein.« Womit er absolut *recht* hatte, denn fünf Stunden später ging es mir großartig.

Als ich am nächsten Morgen endlich in die Stiftung kam, überfielen mich die Medien. Kenny hatte die ganze Nacht lang an einem herrlichen schwarzen Taftkleid gearbeitet, und ich fürchte, daß viele Frauen grün vor Neid wurden, als sie die Berichterstattung sahen. Als Madge und ich uns unseren Weg zu den Stufen der Stiftung freikämpften, schoß aus der Menge niemand anderes als meine unbeschreiblich aussehende Tochter Valmai, ein Banner in der Hand mit der Aufschrift »Gebt den Gefangenen Eigentumswohnungen« oder irgend etwas in dem Sinn. War das die Frucht meines Leibes? grämte ich mich, während sie wie wild mit der Polizeiabsperrung im Vorhof der Klinik kämpfte. Es war grauenhaft und beängstigend, dieses nach Aufmerksamkeit heischende Ungeheuer zu sehen, das noch vor so kurzer Zeit ein kleiner Kratzer am Türpfosten des Kinderzimmers gewesen war.

Plötzlich tauchte unter all den lärmenden Journalisten ein vertrautes Gesicht auf, das durch Alkohol und die Jahre traurig gezeichnet war. »Ed! Ed!« rief er und winkte mit seinem Presseausweis. Es waren die Überreste von Kevin Farelly. Bei seinen Bemühungen, an meiner Leibwache vorbeizugelangen, stolperte er über den Randstein und fiel flach auf den Rücken. »Hallo, Ed!« fuhr er ungerührt in seiner liegenden Stellung fort. »Schön, dich in London zu sehen.«

»Gleichfalls, Kevin«, antwortete ich und betrachtete mir den im Rinnstein liegenden Journalisten, »noch dazu *in deiner natürlichen Umgebung!*« Und damit schritt ich zum letzten Mal hinein in die Prostatastiftung.

Mein Mann war sehr großzügig und hatte ohne unser Wissen seine Organe verschiedenen Einrichtungen in der ganzen Welt vermacht. Als wir an sein Bett traten, war wenig mehr von ihm übriggeblieben als ein Zahn auf dem Kopfkissen. Er war global recycelt worden.

Ich glaube nicht, daß er alles genau so haben wollte, wie es dann tatsächlich geschah. Wie ich später herausfand, hatte er vor Monaten eine Karte ausgefüllt und angekreuzt: Leber, Nieren, Gehirn, Darm, Bries ... Er hatte geglaubt, es handle sich um den Krankenhaus-Speiseplan! Norm hatte schon immer gern Innereien gegessen. Ihm war gar nicht klar, daß es sich um seinen Organspendeausweis handelte! Ich glaube, wenn man meinen Mann zu jener Zeit um innere Organe gebeten hätte, hätte er einen Kochtopf mit Innereien gebracht!

Glücklicherweise traf ich nicht mit dieser Thelma Younghusband zusammen, aber ich glaube, sie erschien später im Fernsehen, aufgedonnert wie sonstwas, und behauptete, sie habe Norm nähergestanden als ich. Ich überlasse es den Lesern dieses Buches, sich über diese tragische Behauptung ihr eigenes Urteil zu bilden und dabei nicht allzu streng mit dieser albernen Krankenschwester zu verfahren. Dazu ist das Leben viel zu kurz.

Wir entschieden uns gegen eine Bestattung von Norms Überresten, denn sie waren nicht mehr der Rede wert. Statt dessen veranlaßte ich, daß zu seinem Gedächtnis ein schlichtes und sehr würdevolles Denkmal auf dem Melbourner Friedhof errichtet wurde. Ich schwor mir, daß ich eine lange und einsame Witwenpilgerfahrt an diesen Ort machen würde, sobald meine alle Rekorde brechende Londoner Theatersaison vorüber war, um dem Gedenken an den Soldaten, Ehemann, Vater und Pionier auf dem Gebiet der Medizin, mit dem ich mein Leben geteilt hatte, schweigend Ehre zu erweisen. Wenn ich doch nur weinen könnte, dachte ich bei mir. War auch dies vielleicht ein Großer Augenblick meiner spirituellen Reise, da ich von einer Hemmung gelähmt wurde, die ich nicht begreifen konnte?

Aber wir *hatten* glückliche Zeiten miteinander gehabt, sogar sehr viele, dachte ich bei mir, als Madge und ich von der Stiftung wegfuhren und ich meinen Arm um ihre mageren, zitternden Schultern legte. Im Radio gab es ein Nostalgieprogramm. Doris Day sang unser Lied:

> »Ja, er hat mir tatsächlich gestern im Traum zugelächelt!
> Meine Träume werden immer schöner.«

Ja, vergangenes Glück ist schon etwas schwer Faßbares, nicht wahr, ihr Beutelratten? Und es wiedererstehen zu lassen ist so schwer, als wolle man Quecksilber vom Teppich aufheben. *Aber woher wußte ich das?*

Abschied *

Der große schwarze Daimler schwankt behaglich, während er die Royal-Parade-Straße hinunterfährt und in die College-Crescent-Straße einbiegt. Es ist ein herrlicher Julimorgen in Melbourne, und dort drüben über der Straße ist der Rasen vor dem Ormond College makellos weiß vom Nachtfrost; nur die Fußabdrücke eines frühen Joggers sind darauf zu sehen.

Der Melbourner Hauptfriedhof ist noch nicht offiziell für das Publikum geöffnet, aber man scheint dort auf die schwarze Limousine gewartet zu haben, denn ein Mann in Jeans und einem gelben Anorak, dessen Atem eine weiße Feder in der Morgenluft bildet, rennt aus der Pförtnerloge und reißt die schweren, schmiedeeisernen gotischen Torflügel auf. Der Chauffeur dankt mit einem Winken seiner schwarzbehandschuhten Hand, und der Mercedes rollt die enge Einfahrt hinauf, die von Mausoleen und Marmorgrabsteinen flankiert ist. Etwa siebenhundert Fuß weiter im Herzen des alten Friedhofs hält der Wagen an, und der Chauffeur springt heraus, um die Hintertüre zu öffnen und seinem einsamen Fahrgast beim Aussteigen zu helfen.

---

* Wie reife Semester und Fernuniversitätsstudenten wissen werden, ist dies ein gespenstisches Wort. Das spätmittelhochdeutsche »abschid, abeschit« ist heute noch in »abscheiden« (»entfernen«) erhalten. Diese düstere Konnotation verstärkt sich noch in der früheren Bedeutung des Substantivs: »Abschied« bedeutete außer »Weggang, Trennung« auch »Tod«.

Verschwunden inmitten der Gräber ...

Einen Augenblick lang steht die Frau neben dem Auto, vielleicht unschlüssig, was sie als nächstes tun oder welche Richtung sie einschlagen soll. Dann nimmt sie aus dem Wagen einen herrlichen Strauß lachsfarbener Blüten und schreitet mit einem flüchtigen Gruß an den Fahrer eine lange, ungepflegte Allee mit bleistiftähnlichen Zypressen hinunter. Schon bald ist ihr schwarzer Kaschmirmantel, ihr schwarzer Hut und der Hauch rosa Blumen inmitten der Gräber und leprösen Statuen verschwunden.

Der junge Chauffeur zündet sich eine Zigarette an, lehnt sich gegen das Auto, raucht und stampft mit seinen tauben Füßen auf dem Kies herum. Es ist zwar noch früh, trotzdem ist er schon seit einigen Stunden auf; der Flug seiner Arbeitgeberin kam mit großer Verspätung im internationalen Flughafengebäude an, und auch die Gepäckausgabe dauerte lange.

Der Himmel ist strahlend blau, zweigeteilt von einem Kondensstreifen hoch oben, der aussieht wie ein wie durch Zauberhand immer dünner werdender Pfeifenreiniger. Die Sonne, die schräg auf den Friedhof fällt, bringt die hellen Muskovitstreifen in den Granitobelisken und die stolzen Steinurnen zum Leuchten, die schief aus dem hochaufschießenden Unkraut herausragen.

Die Frau mit dem Kranz schreitet nun langsam weiter vorwärts, zwischen dem entlaubten Unkraut, den Lantanapflanzen und dem Blaubeergewirr hindurch. Dieser Bereich des Friedhofs, in dem sie steht, mit seinen verwüsteten Grabmalen, schiefen Steinen und einsinkenden Gräbern, ist ein seltsam turbulenter und unruhiger Ruheplatz für den Verschiedenen. Er erinnert sie an das zerwühlte Bettzeug eines Menschen, der weder allzu tief noch allzu gut schläft. Noch dazu sind hier viele Gräber mit geistlosen Sprüchen beschmiert und von schmutzigen Wörtern entweiht.

Offensichtlich hat sie jetzt das Grab gefunden, nach dem sie gesucht hat, denn sie hält vor einer schlichten Marmorsäule inne und starrt die Inschrift auf dem polierten Sockel an. Flechten und obszöne Graffiti verdecken bereits den Namen und einen Teil des

Epitaphs, und die Frau ist betrübt und unsicher. Mit erstaunlicher Geschwindigkeit eilt sie dann zurück zum Wagen und überrascht den Fahrer, der rasch seine Zigarette austritt und seine Mütze aufsetzt. Ohne darauf zu achten, öffnet sie ohne Hilfe die Beifahrertür des Daimler-Benz, durchwühlt das Handschuhfach und zieht ein weißes Tuch hervor, mit dem sie dann eilig denselben Weg wieder davonschreitet.

Wieder am Grabmal angelangt, kniet sie sich jetzt nieder, reibt mit dem Lappen die Marmorplatte ab, wischt das unanständige Spraygekritzel ab und entfernt die hartnäckigen Ranken des Kambodschakrauts und das sich immer mehr ausbreitende Moos. Dabei kommt folgende Inschrift zum Vorschein:

NORMAN
STODDART
EVERAGE
Geliebter Ehemann von Edna
Geliebter Vater von Bruce, Valmai,
Kenny und der kleinen Lois

»Das Leben ist Musik,
wenn man nur die Melodie summt.«

Sie entfernt einen längst verwelkten, jetzt zimtfarben gebräunten Kranz und ersetzt ihn durch ihre kostbaren, frischen Gladiolen. Nachdem dies getan ist, verharrt sie einen Augenblick in schweigender Meditation, aber bevor sie langsam zu dem wartenden Fahrzeug zurückkehrt, um sich der Welt zu stellen, mit der sie jeden Tag aufs neue konfrontiert ist und die sie sich ganz allein immer wieder neu erobern muß, blickt sie geistesabwesend auf den verschmutzten Lappen in ihrer Hand. Dann setzt ihr Herz einen Schlag aus, und es wird ihr mit einem plötzlichen Anflug von Trauer bewußt, was das für ein Lappen ist: Es sind Männerunterhosen. Von Norm.

Larry Hagman - ein Widerruf

Fennimore und Gerda, anwaltschaftliche Vertreter von Dame Edna Everage und dem Haus Everage, einer im vollständigen Besitz von Ednacare und Ednatainment Plc, Schweiz, befindlichen Tochtergesellschaft, bestreiten hiermit kategorisch alle in letzter Zeit in den Medien auftauchenden Gerüchte, wonach die Freundschaft ihrer Mandantin mit Larry Hagman, dem Schauspieler aus Malibu, Kalifornien, mehr als lediglich platonischer Natur ist.

Dame Edna bedauert zutiefst die Mr. Hagman, seiner Frau oder seiner Familie aus diesen unbegründeten und bösartigen Gerüchten entstandenen Schwierigkeiten und läßt hiermit allen Presse- und Fernsehagenturen die Warnung zukommen, daß sie mit exemplarischen Strafen belegt werden, sollten sie weiterhin die oben erwähnten Gerüchte verbreiten.

Anhang
DIE REZEPTE-ECKE

Dame Ednas Spezialrezept gegen Schwangerschaftsstreifen

eine halbe Tasse gutes Fett vom letzten Sonntagsbraten
(achten Sie darauf, Bratenreste und verbrannte
Kartoffel- und Rübenstückchen herauszusieben)
ein Eßlöffel Haferflocken oder Porridge
ein großzügiger Klecks Vaseline
ein Eßlöffel Peroxyd
zwei Eßlöffel Glyzerin
eine halbe Dose Tomatensaft

Alle Zutaten im Mixer mixen. Ein paar Tropfen Ihres Lieblings-
parfüms dazugeben und die Masse über den Bauch gießen, wobei
darauf zu achten ist, daß Sie das darunterliegende Bettuch danach
nicht mehr verwenden können. Bitten Sie einen geliebten Menschen (falls ein solcher zur Verfügung steht), die Flüssigkeit
mindestens fünfzehn Minuten lang in Ihre S/m-Zonen einzumas-
sieren. Dann trocknen lassen. Kratzen Sie das Ganze später unter
der Dusche oder in der Badewanne ab und wiederholen Sie die
Prozedur täglich bis drei Monate nach der Entbindung.

Pavlova

6 Eiweiß
etwas Remouladensauce
ein paar Tropfen Vanilleextrakt
1 gehäufte Tasse Zucker
1 Teelöffel Maismehl
1 knapper Dessertlöffel (zwei Teelöffel) Essig
Pfeilwurz

Für den Guß:
Sahne
3 - 4 Passionsfrüchte

Geben Sie das Eiweiß, die Remouladensauce und den Vanilleextrakt in eine Schüssel und schlagen Sie das Ganze gut durch,
bis die Mischung eine feste, schneeige Konsistenz bekommt.
Vermischen Sie Zucker und Maismehl und ziehen Sie die Eiweißmischung darunter, wobei der Löffel jedesmal den Grund der
Schüssel treffen muß. Sobald sich der Zucker und das Maismehl
mit der Eiweißmischung verbunden haben, geben Sie den Essig
hinzu und vermengen das Ganze gut.
Legen Sie eine ziemlich tiefe Standardkuchenbackform mit brau-
nem (fettabstoßenden) Papier aus, streuen Sie je zwei Dessertlöffel Pfeilwurz und Zucker über das Papier, wobei Sie etwas davon
für den Guß zurückbehalten sollten. Geben Sie die Masse (die
ziemlich steif sein muß) in die Mitte der Kuchenform und streuen
Sie den Rest Pfeilwurz und Zuckermischung darüber.
Schalten Sie den Gasherd 15 Minuten lang auf volle Hitze, bevor
Sie die Pavlova hineingeben, dann schalten Sie auf die niedrigste
Stufe zurück. Stellen Sie die Backform auf den mittleren Rost.
Wenn die Pavlova nach 15 Minuten einen schwachen Braun-
schimmer aufweist, ist die Temperatur richtig und der Kuchen

müßte innerhalb von 1 1/2 Stunden fertig sein. Wenn der Kuchen anfängt, zu braun zu werden, schalten Sie den Ofen vollständig ab, dann nach 15 Minuten wieder ein, und behalten Sie die Pavlova im Auge.

Nehmen Sie den Kuchen aus dem Ofen und stürzen Sie ihn auf eine Servierplatte. Schlagen Sie Sahne steif und geben diese auf die Pavlova. Schaben Sie das Fruchtfleisch aus den Passionsfrüchten und geben Sie dieses auf die Schlagsahne.

Hilfreiche Hinweise

Die Eier sollten immer Zimmertemperatur haben und einige Tage alt sein. Frische Eier haben dünnes Eiweiß, das beim Schlagen wenig voluminös wird. Etwas Remouladensauce oder ein paar Tropfen Zitronensaft unterstützen das Protein im Eiweiß und verleihen ihm zusätzliche Stärke. Nehmen Sie statt reinem Haushaltszucker zur Hälfte gewöhnlichen und zur Hälfte Hagelzucker.

THAT'S IT!

Das einzig Wahre ist die Phantasie

(60215)

(60019)

(60056)

(75058)

(60283)

(60151)